철학
광장

철학광장

대중문화와
필로소페인

김용석 지음

한겨레출판

광장에서

대중문화와 철학이라는 두 단어 사이에서 뭔가 엇박자를 느낄 독자도 꽤 있을 것 같습니다. 현대 대중문화는 다양한 예술 분야의 폭넓은 향유를 포함하며 과학, 기술, 산업, 통상, 커뮤니케이션, 여가 창출 그리고 놀이 방식 등의 발달과 보조를 같이 합니다. 이런 것들과 아무런 연관 없는 현대인을 찾아보기는 힘들겠지요. 그러므로 대중문화는 그 표현과는 달리 '대중'이라는 일정한 범주의 계층과 연관된 것이 아닙니다. 그것은 모든 사람과 관계하는 것입니다. 이렇게 보면 대중은 없으며 따라서 대중문화도 없다고 할 수 있습니다. 현실에 존재하는 것은 '사람들'이며 '사람들의 문화'입니다.

우리가 오늘날 '사람들의 문화'를 대중문화라고 표현하고 있는 겁니다. 나도 대중문화라는 표현을 안 쓰려고 버텨보았지만 언어란 사회 안에서의 소통 수단인지라 그 편의를 저버릴 수 없어서 대중과 대중문화라는 말을 사용하고 있습니다. 오늘날 대중문화는, 많은 사람들이 관심을 갖고 즐기며 창작에 참여할 수 있고 또한 일상생활과 밀접하다는 점에서 더욱더 '사람들의 문화'입니다. 그러므로 그 안에는 인간적인 따라서 철학적인 요소들이 담겨 있습니다.

사람들이 '사람들의 문화'를 즐기고 그 의미를 새기며 소통하는 장場은 넓게 열려 있어야 합니다. '광장' 이어야 합니다. '철학 광장'의 의미는 여기에 있습니다. 책으로서 〈철학 광장〉도 책장들이 마치 펼친 부챗살처럼 독자 앞에 항상 열려 있기를 바랍니다.

대중문화와 철학을 어떤 아이디어로 연결할까 하는 것은 중요한 과제입니다. 그것은 일부 독자들이 느꼈을 '엇박자'를 해결하기 위해서도 필요합니다. 나는 '깊이와 넓이'라는 기본 아이디어로 그들을 연계하고자 합니다. 철학과 대중문화를 깊이와 넓이라는 말로 빗대어 표현하면, 얼른 문화의 넓이에 철학의 깊이를 떠올릴지 모르겠습니다.

하지만 나는 '대중문화의 깊이'를 탐색하고 싶습니다. 대중문화 속에는 무엇보다도 인간의 고뇌가 담겨 있기 때문입니다. 그래서 의미의 깊이가 있습니다. 그 안에는 삶의 고통과 희망이 담겨 있고, 비인간적 공동체 안에서 몸부림치는 생명체로서의 인간이 있으며, 과학의 진보와 원시의 향수 사이에서 갈등하는 의외로 '오만한' 현대인의 모습이 있고, 변덕스럽기 짝이 없는 인간 본성의 먼 원인에 대한 탐색이 있습니다. 대중문화는 바다와 같습니다. 얼른 수평의 넓음이 눈에 들어올지 모르지만, 그 깊은 심연을 보아야 한다고 깨닫는 순간 확 다가오는 존재의 섬뜩함이 있기 때문입니다.

철학에게는 오히려 넓이가 필요합니다. 자신의 시야를 넓히는 철학 말입니다. 철학은 '시선을 돌릴 줄' 아는 미덕을 발휘해야 합니다. 사실 그것은 철학의 고유한 미덕입니다. 철학은 다양한 사변적 관심을 유지하는 정신 활동이기 때문입니다. 철학이 어떤 관념의 세계에 침잠할 때 그것을 잊고 있을 뿐입니다. 철학에게 관념으로의 동면이 종종 소용되기도 하지만, 사유가 관념에서 출발하지 않고 구체적인 사실에서 출발할 필요 또한 있습니다.

대중문화가 창출해내는 작품 하나하나는 '구체적 사실'입니다. 그래서 대중문화의 각 작품이 중요한 겁니다. 〈철학 광장〉은 구체적인 문화 성과에서 철학적 사유를 출발시킨다는 점에서 문화철학의 정통 방법론을 활용하며, 그것은 문화와 철학의 깊고 넓은 이해를 위한 진지한 시도입니다. 이런 차원에서도 이른바 대중성과 전문성은 즐겁고 의미 있는 만남을 가질 수 있는 것이겠죠.

이제 엇박자처럼 느껴졌던 문화와 철학의 관계가 대중문화 작품의 깊이와 철학적 시야의 넓이라는 '엇박자 라임rhyme'이 될 수 있다는 데에 동의할 수 있을까요? 그러길 바라는 마음으로 '사람들의 문화'처럼 소박하지만 소중한 글을 독자 앞에 내놓습니다.

물론 미흡한 점도 많습니다. 다양한 장르의 공연에서, 방송, 만화, 애니메이션, 영화, 광고, 문자문화에 이르기까지 텍스트와 컨텍스트를 넘나들며 글을 쓰면서 필자 자신도 '문화적 진화'의 과정을 거쳤습니다. 그러나 어떤 경우라도 자신 있게 말할 수 있는 건 각 작품과 소재를 항상 소중히 다루었다는 점입니다. 이 점은 우리가 대중문화를 대할 때 항상 가슴에 담고 있어야 할 것인지 모릅니다. 우리는 광장에서 만나는 어떤 누구도 소중히 대해야 하니까요.

〈철학 광장〉에서 다룬 7가지 분야는 현대 대중문화의 상당 부분을 포함하지만 결코 충분하지 않습니다. 빠진 부분이 많은 것이죠. 그러면서도 서커스, 마술 쇼, 실용서적 등 사람들이 지나칠 수 있는 것들을 다루기도 합니다. 시기적으로 아주 최근의 것만 다루지는 않습니다. 대중문화를 다룰 때 흔히 '지나간' 작품을 잘 안 다루는 경향이 있습니다. 대중문화에서는 이른바 시의성이 중요하다고 합니다. 그러나 대중문화가 일시적 평론이나 논쟁 대상에 머물지 않고 철학적 사유에 연계되며 나아가 다양한 학문적 탐구의 대상이 되려면, 지금 세간의 관심을 끌고 있는 것이나 '지나간' 것이나 차별하면 안 되겠죠. 그래도 시공간적으로 제한된 작품과 소재를 다루지만, 일단 그렇게 시작을 하는 겁니다.

각 분야별로 9꼭지씩 집필한 데에는 약간의 의도가 있습니다. '9'라는 숫자가 미완의 상태를 잘 보여주기 때문입니다. 앞으로 대중문화에 대한 철학적 탐구는 계속되어야 할 것입니다. 제4부 '문자'가 한 꼭지 더 많은 것은 사람들이 문자문화가 대중문화라는 것을 종종 잊고 있는 것 같아서입니다. 이렇게 해서 64꼭지가 되었는데, 그것은 내가 좋아하는 숫자입니다. 나는 3과 7, 2와 8처럼 합해서 '0'이 되는 숫자를 좋아합니다. 여기서 64개 작품과 소재들의 '의미'를 다루었지만, 그것이 6과 4가 합해 '0'이 되듯이 결국 '무의미'할 가능성 또한 열어놓는다는 의미도 있습니다.

그렇다고 대중문화의 각 장르를 철학적 사변의 '도구'로 사용하고 만 것은 결코 아닙니다. 다시 말해, '대중문화로 철학하기'에 머문 것은 아닙니다. 그것은 대중문화를 철학적 사유를 위한 수단으로 활용한다는 것밖에 안 되기 때문입니다. 우리가 하는 일은 대중문화와 철학이 함께 사유와 해학과 소통의 즐거운 축제를 벌이는 것에 비유될 수 있습니다. 그러므로 '대중문화와 철학하기'인 것입니다. 글을 써나가면서도 대중문화의 각 작품들이 나 자신을 삶과 앎의 무도회로 이끌었다는 사실을 다시금 깨달았습니다.

언젠가 나 스스로 '철학하기는 춤추기'라고 말한 적이 있습니다. 춤은 아무렇게나 출 수 없습니다. 너무도 자연스럽게 어울려 춤을 추는 한 쌍은 바로 그 자연스러움을 이루어내기 위해 치밀하고 치열한 준비 과정을 거칩니다. 춤의 황홀은 고통을 기반으로 합니다. 대중문화의 각 작품과 철학하기의 관계도 그렇게 되도록 노력했습니다. 대중문화와 철학이 함께 애지愛智의 무도회를 펼치도록 말입니다.

이렇게 우리는 대중문화와 철학하기를 시작합니다. 부제에 있는 '필로소페인philosophein'은 '철학하다'라는 고대 그리스어(φιλοσοφεῖν) 표현입니다. 그것을 우리말보다 선호해서 동사를 명사화한 것처럼 사용한 것은, 우리말 '철학하기'에는 '학습'의 의미가 강하게 배어 있는 듯해서입니다. 물론 우리는 대중문화와 철학하면서 많은 것을 학습할 수 있습니다. 그러나 여기서 '대중문화와 철학하기'는 앞서 말한 '애지의 무도회'라는 뜻이 기본입니다. 깊고 넓은 사유 행위에 학습은 일부분일 뿐입니다. 칸트가 '철학'이 아니라 '철학하기'를 강조한 것에도 그런 의미가 담겨 있습니다. 이때 칸트가 사용한 말은 당연히 독일어 '필로조피렌philosophieren'입니다. 그러나 그리스어를 사용한 것은 철학에서 좀 더 보편적이기 때문입니다. 그리고 광장의 언어에 걸맞기 때문입니다. 광장에서 광장의 언어로 '대중문화와 필로소페인'을 즐기기 바라기 때문입니다.

여기 있는 글들은 2007년 1월부터 2009년 5월까지 제법 긴 기간 동안 〈한겨레〉에 연재했던 문화칼럼을 씨앗으로 하고 있습니다. '씨앗'이라고 표현한 건, 이 책의 글들은 연재 칼럼을 대폭 수정·확장한 것이기 때문입니다. 연재 기고의 씨앗에서 이 책의 열매에 이르기까지 지난한 개작의 과정이 있었습니다. 그 과정에서 일부 꼭지들은 제외되고, 새롭게 집필한 글들이 적지 않은 분량 첨가되었습니다.

칼럼은 양적으로 짧은 글이지만 나름의 완결성을 지닙니다. 여러 가지 생각이 걸러지고 응축되어서 호두 껍질 속으로 쏙 들어간 것 같다고나 할

까요. 호두 껍질을 깨기는 쉽지 않습니다. 그렇기 때문에 이런 글들을 묶어서 책으로 만들 때 개고를 한다는 것은 종종 새로 집필하는 것 이상의 고통을 수반하게 됩니다. 무엇보다도 글쓴이 자신이 '다시 쓰기' 싫어집니다. 그래서 이번 책을 만들 때는 기존의 글을 개작하지 않겠다고 굳게 마음을 먹었더랬습니다. 그러나 허사였습니다.

필자의 고질 같은 집필 습관 때문이기도 하지만, 무엇보다도 '공간 이동'이 있었기 때문입니다. 지금 영국 옥스퍼드 대학교 철학부 도서관에서 이 글을 쓰고 있습니다. 이곳에 온지 5개월째 되는 시점입니다. 지난 4개월여 동안 '새로운 공간'에서 여러 사람을 만났고, 다양한 책들과 사귀었으며, 사물을 보는 색다른 관점들을 시도해보았습니다. 그러는 동안 자신의 이전 글들을 고치고 넓히고 깊이 삭이려는 욕구는 자연히 생기는 법 아니겠습니까. '사서 고생하는' 전형적인 경우입니다.

옥스퍼드라는 장소가 특별해서 그런 건 아닙니다. 어떤 새로운 장소에 갔더라도 마찬가지였을 겁니다. 공간 이동은 여행과 다릅니다. 한쪽 공간에서 다른 공간으로 이동해서 제법 긴 기간을 체류하기 때문입니다. 이동한 곳의 환경에서 정주를 경험하기 때문입니다. 모든 도시가 그렇듯이 이곳의 특별함도 있습니다. '우드스톡 록페스티벌'에 대해 집필할 때는 숙소 근처를 지나는 우드스톡 로드를 아무 생각 없이 산책하지 않았으니까요. 상당수 영국의 지명들은 미국에도 있습니다. 스콧 맥클라우드의 만화에 관한 책을 해석할 때는 이곳 수학 교수였던 루이스 캐럴의 '앨리스' 이야기에 나오는 한 구절이 만화의 특성을 잘 보여준다는 아이디어가 머리를 스쳤습니다. 환상문학의 대가 톨킨이 재직하던 머튼 칼리지는 길 하나를 사이에 두고 철학부 도서관과 마주 보고 있습니다. 이곳에서 집필하면서 자연스레 그의 글을 인용하게 되더군요. 여기 저기 여행할 경비를 아껴 한 곳으로 이동한 후 그 공간에서 푹 삭힌 일상과 사유의 경험을 하는 것도 '필로소페인'의 한 방식이라고 생각합니다. 그건 해외가 아니더라도 좋습니다.

　글은 혼자 쓰지만 책은 여러 사람의 도움으로 만들어집니다. 더구나 나같이 변덕스런 필자라면 편집자들의 인내와 격려 없이 책은 만들어지지 않습니다. 특히 연재 원고가 책으로 전환하는 과정에서 조언을 아끼지 않은 김수영 편집주간과 개고를 거의 하지 않을 것처럼 하다가 결국 '새 책'을 쓰듯이 개작을 하는 동안 참고 기다리며 집필에 필요한 자료를 해외 속달 우편으로 이곳 옥스퍼드까지 보내준 편집부의 정회엽 씨에게 감사드립니다. 그리고 지난 4개월여 동안 낯선 땅에서 글을 쓰는 사람의 어려움을 잊게 해준 이곳 옥스퍼드대 철학부(Faculty of Philosophy)의 모든 사람들에게 감사드립니다. 특히 이곳 학술공동체의 후견인 역할을 해준 대니얼(Daniel Isaacson) 학부장과 하비(Harvey Brown) 교수, 기꺼이 철학적 대화의 장을 마련해준 사비나(Sabina-Mary Lovibond) 박사, 행정지원과 조언을 아끼지 않은 사무처의 카트리오나(Catriona Hopton), 컴퓨터와 프린터 등 IT 관련한 것이라면 자기 일처럼 돌보아준 전산실의 앤디(Andy Davies), 그리고 그 누구보다도 친절함과 성실한 설명으로 자료를 찾고 활용하는 데 큰 힘이 되어준 도서관의 대니얼(Daniel Drury)과 존(John Shimmin) 두 사서에게 우정 어린 감사의 말을 남깁니다. 이 모든 분들은 열린 광장에서 만나는 사람을 대하듯 필자를 소중히 대해주었습니다. 다시 한번 감사드립니다.

2010년 7월

차례

3 광고

4 문자

5 만화

공연

공연은 가장 오래된 대중문화popular culture이다. 태고의 축제와 놀이판 그리고 고대 문명의 연극에까지 거슬러 올라갈 수 있기 때문이다. 공간과 시간의 차원에서 그리고 예술 형식에서 공연은 또한 무척 다양하다. 그러므로 공연과 함께 춤추는 철학도 '부챗살 사유'를 경험한다.

공연은 가장 오래된 대중문화popular culture이다. 태고의 축제와 놀이판 그리고 고대 문명의 연극에까지 거슬러 올라갈 수 있기 때문이다. 공간과 시간의 차원에서 그리고 예술 형식에서 공연은 또한 무척 다양하다. 그러므로 공연과 함께 춤추는 철학도 '부챗살 사유'를 경험한다.

01

'시각의 해체'에서 '소리의 혼돈'으로

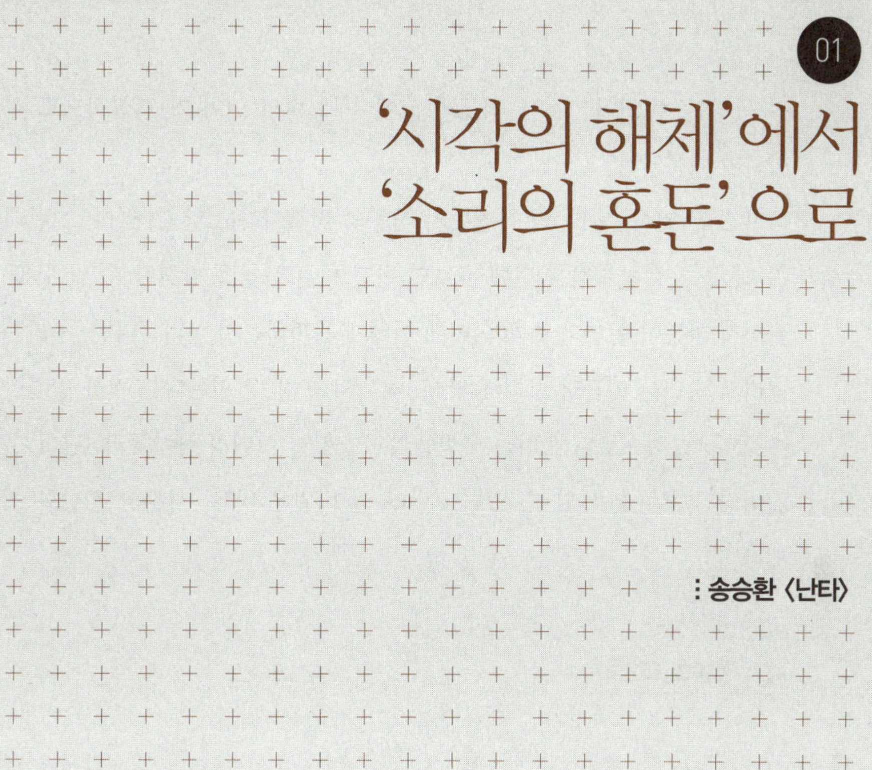

: 송승환 〈난타〉

송승환이 〈난타〉의 원안을 기획하고 총감독하여 초연한 것은 1997년 10월이었다. 〈난타〉 공연은 국내뿐만 아니라 국제적으로도 큰 성공을 거두었다. 2000년 전용관을 개관했고 지속적으로 대중의 사랑을 받고 있다.

〈난타〉의 매력은 무엇일까? 무엇이 이 작품을 특별하게 만드는 것일까? 한국의 전통에 국제적으로도 수용될 수 있는 대중성을 가미했기 때문일까? 남녀노소 누구든 즐길 수 있는 공연이기 때문일까? "〈난타〉의 미덕은 관객을 끊임없이 작품에 끌어들이려는 노력이다"라는 평론처럼 관객과 쌍방향 소통하며 함께 호흡하는 공연이기 때문일까? 공연의 출연자들이 말하듯이 "배우도 즐겁고 관객도 즐거운 공연"이기 때문일까? 속된 말로 "스트레스 팍!팍! 사라지게 하는 공연"이기 때문일까? 아니면 이 작품의 본질적 특징인 '비언어Non Verbal 퍼포먼스'에 '두드림의 언어'가 역설적으로 결합하기 때문일까?

이 모든 것이 〈난타〉의 특징이자 성공의 비결이라고 할 수 있다. 그런데 〈난타〉를 문화철학적 관점에서 보면 어떤 다른 특징을 발견할 수 있다. 곧 문화적 활동이 인간의 존재 의미에 어떻게 관여하는지 살펴본다면, 우리는 난타의 공연이 리듬과 소리에 앞서 '시각의 난장'을 만든다는 것을 발견할 수 있다. 그럼으로써 오히려 사람들의 '시선'이 아니라 사람들의 '관심'을 끌어당긴다는 것을 알 수 있다. 〈난타〉의 비밀은 바로 '시각의 분산화'에 있다.

시각 활동의 과잉화

전통적인 연극이나 고전 발레 아니면 오페라, 뮤지컬, 서커스 공연 등은 어떤 장면과 행위에 시선을 집중시킨다. 이런 공연은 무대 위에서 요란한 장면들을 연출해도 사람들의 시각 행위를 무대의 중심으로 집중시키려 한다. 이들 공연의 특징은 관객의 눈을 붙잡아두는 데에 있다. 이는 '관객觀客' 곧 '보는 손님'이라는 말에서도 알 수 있다. 연극은 관객의 시선을 배우의 연기에 붙잡아두고, 발레는 춤동작에, 서커스는 곡예에 붙잡아둔다. '넌버벌 퍼포먼스'라는 관점에서도 〈난타〉는 연극의 전통 주류에서 이탈하고 있다. 〈난타〉는 무언극이지만 소리의 연극이기 때문이다. 대사는 없지만 소리의 장단으로 침묵의 역설을 두드림으로써 무언극을 시각화하지 않고 청음화한다. 반면 연극의 원형 또는 연극의 진짜 힘을 보여준다며 시도되는 '피지컬 씨어터physical theatre'에서 시각은 전적으로 강조된다. 신체극과 마임이 대표적인 예인데, 대사를 제외하고 배우의 몸짓으로 극을 이끌어감으로

전통적인 연극에서 고전 발레, 오페라, 뮤지컬, 서커스 그리고 영화와 애니메이션에 이르기까지 그 특징은 보는 이의 시선을 붙잡아 두는 데 있다. 하지만 〈난타〉는 '시각의 분산화'를 통해 사람들을 긴장한 관객이 아니라 편안한 참여자로 이끈다.

써 극의 중심인 배우에 시각을 전적으로 집중시키기 때문이다. 이 경우 무언극은 배경 음악이나 음향이 있어도 시각적 차원이 더욱 강화된다.

시각화의 특성은 무대에서 펼쳐지는 게 아닌 스크린에 상영되는 영화에서도 발견된다. 그 특성은 별난 '기술적 방식'을 통해 극대화된다. 영화는 클로즈업의 예술이다. 그것은 시각의 집중을 극대화한다. 영화의 현란한 액션과 파괴 장면들도 그 요란함으로 시각을 분산시키는 게 아니라 바로 그 액션과 장면에 관객의 긴장된 시선이 모이게 한다. 영화가 다양한 차원을 활용해 현란한 환상을 제공할 때에도 시각적 집중은 강화된다. 최근 영화 〈아바타〉를 계기로 이른바 삼차원3D 영화가 새로운 트렌드가 돼가고 있다. 이도 시각적 효과와 즐김을 확장하는 것을 목표로 삼고 있다. 그 결과 시각은 더욱 긴장하고 시각적 활동은 극대화된다.

소리 예술인 음악에서도 그것이 공연의 방식을 취할 경우 관객은 '듣는 사람' 이자 동시에 '보는 사람' 이 된다. 그러므로 공연 기획자는 '보여지는 것' 들을 조직하는 데 노력을 기울인다. 가수와 연주자의 분장과 의상, 무대장치, 조명 등에 신경을 쓴다. 뮤직 비디오 역시 이런 특성을 반영하는 기술적 실례이다. 결국 청각 예술의 공연에 시각 예술적 요소가 여전히 중요한 기능을 한다. 이는 우리가 일상적으로 쓰는 말에서도 알 수 있다. 우리는 청각과 청음적 차원을 지닌 공연을 '보러 간다' 고 표현한다. 영화도 보러 간다고 한다.

시각은 수천 년 전부터 지금까지 예술 표현에서 핵심적인 것이다. 특히 공연 예술에서는 음악과 음향 그리고 대사가 시각적 표현과 함께 작품의 종합적 구성에 참여해도 시각이 핵심이 되어왔다. 영화와 애니메이션은 시각과 청각을 종합하는 예술임에도 불구하고 '영상예술' 이라고 불린다. 우리가 지금 문명사적으로 '영상문화의 시대' 에 있다고도 한다. 시각의 중요성을 강조하기 때문이다.

인간의 예술적 표현과 향유에 관심이 많았던 철학자 아리스토텔레스도 시각을 모든 감각 가운데서 으뜸이라고 했다. 더 나아가 그는 실물이 아닌 환상의 개념을 설명하는 데에도 상상을 유발하는 영혼의 작동 이상으로 시각을 강조한다. 그는 환상을 감각, 주관적 견해, 객관적 사고 등과 비교하면서 그리스어 '판타지아'가 빛을 뜻하는 '파오스'에서 유래함을 주목한다. 이것은, 인간에게 빛과 연관된 감각은 시각이고 시각은 감각 중의 감각 즉 '으뜸 감각'이며 판타지아는 '보는 것'과 연관 있다는 것을 뜻한다. 이는 사람이 상상한다는 것은 머릿속에서 뭔가 본다는 것을 강조하는 말이기도 하다. 이렇듯 시각은 오랫동안 인간의 예술문화 활동에서 중심적 역할을 해왔다. 그 결과 예술 창작에 디지털 기술까지 가세한 오늘날 인간은 바야흐로 '시각 활동의 과잉화'를 경험하고 있다.

즐거운 체념?!

그런데 〈난타〉는 시각을 집중하면서 즐기는 공연이 아니다. 바로 이 지점에서 〈난타〉가 공연 예술의 새로운 장을 열었다고 할 수 있다. 무대의 구성에서부터 배우의 연기에 이르기까지 이 퍼포먼스가 제공하는 것은 '시각의 분산화'이다. 이 공연의 무대에는 중심이 없다. 특별한 주연 배우가 있어서 그 연기에 집중하도록 하는 것도 아니다. 연기자들은 몇 가지 '묘기'를 선보이기도 하는데, 그 역시 대단한 묘기가 아니라서 관객이 집중해서 보는 게 아니다. 접시 돌리기, 플라이팬으로 공치기 같은 동작들은 묘기라기보다 난장판에서 부담 없이 즐기는 장난이다. 특별히 긴장해서 볼 필요가 없는 것들이다. 이들은 시선을 붙잡는 게 아니라 오히려 그저 즐기라고 편하게 놓아준다. 관객의 시각은 저도 모르게 왠지 슬슬 풀리는 과정에 내맡기게 된다.

네 명의 출연자가 각각의 도마를 난장의 리듬으로 두드릴 때에도 관객들의 시선은 어떤 중심에 집중되지 않고 지속적인 분산의 과정에 노출된다. 시각이 분산되면서 중심은 절로 사라진다. 이런 의미에서 그들은 긴장한 관객이 아니라 공연의 편안한 참여자가 된다. 이제 시각은 집중의 긴장에서 해체의 체념을 경험한다.

이런 즐거운 체념의 과정에 도마 소리가 동반한다. 그 소리는 일상의 소리이다. 그것은 비범함의 세계가 아니라 평범한 삶으로의 회귀를 알리고, 부엌이라는 누구에게나 잠재하는 보편적 향수를 자극하며, 밥과 음식이라는 삶에서 결여될 수 없는 것을 상기시킨다. 결코 시끄럽지 않고 오히려 점점 친근해지는 소리의 연속음으로 의식의 저 심연에서 또는 어떤 무의식에서 '흩어져 있다가도 다시 돌아가야 할' 장소를 불러낸다. 그 장소는 '온 가족이 함께함'의 의미로 충만한 곳이다.

공연은 시각의 분산화로 '중심을 놓아버린' 참여자들을 점차 '소리의 혼돈'으로 몰고 간다. 요리사들에다 매니저까지 장단의 난장판에 합세하는 엔딩 장면에서 배우들은 김치통을 비롯해서 간장통, 된장통 등 다섯 개의 거대한 양념통들을 마구 두드린다. 어느 순간 그들의 몸은 교차하는 조명에 묻혀 하반신밖에 보이지 않고, 그들이 만들어내는 소리의 카오스는 극장 안을 '하나'로 융합한다. 시선은 외부를 지향하지만 소리는 내부로 공명한다. 자아 밖을 향하던 관객 각자의 시선은 해체되고, 자아 내부를 향해 둥둥둥둥……. 그러다 웅웅 대는 소리는 관심의 공명이 되어 공동체적 융합에 이른다. 그 융합은 모든 게 얌전히 자리 잡은 하모니가 아니라 아무 것도 없을 것 같은 곳에서 뭔가 뿌옇게 우글거리는 카오스다.

카오스Chaos는 그 어원chainein이 가리키는 대로 '입벌림'을 뜻한다. 장단의 난장은 공연 참여자들을 소리의 원천 그 '끝없는 입벌림' 속으로 몰고 간다. 혼돈은 구별이 없어서 하나가 되어버리는 순간의 멍해짐이다. 그 멍함 속에는 어떤 섭리도 합리적 질서도 존재하지 않는다. 보고 구별하여 판단할 수 있는 어떤 것도 없다. 카오스는 '텅 빈 굴' 속 같다. 역설적으로 무無가 거기 있다. 우리는 혼돈의 입벌림에서 어처구니 없게도 무를 본다. 벌린 입은 잘 보면 비어 있다. 하지만 잘 들어보면 '텅' 비어 있다. 무는 어떤 것에 관여하고 있다. 아니 어떤 멍하고 텅한 것이 무에 관여하려 하고 있다. 시초는 '어떤 것'을 품고 있는 '무'처럼 나타난다고 하지 않았던가. 혼돈은 탄생의 시작이다. 그 멍함의 혼돈에서 뭐가 탄생할지 우리는 모른다. 다만 이 소란스런 공연이 역설적이고 신비롭게도 우리를 새로운 창조의 시발점에 데려다 놓는다는 것은 감지할 수 있다.

문화철학적 의미

난타는 진화하고 있다. 초연 때와 지금은 많이 다르다. 신종新種이기에 그 진화의 가능성 또한 한참 열려 있다. 하지만 시각의 해체에서 소리의 혼돈으로 이어지는 기본 맥은 같다. 이 맥이 공연 전체를 통해 어떻게 흐르는지 다를 뿐이다. 때론 새롭게 삽입된 구성 요소들이 이 맥을 더 잘 흐르게 할 수도 있고 아니면 오히려 방해할 수도 있다. 어찌 보면 〈난타〉도 시각을 이용하고 있다고 할 수 있다. 정확히 말해 역이용하고 있다. 시각의 집중과 강화가 아니라 분산과 해체라는 역설적 방법을 쓰고 있다는 것이 〈난타〉의 묘한 매력이다. 한 가지 분명한 것은 군더더기 없는 〈난타〉는 우리를 영상 문화의 지배로부터 해방시킬 가능성을 제시한다는 사실이다. 그것이 이 독특한 퍼포먼스가 미래를 향해 던지는 문화철학적 화두이다.

우리는 이 화두를 다양화할 필요가 있다. 〈난타〉는 시각이 지배하지 않는 또는 시각이 해체되어 별난 효과(그 가운데는 '이완의 편안한 즐거움'도 있다)와 묘한 매력(그 가운데는 '혼돈에 침잠하는 창조적 체념'도 있다)을 주는 공연 문화의 세계가 있고 다수가 그것을 즐길 수 있다는 가능성을 열었다. 이 가능성은 어떤 예술 장르에 국한된 철학적 주제가 아니다. 그것은 좀 더 보편적으로 인간 존재 양식의 또 다른 차원을 보여준다.

실례로 우리는 인간 존재의 문제를 탐구하는 철학이 시각적이 아니고 청각적이었던 때를 알고 있다. 시각문화의 거대한 패러다임을 세웠던 문자문화의 보편화 이전에, 석가와 공자 그리고 소크라테스처럼 대화로 철학하던 고대인들을 알고 있다. 지금의 철학뿐만 아니라 그것으로부터 파생하여 상징 기호를 기본으로 하는 수학과 과학을 비롯한 모든 학문은 시각중심적이다. 그 탐구의 결과로부터 파생한 문화도 시각중심적이다. 이러한 문화를 바탕으로 해석하는 인간의 존재 양식도 시각중심적이다.

비시각적 차원의 세계 또는 시각적 차원의 해체 경험을 향해 귀 기울이는 일, 그것이 우리 존재의 다양성을 보존해준다. 그것은 또한 즐거운 삶의 길을 찾을 수 있는 가능성 가운데 하나이다.

02

인간은 무엇을 보장받고 싶어 하는가?

: 이은결 〈마술 콘서트〉

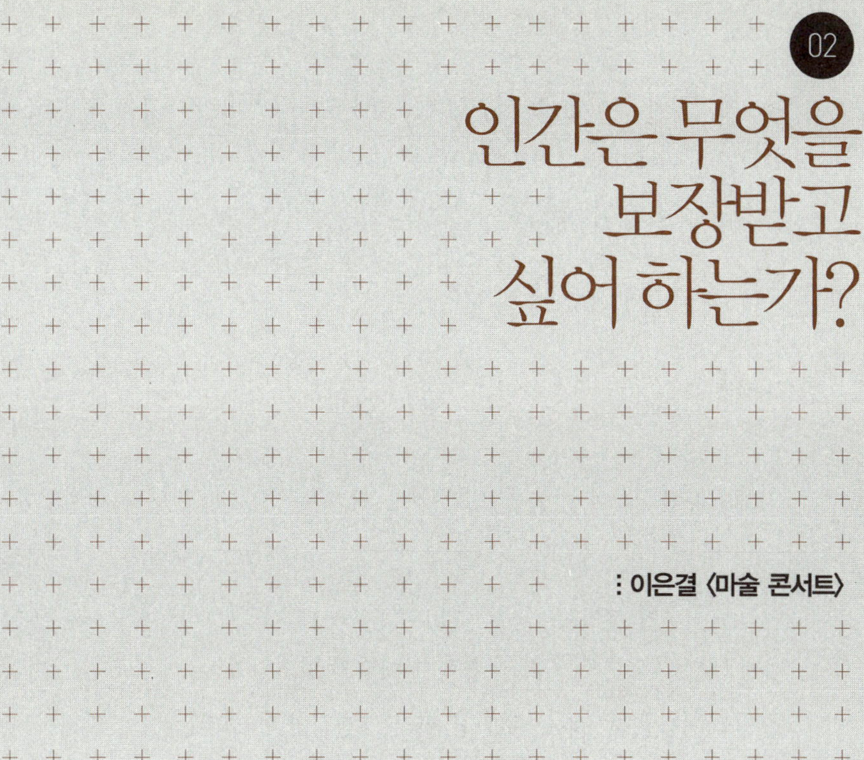

청년 마술사 이은결은 2007년 초 데뷔 10주년 콘서트를 열었다. 그리고 2007년 여름에서 2009년 여름까지 군복무를 마친 후 더욱 성숙한 모습으로 왕성한 활동을 하고 있다. 할머니, 할아버지, 엄마, 아빠 그리고 눈이 초롱초롱한 아이들까지 〈마술 콘서트〉는 모두 함께 즐길 수 있는 다양한 콘텐츠를 제공한다. 아기자기한 마술도 있고, 몸을 오싹하게 하는 마술도 있으며, 경이로운 마술도 있고, 정말 신비로운 마술도 있다

내가 부산에서 관람한 10주년 매직 콘서트에서도 이은결은 다양한 마술을 선보였다. 군 입대를 앞둔 시점이라서 그랬는지 더욱 진지하고 혼신의 힘으로 공연을 이끌어가는 것 같았다. 그 가운데서도 동심을 잃지 않은 어른들도 함께 즐긴 것은 아마 '새와 마술사의 동화'였으리라. 그림자놀이의

아기자기함과 꿈꾸는 소녀의 신비로움과 공중부양의 경이로움 속에서 흥미진진한 이야기를 멋지게 풀어냈기 때문이다. 그의 마술에는 누구에게나 다가갈 수 있는 친근감, 환상을 품은 일상, 기술적 파격 그리고 스토리가 있다.

마술의 정체

그런데 사람들이 마술을 보며 얻는 것은 무엇일까? 환상의 세계일까? 신비 그 자체일까? 탄성을 자아내게 하는 마술사의 재주일까? 알면서도 속는 속임수의 극치일까? 아니면 모든 것을 태어나게 하고 모든 것을 사라지게 해서 막강한 힘을 느끼게 하는 마법의 위력일까? 글쎄…… 나는 마술이 우리에게 주는 것은 '편안함'이라고 생각한다. 그것은 거의 절대적 안정감이라고 할 수도 있다.

뭐, 편안함과 안정감이라고? 아무것도 없을 것 같은 곳에서 새들이 뛰쳐나와 마구 날아다니고, 형형색색의 카드와 리본이 난무하며, 수평으로 누워 있는 사람이 수직 상승하고, 금방 무대에 있던 마술사는 사라지고, 천둥번개와 함께 관중석 한가운데에 마술사가 돌연 나타나곤 하는데, 편안하다니? 누군가 이렇게 되물을지 모르겠다.

하지만 그렇다고 세상의 종말이 온 건 아니지 않은가. 사라진 사람도 벼락 맞은 사람도 토끼로 변한 사람도 없지 않은가(토끼로 변했더라도 마술사가 주문을 걸어 곧 사람으로 되돌려놓았을 것이다). 마술사는 그 놀랍고 혼란스럽기까지 한 세계를 완벽하게 통제하고 있지 않은가. 이렇게 완벽하게 제어된 세계 말고 그 무엇이 안정감과 편안함을 주겠는가. 마술사야말로 자기가 하는 일을 완전 장악하고 있다. 진정한 마술사는 세계를 완전 제어하

—철학 광장

고 있다는 신뢰를 준다. 이런 신뢰는 세계가 있고 마술사가 있는 게 아니라, 마술사가 있고 세계가 존재한다는 느낌마저 준다.

디즈니 애니메이션 〈판타지아〉의 단편들 가운데 하나인 '마법사의 제자 The Sorcerer's Apprentice'는 마술의 이런 특성을 아주 잘 보여준다. 마법사의 문하에 들어간 미키 마우스는 마술을 제대로 배우기보다는 스승 밑에서 주로 허드렛일을 한다. 미키는 스승이 주문을 외어 오색 연기로 환상적인 생명체들을 만들어내는 것을 보고 무척 부러워한다. 그런데 자기는 오늘도 물을 길어 커다란 물통을 다 채워야 한다.

어느 날 물 긷는 일에 지친 미키는, 스승이 잠든 사이에 몰래 마법의 모자를 쓰고 스승이 하듯이 주문을 걸어 빗자루로 하여금 물을 긷게 하는 데 성공한다. 빗자루에 일을 시켜놓고 나서 미키는 편안히 쉬다가 잠들어버린다. 그리고 꿈속에서 온갖 마술을 다 부린다. 비를 오게 하고 천둥과 번개를 치게 하며 별들을 불러 모아 춤추게 한다. 곧 마술사 특유의 천체 감응력을 발휘한다.

그런데 빗자루는 물통을 다 채웠는데도 계속 물을 길어 나른다. 꿈에서 깨어난 미키가 화들짝 놀라서 아무리 말려도 전혀 그칠 기미가 없다. 마법사의 동굴 전체가 물로 가득 차 익사할 정도다. 미키는 할 수 없이 도끼로 빗자루를 산산조각 낸다. 그런데 한번 물 긷기의 주문에 걸린 빗자루의 조각들은 이제 '자기 복제'를 해서 수십, 수백의 빗자루가 되어 계속 물을 긷는다. 이것이야말로 가장 공포스런 장면이다. 끊임없이 자기 복제하는 자는 그야말로 제어 불가능하기 때문이다.

미키는 일단 마법을 거는 데는 성공했지만, 마법의 효과를 제어하는 데는 실패한 것이다. 마법을 제어하고 푸는 방법을 배우기도 전에 스승의 흉내를 내 마법을 건 것이 애초 잘못인 것이다. 마법이 뭔가 해내는 능력이라

마술사는 온갖 재주를 부려서 긴장감을 조성하고 무대 위를 첨예한 위기
의 순간들로 가득하게 만든다. 하지만 이 모든 것은 마술사의 통제 아래
있다. 진정한 마술사는 세계를 완전히 '제어'하고 있다는 신뢰를 준다.

면, 미키의 마법은 미완의 능력이다. 그것은 미키의 '기술'이 여물지 않았기 때문이다. 그는 아직 마술사가 아닌 것이다. 마술사의 정체성은 '제어의 능력'에 근거한다.

마술사는, 아무리 이 세상을 뒤집어놓을 것 같은 마술을 부려도, 모든 것이 자신의 통제 아래 있다는 것을 보여줌으로써 사람들을 편안하게 해준다. 이는 이은결의 〈마술 콘서트〉에서도 마찬가지다. 특히 이은결의 마술은 그가 어디선가 말했듯이 왠지 모르는 '수줍음'을 담고 있어서, 편안함의 정도를 상승시킨다.

매직 콘서트는 다른 공연이나 콘서트와 달리 무대뿐만 아니라 객석과 복도 등 극장 전체를 다양하게 활용한다. 언제 어디서 뭐가 기어다니고 튀어나오며 날아오를지 모른다. 어느 순간 아름다운 요정이 객석 위를 날면서 금가루를 뿌리고, 마술사가 돌연 내 옆에 나타나 어깨동무할지 모른다. 매직 콘서트의 무대와 객석에는 이 세상 온갖 것들이 다 있는 듯하다. 이런 의미에서 콘서트^{concert}라는 말은 역설적으로 마술 공연에 썩 잘 어울린다. '함께 겨루면서 어울리다'라는 어원적 의미를 갖고 있기 때문이다.

공연장에서는 이 세상 온갖 것들이 함께 겨루면서 어울린다. 여기서 '겨룬다'는 의미는 마술의 특성에 걸맞다. 공연에는 제어하는 자와 제어되지 않을 것 같으면서도 제어되는 대상이 서로 치열하게 겨루기 때문이다. 세계 최고 수준에 있다는 이은결의 카드 매니플레이션도 카드와 손가락의 겨룸과 어울림이다. 카드는 손가락 사이에서 곧 빠져 나갈 것 같으면서도 결국은 손가락과 어울리고 만다.

겨룸은 곧 어울림이다. 겨룸의 과정에서 살아나는 어울림이야말로 최고의 경지에 이른 어울림이다. 그것은 고대 그리스의 철학자 헤라클레이토스가 변증법의 원칙으로 설파한 '폴레모스'를 거쳐 창발하는 '하르모니아'

이다. 곧 '싸움'을 거쳐 이루어내는 '조화'이다. 모든 조화는 완벽한 제어의 표상이다. 바로 이 과정의 고삐를 쥐고 그 완벽한 표상의 안정감을 제공하는 자가 마술사이다. 그러므로 마술 공연장에서 공연의 주체로서 마술사는 거의 절대적이다.

제어의 욕망과 현실

이런 점에서 마술사의 능력은 모든 분야의 전문인들에게 선망의 대상이다. 특히 정치인과 경제인은 자기 분야에서 '마술사'가 되고 싶어 한다. 자기가 실행하고 있는 일들, 자기가 책임지고 있는 일들을 완벽히 제어하고자 하기 때문이다. 하지만 제어의 마술이 어디 그리 쉬운 일인가. 그래서 그들은 통상 자신이 맡은 바를 '제어하고 있는 척' 한다. "걱정 마세요. 정치 잘 돌아가고 있어요"라고 한다든가, "염려 마세요. 경제 위기 오지 않습니다"라고 사람들에게 안정감을 주려 한다.

그러나 마술사는 오히려 온갖 재주를 부려서 긴장감을 조성하고 모든 것이 불안정해서 곧 무너질 것 같은 상황을 연출하며 마술이 창조하는 세계 자체가 곧 무슨 일이 일어날 듯 첨예한 위기의 순간들로 가득하게 만든다. 더구나 마술사의 주특기는 '사라지게' 하는 기술이다. 그는 뭐든지 사라지게 할 수 있다. 빤히 보고 있는데도 사라지게 한다. 사라진다는 것은 극단의 위기 상황이다. 경제인은 중앙은행의 돈이 모두 바닥날 것 같은 위기 상황에서도 사라진 것 없다는 듯 경기 활성화를 역설한다. 정치인은 국가의 몰락 위기에서도 사라질 수 없다는 듯 권력을 지키려 한다. 그러나 마술사는 오히려 곧잘 "자 보세요! 제가 사라집니다"라고 하며, "앗싸! 이제 곧 세상이 사라집니다"라고 할 수도 있다. 하지만 마술사는 이 모든 것을 다시 나타나게 할 수도 있다.

마술사는 극단적으로 통제할 수 없는 상황에 있는 척 한다. 하지만 이 모든 것은 마술사의 통제 아래 있다. 이것이 결국 역설적으로 제어의 안정감을 가져다준다. 〈마술 콘서트〉의 진정한 마술은 각각의 마술이 아니라 이런 마법적 상황이리라. 편안함이라는 인간이 가장 보장받고 싶어 하는 것을 역설적 방식으로 제공하기 때문이다. 마술은 우리 인간에게 제어의 욕망이 얼마나 강하게 잠재하고 있는지 보여주는 그야말로 마법의 거울이다.

마법과 마술의 본질로서 제어의 능력은 또한 과학·기술과 매우 유사한 점과 동시에 아주 상이한 점을 보여준다. 마법사의 제자 미키의 꿈에서처럼 마법은 전통적으로 '천체 감응력'을 가지려고 했다. 그 천체 감응력을 바탕으로 대자연을 제어하는 기술을 갖고자 했다. 그것을 함축된 상징 언어로 나타낸 것이 주문呪文이다. 한편 고대로부터 과학은 우주의 법칙을 수식數式에 함축하려 했다. 그러므로 상징 언어로서 수학의 기호들을 개발했다. 수학 방정식으로 함축한 자연의 법칙과 그 기술적 응용은 자연에 대한 과학·기술의 제어 방식이다. 여기까지는 마법·마술과 과학·기술이 매우 유사하다.

하지만 과학·기술은 그 자신의 엄청난 효과를 제어하지 못하고 있다. 그래서 '부작용'이라는 꼬리표를 달고 다닌다. 반면 마술은 그 자신의 효과 자체를 제어하는 것을 본질로 한다. 이 점에서는 두 분야가 아주 다르다. 현란한 〈마술 콘서트〉가 제공하는 역설적 편안함 속에서 우리는 바로 '자기 제어'라는 오늘날 그 무엇보다 소중한 철학적 화두를 얻는다. 더구나 현대 과학은 천체 감응력뿐만 아니라 유전자와 소립자 같은 미시 세계의 지배력을 오만하게 열망한다. 뛰어난 능력을 발휘하면서도 수줍음을 잃지 않는 이은결의 마술은 과학에게도 '수줍음을 동반한 능력'의 의미를 성찰하는 순간을 제공해줄지 모른다.

　대중문화의 미덕은 다양한 분야의 관심을 서로 연계해준다는 데에 있다. 이제 정치인, 경제인, 과학자, 철학자가 마술 콘서트에 모두 함께 가서 즐기고 공연을 주제 삼아 대화를 나누며 성찰의 화두를 하나씩 찾아봄이 어떨지.

03

몸의 내적 융합에서 자유를 보다

: 비보이 공연

20세기 말부터 지금까지 사람들은 마치 잊고 있었던 것을 새롭게 발견이라도 한 듯 몸에 대해 각별한 관심을 갖고, 몸에 대한 역사적·과학적·인류학적 담론들을 생산해내고 있다. 몸의 발견, 아니 재발견은 우리 시대의 중요한 화두이다. 무엇보다도 '몸이 곧 나'라는 의식은 현대의 정체성 개념 형성에 많은 영향을 끼친다. 그럼으로써 근본적 존재로서 몸의 의미가 부각된다. 대중문화와 함께 몸의 의미는 미학적 차원에서도 다양하게 부상하고 있다.

오늘날 대중문화의 중요 장르로 부상한 비보이b-boy들의 춤, 곧 비보잉b-boying은 몸에 대한 진지한 철학적 성찰의 통로를 제공한다. 비보잉을 관조하면서 '몸이 곧 철학이다'라고 표현해도 지나친 말은 아니리라. 비보이 공연은 예술 표현의 전통을 역설적으로 뒤집는다는 점에서도 철학의 속성을 지니고 있다. 그것은 철저히 구심력적이라는 점에서 예술 표현의 원심력적인 특성을 전도시킨다.

구심력적 표현

예술은 표현이다. 이것은 상식이다. 표현은 외부 지향적이다. 이런 의미에서 전통적 예술 표현은 원심력적이다. 화려한 외부 지향성의 고전 발레가 대표적이다. 무대에서 발레리나의 몸동작들은 손끝에서 발끝까지 완벽한 외부 지향적 표현을 완성하기 위해서 찬란하게 반짝거린다. 발레 무대의 색감도 이런 동작들과 보조를 같이 한다.

그러나 비보이의 움직임은 철저히 내부 지향적이다. 그러므로 구심력적이다. 역설적으로 비보이 공연은 '표현'이 아니라고까지 말할 수 있다. 비보이의 몸동작을 한번 보라. 격렬하게 '운동'하며 춤추고 있지만, 그것은 외부를 향한 표현이라기보다 철저한 '자기향유' 그 자체이다. 그를 바라보는 사람에게는 표현이 되겠지만, 비보이는 자기향유를 위해 격렬한 진지함으로 몸을 움직이고 있을 뿐이다.

이것은 또한 생명력의 발현 그 자체이다. 비보이의 움직임이 공감을 주는 것은 바로 '살아 있다'는 것을 가장 집약적으로 보여주기 때문이다. 싱싱한 생명체가 여기 있다. 그것이 지금 여기에서 자기 존재를 만끽하고 있다. 이것이 비보이 공연의 본질이며, 관객의 입장에서는 생명의 표현을 접하게 해주는 예술이 된다. 철학자 화이트헤드^{W. N. Whitehead}가 일찍이 간파하지 않았던가. "생명은 절대적이고 개체적인 자기향유^{self-enjoyment}를 내포한다"고. 생명체로서 비보이의 춤사위가 보여주는 것은 화이트헤드의 통찰과 그리 멀지 않다. 비보이들의 공연에서 비보이 각자의 춤사위는 각별한 의미가 있다. 그것은 독특한 개별적 자기향유이며 그 자체로 생명의 절대적 충만함을 보여준다.

비보이의 몸짓은 나를 향한 '생명의 힘'이다. 그럼으로써 비보이 문화는 전형적인 '나' 문화가 된다. 비보이 공연은, '나' 문화를 향유하는 사람이 우리를 위해 표현하는 게 아니라, 나의 자기향유를 공개적으로 실천함으로써 그를 바라보는 우리 안의 '나'를 불러일으키는 감성적 효과를 낸다. 이런 생명력의 전파 앞에서 비보이 공연을 바라보는 관객 치고 나 역시 비보이가 되고 싶다는 충동을 느끼지 않기란 불가능할지 모른다. 여기에 나를 향한 구심력적 생명 원리의 힘과 그 역설적 파급 효과가 있다.

내적 응축으로서의 자유

이 지점에서 비보이의 몸동작을 관조하며 얻는 철학적 화두는 점점 더 흥미진진해진다. 구심력적 생명 원리는 바로 '자유'의 의미에 대한 새로운 시각을 던지기 때문이다. 자유의 전통적 의미는 방사선적 자기 표출이다. 그러므로 나의 자유가 타인의 자유를 침범하며 갈등하는 것이 인간 고뇌의 핵심이다.

그러나 온몸으로 즐기는 비보이의 자기향유는 생명 원리로서의 자유가 '내적 응축' 그 자체라는 것을 보여준다. 비보이의 춤은 사지의 말초 신경에서부터 모든 에너지가 몸통의 그 어느 핵심을 향해 핵융합하듯 응축하는 과정에서 창작되는 것이기 때문이다. 그것은 남을 침범하지 않으며 자기를 소모하는 몸동작이다.

어쩌면 비보이의 춤은 가장 최소의 공간에서 자기 응축으로서의 자유를 만끽하는 행위인지 모른다. 전통적 의미의 자유가 본질적으로 외부의 한계를 부수고 나가려는 경향을 보인다면, 비보잉은 자유의 에너지를 내적으로 응축 해소함으로써 외적 한계와의 갈등을 미리 배제한다.

내적 응축으로서의 자유라는 차원에서 비보잉은 또한 명상과 유사하다. 엉뚱한 비유라고 탓할 독자가 있을지 모르겠다. 그러나 명상이란 무엇인가? 그 사전적 정의가 무엇이든, 명상은 정신의 내적 응축으로 도달하는 자유의 경지가 아닌가? 명상하는 사람은 평온하고 자유롭다고 한다. 명상하는 사람이 차지하는 공간은 자신의 몸이 차지하는 공간이다. 명상하는 사람은 주로 부동의 자세를 취한다. 그는 움직이지 않지만 내적으로 무척 자유롭다. 또한 명상하는 사람 자신은 무한히 자유로울 수 있어도 남의 자유를 침해하지 않는다.

명상과 비보잉은 수련修鍊이라는 점에서도 서로 유사하다. 가부좌를 틀고 앉아서 눈을 감고 있으면 그냥 명상의 세계에 빠져드는 게 아니다. 가만히 앉아 있기 위해서도 수련이 필요하다. 지속적인 수련의 과정을 거쳐야 정신적 에너지가 내적으로 응축된 명상의 자유를 얻을 수 있다. 수도의 길이란 연습의 과정이다. 비보이가 되기 위해서 "악착같이 연습하고 또 연습한다"는 한 소년은 수련의 의미를 몸소 체험하고 있는 것이다. '헤드스핀' 이든 '윈드밀' 이든 비보이의 춤 기술은 끈질긴 수련의 과정을 거쳐 자연스레 몸이 기억하게 되는 것이다. 기술이 완전히 자기 것이 되었을 때 비보이들은 자유롭게 춤출 수 있다. 비보이의 길도 수도의 길이다.

아리스토텔레스에 따르면 신은 '부동의 쾌락을 즐기는 존재' 이다. 곧 가만히 있어도, 아니 가만히 있음으로써 무료하거나 지루하지 않고 즐겁고 행복한 존재이다. 인간은 신의 쾌락에 조금이라도 가까이 가기 위해서 신을 흉내 낸다. 명상은 신적 부동의 쾌락을 흉내 내는 것이라고 할 수 있다.

'자유'는 비보이의 몸동작을 보며 얻는 흥미로운 철학적 화두이다. 전통적 의미의 자유는 밖으로 향하는 자기 표출인데 반해, 비보이의 춤은 사지의 말초 신경에서부터 모든 에너지가 몸통의 그 어느 핵심을 향해 핵융합하듯 응축하는 과정이라는 점에서 자유의 또 다른 차원을 엿보게 한다.

내적 응축으로 어떤 경지에 이른다는 것은 아주 멀리서나마 신에 가까이 가는 것이라고 할 수 있다. 비보이들은 때로 경탄을 자아내게 하는 '신기에 가까운' 솜씨를 보인다. 몸의 부동을 유지하는 명상과 달리, 그들은 운동의 내적 응축으로 신기의 경지에 이름으로써 명상과 유사한 목적을 달성하는지 모른다.

유래와 미래

내적 응축의 자유로서 외적 한계와의 갈등을 미리 배제한다는 비보잉의 특성은 어쩌면 비보이 문화의 발생과 연관 있을지 모른다. 일설에 의하면 비보이 문화는 1970년대 미국 뉴욕의 뒷골목에서 생성되어 퍼져나갔다고 한다. 흑인들 차지였던 뉴욕의 뒷골목에 히스패닉계가 몰려들기 시작하면서 자연스레 흑인과 히스패닉의 패권 다툼이 벌어졌다. 당시 비트가 강한 음악에 브레이크 댄스의 빠른 리듬이 입혀진 힙합이 유행하기 시작했는데 그들은 힙합을 출 때만은 서로 공격하지 않기로 약속했다고 한다.

그러고는 서로 상대 구역으로 몰려가 상대의 기氣를 죽이기 위해 온갖 동작으로 묘기에 가까운 춤을 추며 시위를 벌였는데, 이것이 비보이들의 경연대회에 '배틀Battle'이라는 말이 붙게 된 연유란다. 이 때문에 투쟁의 공포 속에서 탄생했지만 평화와 안식을 갈구하고 폭력과 가난에서 벗어나려는 '자유의지'가 담긴 춤이 된 것이다.

브레이크 댄스를 추는 비보이는 미국에서 탄생했지만, 오늘날 한국의 비보이들이 세계 최고로 인정받고 있다. 비보이들은 도시의 고양이처럼 살금살금 다가와, 남녀노소 구분 없이 관객 깊숙이 파고들더니, 어느덧 국악의 리듬에 맞춰 신명나게 춤출 줄 알게 되었고, 춤의 여왕 발레리나의 사랑도

받게 되었다.

현대에 와서 몸의 문화는 '몸이 곧 나'라는 정체성 차원의 변화를 가져왔다. 이제 비보이 문화와 함께 생명 원리로서 몸, 자기향유로서 몸 그리고 내적 자유 실현으로서 몸의 의미가 부상하고 있다. 이제 우리는 고귀한 정신의 위치에서 비천한 몸의 활동을 염려할 게 아니라, '몸을 통한 자기향유에서 피어나는 새로운 정신은 무엇일까'라고 물어야 하지 않을까? 몸의 기예技藝적 활동에서 어떤 정신이 피어날 것인지 진지하게 관조하는 것은 오늘날 철학의 과제이다.

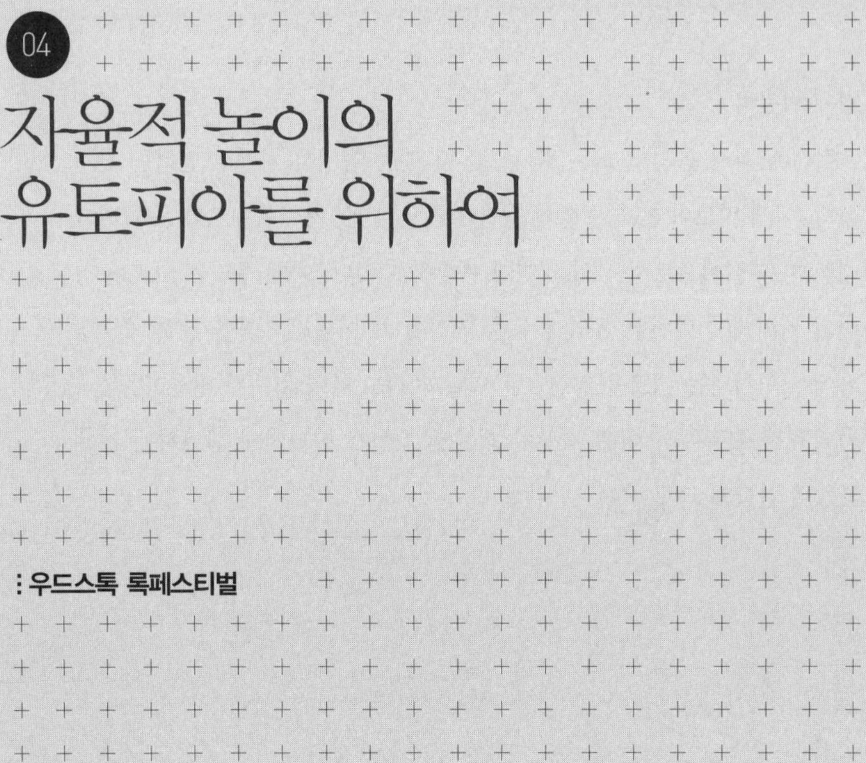

04

자율적 놀이의
유토피아를 위하여

: 우드스톡 록페스티벌

"와우! 여름방학 동안 '록Rock 콘서트'에 갈 기회가 있다는 건 신나기도 하지만 정말 보람 있는 일이에요. 우드스톡에 비할 바는 아니지만……." 언뜻 본 텔레비전 인터뷰에서 한 젊은이가 환한 얼굴로 답하고 있다. 그 청년은 '우드스톡Woodstock'의 시대에 태어나지도 않았지만, 마치 그 시대에 살았던 것처럼 말하고 있다. 우드스톡은 록페스티벌의 전설이다.

1969년 8월 15일부터 미국 뉴욕 주에 있는 우드스톡 근교의 농장 터에서 3박 4일 동안 열렸던 록페스티벌은 역사적 사건이었다. 어떤 사람은 1969년 여름 인류 역사에 큰 획을 그었던 두 사건으로, 인간의 달 착륙과 우드스톡 록페스티벌을 손꼽기도 한다. 하나는 지구 밖에서, 다른 하나는 지구 안에서 일어난 '큰 일'이라고 한다. 문화사적으로도 우드스톡은 대중문화가 어떤 방식으로 어디까지 파장을 몰고 올 수 있는가를 보여준 사건이었다.

자유와 평화의 갈등

그러면 우드스톡은 이런 역사적 의미를 넘어서 우리에게 어떤 철학적 화두를 던질까? '삼 일 동안의 평화와 음악3 Days of Peace & Music' 이라는 구호에도 잘 나타나 있듯이, 록페스티벌은 '평화' 의 주제를 내걸고 있었다. 당시 미국과 소련이 첨예한 냉전 상황에 있는데다 베트남 전쟁이 한창이어서 반전이 중요한 이슈였고, 흑백 인종차별로 인한 사회적 분열과 갈등에서 받은 깊은 상처의 치유와 평안의 욕구 또한 강렬했던 것도 사실이다. 이는 당시 페스티벌에 참가한 수십만 명의 사람들이 평화의 구호를 외치며 환호하는 광경에서도 충분히 감지할 수 있다.

그런데 페스티벌의 첫 연주자 리치 헤이븐스Richie Havens가 무대에 등장할 때다. 장내 아나운서는 이렇게 소개한다. "오늘 여러분들은 수많은 노래들을 듣게 될 것입니다. 하지만 그 노래들은 모두 같은 주제를 담고 있습니다. 그것은 이곳에 모인 우리 모두를 위한 것이자 이곳에 오지 못한 모든 사람들을 위한 것이며, 언젠가 여러분들을 기억할 모든 사람들을 위한 것입니다." 그러자 헤이븐스가 특유의 기타 연주와 함께 저 두터운 저항의 파열음으로 노래의 첫 마디를 푸른 천공을 향해 쏟아낸다. "프리덤Freedom !"

자유! 그렇다, 우드스톡은 평화 속에서 자유를 갈구한 사람들의 페스티벌이었다. 그것은 인간 존재의 저 심연에서부터 일상적 실존의 복잡다단한 차원에 이르기까지 인간이라면 누구든 열망하는 것이다. 그것을 내건 페스티벌은 감동적인 사건이었다. 하지만 평화와 자유는 갈등하지 않고 잘 공존할 수 있을까? 각 개인이 자유를 갈구하는 과정에서 평화는 위협받지 않을까? 공동체의 평화를 위해서 개인의 자유는 많이 제한되어야 하지 않을까? 우드스톡 록페스티벌은 한 마디로 엄청난 수의 사람들이 해결할 수 없을 것 같은 과제를 내걸고 함께 그것을 시험한 셈이었다.

철학자 칸트Immanuel Kant도 '각 개인의 자유가 타인의 자유와 어떻게 공존할 수 있는가' 하는 것이 인간 공동체의 핵심적인 문제라고 했다. 각자의 자유는 서로 부딪치고 상처를 주며 공동체의 평화를 해칠 수 있기 때문이다. 구체적으로는 규율과 조정을 바탕으로 가능한 한 최대 자유를 실현한다는 이념이 인간의 최대 행복 실현이라는 욕구에 선행하며, 모든 공동체 건설에 바탕이 되어야 한다고 믿었다. 그런 자유가 실현되면 행복은 따라온다고 믿었다.

그래서 공동체 구성원 개인의 자유와 행복을 최대한으로 보장한다는 유토피아의 상상에서도 규율과 조정의 방식은 필요하며 구체적으로 정해진다. 토머스 모어Thomas More가 상상한 나라에서도 이런 통제를 위해서 아마우로툼의 원로들이 있고, 캄파넬라Tommaso Campanella의 〈태양의 나라〉에서도 형이상학자 그룹이 이런 일을 맡으며, 프랜시스 베이컨Francis Bacon의 〈새로운 아틀란티스〉에도 솔로몬 전당의 회원들이 과학적 규율을 담당한다.

자율의 실천

그런데 우드스톡은 록페스티벌이라는 '혼란스런' 행사 안에서 '자유롭고 평화롭게 공존할 가능성'에 관한 흥미로운 사례를 제시한다. 주최 측은 행사장에 최대한으로 약 20만 명이 몰릴 것으로 예상했었다. 그러나 40만 명 이상으로 추정되는 인파가 몰린 페스티벌 현장은 순식간에 도시 하나가

새로 형성된 것과 같았다. 그러나 그곳에는 모든 도시에 필요한 통제 수단
이 없었다. 행정 공무원도 없고 공안 요원도 없고 경찰도 없었다. 그런데
갑작스레 폭우까지 쏟아지는 돌발 사태에도 이 거대한 행사는 큰 사고 없
이 평화롭게 진행되었다. 오히려 사랑에 빠진 젊은 남녀가 청혼하고 새로
운 생명이 태어나는 경사는 있었다. 주최한 사람들도 참여한 사람들도 기
적 같은 일이라고 마주 보고 즐겁게 웃을 뿐이었다.

하지만 이에는 우리가 지속적으로 성찰해야 할 이유가 있다. 그런 일이
가능했던 것은 각 개인의 자유가 '자율의 실용성'을 확보했기 때문이다.
그럼으로써 권력이 부재했기 때문이다. 주최 측은 예상 밖으로 수많은 사
람들이 몰려오자 참여자들의 자율 의식에 호소했다. 물론 록 음악이라는
공통의 관심 또한 크게 작용했다. 모두 함께할 수 있는 공통의 놀이가 존재
한다는 것은 중요한 요소였다.

그러나 무엇보다도 자유가 자율과 함께할 때 평화가 가능했다. 우드스
톡은 '자율적으로 놀이하는 인간들의 모임이 유토피아'임을 보여준 실례
였다. 이는 유토피아의 새로운 차원을 보여준다. 유토피아는 보통 정적인
평온함을 상징한다. 하지만 우드스톡 록페스티벌은 놀이처럼 역동적이고
열광적인 상황에서도 평화로울 수 있다는 것을 보여줬다는 점에서 흥미
롭다.

자율을 실천하면 권력이 부재하게 된다는 것은 이제 당연한 말처럼 들리
지만 사람들이 흔히 잊고 있기 때문에 매우 중요하다. 사람들이 점점 자율
적으로 행동할 때 권력 행사는 점점 줄어든다. 주최 측은 행사를 조직하는
과정에서 가장 어려웠던 일이 '정치적인 것'이었다고 했다. 다시 말해 공
적 권력으로부터 허가를 얻는 일, 행사장 인근 지역 주민들의 동의를 얻는
일 등은 쉽지 않았다. 그것은 권력을 지니고 행사할 수 있는 대상과 타협하

1969년 인류의 역사에 큰 획을 그었던 두 사건은 인간의 달 착륙과 우드
스톡 록페스티벌이었다. '3일 동안의 평화와 음악'이라는 구호로 진행
되었던 이 축제에서 우리는 '자율적으로 놀이하는 인간들의 모임이 유
토피아'임을 확인한다.

는 일이었기 때문이다. 그러나 막상 페스티벌이 시작되면서 모든 게 자율적으로 진행되었다. 그러므로 행사장 내부에서 권력으로 질서를 잡아야 할 일도 행사 외부의 권력이 타율적으로 페스티벌에 개입할 일도 없어졌다. 이런 권력의 부재는 인류가 상상해온 여러 유토피아에도 있지 않은 일이다. 언급했듯이 유토피아에도 규율과 조정을 위한 권력이 존재하기 때문이다.

권력과 정치가 부재했던 것만큼 '경제적 체념'도 있었다. 예상 밖으로 많은 사람들이 몰려오자 페스티벌을 주최했던 젊은이들은 매표소가 필요 없음을 선언했다. "콘서트는 이제부터 무료입니다." 그들은 경제적으로 큰 손해를 보았다. 실제로 '상업적으로는 쫄딱 망했다'는 말이 그 상황에 걸맞았다. 그들 말대로 '재정적 파탄financial disaster'을 맞은 것이다.

페스티벌 참여자들이 "여긴 아무도 돈 없어요"라고 하는 말도 경제적 이해관계의 부재를 잘 보여준다. 물론 그런 가운데서도 흥미로운 경제 현상은 있었다. 햄버거 판매를 비롯해 이런저런 장사꾼들도 있었기 때문이다. 당시 많은 참여자들이 자본주의 이데올로기에 식상한 히피들이라지만, "그래 햄버거 몇 개 사서 그 친구 도와주지 뭐"라고 할 만큼 탈脫이데올로기적 연대감도 보였다. 자신과 입장이 다른 사람도 속된 말로 "귀엽게 봐주려고" 했다.

자율적일 때 권력의 통제는 필요 없어지고 권력의 '지원'이 따른다. 페스티벌에서 미국 군대도 지원의 한몫을 했다. 군 당국은 우드스톡에 적지 않은 의료팀을 보냈다. 젊은이들에게 감동을 준 대규모 지원은 주민들로부터 왔다. 주민들 사이에는 매우 보수적인 사람들도 있었다. 히피 차림의 젊은이들을 보기조차 싫어했고, 축제 참여자들을 마약이나 하는 사람들이라고 고까운 시선으로 보기도 했다. 하지만 삼 일 동안 계속된 진지하고 자율적이며 평화로운 축제는 그 어느 누구도 감동하게 할만 했다. 농부들도 자진해서 젊은이들과 손잡고 싶어졌다.

우드스톡 록페스티벌이 삼 일째 되는 날 아침, 먹을 것도 떨어지고, 전날의 폭우로 온통 진흙탕으로 변한 곳에서 밤을 지새우느라 지친 젊은이들에게 농부들은 음식을 장만해서 가져왔다. 행사장 바로 인근이 아닌 농장에서도 음식을 보내며 원격 지원을 했다. 장만한 음식을 풀어놓으며 농부들은 이렇게 말했다. "좋은 아침입니다. 지금 우리 머리를 꽉 채우고 있는 것은 어떻게 하면 잠자리에서 깬 40만 명에게 아침 식사를 전해줄까 하는 것입니다. 그것도 간단한 식사대용품이 아니라 훌륭한 아침식사를 말입니다."

농부들은 악천후 때문에 지쳐 있을 젊은이들에게 위로의 말도 잊지 않았다. "우리 모두는 서로가 서로를 느끼고 있습니다. 여러분들 여긴 천국이에요. 재난이 닥친 곳에 항상 천국이 깃든다는 것 아시죠!" 자유와 평화 그리고 자율적 놀이의 유토피아를 가능하게 했던 사람들에게 '작은 천국'이라는 보상이 주어진 것이다.

축제의 보람

자율적 놀이의 대축제였던 우드스톡의 유토피아는 오래 지속되지 않았다. 놀이가 비일상적 성격을 갖는 이상 오래 지속될 수도 그럴 필요도 없었다. 하지만 3박 4일 페스티벌은 그 지속 기간 이상의 의미를 남겼다. 우드스톡은 그 후의 록페스티벌들이 이상으로 삼고 실천해야 할 모델이 되었다. 실천적 의미에서의 유토피아가 되었던 것이다. 오늘도 록 콘서트나 페스티벌의 미덕은 젊은이들에게 '공동체의 이상향'을 맛볼 수 있는 기회를 제공한다는 데에 있다. 그것은 보람 있는 일이다.

한 젊은이가 "록 콘서트에 갈 기회가 있다는 건 신나기도 하지만 정말 보람 있는 일"이라고 했다. 당연히 신나겠지만, 정말 보람 있기는 쉽지 않다. 짧은 기간이지만 자율적 놀이의 유토피아를 실천하고 실감하는 일이기 때문이다. 실천한다면 평생 남을 보람이 될 것이다. 그런 경험을 못한 사람을 불행하다고 해도 좋으리라. 그래서 우드스톡의 젊은이들은 자신들의 페스티벌을 "3백만 년 지속될 3일 간의 축제3 days festival lasting 3 million years"라고 과장하기도 했다. 하지만 이런 과장은 귀엽고 진지하다. 그들 자신의 보람뿐만 아니라, 농부와 군인들을 비롯해 그들을 지원했던 수많은 사람들과 그들을 지켜본 수많은 사람들이 간직할 보람을 염두에 둔 역사적 의식이 담긴 과장이기 때문이다.

인류의 달 착륙과 우드스톡 록페스티벌을 1969년의 획기적인 두 사건으로 꼽은 것도 허황된 과장은 아니리라. 한편에서는 온통 과학 기술의 갑옷을 입은 인간의 우주 개척을 온 지구인이 환호했고, 한편에서는 반쯤 벌거벗은 히피 인간이 대지에서 아우성치는 소리가 의식의 메아리처럼 천공에 울려 퍼졌으니까 말이다.

05

가면의 뒤 그리고 가면의 앞

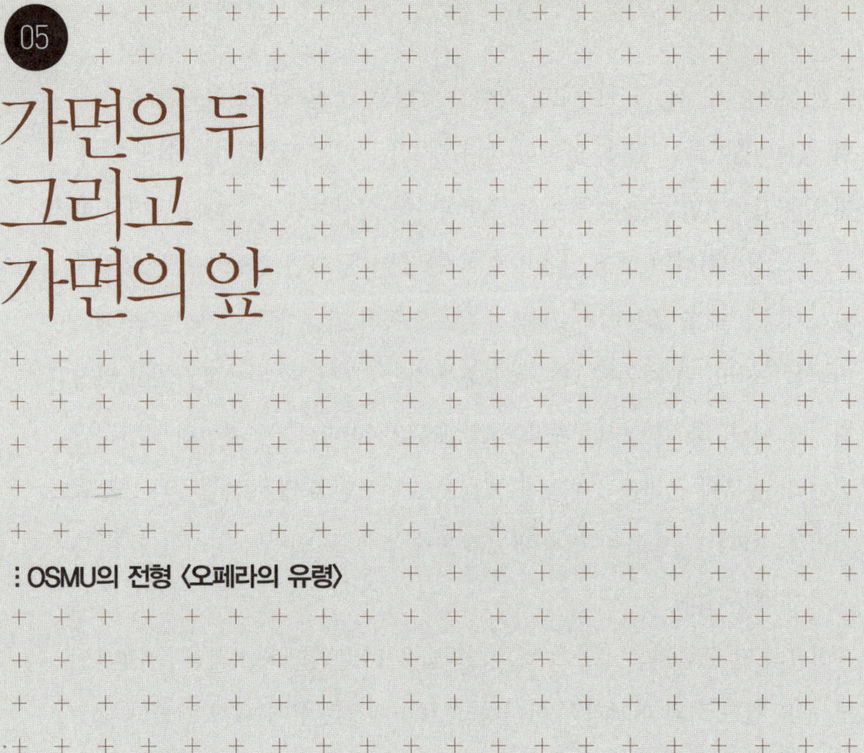

: OSMU의 전형 〈오페라의 유령〉

가스통 르루Gaston Leroux의 소설 〈오페라의 유령〉1911년은 연극, 영화, 애니메이션, 뮤지컬을 통해 대중에게 더 많이 알려졌다. 이른바 '단일원천 다중활용One Source Multi-Use' 된 작품의 전형이라고 할 수 있다. 특히 1980년대에 캐머런 매킨토시Cameron Makintosh가 제작하고 앤드류 로이드 웨버Andrew Lloyd Webber가 음악을 맡은 뮤지컬은 세계적인 성공을 거두었다. 이 작품의 매력은 무엇일까?

연극이든 뮤지컬이든 예술 장르 구분 없이, 이 작품의 매력이자 마력은 가면의 비밀에 있다. 가면의 앞과 뒤에 '모든' 것이 있기 때문이다. 소설에서는 주인공 에릭의 파란만장한 삶과 그가 뛰어난 재능으로 만든 비밀의 방, 신비로운 거울, 지하 통로 등이 가면의 의미 못지않게 긴박한 스토리와 함께 독자를 끌고 가지만, 르루의 작품이 이미지화되면서 가면의 의미는 더욱 작품의 중심에 자리 잡는다. 바로 눈에 보이는 미(美)와 추(醜)를 드러내고 감추는 기능을 하기 때문이다. 미와 추의 대비는 매력적인 소재이다. 〈미녀와 야수〉, 〈노트르담의 꼽추〉, 〈프랑켄슈타인〉 등이 그렇다. 하지만 미와 추 사이에서 가면의 효과를 극대화하는 데 성공한 것은 〈오페라의 유령〉이다.

가면의 뒤

가면은 감추기 위해서만 있지 않다. 가면은 감춤과 드러남의 기제이다. 가면은 뒤를 감추지만 앞으로는 더 확연히 드러난다. 먼저 가면의 뒤를 보자. 주인공 에릭은 가면의 뒤에 인간의 급소를 감추고 있다. 명자리란 드러나기만 하면 치명적인 타격의 표적이 될 수 있는 것이다. 그러므로 에릭의 존재에서 가장 중요한 곳이다. 다만 그것이 부정적인 차원에서 '절대적'으로 중요하다는 엄연한 사실이 에릭의 비극이다. 부정적이라고 함은 그가 추악한 것을 감추고 있기 때문이다. 절대적이라고 함은 '추'한 것에는 '미적 상대주의' 같은 유연하고 편안한 판단을 적용할 수 없고 그것을 주저 없이 단연코 추하다고 인정하게 되기 때문이다(이는 매우 어려운 미학적 문제이지만 사실 많은 대중문화 작품들이 이런 주제를 내포하고 있다).

에릭은 비상한 머리와 뛰어난 재주 그리고 강한 의지와 탁월한 감수성을 지녔다. 그는 음악 천사처럼 웅장하고도 감미로운 목소리를 지닌 천재 음악가이자 전설의 마법왕도 감탄할 마술사이다. 또한 요정의 나라 같은 도시를 건설할 정도의 건축가이자 발명가이며 누구의 목소리도 흉내 낼 수 있는 복화술사이다.

하지만 그는 자신을 낳은 어머니조차 아들의 얼굴을 보지 않으려고 가장 먼저 가면을 선물로 주었을 정도로 흉측한 얼굴을 지녔다. 르루의 소설 마지막 장은 이렇게 맺는다. "그는 너무나 흉측하게 생겼다. 그래서 아예 자신의 재능을 감추거나 그것을 가지고 장난을 칠 수밖에 없었다. 만일 보통 얼굴을 지녔더라면 인간들 중에서 가장 고결한 사람이 되었을지도 모른다. 제국을 지배할 만한 배포를 가지고 있었지만 결국 지하의 밀실에 만족해야만 했다. 〔⋯〕 주님께서는 어찌하여 그처럼 흉측한 인간을 만드셨나이까?"

르루는 어찌하여 전지전능한 절대자 신이 그렇게 추한 인간을 만들었냐고 묻고 있다. 우리는 미와 추를 서로 단순한 반대어로 인식하기 쉽다. 그러나 추를 접해본 우리의 경험은 추와 미가 서로 단순한 대립 구조를 형성하는 '짝말'이 아니라는 의혹을 갖게 한다. 즉 미와 추가 동일선상에서 서로 대립하는 개념이라는 단순한 이분법에 근원적 의혹을 던지게 한다. 오늘날 미적 상대주의는 거의 보편적으로 받아들여지고 있다. 아름답다는 것은 보기에 따라 사람에 따라 다를 수 있다는 데에 대부분 동의한다. 어떤 원시 종족 여인의 유난히 두툼한 입술을 보고 아름답다고 할 수도 있고 그렇지 않다고 할 수도 있다. 하지만 구순구개열로 흉측하게 찢어진 선천 기형의 입술 앞에서는 누구든 얼굴을 돌리게 된다. 그것을 아무런 감정의 동요 없이 마주할 수 없기 때문이다. 우리는 가벼운 마음으로 추한 것을 대할 수가 없다.

미와 추의 역사를 쓰면서 아름다운 것들과 추한 것들의 상대주의를 자신 있게 설파했던 움베르토 에코Umberto Eco도—자신의 이론적 주장에는 모순되지만—추의 절대적 부정성을 인정하는 말을 할 수밖에 없다. 우리는 일상에서 직접적으로 또는 매체를 통해서 끔찍하고 소름끼치며 도저히 참을 수 없는 혐오감을 주는 것들을 본다. 누군가 길바닥에 토해낸 무엇인지 알아볼 수도 없을 만큼 으깨지고 흐물흐물 해진 음식물과 도로 위에서 내장이 삐져나온 채로 부패하고 있는 동물의 시체들을 보며, 굶주려 배만 퉁퉁 부은 채 파리 떼가 얼굴을 뒤덮어도 치울 힘도 없이 해골처럼 말라죽어가는 아이들과 폭력으로 처참하게 일그러진 육신들과 분쟁 지역에서 갈가리 찢긴 주검의 이미지를 본다. 도저히 마주할 수 없으리만치 끔찍한 기형을 타고난 사람이나 사고로 기형이 된 사람들의 얼굴과 몸을 본다.

에코는 고백한다. "우리 각자는 그런 것들이 도덕적 의미에서뿐만 아니라 물리적 감각으로도 추하다는 것을 잘 알고 있다." 그리고 추가 절대적으로 부정적이라는 것을 인정한다. "미적 가치의 상대성에 대한 어떤 의식도, 그런 경우에는 우리가 주저 없이 추를 인정한다는 사실, 그리고 그것을 즐거움의 대상으로 전환시킬 수 없다는 사실을 없애지 못한다." 이제 에코는 그래도 예술이 역사 속에서 끈질기게 추를 표현하려고 했던 이유는 "이 세상에는 냉엄하고 슬프게도 악惡한 어떤 것이 있음을 상기시키려고 했던 것"임을 깨닫는다.

하지만 에코가 깊이 깨닫지 못한 것이 있다. 그것은 우리가 '예술로서의 추'는 어느 정도 마주할 수 있어도 추의 현실 자체는 예술 작품화된 추를 마주하듯 그렇게는 도저히 마주할 수 없다는 사실이다. 이것이 추가 미와 본질적으로 다른 점이다. 이 세상에는 정말 냉엄하고 슬프게도 미학적 상대주의로 우리 자신을 위안할 수 없는 '추'한 무엇이 존재함을 인정하지 않을 수 없다. 이때 추는 단연코 부정적이기 때문에 '악'과 쉽게, 어쩌면 자연스레 결합한다. 추악醜惡한 현실이 존재함을 부정할 수 없다. 우리는 지금 인간의 비극적 조건, 그 심연을 보고 있는지 모른다.

〈오페라의 유령〉에서도 에릭은 깊은 애정과 따스한 심성을 지녔지만 바

가면은 감추면서 드러낸다. 에릭의 가면 뒤에는 급소가 숨어있지만, 한편으로 가면 때문에 그 급소는 더 확연히 드러난다. 가면은 급소를 무기로 위장하는 기제다. 표식을 암호로, 분명한 사실을 매혹적인 신비로 바꾸어버린다.

로 자신의 추함 때문에 순간순간 악하게 되는 것을 어찌하지 못한다. 주인공이 추악해지는 것을 보는 것은 괴롭다. 하지만 이 점에서 에릭은 끝까지 착한 심성을 유지하려는 노트르담의 콰지모도보다 훨씬 더 현실적이다.

에릭은 그 누구도 부정할 수 없는 추한 모습으로 세상에 태어났다. 이것을 도저히 부정할 수 없기 때문에, 에릭에 대한 존경심과 연모의 정을 지니게 된 여인도 단 한 번 그의 본래 얼굴을 본 순간 그 추함에 경악한다. 뮤지컬이나 영화 연출에서 암시하듯이 크리스틴이 여리고 순수해서 추한 것을 보기에 '준비가 되어 있지 않은' 것이 아니라, 추를 대하는 순간의 충격 앞에서는 순수한 인간애도 도저히 기운을 낼 수가 없기 때문이다.

콰지모도와 달리 에릭의 경우 우리는 연약한 인간 조건의 또 다른 면을 본다. 특히 뮤지컬과 영화같이 이미지화된 작품에서 에릭은 얼굴의 일부분이 흉측할 뿐이다. 하지만 인간은 아주 작은 '손상'에도 자기 존재 자체가 모두 부정될 수 있다. 추하게 되어버린 작은 손상! 그것이 에릭이 태어날 때부터 갖고 나온 비극의 조건이다. 이것은 모든 사람들이 부정하고 싶어 하지만 그러지 못하는 것이다. 인간의 의지와 고귀한 영혼의 가치를 소중히 여기는 동서고금의 현자들이 그것은 그리 중요하지 않다고 가르치려 했지만, 현실이 이를 부정한다. 매우 단단해 보이지만 조금이라도 결정적 흠집이 나면 깨져버리는 유리잔 같은 것이 인생인지 모른다.

파스칼은 '인간은 생각하는 갈대'라고 했다. 인간은 자연에서 가장 연약한 갈대이지만 생각하기 때문에 우주보다 더 고귀하다고 했다. 당연히 그의 방점은 '생각'에 있었다. 하지만 좀 짓궂게 '갈대'에 방점을 찍는다면, 인간은 작은 손상에도 한순간에 사라질 수 있는 존재이다. 저 넓은 우주를 사유하고 거센 바람에 유연히 춤출 수 있는 갈대라고 할지라도 명자리에 손상을 입으면 단박에 사라질 수 있다. 파스칼의 순진한 상상에서 갈대는 한 폭의 풍경화에 나오는 것처럼 아름다운 것이었다. 그래서 바람에 흔들리면서도 사유의 씨앗을 뿌린다. 하지만 깊은 사유에 잠긴 갈대라도 한순간에 꺾이고 추하게 시들어 사라질 수 있다.

이것은 비관주의적 관점이 아니다. 무엇이 진정 인간 존재의 급소가 될 수 있는지 인지하고 배려하려는 심오한 비극 의식이다. 우리는 '가면의 뒤'에서 추의 심연을 본다. 가면의 뒤가 우리에게 던지는 철학적 물음은 그리 단순하지 않다.

가면의 앞

이제 가면의 앞을 보자. 어찌 보면 에릭의 가면은 '노골적으로 위장된' 아킬레스 힘줄이다. 아킬레스의 급소는 발뒤꿈치에 있다. 일상적 삶에서 잘 노출되지 않는 부분이다. 아킬레스는 그것을 굳이 감추지 않아도 된다. 아니 감추려 하지 않아야만 오히려 비밀이 노출되지 않는다. 그러나 에릭의 치명적 급소는 어떤 시선도 와 닿을 수 있는 얼굴에 있다. 에릭은 전면에 노출된 신체의 약점을 가면으로 가리지 않으면 안 된다. 이는 동시에 자신의 급소를 가면으로 '가리키는' 것과 같지만 에릭에겐 다른 선택의 여지가 없다. 그렇지 않으면 그는 바로 추한 '괴물'이 되어버리기 때문이다. 곧 만인의 '적'이 되어버리기 때문이다. 그는 우연한 마주침에서조차 다른 사람을 대면할 수도 없게 된다. 가면은 우선 다른 사람들과 최소한의 소통을 위한 장치이기도 하다.

에릭은 자신의 급소를 가면으로 '드러낼' 수밖에 없다. 그것은 겉으로 드러낸 치명적 힘줄이다. 에릭은 크리스틴과의 처음 만남에서 자신의 가면을 만지지 않는 이상 그녀는 전혀 위험하지 않다고 안심시킨다. 하지만 동시에 그는 자신의 급소를 지키기 위해 경고를 한 것이다. 이런 이중성이 에릭을 항상 불안하게 만든다. 그가 추하다는 조건이 그를 악하게 할 수 있는 가능성으로 상존한다. 가면 쓰지 않은 에릭을 환대하는 세상이 아닌 한 에릭에게 무조건 선함의 의지를 강요할 수 없다. 또한 에릭은 가면이 약점을 ‘드러내고’ 가면 그 자체가 ‘드러나고’ 돋보이는 것임에도 불구하고 가면을 치장하지 않을 수 없다. 가면마저도 추하게 만들어 쓸 수는 없기 때문이다.

이 점에서 이미지화된 〈오페라의 유령〉에서 ‘가면의 앞’은 점점 더 중요해지며, 미적으로도 각별한 형태와 의미를 지니게 된다. 가면은 미의 특별한 속성을 제공한다. 가면은 ‘멋있을’ 수 있기 때문이다. 에릭의 가면은 점점 자기 ‘스타일’을 갖게 된다. 그러면서 비참함을 당당함으로 위장한다(오페라의 유령이 또 나타날지 아닐지를 환담 거리로 삼아 연회를 벌이고 있는 신사 숙녀 앞에 가면을 쓴 에릭이 당당히 나타나는 장면은 이를 잘 보여준다). 이때 가면은 급소를 무기로 위장하는 기제가 된다. 또한 표식을 암호로, 분명한 사실을 매혹적인 신비로 바꾸어버린다. 그럼으로써 그것은 상징적 힘이 된다. 그 힘이 에릭을 지탱한다. 에릭은 그 힘 없이 자신을 지탱할 수 없다.

〈오페라의 유령〉을 다양하게 재생산하면서 제작자들이 가면을 표현하는 데 심혈을 기울였음은 그 변천사를 보아도 알 수 있다. 1925년 무성영화로 만들어질 때 가면은 머리와 얼굴 전체를 가리던 것이, 점점 작아져 최근의 뮤지컬에서는 얼굴의 한쪽 눈 부위만 가린다는 사실은 흥미롭다. 이는 ‘작은 손상’의 의미를 극대화한다. 이 점에서도 르루의 작품은 ‘단일 원천에서 다중 활용되고’ 있다. 가면을 쓰든 안 쓰든 타인의 시선을 피할 수 없는 육신의 어느 한 부분이 추하다는 하나의 이유가 인생과 세상에 관해 얼마나 많은 이야기 거리와 의미를 확장시켰는가.

가면의 상징을 통해 인간 존재가 품고 있는 모순의 극치는 드러난다. 에 릭은 그 모순의 슬픈 곡예사이다. 모순의 곡예는 '단일 원천에서 다중 활 용된' 예술적 표현 방식에서도 기막힌 효과를 낸다. 뮤지컬 작품은 에릭의 비극이 드러내는 시각의 비참함을 청각의 장엄함으로 장식하기 때문이다.

전도된 의인화가 드러내는 인간의 정체는?

: 뮤지컬 〈캣츠〉

어떤 뮤지컬이 '누구'의 작품인지 말하기는 어렵다. 같은 종합예술이라도 영화감독이 영화의 작가이고 연출가가 연극의 작가라고 할 수 있는 것과 다르다. 뮤지컬 〈캣츠Cats〉 하면 얼른 이 작품의 음악을 만든 앤드류 로이드 웨버를 떠올릴 것이다. 뮤지컬이라는 장르에서 음악은 물론 핵심적이다. 하지만 트레버 넌Trevor Nunn의 뛰어난 연출, 질리안 린Gillian Lynne의 기발한 안무 그리고 존 네이피어John Napier의 무대 미술 없이 〈캣츠〉는 탄생할 수 없었다. 물론 이 작품에서 웨버의 공헌은 각별하다. 그가 엘리엇Thomas Stearns Eliot의 우화 시집 〈노련한 고양이에 관한 늙은 주머니쥐의 책〉에서 뮤지컬 제작의 아이디어를 가져왔기 때문이다.

그러므로 엘리엇의 시는 이 작품에서 건물의 기초와 같은 것이다. 이것은 노래를 먼저 만든 후 작사가가 가사를 붙이는 방식으로 작업해오던 웨버가 이 작품을 위해서는 이미 완성되어 있는 엘리엇의 시에 맞추어 작곡을 한 것을 보아도 알 수 있다. 뮤지컬 〈캣츠〉가 인문학적이고 철학적이라고 하는 것도 이와 연관 있다. 엘리엇의 시가 이미 그렇기 때문이다. 여기에 트레버 넌의 연출이 구원救援의 은유를 담은 것도 작품의 성격에 영향을 주었다.

구원의 메시지를 전달하는 인물은, 한때 아름다운 고양이었으나 지금은 늙고 추해진 암고양이 그리자벨라이다. 매년 고양이들의 무도회에서는 선지자 고양이 올드 듀터로노미가 나타나 한 마리의 고양이를 선택한다. 선택된 고양이는 하늘나라로 가서 새로운 삶을 살게 된다. 모든 고양이들이 기대에 들떠 있는데, 의외로 선택된 고양이는 남들로부터 싸늘한 시선을 받는 그리자벨라다. 행복했던 시절의 기억을 되새기며 내일의 희망을 담은 '메모리' 를 노래하는 그리자벨라, 결정의 순간 그리자벨라를 가리키는 듀터로노미, 이제 다른 고양이들이 부르는 축원의 합창을 뒤로하고 그리자벨라는 하늘로 올라간다.

그런데 엘리엇의 시 그리고 춤과 노래 사이에 끼워넣은 구원의 은유만으로 〈캣츠〉가 인문적 성찰과 철학적 명상을 담고 있는 뮤지컬이라고 할 수 있을까? 그렇다면 이 작품의 의미를 축소하는 것이다. 작품 전체가 '철학적' 이라는 것을 놓치기 때문이다.

〈캣츠〉가 고양이들의 의인화를 예술적으로 표현한 작품이라는 평은 쉽게 찾아볼 수 있다. "익살스럽지만 사랑스러운, 의인화된 고양이들의 캐릭터를 통해 인간 세상을 가볍고 유쾌하게 빗대어 풍자하는" 작품이라는 평 같은 경우도 그렇다. 그러나 이는 무심코 하는 말이리라. 의인화란 '사람이 아닌 것을 사람인 양 나타내는 일'이다. 물론 엘리엇의 시는 의인화 기법을 사용하고 있다. 의인화된 고양이들의 캐릭터를 통해 인간의 희로애락, 고통과 희망, 죽음과 구원을 표현한 것이라고 볼 수 있기 때문이다.

그런데 뮤지컬 〈캣츠〉에서 관객이 보는 것은 의인화한 고양이뿐인가? 그렇지 않다. 무엇보다도 관객은 '의묘화擬猫化'를 본다. 이것은 '고양이 묘'자를 써서 내가 만든 말이다. 의인화의 정의를 뒤집어서 의묘화를 정의하면 '고양이 아닌 것들을 고양이인 양 나타내는 일'이라고 할 수 있다.

〈캣츠〉는 전도된 의인화의 예술이다. 이는 특히 무대 배경과 안무에서 그 기예적 극치에 이르고 있다. 도시 골목의 쓰레기 더미 위에서 사람들이 모두 고양이가 되어 있지 않은가. 이런 점에서 고전적 안무에도 일가견이 있는 질리안 린이 〈캣츠〉를 위해서 "새롭게 움직이는 방식들"을 창조해야 했다고 한 말은 의미심장하다. 린의 말대로 그것은 "새롭고 이상한 움직임"들이다. 기존의 방식에서 탈피한 것이다. 그럼으로써 작품 전체가 새롭고 이상한 의미를 담기 시작한 것이다.

인문적 관점에서 본, 성공한 뮤지컬로서 〈캣츠〉의 비밀은 바로 의인화와 의묘화가 기기묘묘하게 혼재하며 어울려 있다는 데에 있다. 엘리엇의 시를 바탕으로 한 노랫말은 의인화의 굴대이다. 한편 춤과 음악의 리듬은 의묘화의 빗살 수레바퀴이다. 그렇다면 이 기막힌 의인화와 의묘화의 섞임에서

우리는 〈캣츠〉를 통해 의인화된 고양이뿐 아니라 의묘화된 인간들을 만
나게 된다. 의묘화는 탈인간화의 한 방식이다. 어쩌면 이제 우리는 탈인
간화의 극단에서 인간의 원초적 변신을 진지하게 사색해야 할 때인지도
모른다.

우리는 어떤 철학적 화두를 얻을 수 있을까?

새롭고 이상한 물음

고양이 무도회에 참가해서 관능적인 몸짓과 천문학적 고음으로 노래하는 고양이들은 각자 너무도 개성적이다. 한 마리 고양이를 위한 단 하나의 이름이 있으며, 고양이를 부를 때마다 그 이름을 찾아내 예의를 갖춰 불러야 한다. 하늘로 가는 고양이로 선택된 그리자벨라 역시 남들과 너무 달라서 따돌림당했던 고양이다. 성聖과 속俗이 교차하는 신비로움의 아우라를 두른 그리자벨라는 종교적으로 흥미로운 인물이다. 이와 달리 거구를 능숙하게 놀리며 관능적 춤의 파괴력을 보여주는 럼 텀 터거는 철학적으로 흥미로운 캐릭터이다. 그는 각기 다른 고양이들 사이에서도 무척 다르다. 럼 텀 터거는 호기심 가득한 고양이이자, 모든 것을 뒤집는 역설의 화신이다. 이것이 그를 '철학 고양이'로 만든다.

이들뿐만 아니라 등장하는 모든 고양이는 고양이라는 보편적 성격으로 정의될 수 있는 존재가 아니다. 그들이 의인화되어서가 아니라, 이런 의미에서 그들은 이미 고양이가 아니다. 그들은 각자 빅토리아이고 몽고제리이며 맥캐비티일 뿐이다. 그들은 의묘화되면서 이미 보편적 인간의 정의로부터도 벗어났다. 그들은 각자 플래토이고 멍커스트랩이며 미스터 미스토펠리스이다.

〈캐츠〉의 의인화와 의묘화의 섞임에서 우리가 얻는 철학적 화두는 바로 총체적으로 '다를 수 있을 가능성'이다. 곧 '모두 같은 것에서 모두 다른 것들이 나올 수 있다'는 이 세상의 의미심장함이다. 이는 모든 고양이는 지금까지 '고양이'라는 말이 규정해놓은 모든 의미로부터 다른 무엇일 수 있으며, 모든 인간은 지금까지 '인간'이라는 말이 정해놓은 모든 의미의 틀에서 벗어나 다른 무엇일 수 있다는 것을 뜻한다. 고양이가 더 이상 우리가 생각하는 고양이가 아니며, 사람이 더 이상 사람들이 생각해온 사람이 아닐 수 있다는 가능성이 〈캣츠〉의 무대와 춤과 노래에 담겨 있는 뜻깊은 은유이다.

의인화는 지금까지 있어온 인간의 의미를 되새기게 한다. 곧 '인간이란 무엇인가?'라는 수천 년 동안 지속돼온 물음을 다시금 성찰하게 한다. 의묘화는 지금까지 인간의 관념이 은폐하거나 억압하거나 왜곡했을지도 모를 인간의 속성들을 재발견하게 하고 지금까지 인간의 정의가 보여주지 못했거나 전망하지 못한 것에 대한 탐색을 시작하게 한다. 곧 '인간은 무엇이 될 수 있는가?'라는 새롭고 이상한 물음을 던지게 한다. 의인화는 인간의 정체를 확인하지만 의묘화는 정체 없는 인간을 찾아 나서게 한다.

의묘화는 '탈脫인간화'의 한 방식이다. 〈캣츠〉가 우리에게 던진 화두를 붙들고 사유를 극단으로 밀어붙이면 '사람은 사람과 다르다'라는 명제에 이른다. 어쩌면 우리는 탈인간화의 극단에서 이렇게 외쳐야 할지 모른다. "인간은 죽었다." 그리고 인간의 근원적 변신을 선언해야 할지 모른다. 그리고 그 의미에 대해 진지하게 사색해야 할 때가 왔는지 모른다.

이 괴상한 변신의 사색과 그 실천은 공상의 차원에서 시작하는 것이 아니라, 일상의 차원에서 시작한다. 우리가 지금의 우리와 다르게 존재할 수 있기 위해서는 〈캣츠〉의 '고양이 인물'들처럼 각자 자신이 만나는 모든 타자를 고귀하게 이름으로 불러주며 작은 존중을 표시해야 한다. 우리 자신과 세상을 바꾸는 변신의 씨앗은 존중받는 개별자로부터 나올 수 있기 때문이다.

07

몸의 곡예가 영혼을 울릴 수 있을까?

: 태양의 서커스 〈퀴담〉

"태양의 서커스가 지금까지의 서커스와 다른 점은 코끼리나 불 따위가 등장하지 않고 오직 환상적인 음악과 인간의 몸을 최대한 이용해 아름다움을 표현하는 곡예라는 사실이다. 이 비일상적이고 신비로운 서커스 여섯 개의 작품 중 대표적인 것으로 '퀴담'을 꼽는다. 소외된 소녀 조에는 우연히 목 없는 남자 퀴담을 만난다. 그가 놓고 간 모자는 그것을 쓸 때마다 새로운 환상을 펼쳐 보여준다. 퀴담이란 정처 없이 떠도는 이름 없는 나그네라는 뜻의 라틴어이며 길모퉁이를 서성대다 후닥닥 사라지는 외로운 존재를 가리킨다. 흔히 익명의 세상 속에서 존재하는 개인의 독립성과 고독을 의미한다고 알려져 있다. 태양의 서커스가 시작된 곳은 캐나다 퀘벡이다. 호주든 캐나다든, 나는 중얼거렸다. 분명한 것은, 여기는 아니라는 거지."

　은희경이 2002년 발표한 단편소설 〈태양의 서커스〉에 나오는 대목이다. 태양의 서커스가 시작된 곳은 여기가 아니지만, 이곳 사람들도 2007년 봄 두 달여에 걸친 국내 공연에서 〈퀴담^{Quidam}〉의 경이로운 예술을 접할 수 있었다.

　퀴담에서 우리가 확인하는 것은 소설의 화자도 말했듯이 '인간의 몸을 최대한 이용해 아름다움을 표현하는 곡예'이다. 이에 환상적인 음악이 동반한다. 다시 말해, 곡예의 본질은 '몸의 기술'을 바탕으로 창출하는 미적 경지이다.

　대중 공연으로서 퀴담의 성공 요인은 몸의 기술이 만들어내는 아름다움이 음악, 미술 등 다른 예술적 요소들과 교감하면서 관중에게 진한 감동을 불러일으킨다는 데에 있다. 그래서 퀴담을 비롯한 태양의 서커스 공연을 '아트 서커스'라고 부르기도 한다. 그러나 사람들은 '아트'의 바탕이 '기술'이라는 점을 종종 간과한다. 서양예술사에서 항상 짚고 넘어가는 것이지만, 고대 그리스어의 '테크네^{techné}'라는 개념이 로마 문명에서 '아르스^{ars}'라는 개념으로 수용되었고 여기에서 현대의 기술^{technology}과 예술^{art}이라는 말이 유래함을 상기하는 것도 기술의 의미를 이해하는 데 도움이 된다. 바로 이 점에서 퀴담을 비롯한 태양의 서커스 작품들은 기술의 의미에 대한 특별한 사유의 씨앗들을 제공한다.

파격으로서의 기술

　기술은 탈자연적이다. 서커스는 이를 극명하게 보여준다. 퀴담의 출연자들이 보여주는 몸동작들은 의도적으로 자연의 법칙을 어기려는 것들로 이루어져 있다. 두 발로 무대 위를 걷기보다는 물구나무서서 가다가 두 팔로

도약을 시도하고, 지상에 수직으로 서 있기보다 온몸을 펴서 지상과 수평으로 몸의 균형을 유지하는 묘기를 보인다. 또한 두 남녀가 서로 몸을 변형해서 접촉하면서 한 몸이 된 듯 다양한 조각상을 만들어낸다. 이런 동작들의 특징은 자연 법칙에서 벗어나고자 하는 것을 넘어서 그것을 역전하고자 한다는 데에 있다. 특히 두 남녀의 육체로 하나의 조각상이라는 문화적 성취를 이뤄내는 것은 이런 전도의 극치를 보여준다.

자연 법칙에 역행하고 그것을 역전하고자 하는 시도는 인간 내면에 잠재하는 어떤 강렬한 욕구를 분출하는 듯하다. 이는 부자연스러움의 고통을 안고 의지의 자유를 시도하는 것처럼 보이기도 한다. 몸의 자연스런 동작들은 오히려 이런 탈자연적 동작들 사이사이에서 보조적인 역할을 할 뿐이다.

이런 탈자연적 요소는 사실 전통 곡마단의 속성이기도 하다. 조련된 동물들의 동작이 이를 잘 보여준다. 그런 동작은 자연 상태의 동물에게서는 도저히 나올 수 없는 것이기 때문이다. 전통 곡마단은 인간의 탈자연적 욕구를 동물을 통해 극단적으로 연출하고자 했다고 볼 수 있다. 현대의 곡예는 인간 스스로 자신의 몸으로 그것을 실연하고자 한다. 그러므로 서커스의 기술적 특성은 탈자연적 인간 문화의 본질을 보여준다고 할 수 있다. 더 나아가 문화적 욕구의 어떤 극단을 지향한다고 볼 수도 있다.

이러한 해석의 연장선에서 우리는 기술의 흥미로운 특성을 엿볼 수 있다. 그 특성은 파격이라고 할 수 있다. 기술은 보통 이상의 일을 가능하게 하기 때문이다. 역설적으로 기술은 통상적인 모든 것들에 충격을 가하는 일이다. 퀴담의 예술가들이 펼치는, 상식으로는 전혀 가능할 것 같지 않은 몸동작들, 예를 들어 실크 천을 이용한 공중 요가, 절묘한 균형을 이용한 인간 조각상 연출, 이중 원환의 굴렁쇠 놀이, 회전 무대에서 벌어지는 외다리 위의 핸드 밸런싱 등은 파격 그 자체로 감동을 준다.

이런 점에서 기술은 철학적이다. 비약인가? 그렇지 않다. 파격은 철학의 본질을 구성하기 때문이다. 고대로부터 철학은 일반 견해에 대해 역설의 충격을 가하는 역할을 해왔기 때문이다. 철학은 남달리 생각하는 능력이자 기술이다. 여기에 철학의 창의적 성격이 있으며, 이 점에서도 철학과 기술은 공통점을 갖는다. 끊임없는 연마로 창의적 기술이 가능하듯이 끊임없는 연마로 창의적 사고 또한 가능하다. 그렇게 해서 얻어진 기술과 사유는 통상적인 틀을 벗어난다. 곧 파격적이다.

파격은 일상의 리듬에 시비를 걸고 잠잠한 영혼을 뒤흔들 수 있다. 사람들이 기술로 이루어진 것들을 즐기면서도 한편으로는 두려워하고 일상에서는 멀리하고자 하는 것도 바로 기술의 파격적 성격 때문이다. 이는 철학에 대해서도 마찬가지다. 철학에 감동하고 설득되면서도 그것이 일상에 들어오는 것을 원치 않는 것이 사람들의 상식적 태도이기 때문이다.

환상과 현실의 일치

환상과 현실의 차원에서도 기술의 의미는 각별하다. 고도의 기술은 환상으로 보이는 것이 실제로 현실임을 드러낸다. 몸의 기술이 이루어내는 것은 그야말로 '환상적'이지만, 그것은 조작이나 허구가 아니라 기술이 정직하게 실현해 보이는 것이기 때문이다

이 점에서 우리는 흥미로운 비교를 해볼 수 있는데, 바로 마술과 곡예의 본질적 차이점이다. 우리는 '마술 콘서트'의 철학적 의미를 성찰하면서, 마술이 관객에게 제공하는 것은 '제어의 능력이 주는 편안한 효과'라는 것을 발견했다. 모든 상황을 제어하는 능력을 발휘하는 마술도 고도의 기술

〈퀴담〉의 예술가들이 펼치는 도저히 가능할 것 같지 않은 몸동작들은 파격 그 자체로 감동을 준다. 바로 이 점에서 기술은 철학적인데, 상식을 넘어서는 파격은 철학의 본질을 구성하기 때문이다.

을 사용한다. 하지만 여기서 차이점을 잘 보아야 한다. 곡예의 기술은 현실을 완성하는 데 필요하지만, 마법의 기술은 환상을 완성하는 데 봉사한다. 구체적으로 말해 마법에서 다양한 기술은 기예적 속임수를 완성하기 위해 전용된다. 미녀의 공중부양이나 도막난 몸의 재결합 같은 조작에 기술이 필요하지만, 그것은 허구의 뒷면에 있다.

이런 점에서 마술은 현실을 환상으로 치환하지만, 곡예는 환상적으로 보이는 것이 기술적 현실 그 자체라는 것을 보여준다. 곡예는 조작 없는 기술의 정직성 그 자체이기 때문이다. 곡예는 환상적인 것과 현실적인 것이 일치할 수 있음을 보여주는 기술이다. 그러므로 이러한 '기적 같은' 하지만 '실제로 일어나는' 일치에 성공한 기술은 감동을 준다. 우리가 뛰어난 기술 앞에서 숨죽이고 가슴 졸이며 결국 탄성을 자아내는 이유는 이렇게 불가능할 것 같은 일치를 현실에서 확인하기 때문이다.

이러한 일치는 상징적 성격을 획득한다. 눈으로 보는 것에 그치지 않고 의미의 확장을 가능하게 하기 때문이다. 상징은 물리적 기술과 형이상학적^{메타 물리적} 세계 사이에 걸쳐 있는 무지개다리이다. 이는 기술이 영적일 수 있다는 뜻이다. 나아가 기술은 영혼의 이야기를 전달하는 매체일 수 있다. 이는 우리가 퀴담에 등장하는 몸의 곡예사들이 혼신의 힘으로 펼치는 연기에서도 느낄 수 있다. 그들이 기술적으로 표현하는 몸은 영혼의 서사를 펼치고 있는지 모른다.

철학자 장 이브 고피^{Jean-Yves Goffi}는, 사람들이 기술혐오증을 갖는 이유가 기술이 저속한 무엇이라는 선입견을 갖고 있기 때문이라고 본다. 다시 말해 "사유하고 창조하고 사랑하는" 것을 지향하는 반기술적 고정관념이 기술을 고귀한 것으로 받아들이기 어렵게 한다고 한다. 퀴담 공연의 철학적 의미는 이런 고정관념을 뒤집을 수 있는 가능성을 제시한다는 데에 있다.

즉 기술이 '의미를 내포하고 있을' 가능성을 제공한다는 데에 있다. 기술의 정직성이 영혼을 울리고, 기술이 창출하는 미적 경지가 인간의 사유를 존재의 심연으로 데려갈 수 있을지도 모른다는 가능성 말이다.

08

'허영의 관리' 라는
윤리적 과제

: 발렌티노, 패션쇼, 패션철학

2007년 가을 세계적인 디자이너 발렌티노 가라바니 Valentino Garavani가 은퇴를 선언하면서, 현역 은퇴 이후 "예술로서의 패션 역사를 정리하고 미래의 디자이너 양성기관을 세우고 이끌겠다"는 계획을 발표한 바 있다. 그런데 여기서 '예술로서의 패션' 이라고 한 것은 고전적 의미의 예술 개념에서 보면 모순적인 표현이다.

'예술은 길다' 라는 말에서도 알 수 있듯이 예술 작품은 영속성을 추구하지만, 패션 또는 유행은 그 자체로 '하루살이' 같은 변화의 속성을 지니기 때문이다. 19세기 초 이탈리아 시인 레오파르디 Giacomo Leopardi는 패션 moda과 죽음 morte이 이탈리아어로 발음이 비슷할 뿐 아니라 그 성격 또한 유사한 것을 이용해 〈모다와 모르떼의 대화〉라는 글에서 '모다' 와 '모르떼' 를 자매지간으로 묘사하기도 했다. 그러므로 '패션철학'은 특히 옷 입기의 예술성과 유행이라는 모순의 세계를 통해 인간의 본질을 보고자 하는 시도가 될 수 있다.

유행을 사유하다

의·식·주 가운데서 다른 동물들로부터 인간을 확연히 구분해주는 것이 바로 옷이다. 먹지 않는 동물은 없고, 집을 짓는 동물은 많지만, 옷을 만들어 입는 동물은 없다. 진화론적으로 인간과 가깝다는 침팬지도 나뭇가지와 잎으로 잠자리를 만들기는 하지만 옷을 만들어 입지는 않는다. 그러므로 옷은 인간의 본질적 특징이며 '인간은 옷을 입는 동물'이라고 정의할 수도 있다. 이는 곧 옷의 탐구가 인간학의 통로라는 것을 의미한다.

그 가운데서도 패션은, '옷 입기의 현상학'으로서 매우 중요하지만, 학자들 사이에서 깊고 넓게 탐구되지는 않았다. 아마도 패션은 '가벼운 영역'이라는 선입견이 '무게 있는' 학자들의 연구를 막았을 것이다. 또한 모방 법칙의 반영으로서 패션은 인간 본성의 중요한 부분을 차지하지만, 그것이 허영, 허식, 낭비문화 또는 욕망산업 등의 비난을 받아왔기 때문일 것이다. 그러나 이미 18~19세기에 이 영역을 진지하게 사유한 무게 있는 철학자들도 있다.

임마누엘 칸트도 그 가운데 한 사람이다. 그는 사람들이 모방 행위가 주는 오락적 재미에 적극적으로 참여한다는 사실을 눈여겨본다. 칸트는 "유·무익성과는 관계없이, 최소한 남들만큼은 자신을 내보이려는 목적을 지닌 모방 법칙이 유행"이라고 정의한다.

칸트에게 모방 행위 이론과 취향 이론은 밀접하다. 취향은 일정한 대상에 대한 개인의 '사회적 판단'이며, 취향에 따라 자신을 내보이려는 것은 사회적 커뮤니케이션을 내포한다. 그러므로 모방으로서의 유행은 개인적 취향의 구체적인 사회적 통로로서 작동한다.

칸트는 유행과 취향을 연계해서 사유함으로써 유행을 따르는 행위가 전적으로 수동적인 것도 전적으로 능동적인 것도 아님을 관찰한다. 그는 사람들이 이 두 가지 성향의 상호 관계에서 사회화 과정을 경험하는 것으로 본다. 바로 이 점에서 칸트는 유행이 사회화 과정에서 차지하는 역할과 가치를 인정한다. 그러므로 그는 유행을 따르는 행위의 허영을 비판하면서도, "굳이 유행을 따르지 않으려는 태도보다는 차라리 유행에 미치는 것이 더 낫다"고 한다. 물론 유행에 미치는 것은 나쁘지만 유행을 전적으로 거부하는 비사회적 태도가 더 위험하다고 본 것이다. 칸트가 즐겨 인용하던 필립 체스터필드Philip Chesterfield는 사회화 과정에서 관찰할 수 있는 유행의 이런 이중적 측면을 '옷 입기'라는 일반적 차원에서 풍자적으로 표현한다. "어떻게 옷을 입어야 할지 걱정한다는 것은 바보스러운 일이다. 하지만 옷을 잘 입지 못한 사람은 훨씬 더 바보스럽다."

게오르그 짐멜Georg Simmel은 '탈脫유행적 태도' 역시 유행을 깊이 의식하고 있다는 점에서 '패션 마니아'와 마찬가지로 유행의 사회화 과정에 의존한다는 점을 세밀하게 분석한다. 짐멜 역시 모방의 법칙과 유행의 관계를 중요시하면서 유행의 특징을 다음과 같이 파악한다. "유행은 한편으로 그것이 모방이라는 점에서 사회에 대한 의존 욕구를 충족시킨다. 다시 말해 유행은 개인을 누구나 다 가는 길로 안내한다. 다른 한편 유행은 차별화 욕구를 만족시킨다. 다시 말해 구분하고 변화하고 돋보이려는 경향을 만족시킨다."

새로운 유행을 수용하고 그것을 따르는 사람은 그 순간 아직 그렇지 못한 사람들과 차별화된다. 또한 유행의 물결을 타고 있으므로 그에 동참한 그리고 동참할 사람들과 함께 길을 가고 있는 셈이 된다. 이런 관점은 유행의 내용이 변화하면서 현재의 유행은 언제나 어제의 유행과 다른 개별적 특징을 갖게 된다는 사실뿐 아니라, 패션이 사회 계층적으로 분화할 수 있다는 사실을 보여준다. 그래서 짐멜은 "유행이란 사회적 균등화 경향과 개인적 차별화 경향 사이에 타협을 이루려고 시도하는 삶의 형식들 가운데서 특별한 것이다"라고 정의한다.

허영과 대화하라

칸트와 짐멜의 성찰은 인간의 사회화 과정과 사회 심리의 차원에서 유행의 의미를 드러내는 중요한 역할을 한다. 그러나 여기서 더 나아가 패션에 대한 윤리적 사색이 필요하다. 지금까지 패션에 대한 비판이 '윤리적 폄하'를 내포하고 있기 때문이다(이것은 언급했듯이, 그에 대한 철학적 탐구가 미진한 이유이기도 하다). 윤리적 폄하는 변화하는 것들에 대한 진지한 판단을 방해한다. 아니 폄하는 곧 판단 중지를 의미한다. 이미 가치 없는 것으로 판단해버리기 때문이다. 이것은 결국 일상생활과 도덕적 가치 사이의 모순을 첨예화한다.

이러한 윤리적 폄하의 핵심은 패션을 전형적인 '허영'의 세계로 보는 데에 있다. 지금까지 윤리는 허영을 항상 부정적인 것으로 다루어왔다. 허영을 '필요 이상의 겉치레'이자 '분수에 넘치는 외관상의 변화'라고 간주해왔기 때문이다. 그래서 허영은 삶에서 배제될 대상인 것이다.

그러나 허영에서 빌 '허虛' 자를 주목할 필요가 있다. 이는 허영을 뜻하는 영어 배니티vanity에서도 관찰할 수 있는데, 그것은 '비어 있음'을 뜻하는 라틴어에서 유래한다. 비어 있는 것은 가볍다. 그래서 소홀히 취급될 가능성이 높다. 더 나아가 지나치게 진지함을 강조하는 삶에서는 그것을 배제할 가능성 또한 높다. 그러나 실로 허영을 삶에서 배제할 수 없을 뿐 아니라, 배제하려고 진력하면 할수록 우리 삶은 불균형하게 무거워진다. 통풍구가 없어지기 때문이다. 윤리는 사람을 긴장 시킨다. 그러므로 이완의 공간과 시간이 필요하다. 그것이 오히려 윤리적 실천에 보조 역할을 할 수 있다.

이런 의미에서 이완의 공간과 시간으로서 패션쇼는 흥미롭다. 패션쇼는 '허영을 예술화' 한다고 볼 수 있기 때문이다. 패션쇼에 참관하는 사람들은 정신이 가벼워짐을 느낄 수 있다. 여러 해 전에 밀라노에서 열렸던 한 패션쇼를 관람한 어느 록밴드 리더가 인터뷰에서 한 말이 생각난다. "패션쇼의 사회·문화적 역할이 무엇인지는 모르겠지만 내가 하는 일을 포함해 일상이 치열한 삶의 연속인 세상에서 이곳의 분위기는 '치열해지지 않을 가능성' 이 있어서 좋았다." 물론 디자이너를 비롯해서 이런 퍼포먼스를 조직하는 사람들은 엄청난 노력을 한다. '허영의 예술화' 가 결코 쉬운 작업이 아니기 때문이다. 하지만 진지하게 준비된 공연이 제공하는 것은 누구든 언제든지 변덕을 부리고 그 변덕을 받아줄 수 있는 편안하고 자유로운 분위기이다.

오스카 와일드^{Oscar Wilde}가 말했듯이, "예술은 참으로 무용한 것이다^{Art is quite useless}." 하지만 그것이 역설적으로 예술의 가치이다. 아마도 예술 공연 가운데서 패션쇼만큼 예술의 무용성을 자연스레 담고 있는 경우도 드물 것이다. 의식적으로는 그것이 허영과 연관되기 때문에 그렇고, 구체적으로는 옷 자체의 무용성 때문에 그렇다. 디자이너들은 계절 패션쇼에서 도대체 입고 다니지도 못할 것 같은 옷을 종종 대표 작품으로 내놓는다. 디자이너들도 사람들이 그런 느낌을 받으리라는 것을 잘 안다. 그들은 기존의 형태와 색감에 익숙된 시선들이 '이상하다' 고 하는 것이 '아름다울' 수 있는지

—철학 광장

우리는 허영을 삶에서 배제할 수 없을 뿐 아니라, 배제하려고 하면 할수록 통풍구가 없는 우리의 삶은 불균형하게 무거워질 것이다. 이런 의미에서 이 완의 공간과 시간으로서 패션쇼는 흥미롭다. 패션쇼는 '허영을 예술화' 하여 우리가 허영의 세계와 진지한 대화를 나눌 수 있게 하기 때문이다.

철저히 준비된 모험을 한다. 그것은 풍부한 상징성을 동반하는 매우 진지한 예술적 시도이다. 이 지점에서 예술의 진지한 무용성은 허영의 기회가 제공되는 시·공간과 절묘하게 들어맞는다.

패션쇼는 이러한 시도의 공적이고 대중적인 퍼포먼스이다. 패션을 즐기는 개인은 의식의 허영과 예술의 무용성을 '일상의 퍼포먼스'로 시도하는 것에 비유될 수 있다. 이는 우리가 전적으로 실용적인 옷만 입고 살지 않는다는 사실을 보아도 알 수 있다. 때론 허영과 무용을 적절히 수용하는 것이 사람을 편하게 할 수 있으며 그것이 결국 삶의 지혜로서 실용적 효과를 줄 수 있다. 공연으로서 패션쇼와 개인적 일상의 퍼포먼스라는 양면을 지닌 패션은 넓은 의미에서 '퍼포먼스 아트'의 전형이라고 할 수 있으며, '타인에게 보여주기' 나아가 '타인에게 보여주며 즐기기' 곧 퍼포먼스가 삶의 지혜로 수용될 수 있는지 그 가능성의 시험장이라고 할 수 있다.

그렇다고 허영에 들뜬 삶을 살라는 말은 아니다. 허영의 배제가 아니라, '허영의 관리'라는 전향적 자세를 가질 필요가 있다. 그래야만 허영이 윤리의 영역으로 들어와 우리 의식과 대화할 수 있다. 그렇지 않으면 허영은 윤리와 심한 갈등의 상황만을 반복하게 된다. 윤리적으로 폄하되는 것들에 대한 칸트와 짐멜의 철학적 성찰 역시 일찍이 이런 전향적 사고의 단초를 제공하는 것이다. 패션철학은 허영의 세계와 진지한 대화의 창구를 여는 시도이다.

대화의 실마리

허영과 대화하기 위해서는 허영에 대한 선입견을 덜어내고 그 '빈 곳'을 세심히 살펴봐야 한다. 당연히 허영의 관리라는 새로운 실천적 과제를 위해서 패션과 허영의 관계를 다각적으로 알아볼 필요가 있다. 잘 알면 좀 더 잘 실천할 수 있으리라는 소크라테스의 명제는 아직 유효하다.

우선 눈여겨보아야 할 점은 사회라는 공간에서 옷 입기와 패션의 기능이다. 칸트는 유행을 극단적으로 거부하려는 태도를 경고했다. 그는 '굳이' 유행을 따르지 않으려는 태도에서 오히려 극대화된 개인의 '지적 허영'을 보았는지 모른다. 그러한 지적 허영은 자신의 도덕성을 필요 이상으로 겉치레하려는 의지의 표현이기 쉽다. 이는 행위의 균형을 잃는다는 점에서 지혜롭지 못하다. 플로베르^{G. Flauber}는 우리가 '양심'이라고 부르는 것도 다름 아닌 '내적 허영^{vanité intérieure}'이라고까지 했다. 여기서도 자신의 도덕성을 남에게 내보이기 위해 지나치게 양심을 내세우는 '도덕적 겉치레'를 꼬집고 있다. 바로 이 지점에서 '적당한 외적 치장'으로서 패션의 역할은 흥미로워진다. 그것은 내적 허영이 강화되고 경직되는 것을 풀어주는 기능을 할 수 있기 때문이다.

에머슨^{Ralph. W. Emerson}은 이런 경험담을 전한 적이 있다. "나는 매우 겸허한 존경심으로 어떤 부인의 경험담을 경청한 적이 있습니다. 그녀는 옷을 잘 입었다는 기분이 들 때 내적으로 매우 평온함을 느끼는데, 그런 평온감은 종교도 그녀에게 주지 못한 것이라고 고백했습니다." 내적 평온이 외적 치장과 연관된다는 것은 인간의 사회성을 잘 보여준다. 자신이 사회와 잘 교감할 가능성을 갖고 있다는 안정감과 자신감은 내적 평온을 가져올 수 있다. 균형 감각 있는 옷 입기와 패션은 분명히 사회라는 공간에서 자아와 타자 사이의 교량 역할을 한다.

한편 유행의 시간적 차원은 '현재의 의미'를 만끽하게 해준다. 다가올 미래는 곧 지난 과거가 되어버리는 시간의 흐름 속에서 현재는 존재하지 않으며 현재의 의미는 망각되기 쉽다. 그러나 유행은 현재를 활짝 꽃피우게 한다. 짐멜이 말했듯이 유행은 언제나 과거와 미래의 분수령에 위치한다. 그 분수령에서 "지금 유행하고 있는 것은 그 현재적 의미가 극대화됨으로써 다른 어떤 현상이 지니는 현재의 의미보다 훨씬 더 부각된다." 유행은 곧 사라질 것이지만, 아니 곧 사라질 것이므로 '지금 여기 있음'의 의미에 최고로 만족한다.

어떤 유행에도 소멸은 문제가 되지 않는다. 유행에서 존재함과 사라짐은 갈등하지 않는다. 소멸이 있음으로 존재의 의미가 더욱 소중한 것은 만물의 이치이다. 그러나 유행만큼 소멸의 필연성이 현존의 의미를 감각적으로 즐겁게 부각시키는 영역은 없으리라. 유행의 차원에서 있음과 없음은 상호 배제적이 아니라 역설적으로 매우 긴밀하게 공생적이다.

유행과 죽음을 다룬 레오파르디의 대화편에서도 '모다^{유행}'는 '모르떼^{죽음}'의 자매임을 기꺼이 받아들이고 자랑스러워한다. 모다는 자신을 못 알아보고 서둘러 갈 길을 재촉하는 모르떼를 불러 세워놓고는 "우리 둘 모두 덧없음의 자식"임을 상기시킨다.

칸트와 짐멜의 사유가 더 전개하지 않은 부분이지만, 곧 사라질 현재의 의미에서 최대 만족을 얻는다는 점에서 패션 감각은 역설적으로 최고의 생동감을 동반할 수 있다. 이런 점에서 패션을 즐기는 사람은 허황된 것 같지만 의외로 실리적이다. 살아 움직이고 있음을 즐겁게 실감하는 것이 실리적이지 않으면 무엇이 실리적이겠는가. 현재성의 의미가 부각된다는 점에서 패션은 또한 '장수하는 것에 대한 집착'에서 '단명한 것에 대한 애정'이라는 차원을 재고하게 한다. 이것은 어쩌면 앞으로 형이상학적 차원에서도 '단명한 것'에 대한 사유의 확장을 자극할지도 모른다.

끝으로 예술론의 관점에서 패션은 생동하는 형태로 예술을 일상에 제공하는 역할을 할 수 있음을 눈여겨볼 필요가 있다. 발렌티노의 패션쇼를

1995년 봄 피렌체에서 직접 볼 기회가 있었다. 우리는 패션 디자이너들의 작업에서 예술적 탁월함을 단박에 알아차릴 수 있다. 패션을 생활화하는 대중들이 유행을 좇기만 하는 단순한 소비자에서 미적 감각을 지닌 작품의 향유자가 된다면, 우리는 패션 예술 자체의 탁월함도 일상에서 발견하고 즐길 수 있을 것이다. 발렌티노가 말한 '예술로서의 패션' 또한 이런 의미를 포함하는 것이리라. 그렇다면 그가 만년의 작업으로 삼고 있는 '패션의 역사'를 정리하는 일과 로마에 '패션 박물관'을 세우는 일 또한 인류 문명사에서 매우 중요한 위치를 차지하리라.

　미적 탁월함은 허영을 즐기게 하고 실천적 의미에서 허영의 관리 또한 가능하게 하지만, 미적 감각의 결여는 유행에 매달리게 하고 허영의 노예가 되는 길로 들어서게 한다. 이는 우리에게 미학적 능력이 윤리적 실천과 얼마나 밀접한지 보여주는 지표이다. 이와 함께 윤리적 관점이 어떻게 확장되어야 하는지 알려주는 지표이기도 하다.

인형극의 매력?
사람이 '거기'
있기 때문에

: 인형극을 사랑하는 사람들을 위하여

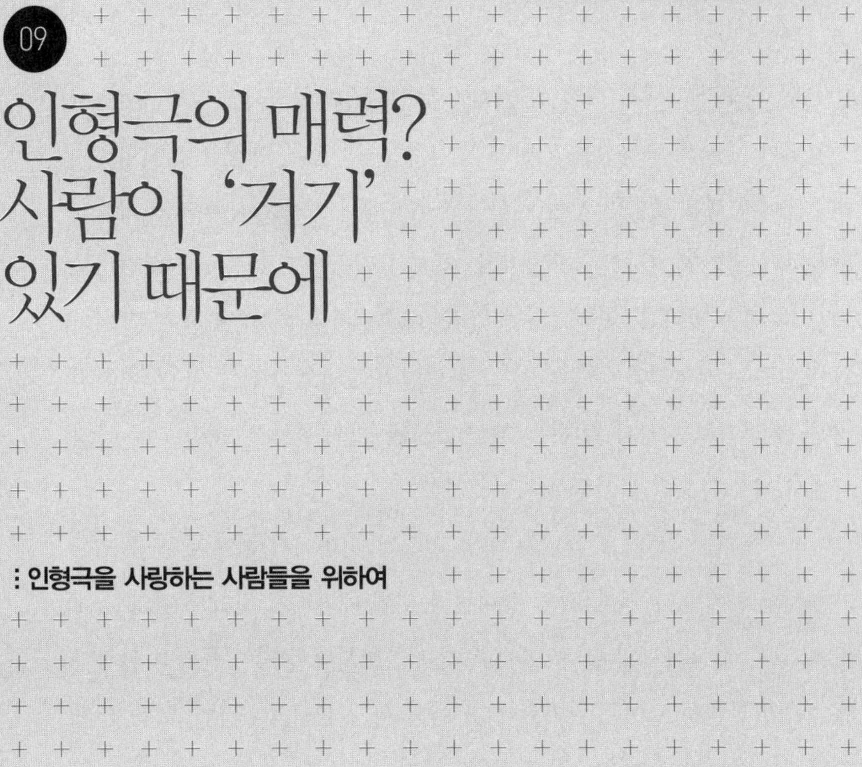

어려운 여건에서 출발했던 '춘천국제인형극제'가 2008년에 스무 돌을 넘어 이제 세계적인 인형극 축제로 우뚝 섰다고 한다. 많은 사람들로부터 꾸준히 사랑을 받고 있다는 뜻이다. 대체로 전통적인 공연 방식을 유지하는 인형극이 첨단 디지털 문화의 시대에도 폭넓은 관심의 대상이 되고 관객에게 감동을 주는 이유는 무엇일까?

그것은 인형극의 기예적 특성 때문이다. 우리는 인형극을 볼 때, 우선 시각으로 무대에 있는 인형의 동작을 본다. 그러면서 또 다른 것을 본다. 무엇을 본다는 말일까? 우리는 인형을 조작하며 연출하는 '사람'을 본다. 이렇게 말하면, 무슨 소리냐고 할지 모르겠다. 특별한 경우를 제외하고 인형극에서 인형 조작자는 의도적으로 보이지 않게 연출하기 때문이다. 하지만

—철학 광장

관객은 '의식의 눈'으로 그를 본다. 인형의 드러난 동작을 보면서 동시에 의도적으로 감춘 것을 '본다'. 이 이중적 관조가 바로 인형극의 특성이다. 또한 곧 알아보겠지만 바로 여기에 인형극이 지닌 철학적 매력이 있다.

인형과 사람

예를 들어 보자. 오랜 전통을 지녔고 동서양의 다양한 문명권에서 공연되는 '막대 인형극'의 경우 한 개의 막대 끝을 머리로 하고 그 아랫부분을 쥐고 인형의 동작을 만들어낸다. 좀 더 복잡한 '줄 조작 인형극'의 경우, 관절을 가진 인형의 각 부위에 줄을 매고 위에서 늘어뜨려 인형을 조작한다. 이 모든 경우 조작자는 무대 바로 뒤에 있거나 무대 위 커튼에 가려져 있다. 관객은 인형의 '어눌한 동작'들을 보면서 웃고 울고 감동하며 '조작 예술'의 뛰어남을 즐긴다. 그러면서 동시에 "어떻게 저렇게 할 수 있지?!" 라고 하며 지속적으로 인형 조작자를 의식한다. 즉 인형을 보면서 사람을 보는 것이다. 좀 더 구체적으로 말하면, 인형의 동작을 보면서 사람의 능력을 감지한다.

'손 인형극'일 경우를 보자. 인형 안에 손을 집어넣고 손가락과 손목을 움직여 인형을 조작하는데, 한손 인형이든 양손 인형이든 인형을 조작하는 사람의 손은 당연히 인형의 몸 안에 가려져 있다. 하지만 관객은 인형의 동작 뒤에 의도적으로 숨은 사람 손의 능력을 의식하며 극을 본다. 이는 남사당놀이 가운데 하나로서 목덜미를 잡고 인형을 조정한다는 뜻에서 '덜미' 라고도 하는 꼭두각시놀음에서도 마찬가지다

현대적 연출 방법의 하나로서 영상을 이용하여 기술적으로 조작성을 철저히 가리는 듯해 보이는 '검은 극장black theatre' 인형극을 보자. 이 극에서는

빛이 제어된 검은 배경에 조작자 역시 모두 검은 옷을 입고 있어서 관객에게는 전혀 보이지 않는다. 그러나 이 경우도 관객은 조작자의 존재를 의식하고, 그 '보이지 않음'을 즐기기까지 한다. 사실 관객은 조작자를 의식의 눈으로 보고 있는 셈이다. 곧 검은 극장 인형극을 즐기는 관객은 조작자가 없는 듯 있고 또한 있는 듯 없는 역설적 기예성이 인형극 공연의 본질을 구성하며 그것이 또한 극의 재미와 의미임을 자연스레 의식한다.

휴머니즘이 묻어나는 공연

조작성과 솔직성이 중첩해서 작동한다는 사실은, 우리가 주목해야 할 또 다른 차원에서도 인형극을 여타 예술 형식들과 차별화한다. 그것은 '실감'의 차원이다. 우리는 연극 무대에서 배우를 본다. 사람이 직접 실감나게 연기하는 것을 본다. 영화 화면에서도 우리는 사람을 본다. 더구나 영화에서 연출자는 어떻게 하면 '실감나게' 촬영할까 하는 데에 모든 역량을 집중한다. 영화에서는 '실제 같은 효과'가 매우 중요하다. 그것은 배경과 동작을 보여주는 영상에서뿐만 아니라 음악과 음향 그리고 대사에서도 마찬가지다. 그래서 관객은 영화를 보며 "와! 실감난다"라고 한다.

그런데 앞서 인형들의 동작을 '어눌하다'고 했다. 이는 인형극에 대한 폄하가 아니다. 인형극에서 실감나는 연기는 배제되기 때문이다. 인형극은 조작자가 '실감나게' 하는 게 아니라, 어떤 의미에서는 실제적인 것보다 '모자라게' 연출하며, 그 모자란 연출을 비밀인 것처럼 하지만 실제로는 노출하는 특이한 방식을 취한다. 인형극 스스로 수용한 이런 묘한 한계 때문에 극은 오히려 그 예술성을 발휘한다. 그 한계는 '자연스런 어색함'이라는 형용모순으로 표현할 수 있을지 모르겠다. 이런 의미에서 인형극의

첨단 디지털 문화의 시대에도 전통적인 방식의 인형극이 여전히 인기다. 이는 인형극의 기예적 특성 때문이다. 우리는 인형극에서 인간과 똑같은 움직임이 아니라 어눌하지만 진솔한 모습을 기대한다. 곧 '사람을 느끼기'를 기대한다.

예술적 기만성은 사실 탁월한 솔직성이다.

인형이 어색하지만 그래도 그럴 듯한 동작을 보여준다는 사실은 인형극에 환상성을 확보해준다. 그것은 조작자의 실재성을 품은 환상성이다. 그러므로 인형극에는 환상성과 실재성이 교묘하게 혼재하며 보편적 감동을 불러일으킨다. 또한 이때 어색함은 일종의 '동작의 여백'이다. 인형극은 이를 적극 활용한다. 그 여백에는 '사람'이 있다. 불완전하지만 탁월한 사람의 능력이 담겨 있다.

혹자는 "인형극이 환상적이고, 물체에 생명력을 불어넣어서 표현하기 때문에 그 표현의 폭에 한계가 없으며, 아이들에게 감수성을 길러주고 상상력을 자극하기 때문에 환영받는다"고 한다. 어쩌면 이것은 어른들의 입장에서 흔히 하는 말일지 모른다. 그러나 이렇게 말하는 데 머물면 인형극의 기예적 탁월함과 예술적 가치를 제대로 드러내지 못한다. 아이들은 자신의 감수성이 길러지는지 자신의 상상력이 자극 받는지 모른다. 그건 어른들의 바람이다. 아이들이 인형극을 좋아하는 이유는 인간의 능력에 감동하고 감탄하기 때문이다. 아이 어른 할 것 없이 우리가 인형극에 감동하는 것은 그곳에 인형이라는 사람의 모습과 함께 실제 사람이 있기 때문이다. 곧 관객이 사람을 느끼기 때문이다.

인형극 공연에는 휴머니즘이 물씬 묻어난다. 종종 예술은 예술가를 잊게 한다. 특히 실감나게 하기 위해 모든 첨단 기술과 연출 역량을 쏟아붓는 예술 형식에서 그렇다. 그러나 인형이 사람을 잊지 않게 하듯이, 인형 예술은 그 예술가를 오히려 은근하면서도 빼어나게 드러낸다.

휴머니즘이란 무엇인가? 그것은 인간이 만물의 근본이라는 특권적 지위를 부여하는 것도 아니고, 인간의 판단과 행동을 신봉하는 인간중심주의도 아니다. 수많은 정의가 있지만, 그 어느 것보다 타당한 것은 '사람에 대한 진지한 관심'이다. 모든 상황이 사람을 잊게 하더라도, 사람의 모습을 그리며 사람을 느끼는 것이 휴머니즘이다. 그리고 인간의 능력을 자유롭게, 그러면서도 오만하지 않게 발휘하는 것이 휴머니즘의 속성이다. 이런 면에서 인형극은 아이에게는 물론 동심을 되찾으려는 어른에게도 사람을 상기하게 하는 진솔한 예술의 고향 같은 것이다.

2

방송

방송은 현대 매스 미디어mass media가 낳은 대중문화 영역이다. 그러나 우리가 여기서 대중을 물질적 냄새가 물씬 밴 '매스mass'가 아니라 '사람들people'의 형용사(popular)로 인식하면, 방송 문화를 이해하는 폭과 시각이 달라질 수 있다. 그러면 방송의 겉과 속을 좀 더 진지하게 살펴볼 수 있다.

방송은 현대 매스 미디어mass media가 낳은 대중문화 영역이다. 그러나 우리가 여기서 대중을 물질적 냄새가 물씬 밴 '매스mass'가 아니라 '사람들people'의 형용사(popular)로 인식하면, 방송 문화를 이해하는 폭과 시각이 달라질 수 있다. 그러면 방송의 겉과 속을 좀 더 진지하게 살펴볼 수 있다.

인생의 모순에
양다리 걸치기

: 라디오 방송

"히틀러가 정치적인 인물이 될 수 있었던 직접적 원인은 라디오와 확성 장치에 있다." 미디어 이론가 매클루언Marshall McLuhan의 말이다. 저 유명한 오슨 웰스Orson Welles의 방송 드라마 제작 기법을 라디오에 실제로 써먹은 것도 바로 히틀러라고 한다. 웰스의 방송 드라마는 라디오의 청각 이미지가 갖는 '전체 포괄적이고 전면 관여적인 힘'을 꾸밈없이 드러냈는데, 히틀러는 자신의 전체주의 체제를 확립하기 위해 이 방법을 전용했다는 것이다. 매클루언은 라디오가 많은 사람들에게 개인 대 개인으로 상대할 때처럼 친근하게 다가가서 개인적 감동의 경험을 집단의 차원으로 확장한다고 말한다. 그래서 이렇게 단언한다. "라디오는 잠재의식의 심층에서 부족의 뿔나팔이나 고대 북의 울림처럼 작용한다." 결국 인간의 마음과 사회를 감동의 소용돌이로 바꾸어놓는 힘은 라디오 매체의 본질이라는 것이다.

텔레비전이 보편화하기 전까지 라디오가 대중매체로서 막강한 힘을 발휘한 것은 사실이다. 우디 앨런^{Woody Allen}의 영화 〈라디오 데이즈〉^{1987년}는 다양한 에피소드들을 통해 대중에 미치는 라디오의 영향력을 잘 보여준다. 하루 종일 라디오를 듣는 엄마와 아들이 서로 "라디오 좀 그만 들어!"라고 하며 신경전을 벌이기도 하며, 학교에서 선생님이 아이한테 "너 또 라디오 들을래?" 하며 야단치기도 한다. 미확인 비행물체^{UFO}가 나타났다는 뉴스에 안개 속을 운전하던 남자가 혼비백산해서 애인과 자동차를 버리고 달아난다(그것은 사실 오슨 웰스의 라디오 드라마를 패러디한 것으로 뉴스 같은 드라마였는데도 말이다). 하기호 감독의 〈라듸오 데이즈〉^{2007년}는 조선 최초의 라디오 드라마가 어떻게 대중의 심금을 휘젓고 대중 동원의 기폭제가 될 수 있었는지를 잘 보여준다.

이중적 특성

이상은 라디오가 대중매체의 제왕일 때 이야기다. 텔레비전과 인터넷을 비롯해 미디어가 다양해진 오늘날 라디오는 이런 고유의 특성을 자신 안에 잠재함과 동시에 시대 상황에 따른 성격의 변화를 보이고 있다. 그러나 어떤 경우라도 라디오가 지속적으로 유지하는 특성을 한 마디로 표현하라면 '이중적 성격'이라고 할 수 있다. 그 이중성은 개인과 집단, 노출과 은폐, 현실과 상상, 자유와 속박이라는 것으로 표현될 수 있다. 오늘의 라디오는 이 모순적 이중성에 양다리를 걸치며 존재한다.

우선 개인성과 집단성을 보자. 매클루언은 "한때는 교회가 텅 비게 할 정도의 집단 청취 형태였던 라디오가 텔레비전이 출현한 뒤로는 사적, 개인적 이용의 형태로 바뀌었다"고 말한다. 그는 기존 체제에 반항적인 청년 운동이 한창이던 1960년대 "10대들이 텔레비전의 집단에서 나와 개인의 라디오로 돌아갔다"는 사실도 관찰한다. 물론 오늘날 많은 미디어들이 개인화의 경향을 띠고 있지만, 라디오는 특히 비밀스럽게 또는 작은 만족을 느끼며 혼자 듣기의 특성을 강화하고 있다. 이것은 매클루언이 말했듯이 본질적으로 라디오가 "개인 대 개인의 사적이고 친근한 직접적인 형태로 우리에게 다가온다"는 소통의 특성을 지니고 있기 때문이다. 다만 오늘날 다양한 매체들이 존재하는 가운데서 라디오는 이런 개인적 감동의 경험을 집단의 차원으로 확장하는 힘을 발휘하지 못할 뿐이다.

청취의 개인화라는 차원에서 또한 오늘날 주의 깊게 보아야 할 라디오의 특성이 있다. 그 특성은 라디오가 정보와 지식을 축적하고 보존하며 전달해서 공유하는 매체가 아니라는 데에 있다. 영상 자료를 사용하는 다른 모든 매체와 달리 우리는 라디오를 '듣고 만다'. 그것도 '혼자 듣고 마는' 경우가 많다. 그러나 바로 이 점이 지식과 정보의 과잉 소통에서 해방될 수 있는 가능성과 함께 각 개인의 정서적 차원을 보존해주는 역할을 하는지 모른다.

라디오의 특성은 곧 구술문화의 특성이다. 월터 옹Walter Ong은 인간 존재의 심연에서 구술성의 특징을 도출해낸다. "목소리로 한 말spoken word은 소리라는 물리적인 상태로 인간 내부에서 생겨나 의식을 가진 내면 즉 인격을 인간 상호간에 표명한다." 더 나아가 "구술된 말oral word이 지닌 내면화된 힘은, 인간 존재의 궁극적 관심인 성聖스러운 것과 어떤 특수한 방식으로 결부되어 있다." 이는 인간의 말에 신의 말이 지닌 속성이 잠재한다는 의미가 된다. 말에는 '드러나 있는 존재'와 '숨어 있는 존재'의 속성이 함께 들어 있다는 뜻이다.

라디오는 어떤 의미에서 '순수 구술문화'를 대표한다. 고전적 의미에서 구술성은 시각성을 동반한다. 보면서 말하기 때문이다. 그러나 라디오 방송에서 우리는 말하는 사람을 보지 못하고 소리만 듣는다. 라디오는 모습은 감추고 소리에 모든 의미를 싣는다. 이 간단한 차이는 라디오를 매우 특별한 매체로 만든다. 라디오는 노출과 은폐가 절묘한 조화를 이루는 매체이다. 그러므로 라디오가 눈에 보이지 않는 신의 소리 정도까지는 아니더라도 특별한 의미를 지닌 인간 내면의 소리를 실어 나를 때 그 효과는 배가된다. 매클루언도 보지 않고 듣기만 할 때의 특별한 효과를 이렇게 표현했다. "어두운 방에 앉아서 말하면, 말은 갑자기 새로운 의미와 함께 전과는 다른 결을 가지게 된다. 르 코르뷔지에^{Le Corbusier}는 건물이 밤에 가장 멋지게 느껴진다고 말했는데, 말은 어둠 속에서 그 건물보다도 더 풍요로워진다."

또한 라디오가 소리만 내고 다른 모든 것을 감춘다는 사실은 청취자의 상상력이 넓고 깊게 뻗어나갈 수 있는 가능성을 제공한다. 이는 화면이나 스크린에 나타난 이미지가 수용자의 머리에 각인되는 텔레비전이나 영화 같은 매체가 상상의 여지를 별로 제공하지 않는 것과 매우 다르다. 그런데 오늘날 자신의 영역에서 드라마 제작이 거의 실종된 상황에 있는(우리나라의 경우 한국방송과 문화방송 라디오에 각각 한 편의 드라마 프로그램이 있을 뿐이다) 라디오는 허구와 상상의 세계가 아닌 곳에서 방송의 돌파구를 찾는다. 그것은 '일상의 소리'를 전하는 일이다.

〈라디오 시대〉, 〈여성시대〉, 〈두 시의 데이트〉 등의 명칭을 지닌 프로그램들은 생방송이라는 특성과 함께 보통 사람들이 내는 일상의 소리를 전하는 것을 주된 과제로 삼는다. 여기서 우리는 라디오의 또 다른 이중성을 관찰할 수 있다. 그것은 바로 엄청난 상상력을 유발할 수 있는 라디오가 구체

적인 일상생활의 일들을 전달함으로써 현실과 상상이라는 두 영역을 넘나
드는 곡예를 펼친다는 사실이다.

또한 라디오는 다른 일을 하면서도 청취를 가능하게 하는 매체이다. 다
시 말해, 라디오는 미디어의 속박과 일정 부분 자유의 허용이라는 이중성
을 태생적으로 지닌 매체이다. 이것은 사실 실용적인 차원에서 라디오의
첫 번째 특성이라고 할 수 있다. 오늘날 휴대전화기와 패드형 PC 같은 소
형 미디어라도 시각을 독점하는 소통과 사용 방식을 취하기 때문에 행동의
자유는 상당히 제약된다. 특히 이동 중일 때에도 별 문제 없이 미디어를 활
용하려면 그것이 청각 매체이어야 한다. 이른바 '전자 유목민 시대'에 미
디어 활용의 이중성은 라디오를 다시 주목하게 한다.

모순의 세계

이 모든 것은 라디오 그 자체가 삶의 모순을 담고 있는 매체라는 것을 보
여준다. 우리가 라디오를 즐기는 것은, 집단과 개인, 은폐와 노출, 상상과
현실, 속박과 자유 등 사람들이 일상적으로 경험하는 모순의 세계 속에 양
다리를 걸치는 것과 같다. 역으로 다차원적 이중성을 지닌 라디오의 특성
을 파악하면 모순의 세계가 우리 인생의 어디까지 양다리를 걸치고 있는지
새삼 실감할 수도 있다. 이런 특성은 어쩌면 고도로 발달한 멀티미디어의
시대에도 '올드 미디어'인 라디오가 대중과 접촉의 끈을 놓치지 않고 나름
의 영역을 지키고 있는 이유일지 모른다.

오슨 웰스와 히틀러가 활동하던 시대와 달리 오늘날 라디오의 영향력은
많이 줄어들었다. 쇠퇴기에 있다고 할 수도 있다. 그러나 라디오 방송은—
'문자 메시지'나 '보이는 라디오' 같은 방식들을 도입하는 변신을 하기는

했지만—고유의 특성을 상당 부분 유지하며 새로운 미디어들이 제공하지 못하는 정서와 서민의 일상성과 개인적 내면과의 소통 가능성을 제공한다.

방송 경영이라는 차원에서 보면 라디오는 '계륵鷄肋' 같은 성격을 지니고 있다. 버리기에는 아깝고 쓰기에는 뭔가 모자란 것이다. 이 또한 라디오의 이중적인 성격이다. 그러나 우리가 잊지 말아야 할 것은 '다양성'이라는 차원에서 라디오의 존재는 그 자체로 소중하다는 사실이다.

좀 더 구체적으로는 오늘날 여러 차원에서 획일화가 진행되는 시대에 라디오의 특별한 기능이 다양성의 한 축으로 매우 중요한 역할을 할 수 있다는 사실이다. 매클루언은 "라디오가 우리의 중추신경 조직의 가장 원시적인 확장인 매스 미디어, 즉 모어母語에 특히 알맞다는 것은 깊이 생각해 볼 가치가 있는 일이 아닐까?"라고 했다. 물론 그는 오늘날 세계화의 경향과 함께 '영어 획일화' 현상이 곳곳에서 일어나고 있는 것을 예상해서 이런 말을 한 것은 아니다. 하지만 텔레비전의 영상과 자막 그리고 인터넷의 다양한 파생 매체들에서 영어의 활용이 다양한 모어를 축소시키는 상황에서 라디오는 분명 모어를 통해서만이 자연스럽고 편안한 소통을 보장해주는 매체이다. 이것은 라디오가 뭔가 비밀스런 정서 속에서 작은 만족을 느끼며 홀로 듣기의 특성을 강화하고 있는 경향과 무관하지 않다. 어쩌면 라디오는 수많은 모순과 딜레마의 경계에서 나름 양다리를 걸치며 살아가는 사람들의 인생을 상징하는 뉴 미디어 시대의 올드 미디어인지 모른다.

사람들은 왜 '삶의 깊이' 를 찾는가?

: 라디오 디제이

우리가 흔히 디제이[DJ]라는 약칭으로 부르는 디스크자키는 레코드판을 가리키는 디스크[Disk]와 원래 경마의 기수를 뜻하는 자키[Jockey]의 합성어로 된 말이다. 이는 음반을 타고 달린다는 은유를 품고 있다. 첨단 디지털 기술을 활용한 음반을 쓰는 요즘에 구식 레코드판이 어색하게 느껴질지 모르지만, 디제이는 바로 그 구식 음반과 중첩된 이미지를 지금까지도 간직하고 있다.

방송의 역사에 따르면, 라디오 디제이는 1930년대 미국인 마틴 블록[Martin Block]이 한 산간 지방의 유선방송을 통해 음악을 들려주면서 마을의 토막 소식을 간간이 전해주던 것이 시초였다고 한다. 물론 텔레비전 디제이도 있고 클럽 디제이도 있다. 1960년대 초 우리나라 민영방송이 디제이 프로그램을 개설할 때도 도심의 음악감상실에서 활동하던 클럽 디제이들을 고용해 그들에게 진행을 맡겼다는 기록도 있다.

소리의 깊이

  여기서 특별히 라디오 디제이를 다루는 데는 이유가 있다. 라디오 디제이가 진행하는 프로그램은 '넓이'가 대세인 방송에서 '깊이'의 균형을 맞추어줄 수 있기 때문이다. 방송은 브로드캐스트^{broadcast}라는 말에서도 알 수 있듯이 본질적으로 넓이의 매체이다. 그러나 라디오 디제이 프로그램은 역사적으로 깊이를 추구해왔다.

  이는 라디오 디제이가 대중화하면서 1980년대 초에 전문 디제이의 양성이 필요함을 강조하던 글들에서도 찾아볼 수 있다. 당시 자료를 보면, "디제이의 전문화는 시급하며, 디제이의 역할이 음악의 전달자라는 것을 넘어서 철학적이며 창조적인 언어의 전달자가 되어야 한다"는 것을 강조한다. 또한 디제이가 하는 말은 재치 있고 유머 넘치는 것을 넘어서 "무엇보다도 내용적으로 깊이가 있어야" 함을 강조한다. 이는 라디오 같이 영상 없는 청음문화의 특성을 잘 활용하기 위해서도 필요한 것이다.

  우리가 라디오 일반을 다룬 앞 장章에서 언급했듯이, 보지 않고 듣기만 할 때의 특별한 효과를 상기할 필요도 있다. 라디오가 눈에 보이지 않는 신의 소리 정도까지는 아니더라도 특별한 의미를 지닌 인간 내면의 소리를 실어 나를 때 그 효과가 배가된다는 점을 염두에 둔다면 디제이의 역할을 더 잘 이해할 수 있을 것이다. 말은 어둠 속에서 더 풍요로워진다.

  은유적으로 표현하면 영상이 '넓이'라면, 소리는 '깊이'이다. 영상이 없기 때문에 라디오에서 음악은 더욱 중요해지고 청취자를 깊이의 세계로 이끄는 효과를 발휘한다(방송 전문가들은 라디오의 특성으로 신속성, 병행성, 친밀성 등에 더해서 '음악성'을 특별히 든다). 그래서 특히 깊은 밤의 디제이 프로그램이 생명력을 갖고 지속되는 것이다. 〈별이 빛나는 밤에〉 또는 〈밤을 잊은 그대에게〉 같은 프로그램이 그 실례이다.

깊이와 차이

여기서 음악과 함께 깊이 있는 이야기의 방송이라는 과제는 우리에게 흥미로운 철학적 화두를 던진다. '사람들은 왜 삶의 깊이를 찾는가?'라는 물음이 그것이다. 물론 부박한 시대에 사람들이 은근히 바라는 것은 '삶의 깊이'이다. 그러나 평온한 일상의 행복과 기쁨이 있을 때도 사람들은 자아의 깊이와 인생의 깊이를 찾는다. 왜 그럴까?

당연히 여겨오던 것에 대한 엉뚱한 질문인지 모르겠다. 그러나 한 번쯤 짚고 가야 할 것이기도 하다. 결론부터 말하면, 인간이 다양한 욕구를 갖고 있고 그 가운데서도 인간은 '다른 차원'을 지향하기 때문이다. 깊이를 추구하는 행위와 사색은 '다름'의 의미와 밀접하다.

이 말이 생소하다면 이렇게 쉬운 예를 들 수 있다. 어떤 상태에서 깊이 들어간다는 것은 그 상태로부터 멀어진다는 뜻이다. 어떤 상태에서 얕게 들어가면 달라질 게 별로 없고 새로 얻을 것도 없다. 깊이 들어가면 현재의 것과 달라지고 새로운 차원에 접할 가능성은 높아진다. 동굴 입구에서 한 발자국 앞으로 가는 것과 동굴 깊이 들어가는 것과의 차이와 마찬가지다. 동굴 깊이 들어갈수록 다양하게 다른 것들과 접할 수 있다. 이상하고 아름답고 경이로운 것들과 마주칠 수도 있다.

개인적 차원에서도 자아를 깊이 성찰하면, 일상적으로 알고 있던 것과 '같은 나'를 다시 보게 되는 것이 아니라 '다른 나'를 발견하게 된다. 자아를 발견하러 여행을 떠나는 이유도 지금의 나로부터 멀어지기 위해서다. 우리가 음악, 미술, 문학, 철학 등에 심취하게 되면 나 자신이 다를 수 있는 가능성에 접속하게 된다. 깊다는 것은 어렵다는 뜻이 아니다. 매혹적이라는 의미이다. 끌어당긴다는 뜻이다. 그래서 우리는 심취하게 된다. 깊이의 비밀 없이 매혹적인 것은 존재하지 않는다.

이는 자아 밖의 세계에 대해서도 마찬가지다. 눈에 보이는 현상에 대해 깊이 성찰하면, 비가시적인 새로운 차원을 발견하게 된다. 플라톤이 눈에 보이는 현실이 아닌 다른 차원의 실재로서 이데아를 발견한 것도 깊이를 추구했기 때문이며, 뉴턴이 사과의 낙하를 보고 만유인력의 법칙에 대한 실마리를 얻은 것도 현상의 깊이를 파고들었기 때문이다. 밤하늘의 깊이 속으로 사유를 뻗어가면 천체의 신비로움에 놀라게 되고, 사물의 깊이를 파고들면 흥미진진한 원자의 세계를 발견하게 된다. 이것은 고대로부터 철학자와 과학자들이 해오던 것이다.

일상생활에서도 주위를 깊이 있게 관찰하고 사색하면 삶의 다른 차원들을 보게 된다. 몰랐던 것들이 눈에 들어오고 무심코 지나쳐왔던 것에서 감동의 씨앗을 발견하며 무엇보다도 자신의 주위에 있는 너무도 당연히 잘 알고 함께 살아왔던 사람들이 다르게 보인다. 그들에게서 수없이 많은 다른 점들을 발견하게 된다. 얕게 사는 삶에는 근본적인 변화는 없고 힘겨운 적응만이 지속된다. 깊게 사는 삶은 인생과 속세의 저 심연으로부터 밀고 올라오는 매혹적인 변화의 영감을 느끼며 사는 삶이다.

사람들이 '왜 삶의 깊이를 찾는가?' 라는 물음에, 같은 것을 확인하기 위해서가 아니라 의외로(?) '다른 것을 만나기 위해서' 라고 답할 수 있다. 깊이 있는 음악과 언어가 청취자에게 제공하는 것은 삶의 다른 차원과 접촉할 기회이다. 그것은 까맣게 잊고 있던 옛 추억과 접촉할 기회일 수도 있고, 음악 소리든 사람의 목소리든 새로운 소리가 울리는 감동의 공명에 접속할 기회일 수도 있으며, 예기치 않은 사람 또는 삶의 차원과 경이롭게 조우하는 기회일 수도 있다.

이 모든 것은 어찌 보면 '낭만적'이다. 아니 깊이와 차이는 분명 낭만과 연관이 있다. 낭만은 매우 익숙했던 것에 대한 향수를 새롭게 정당화하는 것이기도 하며, 낯선 것을 즐기려는 치기어린 모험심을 이국적인 정서로 치장하는 것이기도 하기 때문이다. 낭만은 다름의 차원을 독특하고 멋있게 즐기는 것과 연관 있다. 그러기 위해선 삶의 깊이에 접속해야 한다. 그렇지 못하면 그 독특함은 멋을 잃고 부담스럽게도 감상적인 것이 된다. 그러므로 디제이는 일상의 사소한 감상에 머무는 게 아니라 인생의 깊이 있는 낭만에 대하여 잘 알고 있어야 한다. 개성 있는 디제이가 진행하는 프로그램은 청취자의 사소한 일상적 취향에 머무는 것이 아니라, 청취자를 '다름의 낭만'으로 감싸주는 것이리라.

방송 전문가들은 라디오 디제이를 세 가지 유형으로 구분한다. 우선 음악중심 진행 디제이^{Low profile DJ}로서, 그 역할은 말을 최소화하고 음악 전달에 집중하는 경우다. 그 다음은 음악전문가 디제이^{Specialist DJ}로서 음악에 대한 해설과 음악에 연관한 흥미 있는 이야기들을 생생하게 전달해주는 역할을 하는 경우다.

마지막으로 개성파 디제이^{Personality DJ}로서 음악을 띄우며 사이사이 삶과 연관된 의미 있는 이야기를 삽입하는 경우다. 이 세 번째 유형이 오늘날 일반화된 라디오 디제이다. 그러므로 퍼스널리티 디제이는 음악과 언어의 연금술사가 되어야 한다. 깊다는 것의 의미에 대한 성찰은 그 방법이 다른 데에 있는 게 아니라 철학적 인문학적 소양을 키우는 데에 있음을 일러준다.

03

'새로움을 제공한다는 것'의 의미

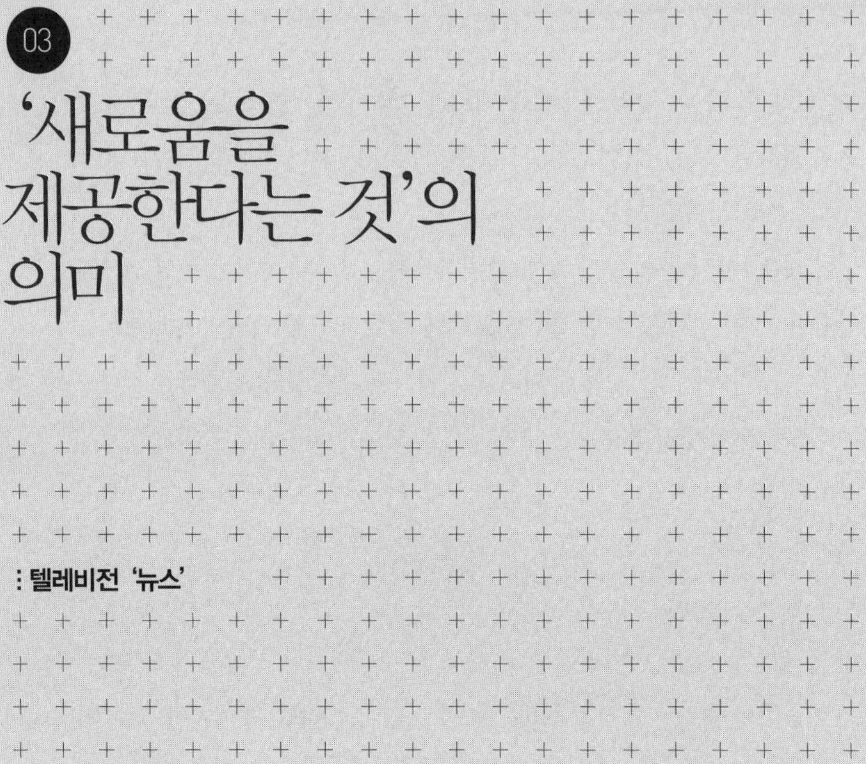

: 텔레비전 '뉴스'

방송의 역사는 현대 대중문화의 역사와 함께해왔다. 방송은 대중 없이 존재할 수 없다. 이는 우리 일상의 경험으로도 알 수 있다. 텔레비전은 벌써 오래 전부터 저 유명한 '바보상자'라는 별명으로 불린다. 그만큼 우리 일상생활에 깊고 넓게 영향을 끼칠 수 있는 매체라는 뜻이다. 또한 그만큼 사회·문화적으로 진지한 비판의 대상이라는 뜻이기도 하다. 그러므로 바보상자에 탐닉하지 않더라도 그것이 우리 삶과 어떤 관계를 맺고 있는지 성찰의 대상으로 삼을 필요가 있다.

우리나라 방송 현실에서 뉴스의 시청률은 그리 높지 않지만, 편성 횟수와 시청자의 의식 형성에 미치는 영향력 차원에서 뉴스는 방송의 핵심이다. 더구나 〈뉴스9〉, 〈뉴스데스크〉, 〈8시 뉴스〉 등 각 방송사 메인 뉴스의 이미지는, 매일 반복되는 '일상성의 최면 효과'를 극대화한다. 한 예로, TV 속 남녀 앵커는 우리의 전통 사회 구성을 그대로 반영한다. 모든 것을 주도하는 남성과 그를 다소곳이 보조하는 여성이란 패턴이 뉴스 진행만큼 잘 반영돼 있는 곳도 없을 것이기 때문이다. 이런 문화비평은 끝이 없겠지만, 이 글에서는 뉴스의 사회학적, 인간학적인 면을 주로 살펴보고자 한다. 사회학적 관점에서 오늘날 뉴스는 '패션'과 유사하며, 인간학적 관점에서 그것은 '변화 체험의 역설'을 보여준다.

뉴스는 극단의 패션이다

뉴스news의 본질은 그 어원처럼 '새로움'이다. 이런 점에서 뉴스는 서구의 모더니티modernity 정신과 밀접하다. '지금'이라는 뜻의 라틴어 어원modo에서 유래한 모더니티의 개념에서 중요한 것은 '지금 변화하는 것들'이기 때문이다. 변화의 순간들은 당연히 새로움을 동반한다. 그러므로 새로움을 창출하는 것은 현대성의 특징이다.

새로움은 시작, 탄생의 뜻과 함께 창조, 발전, 개혁, 희망, 패러다임 변화, 사건 발생 등의 의미를 품고 있다. 오늘날 우리 사회에서도 '뉴스거리'가 되는 것들은 항상 이런 의미를 바탕에 깔고 있다. 이런 사실을 관찰하는 것은 뉴스의 본질을 이해하는 데 도움이 된다.

뉴스는 새로움으로 가득한 세상을 펼쳐 보여야 한다. 그런데 하나의 새로움은 또 다른 새로움을 필요로 한다. 새로움이란 말 그대로 일시적이고 지나가는 것이어야 하기 때문이다. 한 번 새로이 등장한 것이 지속적이거나 영구하다면 그것은 새로움의 의미 자체를 소멸시키게 된다. 하나의 새로움은 다른 새로움으로 교체되어야 한다. 지속적인 것은 새로움의 탄생과 소멸일 뿐이다. 아니면 적어도 하나의 새로움은 계속 변형되고 다른 요소들이 첨가되어 '새롭게' 보여야 한다. 그래서 순환적으로 반복되는 같은 내용의 뉴스에서도 변화 요소를 첨가하여 새로움의 옷을 입힌다. 이는 특히 정치 뉴스에서 두드러진다.

이런 점에서 뉴스는 패션과 유사하다. 패션의 본질적 특성은 바로 일회성 또는 '하루살이 성격'이다. 패션의 흐름에 따라 새로운 양식의 옷이 등장하나, 그것이 새롭게 부상해서 절정에 이르는 순간 또 다른 새로움에 의해 교체될 것이라는 것은 이미 정해져 있다.

새로움을 추구하는 것이 경쟁적이라는 점에서도 패션과 뉴스는 유사점이 있다. 새로운 유행을 수용하고 그것을 따르는 사람이 그 순간 아직 그렇지 못한 사람들과 차별화되기 위해서는 유행을 적시에 수용해야 하며, 되도록 다른 사람들에 앞서서 이른바 유행을 선도하면 더 좋을 것이다.

그런데 또한 바로 이 점에서 뉴스를 전달해야 하는 언론 매체는 패션과 많이 다르다. 패션에서는 누구나 다 가는 길에 동참하는 것과 차별화 욕구 사이의 균형이 중요하다. 그러한 균형 찾기 놀이가 패션을 즐기게 한다. 또한 그것이 패션이 사회적으로 긍정적으로 기능할 가능성이다. 그러나 뉴스 제작과 방송에서는 '누구나 다 가는 길'을 놓치면 큰일 난다. 다시 말해, 다른 매체에서 이미 뉴스로 대중 전달한 내용을 아직 뉴스화하지 못하고 있다면 그건 언론사와 방송사로서 존재 의미조차 상실하는 것이 되기 때문이다. 또한 누구나 다 전하는 것을 전하면서도 신속히 '특종 기사'를 외쳐야 한다. 종종 그 특종의 내용에 문제가 있더라도 말이다.

이것은 무엇을 말하는가? 이것은 새로움을 찾고 수용하는 데에 있어서 패션과 뉴스는 그 정도의 차이가 매우 크다는 것을 의미한다. 뉴스에서는 새로움을 찾고 정리해서 전달하는 경쟁이 매우 치열하다. 이런 점에서 뉴

뉴스는 패션과 유사하다. 그 '하루살이 성격'과 새로움을 추구하는 것이 경쟁적이라는 점에서 그렇다. 그런데 패션에서는 누구나 다 가는 길에 동참하는 것과 그로부터 차별화하려는 욕구 사이의 균형이 중요하다. 반면 뉴스에서는 '누구나 다 가는 길'을 놓치면 큰일 난다. 뉴스는 균형감 없는 극단의 패션이라고 할 수 있다.

스는 극단의 패션이라고 할 수도 있다. 그러므로 뉴스에는 '균형 감각'이 결여될 때가 많다. 신속하게 전달되는 새로운 뉴스의 내용에서 균형을 찾는 일은 수용자의 몫으로 남게 된다. 이제 우리는 현대 방송 매체의 특성과 현실을 어느 정도 이해할 수 있다. 오늘날 방송 매체는 본질적으로 균형 감각과는 거리가 멀다는 사실이다.

현대의 미디어비평은 대중매체가 현실을 과장하고 조작할 가능성에 초점을 맞추어왔다. 장 보드리야르^{Jean Baudrillard}의 '하이퍼리얼리티 이론'도 이런 연장선상에 있다. 하지만 TV가 이미지의 힘으로 '소식의 유행'을 치열하게 주도한다는 특성이 더 흥미로운 것이다. 물론 두 가지 입장은 서로 연계되어 있다. 하지만 이미지를 활용한 뉴스 전달은 새로움에 있어서 ― 이렇게 표현해 보자 ― 좀 더 '패셔너블^{fashionable}'하고자 하는 욕구를 보임으로써 실재를 과장하게 되기 때문이다. 다시 말해, 뉴스의 극단적 패션 의식이 하이퍼리얼리티에 전제된다고 볼 수 있다. 뉴스가 균형감 없는 극단의 패션이 되는 경향은 인간학적으로 또 다른 측면을 보여준다.

변화 체험의 역설

새로움은 변화를 유발하며, 변화는 새로움을 동반한다. 변화는 새로운 것들이 역사이며, 새로운 것들은 변화의 의미를 담고 있다. 변화와 새로움은 이렇게 서로 의미의 호환성을 지닐 만큼 밀접하다. 그런데 이미 19세기에 게오르그 짐멜이 간파했듯이 지속되는 변화와 새로움의 등장은 "인간에게 엄청난 억압이 될 수" 있다.

새로움의 관점에서도 자연적 조건에 머무는 동물과 문화적 활동을 하는 인간의 차이는 관찰된다. 동물에게는 습관이 생존에 거의 절대적이다. 어떤 상황 앞에서 항상 해오던 대로 대처하고 그렇게 하지 못할 경우는 그런 상황을 피한다. 동물은 새로운 것을 두려워하며 그것을 거부한다. 인간은 물론 새로움을 거부하고 습관에 절대적으로 기대는 동물과 많이 다르다. 인간은 호기심이 있고 모험심도 있다. 하지만 인간도 새로움과 변화에 잘 적응하지 못하고 피로를 느끼며 고통스러워한다. 새로움을 맞는 일과 변화를 몸소 겪는 일은 누구에게든 힘겨운 법이다. 인간도 새로움을 몸으로 겪는 일을 피하려고 한다.

그런데 현대의 미디어는 새로움을 몸으로 겪지 않고, 바라봄으로써 '즐길' 수 있는 가능성을 제공한다. 바로 여기에 새로움과 변화의 전달자인 뉴스의 영향력이 있다. 현대인은 시각적 미디어를 통해 점점 더 새로움의 고통을 몸소 겪지 않고 정신으로 즐기는 동물이 되어간다. 이는, 사람들이 신체적 평안과 정신적 방랑을 동시에 즐길 수 있는 가능성에 쉽게 끌려 들어갈 수 있음을 의미한다. 인간 영혼이 새로움을 중독된 것처럼 즐기더라도, 그 새로움이 육신이 습관화되어 매우 익숙한 시·공간에서 제공된다면 사람들은 이를 문제 삼지 않으려 한다. 이런 현대 문화의 특성은 방송 매체뿐만 아니라 디지털 멀티미디어의 시대에 더욱 강화되어 간다. 하지만 이것은 이미 70여 년 전에 텔레비전의 등장과 함께 시작된 것이다.

고대 로마의 시인 오비디우스Publius Ovidius Naso는 "인간 영혼은 새로움을 향해 기운다"라고 했다. 새로움의 전달을 본질로 하는 뉴스는 인간 영혼을 기울게 할 수 있다. 반듯한 차림의 앵커들처럼 가장 건전해 보이는 프로그램인 뉴스가 이른바 '천박한' 프로그램들보다 더욱 부정적 영향을 끼칠 수 있다.

이는 새로움을 창출하고 전달하는 모든 일들은 인간의 삶에 책임이 있음을 뜻한다. 볼테르Voltaire는 새로움을 향한 만인 공통의 취향은 자연의 선물

이라고 했다. 선물은 좋은 것이다. 새로움을 찾는 경향과 새로움을 이루어
내는 능력은 인간에게 주어진 선물이지만, 그것이 인간 존재를 위한 것일
때에 비로소 선물로서 의미를 가질 것이다.

—철학 광장

04

타인의 삶을 내 방으로 가져오는 '시선의 권력'

: 리얼리티 TV

닭들이 모여 앉아 텔레비전 화면에서 실감나는 '통닭구이'를 보고 있다. 오늘날 점점 인기를 끌고 있는 '텔레비전 리얼리티 프로그램'(이하 '리얼티브이')과 그 시청자를 풍자하는 만화이다.

리얼티브이는 사람들의 일상 현실을 '그대로' 보여준다고 한다. 대부분 일상인의 체험과 고백을 주요 내용으로 하며 다큐멘터리와 드라마 요소를 시청자의 구미에 맞게 혼합한 프로그램이다. 리얼티브이는 공중파와 케이블TV를 통해, 그리고 이들과 인터넷 매체의 접목을 통해 확산되고 있다. 예를 들면, 〈이것이 인생이다〉, 〈다큐 여자〉, 〈세상에 이런 일이〉 등의 타이틀을 달고 있으며, 넓게 보면 〈미녀들의 수다〉 같이 간접적이지만 외국인이 본 우리 사회 리얼리티 해부라는 방식도 있다. 이런 방송들은 선정성,

사생활 침해, 관음증, 노출증을 조장한다는 비판을 받기도 한다.

철학자 올리비에 라작Olivier Razac은 이런 비판을 넘어 〈텔레비전과 동물원〉에서 리얼티브이는 현대판 '인간 동물원'이라는 관점을 제시한다. 19세기 말 독일의 칼 하겐베크Carl Hagenbeck에 의해 현대식 동물원이 탄생할 때 함께 성행했던 이국의 원주민 전시와 유사한 점이 있다는 것이다. 그것이 적극적으로 '있는 그대로'의 현실을 표방하는 볼거리spectacle를 제공하기 때문이다. 그는 이런 스펙터클의 '길들이기 장치'가 리얼티브이의 위험요소라고 본다.

역사학자 니겔 로스펠스Nigel Rothfels도 이미 〈동물원의 탄생〉에서 하겐베크의 '인간 전시' 이후, 이런 경향은 크게 바뀌지 않았다고 보았다. 인간의 온갖 진기함이 대량소비 되는 숱한 텔레비전 쇼가 지금도 성행하고 시청자는 그런 '인간 전시'를 감상하고 있기 때문이다(〈미녀들의 수다〉에서 한국의 현실이 리얼하게 들추어진다는 것 이상으로 '미녀들이 전시되고' 있다는 느낌을 받는다는 시청자가 그리 이상한 건 아니다. 이 프로그램에서 보여주는 또는 '보여주려는' 것은 한국 사회의 리얼리티라기보다 '수다 떠는 미녀들의 리얼리티'인지 모른다). 로스펠스가 언급하지는 않았지만, 리얼티브이는 진기함과 일상성을 교묘하게 혼합함으로써 실감나는 '전시 효과'를 극대화하려고 한다.

또 다른 '권력에의 의지'

오늘날 리얼티브이 현상을 이해하려면 라작이나 로스펠스의 입장을 넘어서 인간 욕망의 심연을 보아야 한다. 동물의 '비자연적 역사'에 관심을 둔 로스펠스가 '인간과 동물'의 관계에서 착안한 관점을 사람과 사람 사이에 적용해 성찰해볼 필요가 있다. 사람들은 자기 주변에 살고 있는 동물들에 상당한 관심을 보인다(애완동물을 사육해서 그들을 자신의 일상생활에 참여시키는 것은 그런 관심을 인간중심적으로 실천한 실례라고 할 수 있다). 그 동물이 매우 위험한 육식 동물이라도 관심의 정도는 줄어들지 않는다. 경우에 따라 오히려 더 늘어날 수도 있다. 이런 관심은 다른 욕망으로 이어진다. 곧 인간이 하고 있는 일에 다른 생물을 참여시키려는 욕구가 그것이다.

인간은 무엇보다도 자기 주변에 있는 다른 사람들에 상당한 관심을 보인다. 이러한 관심을 '인간관계' 라는 방식으로 표현한다. 우정 또는 애정으로 표시하고 더 나아가 배려와 봉사 같은 방식으로 실천하기도 한다. 그러나 대부분의 경우 그 관심은 실천의 통로를 찾지 못하고 관심의 단계에서 소멸한다. 상호적이고 평등한 인간관계 맺기에 어려움이 있기 때문이다.

그래도 인간에게는 이러한 관심을 어떤 방식으로든 실현하고자 하는 욕구가 있다. 그것은 내가 다른 사람들의 삶에 참여하고자 하는 것이기도 하지만, 이기적 주체로서 인간에게 그것은 나의 삶에 다른 사람들을 참여시키려는 욕구이기도 하다.

그런데 후자의 경우, 이 욕구는 일정한 수단이 확보될 때 묘한 '권력' 의 형태를 띤다. 현대의 미디어는 이런 '권력에의 의지' 에 발동을 거는 작용을 한다. 더구나 텔레비전은 '현실을 이동' 시킨다는 인간의 오랜 꿈속에 들어 있는 잠재적 권력을 실현한다. 멀리^{tele} 있는 것을 가져다 보게^{vision} 하기 때문이다. 현대인은 이에 익숙해 있지만 사실 이것은 대단한 힘이다. 더구나 시선으로 이런 '파워 라인' 을 향유하는 사람에게 권력적 쾌락은 잠재적일 뿐 사실 막대하다.

리얼티브이는 이런 권력적 향유를 극대화하는 방식이다. 이는 나의 시선이 가는 곳에 '타인의 삶' 을 놓으려는 욕구이고 그것의 권력적 표현이다. 자신은 이동의 노고를 겪지 않은 채, 편안한 자세로 타인의 삶을 자신의 방으로 끌어들일 수 있다는 것은 단순한 착각의 문제를 넘어서 실현의 효과를 지닌다. '시선의 권력'은 이런 상황을 향유하기 때문이다. 권력자는 지배적이거나 억압적일 때보다 상황을 일방적으로 즐길 수 있을 때 권력의 실제 효과를 만끽한다. 일방적 권력 향유자는 타자에 대한 관심은 늘어도 타자성은 상실하게 된다.

서로 길들이기

더구나 이 경우, 시청자는 텔레비전 속에 '전시'되는 타인들의 시선에 불편을 느낄 필요조차 없게 된다. 하겐베크가 이국의 원주민들을 데려다 전시했을 때, 관람자들이 가장 불편을 느꼈던 것은 전시 대상으로부터 자신에게 되돌아오는 시선이었다. 다시 말해 전시장에서 자연스레 일상생활을 하는 것으로 전시된 원주민들은 어떤 방식으로든 관람객들을 쳐다보고 바라본다. 이때 관람객은 자신의 위치가 역전된다는 기분을 느낀다. 이는 '시선의 권력'이 손상되는 느낌을 준다.

하겐베크 식 '사람 쇼'의 쇠퇴와 동시에 인류학적 기록영화가 이를 대체하기 시작했다는 것은 의미심장하다(리얼티브이 역시 어떤 의미에서 일정한 의도로 제작된 현대인의 인류학적 기록영화이거나 그것을 가장하는 것 아닌가?). 이제 시선은 일방적이 되었고 사람들은 아무 거리낌 없이 그 일방성의 편안함을 즐기게 되었다. 시선의 권력은 도전 받을 일이 없게 된 것이다. 도전 받지 않는 권력에 타자성의 자리는 존재하지 않게 된다. 이는 리얼티브이 제작에서 타자에 대한 관심은 과다하게 늘어나도 타자를 위한 배려는 거의 소멸되는 것을 보아도 알 수 있다.

또한 하겐베크 쇼에서 추구하던 '그럴듯함'의 중요한 측면 하나는, 전시에 대한 일반 대중의 기대에 부응하는 일이었다. 기대라는 고정관념에 이의를 제기하는 쇼를 찾아보기는 매우 어려웠다. 더욱이 어떤 경우에는 쇼참가자들을 비하하거나 비웃는 조악한 고정관념이 쇼 프로그램의 중심이되기도 했다. 시선의 권력을 가진 자가 암암리에 또는 노골적으로 그것을원하기 때문이었다.

이것은 리얼티브이에서도 마찬가지다. 이는 라작이 우려하는 '길들이기'가 시청자와 프로그램 제작자 사이에서 상호적으로 일어남을 보여준다. 제작자는 화면에 그럴듯한 현실을 담으려고 하지만, 시청자는 화면의현실을 바꾸려고 한다. 곧 '현실 제작자'로서 권력의 실현을 향유하고자하는 데에 이른다. 시청자에게 리얼티브이는 일차적으로 '현실의 이동'이라는 만족을 주지만 시청자는 더 나아가 자신의 권력이 현실을 제작하는데 관여하고 간섭한다는 사실을 확인하고 싶어 한다.

리얼티브이 화면에서 우리가 보는 것은 즐겁고 변덕스럽고 정겹기까지한 경쾌한 일상생활일지라도 그것은 무거운 인간 욕망을 내포하고 있다.권력이 가벼운 적은 없기 때문이다. 화면을 매개로 한 시청자의 권력은 막연히 추측하는 것보다 훨씬 크다. 그들이 향유하고자 하는 '권력에의 의지'가 잠재하는 한은 그렇다(이는 앞으로 UCC의 진화를 이해하는 데도 유용한관점일 것이다). 이상은 '텔레비전은 바보상자'라는 전통적 이론으로는 이해할 수 없는 것이다. 디지털 멀티미디어의 시대에도 텔레비전은 권력 형성과 권력 이동 그리고 권력의 다차원적 매개라는 점에서 중요한 성찰의화두를 던지고 있다. 이런 점에서 어쩌면 텔레비전에 걸맞은 별명은 바보상자가 아니라 '권력상자'이리라.

05

기억의 여신을
오해한
엔터테인먼트?

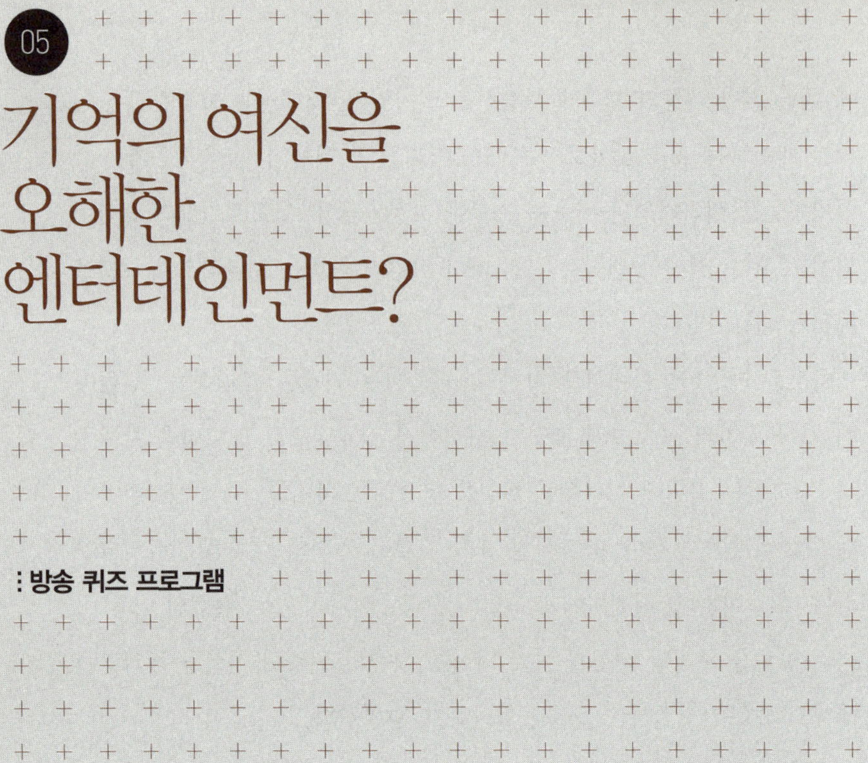

: 방송 퀴즈 프로그램

퀴즈quiz라는 말은 서구에서 18세기 말부터 쓰이기 시작해서 지금 우리가 사용하는 의미로는 19세기 중반부터 유행하기 시작했다고 한다. 이 단어를 활용하던 초기에는 주로 교사가 학생에게 구두로 질문하는 간단한 테스트라는 뜻으로 쓰였다고 한다. 오늘날에는 주로 질문에 대해 외어둔 정보와 지식 그리고 재치로 곧바로 답하는 놀이를 뜻한다. 이런 의미의 퀴즈는 오늘날 방송사마다 중요한 인기 프로그램이 되어 있다.

사실 퀴즈 프로그램은 방송 매체의 종류를 가리지 않고 오랫동안 인기 프로그램의 하나였다. 우디 앨런의 〈라디오 데이즈〉에도 오케스트라가 들려주는 음악의 제목을 알아맞히는 라디오 퀴즈 프로그램에 집을 털던 좀도둑조차 할 일을 잊고 열광하는 장면이 다큐멘터리처럼 나온다. 우리나라에서 방송 퀴즈 프로그램은 1950년대 케이비에스 라디오의 〈스무고개〉로 시작되었다고 한다. 1973년부터 지금까지 계속되고 있는 텔레비전의 〈장학퀴즈〉는 이 분야 최장수 프로그램이라고 한다.

지금은 각 방송사마다 몇 개의 중요 퀴즈 프로그램을 운용하고 있으며, 방송 기술과 진행 방식도 다양해졌다. 그 가운데는 퀴즈에 컴퓨터 게임의 요소를 가미한 것도 있다. 필자가 초등학생이던 1960년대에 라디오 퀴즈 프로그램에서는 방송 출연자가 답을 알았다 싶으면 직접 '스톱!'이라고 소리 지르고 발언권을 얻은 다음에 답을 말하곤 했는데, 금석지감을 느낀다. 그러나 예전이나 지금이나 방송 기술의 획기적인 발전과 진행 방식의 다양화에도 불구하고 퀴즈 프로그램의 본질적 성격은 바뀌지 않았다. 그것은 퀴즈 프로그램이 참가자의 '기억력'에 바탕하고 있다는 점이다.

기억의 여신

심리학자들이 정의하는 기억이란 "정보를 저장하고 인출하는 능력"을 말한다. 즉 시간이 지났어도 정보를 지속적으로 유지하고 그것이 필요할 때 다시 기억 저장고에서 끌어내는 것을 의미한다. 유지하고 끌어낸다는 말에서 우리는 벌써 기억이 능력과 기술의 의미를 그 자체로 포함하고 있음을 알 수 있다. 기억력은 인간의 가장 오래된 기술이라고 할 수 있다. 인간이 생각을 하기 위해서도 기억은 필수적이다. 무엇보다도 언어를 기억하고 있어야 사고할 수 있기 때문이다. 또한 생각하기 위해서는 어떻게 해서든 '생각 거리'로서 과거의 경험이 머릿속에 저장되어 있어야 하고 필요한 경우에 따라 그것을 의식 속에서 상기할 수 있어야 한다.

고대 신화에서 기억의 여신은 신들의 세계에서 중요한 위치를 차지했다.

그리스 신화에서 므네모시네 여신이 태초에 가이아와 우라노스의 결합으로 태어났다는 것은 신의 계보에서 기억의 여신이 갖는 위상을 잘 보여준다. 후에 제우스가 신들의 제왕이 되고 나서 아흐레 밤 동안 그녀와 잇달아 결합하여 아홉 명의 무사이뮤즈들를 낳았다는 이야기도 기억의 여신이 시가詩歌를 비롯한 학문과 예술에 깊이 연관되어 있음을 잘 보여준다. 므네모시네 여신에 대한 숭배는 그리스의 보이오티아 지방에 널리 퍼져 있었다.

철학사적으로는 기억의 여신과 피타고라스학파 사이의 관계가 밀접함을 관찰할 수 있다. 피타고라스학파 사람들이 남긴 자료에서 므네모시네 여신의 이름을 찾아볼 수 있는데, 그들에게는 기억의 여신이 '지성적 활동의 지속성'을 관장하기 때문에 중요했던 것 같다. 또한 피타고라스학파는 윤회설을 발전시킨 까닭으로 생활 방식과 규범에 있어서 기억의 의미와 기억력 훈련을 중요시했다.

영혼은 과거 즉 역사를 지닌다. 윤회설에 따르면 영혼이 여러 가지 과정을 거치기 때문이다. 피타고라스학파 사람들은 매일 저녁 산책을 하면서 하루 일과를 조목조목 기억해내 반성했는데, 이런 기억력 훈련을 하는 사람은 이어서 더 깊고 중요한 사실을 기억해낼 수 있다. 그것은 바로 자신의 영혼이 걸어온 길과 그 과정을 상기하는 일이다.

이는 삶의 저 깊은 심연을 찾아가는 여정에 다름 아니다. 즉 그들에게 기억은 단순히 삶에서 배운 것들을 외우는 데 그치는 게 아니라, 인간과 세계에 대한 깊은 성찰로 이어진다. 그들은, 이런 의미의 기억력 덕택으로 지혜로울 수 있다는 인식을 갖고, 기억의 행위를 므네모시네와 무사이 여신들을 위한 의례에 반영했다. 이러한 전통은 글을 쓰고 책을 만들며 도서관을 짓는 일에 영향을 미쳤는데, 이들은 모두 '기억의 행위를 조직화'하는 것이기 때문이다.

그러므로 므네모시네 여신이 '기억의 여신' 이라는 의미는 단순히 기억하는 것에 한정되는 것이 아니라, 모든 지식·학문·예술 행위 및 삶의 지혜에 바탕이 된다는 것을 의미한다. 이를 바꿔 말하면 인간은 기억을 바탕으로 하지 않을 수 없지만 단순히 외우는 것에 머무는 게 아니라 그것을 바탕으로 다양한 지적 활동을 할 수 있다는 뜻이기도 하다. 므네모시네 여신이 태초의 신 가운데 하나인 이유는 그가 이 모든 것의 원류라는 뜻이지 기억의 의미에 한정된다는 뜻이 아니다.

퀴즈의 다양한 방식

다시 방송 퀴즈로 돌아와 보자. 〈도전 골든벨〉에서 골든벨까지 울렸던 한 출연자는 "방송 퀴즈라는 게 문제를 처음 들었을 때 바로 생각나지 않으면 절대 맞힐 수가 없거든요. 여유 시간을 5초 더 준다고 해서 생각나는 경우는 거의 없어요. 50문제 모두 제가 순간적으로 답할 수 있는 범위 내에서 나왔으니 정말 행운이었던 거죠"라고 말한다. 방송 퀴즈에서는 순간적으로 기억의 창고에서 답을 끄집어내지 못하면 소용없다는 말이다. 이는 그것이 '추론적 사고' 나 '성찰적 사고' 와는 연관이 없다는 뜻이기도 하다.

고대에도 기억의 기술적인 면을 강조한 사상가들이 있었다. 그 대표적인 인물이 기원전 5세기에 활동하던 소피스트인 히피아스이다. 그는 '기억술' 을 이용해서 '박학다식' 할 것을 가르쳤다. '많은 것들을 안다' 는 것을 그리스어로 '폴리마테이아' 라고 했는데, 박식가라는 뜻의 영어 '폴리매스 polymath' 에 그 단어의 모양새가 그대로 전해져 있다. 요즘 말로 하면 '걸어다니는 백과사전' 이 되는 것을 가르쳤다고 할 수 있다.

그러나 폴리마테이아는 또한 고대로부터 철학자들의 비판 대상이었다.

방송 퀴즈에서는 순간적으로 기억의 창고에서 답을 끄집어내지 못하면
소용이 없다. 바로 이 지점이 단답형보다는 '추론형 퀴즈'의 개발을 진
지하게 생각해봐야 하는 이유다. 우리는 기억력보다 상상력과 창의력이
중요한 시대에 살고 있다.

로고스 개념의 창시자 헤라클레이토스는 "폴리마테이아는 올바르게 생각하는 것을 방해한다"고 했고, 원자론자 데모크리토스는 "많은 것들을 알려하지 말라. 그러면 아무것도 모르게 된다"라고 가르쳤다.

이상의 고찰은 우리에게 새로운 생각 거리를 제공한다. 오늘날 우리 삶에서 지식의 창고로서 '걸어 다니는 백과사전'은 큰 의미가 없다. 디지털 인터넷 시대에는 도처에 백과사전이 부유하기 때문이다. 물론 앞에서 말했듯이 기억력은 중요하다. 천재적인 기억술로 유명한 에란 카츠^{Eran Katz}도 말했듯이 오늘날 컴퓨터와 인터넷을 비롯한 디지털 첨단기기와 정보 네트워크는 기억력을 향상시키는 데 도움이 안 된다는 측면이 있다. 이런 점에서 우리 스스로 기억력의 중요성을 소홀히 하지 말아야 한다. 카츠의 말처럼 "뇌의 기억 용량이 줄어드는 것을 막으려면 두뇌를 꾸준히 활용해야" 하는지 모른다.

그러나 두뇌 활용은 다양해야 한다. 이런 점에서 다양한 퀴즈 프로그램 개발도 중요하다. 대중매체에서 우리는 주로 외운 것을 활용해서 문제에 대해 즉각적 답을 하는 '단답형' 퀴즈 프로그램을 운용하고 있다. 이렇게만 하면 지식의 최저 수준에서 게임하는 것이 되기 싶다. 퀴즈와 비슷한 것으로 퍼즐^{puzzle}이 있다. 말과 문장을 활용해 던지는 질문에 곧바로 답하는 것이 아니라, 도형, 일러스트, 문자 배열 등을 사용해 어느 정도 생각할 시간을 준 뒤 알아맞히는 것을 가리킨다. 그러나 우리나라 퀴즈 프로그램에서는 거의 활용되지 않고 있다. 퍼즐 게임을 활용하면 퀴즈 프로그램 다양화에 도움이 될 수 있다.

또한 단답형보다는 '추론형 퀴즈'의 개발을 진지하게 생각해 볼 때이다. "퀴즈라는 게 중독 같아요"라고 하는 퀴즈 프로그램 출연자도 있다. 어떤 의미에서 '앎'은 중독성이 있다. 뇌를 자극해서 쾌락을 주기 때문이다. 그런데 한 번의 자극적 쾌락에 끝나는 단답형보다 꼬리에 꼬리를 무는 추론은 더 큰 즐거움을 준다. 또한 추론은 간단한 것에서 보다 복잡한 것으로 단계별 문제 출제도 가능하다.

추론형 퀴즈를 좀 더 발전시키면 스토리텔링 기법을 적용한 퀴즈를 개발할 수도 있을 것이다. 서사적 추론을 활용한다는 점에서 이를 '추리' 퀴즈라고 할 수도 있다. 그렇다고 여기서 반드시 추리소설과 같은 추리만을 의미하는 것은 아니다. 우리 일상생활에는 다양한 사건들이 있고 사건들은 합리적으로 설명될 수 있다는 의미에서 하는 말이다. 퀴즈의 어원은 불분명하지만, 'quiz'라는 단어의 모양새로 볼 때 라틴어에서 변형된 것일 가능성이 높다. 라틴어에서 '퀴qui'라는 음절은 대개 의문사를 구성한다. 예를 들어, 퀴스quis는 '누구', '무엇', '어떤 것'의 의문사로 쓰이고, 퀴드quid는 '왜', '어떻게' 등의 의문사로 쓰인다. 그렇다면 퀴즈는 우리 삶의 여러 물음들을 의미한다고 볼 수 있으며 그 물음들을 연계해가며 합리적인 답을 찾는 것이라고 할 수 있다.

기억력과 함께 중요한 것은 상상력과 창의력이다. 우리는 기억한 것들을 실마리 삼아 상상하고 창의성을 발휘한다. 상상력과 창의력은 기억의 자료를 확장시키는 힘이다. 단답형 퀴즈는 기억력의 사용에 머물게 하지만 추론형 퀴즈는 상상력과 창의력의 개발에 연계될 수 있기 때문에 중요하다.

퀴즈 프로그램을 다양화하는 것이 쉬운 일은 아니다. 프로그램 연출과 방송 진행에 어려운 점이 있을 수 있기 때문이다. 하지만 기존의 편한 방식만을 답습하는 것은 바람직하지 않다. 더구나 방송 퀴즈 프로그램은 공영성과 교육적 성격을 지닐 경우가 많다. 적어도 이런 프로그램에서는 제작의 어려움이 있더라도 그 내용과 진행 방식을 다양화할 필요가 있다. 이는 오늘날 퀴즈 프로가 '기억의 여신을 오해한 엔터테인먼트'에 머물지 않고, '기억의 여신을 기리는 놀이'로 발전하기 위해서도 필요하다. 가치 있는 지식이란, 모두 기억한 결과가 아니라, 죄다 잊어버린 후에도 기억에 남는 어떤 것이기 때문이다.

06

품위와 열외의 인간학

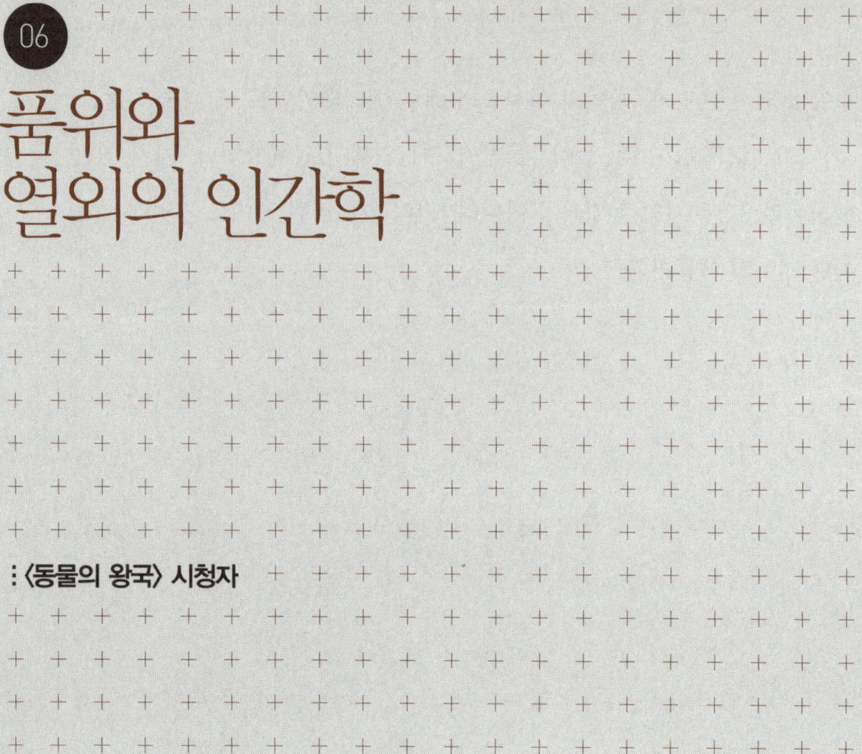

：〈동물의 왕국〉 시청자

사람들은 텔레비전 동물 다큐멘터리를 즐겨 본다. 〈동물의 왕국〉은 이 분야의 대표 프로그램이다. 그런데 사람들에게 동물 다큐를 즐겨 보는 이유를 묻는다면 뭐라고 답할까? 대부분 "동물들의 행동에서 인간의 모습을 보기 때문"이라고 답한다. 실제로 주위 사람들을 대상으로 설문조사를 해보았는데, 열 명 가운데 여덟 명이 위와 같이 매우 '고상한' 답을 내놓았다. 두 명만이 "그냥 재미있으니까"라고 답했다.

품위의 인간

이 같은 사람들의 태도는 몇 가지 흥미로운 생각 거리를 제공한다. 그 가운데 하나는 인간이 우선 고상함을 지향하는 동물이라는 것이다. 무심코 한 물음에도 고상한 답을 내놓으려고 하니까 말이다. 사람들이 동물의 왕 국을 즐겨 보는 까닭은 무척 다양할 수 있다. 사람마다 개성이 있고 처한 상황이 다를 수 있기 때문이다. 그러나 막상 공개적으로 그 이유를 묻는다 면, 사람들은 '의미 있는 답'을 내놓으려 한다. 그것도 인간적 성찰이 들어 간 답을 한다면 좋을 것이라고 암암리에 마음먹는다.

더구나 치열한 생존 경쟁의 현장을 담고 있는 동물 다큐멘터리에 차분 한 자아 성찰을 접목해 답한다는 것은 왠지 멋져 보인다. 곧 매력적이라 서 다른 사람들이 쉽게 수긍할 것 같다. 진화론자라면, 이런 대답은 집단 에서 개체의 사회 적응도를 높여 주기 때문에 매우 유용하다고 추론할 것 이다.

로빈 던바^{Robin Dunbar} 같은 진화심리학자는, 인간의 두뇌 성장과 지적 행동 및 고도의 언어활동은 공동체 생활을 하면서 사회가 복잡해짐에 따라 발생 한 진화적 결과라고 본다. 이런 주장은 대뇌 신피질의 크기가 증가된 것(인 간의 경우 전체 두뇌 용량의 약 80퍼센트)을 주요 근거로 내세우는데, 신피질 은 몸치장, 이성 유혹하기, 사교 활동 같은 '사회적 기술'들을 서로 연결하 는 두뇌 영역이다. '언어 치장'도 물론 중요한 사회적 기술이다. 동물의 행 동에서 인간의 모습을 본다는 답은 적당한 품위가 있어서 그 사회 적응도 가 높다. 이때 언어 치장으로 갖춘 품위는 사회에서 '사람의 보호색'과 같 다(이를 이해하면 인간 사회의 윤리를 좀 더 융통성 있게 대할 수 있으리라).

다윈의 성선택 이론을 발전시킨 진화심리학자 제프리 밀러^{Geoffrey Miller}라 면 이를 좀 더 성환원주의적 입장에서 해석할 것이다. 남·녀가 서로 이성 에게 잘 보이기 위해 품위 있고 멋진 대답을 찾던 것이 수백만 년 동안 의 식에 각인 되어서 지금도 되도록 그런 경향을 보이는 것이라고 설명할 것이다.

전문 분야에서 준비된 질문에 답할 경우와 달리, 예기치 않은 또는 특별히 생각해보지 않은 엉뚱한 질문에 그럴 듯하게 내놓는 답변에는 사회 적응도를 높이기 위한 언어 치장적인 요소가 들어 있을 가능성을 전제할 수 있다. 그렇다면 좀 짓궂다는 핀잔을 들을지라도 어떤 답이 사람의 심성을 좀 더 솔직히 드러내는지 살펴보는 것이 흥미로울 것 같다.

열외의 인간

사람들이 〈동물의 왕국〉을 즐기는 숨은 이유는 뭘까? 〈한겨레〉의 이재성 기자는 동물의 생태를 풍부히 담은 자연 다큐멘터리 영화를 소개하는 기사를 가상의 친구에게 보내는 편지글로 시작한다. "〈동물의 왕국〉 좋아해? 난 말이야, 해가 뉘엿뉘엿 저물어가던 늦은 오후에, 방 안에 혼자 누워 〈동물의 왕국〉을 보던 때가 제일 행복했던 때가 아니었나 싶어." 이 말은 우리 일상의 경험에서 나온 말이지만(아니, 바로 그렇기 때문에) 시사하는 바가 크다. 동물 다큐멘터리 시청은 쓸쓸함을 주는 석양에 혼자서도 행복을 느낄 수 있는 기회를 제공하니까 말이다.

그렇다면 이 행복감은 어디서 오는 걸까? 그것은 무엇보다도 '편안함' 때문일 것이다. 이 경우 편안함은 또한 어떤 특별한 '격리감'에서 온다. 동물 다큐는 거의 예외 없이 동물들의 치열한 생존 경쟁을 내용으로 한다(다큐멘터리 제작자들도 생존 경쟁에 포커스를 맞추고 그런 현장들을 잡으려고 노력한다. 그것이 시청자의 잠재적 요구라는 것을 잘 알기 때문이다). 동물의 왕국에서 가장 인기 있는 동물들이 맹수나 맹금류라는 것도, 이를 즐기는 인간의 심층 심리를 잘 보여준다. "오늘은 사자 안 나오네. 표범이나 치타 정도는 나와야지. 아니면 자칼이라도……." 이런 말은 함께 텔레비전을 시청하던 가족 사이에서도 흔히 듣는다. 화면 안에 있는 동물들은 그야말로 쉴 새 없는 삶의 투쟁을 벌이고 있다. 생명을 잃느냐 보존하느냐 하는 약육강식은 그들의 일상이다.

인간 사회의 약육강식은 은유법이지만 동물의 왕국에서는 직설법이다. 그래서 이재성 기자도 동물의 세계를 보며 전율한다. "백상아리라는 상어류 녀석이 혹등고래 새끼를 노리는데 정말 무시무시하더군." 그들의 삶은 때로 무척 슬프다. "슬프긴 아프리카 코끼리도 마찬가지야. 물을 찾아 수백 킬로미터를 이동하는데, 해마다 힘들어진다는 거야." 빙하가 녹아내리는 바람에 사냥을 할 수 없어서 너무 '날씬해진' 북극곰을 보고는 이렇게 말할 수밖에 없다. "더는 말하지 않을래. 너무 비극적이니까."

하지만 이들을 화면으로 보고 있는 우리 인간은 그 순간 얼마나 편안한가. 문명 발달의 덕분으로 동물의 치열한 삶을 격리된 편안함 속에서 즐기고 있지 않은가. 그렇지 않다면 우리도 화면 속의 동물들처럼 치열하게 먹잇감을 쫓거나 포식자를 피해 달아나고 있을 것 아닌가. 사실 시청자는 화면 속의 동물들에서 인간의 모습을 보는 게 아니라, 인간과는 전혀 다른 상황에 있는 동물들의 모습을 본다. 오히려 인간은 동물들 중에서 유일한 예외라는 것을 암암리에 실감하면서 말이다.

북극곰에서 아프리카 코끼리까지 그들의 삶이 고달픈 건 인간이 환경을 파괴하고 지구온난화를 유발했기 때문이라고 해도, 나, 시청자는 지금 그들을 관조하고 있다. 때론 슬픈 감정이 들고 비극에 공감해도, 나는 동물의 왕국에서 열외가 아닌가. '열외의 기분 좋음'이란! 열외의 만족감은 대단하다. 이는 우리 일상생활에서도 경험하는 일 아닌가.

단언할 수는 없지만, 동물의 왕국 안에서 인간의 모습을 본다는 건 순진한 답이거나 적당한 품위로 위장된 답이기 쉽다. 사실 우리는 동물의 왕국을 시청하는 인간의 태도에서 우리의 숨은 모습을 찾아볼 수 있으며, 우리 자신을 인문적으로 성찰할 수 있는 삶의 화두를 얻을 수 있다. 흔히 말하듯이 동물을 보면 사람에 대해 잘 알 수 있는 것이 아니라, 인간을 보면서 인간에 대해 더 잘 알 수 있다.

—철학 광장

07

영웅, '삼각관계 풀어가기' 의 달인?

: 김종선 연출 드라마 〈대조영〉

아리스토텔레스는 〈시학〉에서 "비극과 희극이 드라마^{drama}라고 불리게 된 것은, 등장인물들이 이야기를 실제 행동하는^{dran} 것으로 나타내주기 때문이라고 주장하는 사람들이 있다"고 했다. 그 뒤에 오랜 세월 동안 '드라마' 는 극 또는 연극을 뜻하는 말로 널리 사용되어 왔다. 그런데 오늘날 우리나라에서는 대부분의 사람들이 '드라마' 라는 말을 듣는 순간 텔레비전 연속극을 떠올릴 가능성이 높다. 대중문화의 파급효과를 다시금 생각하게 한다.

우리나라 텔레비전 드라마에서 중요한 위치를 차지하는 것이 이른바 '대하사극' 이다. 그 가운데서도 2006년 9월부터 2007년 12월까지 방영된 김종선 연출의 〈대조영〉은 134부작으로 대하사극이란 이름에 걸맞은 작품이다. 고구려 멸망에서 발해 건국까지의 이야기를 담은 〈대조영〉은 방영 기간 내내 역사관 논쟁 등 여러 가지 차원에서 대중의 관심을 끌었지만, 무엇보다도 1년 반 가까운 기간 동안 높은 시청률을 유지하며 방영되었다는 점에서 세간의 이야깃거리였으며 지금도 그 이유를 분석해볼 만하다.

영화와 드라마는 유사한 장르이면서도 매우 다른 점이 있다. 영화에서는 '절제의 미학'이 중요하다면, 방송 드라마에서는 '확장의 미학'이 중요할 뿐만 아니라 '필요'할 때가 많다. 미적美的으로 잘 잘라내며 다듬는 것도 중요하지만 잘 늘려가며 다듬는 것도 중요하다. 영화는 특히 편집 과정에서 잘라내기가 주요 과제가 되지만, 드라마에서는 대본 작성 단계에서부터 이야기의 지속성이 주요 과제가 된다. 어떻게 하면 긴장감을 늦추지 않으면서도 이야기를 계속 연장해 나갈 수 있는지 하는 문제는 드라마 제작의 핵심이라고 해도 지나친 말이 아니다. 곧 이야기 구성의 의미와 재미라는 차원에 드라마의 생명이 달려 있다고 할 수 있다. 그러므로 드라마의 견인 역할을 하는 '이야기의 동력'이 무엇인지 살펴보는 일은 요긴하고 흥미롭다.

중첩된 삼각관계

〈대조영〉은 새로운 나라를 세우는 것에 관한 이야기다. 다른 한편, 한 인간이 어떻게 영웅으로 성장해가는지에 관한 이야기이기도 하다. 역사적·정치적 해석을 제쳐놓고 후자의 관점에서 보면, 대조영의 이야기를 긴장감 있게 끌어가는 것은 바로 다양한 '삼각관계'라는 것을 관찰할 수 있다. 이것은 이야기의 시작부터 종결까지 서사의 견인차 역할을 한다.

또한 대조영이 자신을 얽어매는 삼각관계를 풀어나가는 과정이 그가 영웅으로 성장하는 과정과 일치한다는 것은 흥미롭다. 대조영은 누구나 그러하듯이 삼각관계 때문에 갈등하고 괴로워하며 일을 그르치기도 한다. 그런 한편 대조영은 사랑의 삼각관계에서 승리자이기도 하고, 때론 미묘한 삼각 구도에서 실리를 취하기도 하며, 삼각의 갈등에서 현명한 균형을 찾아가기도 한다.

삼각관계를 구성하는 사람들 사이에는 역사적 인물과 허구의 인물이 섞여 있으나, 그 인물들 사이의 삼각관계는 모두 허구로 구성된 것이다. 이런 점에서 역사극 〈대조영〉은 '드라마'가 된다. 그럼으로써 또한 단순한 영웅 서사에서 영웅의 인간미를 담은 이야기가 된다. 어쩌면 이런 삼각관계들을 거쳐 대조영은 좀 더 인간적 영웅이 되는지 모른다.

첫 번째 삼각관계는 거란족 가한의 딸 초린을 중심으로 형성된다. 그녀와 대조영 그리고 이해고가 사랑의 삼각관계를 이룬다. 여기서 대조영은 초린의 사랑을 얻음으로써 승리자가 된다. 당연히 대조영을 향한 이해고의 분노와 증오가 이야기의 동력이 된다(이 점에서 이해고의 캐릭터는 이야기 전체에서 때론 대조영 이상으로 중요하게 다루어진다).

두 번째 삼각관계는 대조영 자신을 중심으로 형성된다. 그는 두 여인, 초린과 고구려 왕족인 숙영공주 사이에서 갈등한다. 이 삼각의 형태는 연인들 사이의 관계일 뿐만 아니라 대조영의 입장에서는 정치적 차원이 개입해 있는 관계이다. 삼각관계 자체가 내부적으로 중첩해 있다. 여기서 그는 숙명적인 사랑보다는 현실을 인정하고 실리를 취한다. 숙영과 혼례를 치른다.

세 번째 삼각 구도는 대조영도 모르게 초린이 낳은 그의 아들 검이를 중심으로 형성된다. 자신을 길러준 아버지 이해고와 낳아준 아버지 대조영 사이에서 검이는 갈등한다. 검이의 갈등은 다시금 숙적인 두 사람을 경쟁 관계로 몰고 간다. 이것이 이야기 후반부의 모든 투쟁과 고난의 극복 그리

대조영은 자신을 얽어매는 삼각관계들을 풀어가며 영웅으로 거듭난다.
인간은 삼각 구도의 상황에서 어느 때보다 깊이 고민하기 때문에, 이를
잘 풀어내는 능력은 영웅적 자질을 가늠하는 잣대가 될 수 있다.

고 나라 세움이라는 대조영의 대과업 과정과 맞물려 있다. 여기서 대조영은 생부라는 것을 넘어서 영웅의 인품과 능력이라는 점에서 검이의 마음을 산다. 다시 한번 비극적 인물의 전형 이해고에 대해 승리자가 된다.

네 번째 삼각 구도는 또 다시 대조영을 중심으로 형성된다. 그는 숙영과의 사이에서 태어난 아들들과 검이 사이에서 균형을 찾으려고 노력한다. 그 과정에서 대조영은 유약한 인간의 면모를 보이기도 하는데, 검이의 결단으로 문제는 자연스레 해결되고 이야기는 대단원의 막을 내린다.

영웅의 조건

대조영의 이야기는 결국 모든 삼각관계를 해결해 나가면서 영웅적 과업을 이루어내는 한 인간의 생애라고 할 수 있다. 에머슨은 "모든 영웅은 시간이 지나면서 따분한 사람이 되고 만다"라고 했다. 그것은 실제 역사에서도 그렇고 허구적 이야기에서도 그럴 것이다. 드라마 〈대조영〉도 주인공을 영웅에서 따분한 사람으로 만들 고비를 몇 번 넘기면서 대단원에 이른다. 아마도 '중첩된 삼각관계'를 풀어가는 과정이라는 서사의 축이 그런 위기를 넘기는 데 도움이 되었으리라.

그렇다면 삼각관계를 해결하는 능력(행운의 도움을 포함하여)이 영웅의 조건일 수 있을까? 다시 말해 삼각관계를 해결하는 것이 왜 영웅적일까? 이 물음은 우리에게 철학적 사고를 유발한다. 인간은 삼각 구도의 상황에서 그 어느 때보다 깊이 고뇌하기 때문이다.

인간은 이차원적인 세계는 잘 다루며, 인간에게 사차원적인 세계는 가설과 상상 속에 있다. 지금까지의 인식적 차원에서 보면, 삼차원적 세계에 사는 삼차원적 존재인 인간은 세상을 인식하는 방식에서든 구체적 실천에서든 자신의 존재 조건보다 간단한 이분법적 상호 관계를 좀 더 편하게 대한다(상호 관계가 항상 쉬운 것은 아니지만 말이다). 반면 삼각관계는 그 형성의 순간부터 문제를 제기하며, 주인공이 그 구도를 벗어나서 어떤 상호적 차원에 안착할 때까지 갈등의 상황은 지속되고, 그 과정은 매우 지난하다.

그러나 삼각관계의 어려운 상황을 헤쳐 나가면 값진 것을 얻게 된다. 대조영도 중첩된 삼각관계들의 터널을 통과하면서 누구보다 갈등하고 괴로워하지만, 그러는 한편 사랑을 얻고 목표한 바를 성취하며 미묘한 인간관계의 균형을 찾아간다. 이런 점에서 대조영은 삼각의 어떤 꼭짓점에 머물고 있다기보다, 삼각의 중심에 있는 또 다른 자아로서 삼각의 한 꼭지를 점하는 자신을 관조하는 경지에 이른다고 할 수 있다. 그럼으로써 '성숙한' 영웅이 된다. 모든 긴장의 억압이 몰리지만 또한 균형의 핵이 될 수 있는 삼각의 내적 중심으로 자아를 이동시킬 수 있는 능력, 바로 이 점이 그를 특별한 영웅으로 만든다.

물론 대조영이 자신의 능력만으로 이 모든 갈등과 고통의 상황을 극복해 나간 것은 아니다. 때론 자신의 인품과 도덕 및 지도자로서 능력으로 승리와 실리를 얻기도 하지만, 때론 다른 사람의 도움과 행운으로 그 상황을 벗어나기도 한다. 영웅으로서의 성공은 능력에 행운이 따라야 가능하기 때문이다.

연전에 고등학교 학생들이 '영웅론'을 학습 동아리의 리포트로 작성하는 것을 지도해준 적이 있다. 그때에도 학생들은 역사에 등장하는 영웅들과 함께 대하사극 〈주몽〉에서 소재를 얻어 '영웅의 유형'을 분류하는 작업을 시도했다. 우선 고대로부터 현대에 이르기까지 시대별로 영웅의 유형을 분석하고, 현실에 존재했던 영웅과 상상 속에 등장하는 영웅의 유형을 비교하며, 영웅이 지니는 다양한 특성을 정리한 적이 있다. 그 유형에는 '전사^{戰士}로서의 영웅'도 있고, '사랑하는 여인을 구하는 자로서의 영웅'도 있으며, '국민을 실망시키지 않는 지도자로서의 영웅'도 있었다. 이제 〈대조영〉을 보고 나서 '영웅, 삼각관계 해결의 달인'이라는 유형을 첨가해야 할지 모르겠다.

영국 작가 체스터톤^{Gilbert K. Chesterton}이 그랬던가. 잘 만들어진 이야기는 우리에게 영웅에 대한 진실을 말해준다고. 현실과 허구가 혼합된 '팩션'에 등장하는 영웅으로서 대조영도 우리에게 영웅에 대한 어떤 진실을 말해주었는지 모른다.

08

권력과 창조력의 '투쟁 과정'으로서 요리

: 이병훈 연출 드라마 〈대장금〉

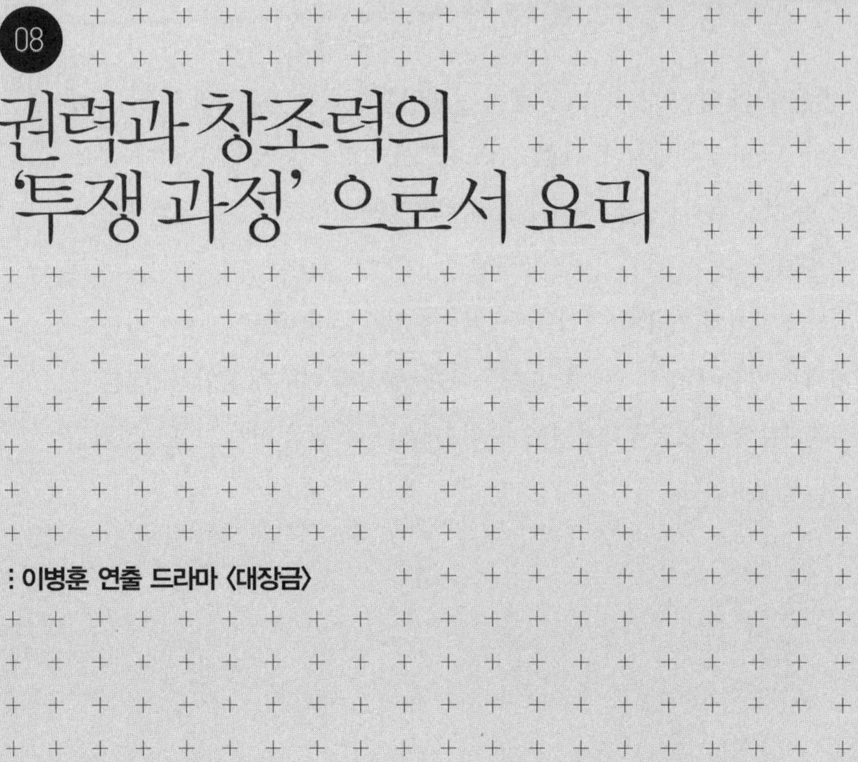

이병훈 감독이 연출한 텔레비전 드라마 〈대장금〉은 종영한 지 여러 해가 지났어도 관심의 대상이다(2003년 9월부터 2004년 3월까지 56부작으로 방영). 해외에 진출해서도 계속 인기를 끌고 있다. 중국에서는 "외국 드라마로서는 너무 인기가 있어서 오히려 시기의 대상"이라는 말도 있었다. 〈대장금〉의 인기 비결은 역시 이야기의 힘이다. 몇 줄 안 되는 역사의 기록에서 실마리를 얻었을 뿐 거의 전적으로 작가의 상상력으로 창조된 장금의 이야기는 의외의 결과에 이른다. 그 결과는 〈대장금〉이 어떤 의미에서 '사극 판타지'라는 것이다.

판타지의 배경은 무대 안의 무대라고 할 수 있는 각종 음식 재료, 다양한 식기들, 그리고 후반부에 등장하는 약재료와 약탕기들이다. 이 무수하게 다양하고 이질적인 것들 사이에서 일어나는 '소통'과 '연계' 그리고 '결합'이 이야기의 바탕이다.

작가이자 판타지 이론가인 톨킨 J. R. R. Tolkien은 이질적이고 이탈적이며 돌발적인 것들을 '합리적으로' 조직해서 이야기를 만들어내는 것이 환상적 서사의 핵심이라고 보았다. 이질적 다양성은 환상성을 보장하고, 서사적 합리성은 현실감을 부여한다. 〈대장금〉의 판타지는 신비로운 나라에서 또는 광활한 우주를 무대로 전개되는 게 아니라, 식기, 약탕기, 식재료, 약재료 같은 일상생활의 '미세한 세계' 안에서 작동한다는 점이 다를 뿐이다.

과정과 사건

〈대장금〉의 작가가 역사에서 찾아낸 것은 '의녀'의 기록이다. 하지만 이 작품의 매력이자 시청자의 관심을 사로잡은 것은 '현실감 있는 상상력'이 만들어낸 '요리의 과정'이다. 여기서 중요한 것은 '과정'이라는 말이다.

요리는 인간의 본질적 특성이다. 아니, 인간은 요리하는 동물이다. 최근의 생물인류학은 사람을 이해하는 데, 인간이라는 종이 먹이를 익혀 먹는다는 사실에 새롭게 관심을 갖는다. 다시 말해, 불의 사용이라는 근본적인 변화 요인에 머물지 않고 좀 더 다각적으로 '요리의 진화'를 진지하게 보기 시작했다.

리처드 랭검 Richard Wrangham 같은 학자는 인간을 이해하는 데 "요리의 진화는 그동안 거의 완전히 무시되었지만 중요한 주제이다"라고 강조한다. 인류가 진화의 어느 시점에서, '기다림'의 역할과 의미를 알게 되었기 때문이다. 인류는 그 시점에서 먹이가 있는 영역을 옮겨 다니면서 먹는 대신 먹을거리를 모아 일정한 장소로 옮기고 그곳에서 투박하나마 요리하면서 먹을거리가 익을 때까지 앉아 '기다리게' 되었다. "그 결과 갑작스럽게 자연의 먹이 외에 훔칠 수 있는 먹이 영역이 생겨났다. 그리고 훔칠 수 있는 먹이 영역이 생겨나면, 생명이 언제나 그렇듯이 누군가가 정말로 그것을 훔치려 한다." 여기에서 랭검은 생산자와 약탈자의 역학 관계가 생겨났다는 것을 발견한다. 또한 이 시점에서 암컷과 수컷의 특별한 역할 구분 역시 발생했다고 추정한다.

그러나 좀 더 보편적인 관점에서 보면, 요리의 진화가 지니는 의미는 랭검이 생각하는 것에서 더 나아갈 수 있다. 자연의 먹이 영역을 넘어서는 문화적 먹이 영역에는 약탈만이 있는 것이 아니라 다양한 권력의 개입이 있을 수 있으며, 그 먹이 영역이 일정한 시·공간을 필요로 하는 과정이라면 그 사이에 여러 가지 사건들이 일어날 수 있다. 이를 개념화하면, 요리는 과정과 사건이라는 것으로 설명될 수 있다.

요리는 무엇보다도 인간 삶에서 매우 특별한 의미의 '과정'을 발생시킨다. 먹이를 바로 먹으면 먹이 취득까지의 과정은 있지만, 자연 상태의 먹이를 문화적으로 변형시키는 과정과 식사의 별난 과정은 생기지 않는다. 요리의 철학적 의미는 그것 자체가 곧 '특별한 과정'이라는 데에 있다. 나아가 고대의 성찬 의례로부터 현대의 테이블 매너에 이르기까지 식사의 과정을 발생시킨다는 데에 있다. 요리는 때로 매우 긴 시간과 다양한 공간을 활용하는 과정이다. 이렇게 시·공간적으로 특별히 늘어진 과정은 '사건'이 개입할 가능성을 제공한다. 〈대장금〉에서는 그 과정에 권력이 개입하면서 사건을 일으키고 흥미진진한 이야기로 몰고 간다.

드라마의 후반부 작업을 제외하면 〈대장금〉은 '요리의 과정'과 '권력의 개입'이라는 두 줄기로 엮어가는 이야기이다. 요리의 과정을 지키려는 자와 그 과정에 어떤 방식으로든 개입해서 손상을 입히려는 자 사이의 투쟁, 그것이 〈대장금〉의 주된 줄거리다.

왕궁 안 수라간의 최상궁은 조카 금영과 함께 정치적 권력이 개입할 수 있는 요리의 과정을 또한 자신들 고유의 권력으로 삼으려 한다. 주인공 장금의 어머니와 그의 절친한 친구 한상궁은 인간의 목숨과 밀접한 그 생명의 과정을 순수하게 지키려다 희생된 사람들이다. 장금과 함께 옥에 갇힌 한상궁은 자신이 무슨 죄가 있냐고 절규한다. 최상궁은 싸늘하게 답한다. "네 죄가 분명히 있지. 내게 몸을 맡기지 않은 죄, 권력에 빌붙지 않은 죄! 권력에 고개 숙이지 않은 죄!"

그 권력은 '가진 자'의 권력, 기득권자의 권력이다. 그래도 요리사로서의 자긍심을 잃지 않는 금영은 어느 순간 고모 최상궁에 반발한다. "요리하는 데에도 늘 새로운 것을 찾아내는 그 아이^{장금}의 재주가 부럽습니다." 하지만 최상궁은 금영의 창조적 욕구를 그 싹부터 잘라버린다. "시끄럽다. 뭔가 해보고 부딪치는 것은 없는 사람이나 하는 짓이야! 달리 편히 지낼 방도가 없으니, 그리 하는 것이지. 네가 뭐가 아쉬워서 그런 방법을 써보려 하느냐."

한편에는 환상적 창조력으로 '뭔가 만드는 일' 그 자체에 가치와 목적을 두는 자가 있다. 이는 한상궁이 장금에게 "너는 맛을 그리는 능력이 있다"고 한 대사에도 잘 나타나 있다. 다른 편엔 기득권을 지키기 위해 삶에 활력을 불어넣는 환상의 모든 요소를 억압하려는 자가 있다. 환상의 자유는 기존 권력에 위협이 되기 때문이다. 요리의 과정이 야기하는 갈등은 이 둘 사이의 투쟁이다.

사람들이 흔히 놓치는 것이지만, 정치적 실리와 결탁한 권력의 해악은 바로 모든 과정에서 생동하는 창조적 자유를 억압하는 것이다. 그것이 권력에게는 항상 위협이기 때문이다. 우리의 삶이 '이야기를 만들어 가는 일'이라는 차원에서도, 권력은 하나의 거대 서사를 유지하려 하지만 환상은 다양한 미시 서사들로 권력의 틈새를 벌어지게 한다.

이제 이 싸움에는 결정적인 요소가 있다는 것을 알아차렸으리라. 그것은 '미세함'이다. 한쪽은 열린 영혼으로 미세한 것들을 놓치지 않으며 요리의 순수한 과정을 살리려 하고, 다른 한쪽은 부동의 권력으로 미세한 차이들을 삭제하며 그 과정을 억누르려 한다.

드라마 전체에 걸쳐 미세한 것들이 어떻게 표현되는지 찾아보는 일은 어렵지 않다. 시청자 역시 미세한 감각으로 드라마를 즐긴다면 말이다. 요리의 과정은 미세한 재료들의 교묘한 조합에 좌우되기도 하며, 미세한 손맛이 결정적이기도 하다. 요리 재료의 기본인 장의 맛이 미세한 꽃가루 때문에 결정적으로 바뀌기도 한다. 미세함이 중요하다는 것은 대사 속에서도 분명히 찾아볼 수 있다. 장금이가 미각을 잃었다가 벌침 시술로 되찾았을 때 한상궁에게 한 말은 "보셔요. 미세한 감각까지 다 돌아왔단 말입니다!"였다. 미세한 감각이 부수적인 게 아니라 그것이 돌아오지 않으면 모든 감각이 소용없어지기 때문이다. 한상궁은 제자의 솜씨에 놀라며 이렇게 칭찬한다. "정말 너의 세심함이 놀랍구나!"

장금이는 요리 재료를 마련할 때나 요리를 하는 가운데서나 항상 꼬치꼬치 캐묻는다. 당연해 보이는 것들 사이에서 미세한 차이를 보기 때문이다. 시작할 때 미세한 차이가 원격으로 확장하면서 엄청난 격차를 야기한다는

장금이는 요리를 하는 가운데 항상 꼬치꼬치 캐묻는다. 당연해 보이는 것들 사이에서 미세한 차이를 보기 때문이다. 이 미세한 발견이 새로운 것을 창조하게 하며, 바로 이것이 장금이의 능력이다.

것 역시 잘 알기 때문이다. 한상궁은 한때 장금이가 목표를 이룬다는 욕심으로 '편법'을 쓰지 않을까 저어한다. 사람들이 편법을 쓰는 이유는 미세한 차이들을 모두 고려하며 일을 이루어내기가 힘겹기 때문이다.

미세함이 '차이'를 발견하게 하고, 미세한 차이가 '관계'를 바꾸게 하며, 미세한 관계가 '원리'를 발견하게 한다. 그리고 미세한 발견이 새로운 것을 창조하게 한다. 이렇게 보면 〈대장금〉의 이야기는 미세함을 매개로 하는 환상과 권력의 변증법으로 모두 설명될 수도 있다.

09

논증과 물증 사이

: '미드' 〈콜롬보〉에서 〈CSI〉로

대중문화는 일상의 미세한 변화를 보여주기도 하지만, 때론 인류 문명사의 큰 흐름을 암시한다. 이는 폭넓은 대중이 즐기는 분야에서 더욱 그러하다. 몇 년 전부터 우리나라에서 미국 드라마가 인기이다. '미드'라는 약어로 지칭된다는 사실도 그 대중적 확산 정도를 잘 보여준다. 그 가운데서도 범죄수사극 〈CSI 과학수사대〉는 인기가 높아 몇몇 한국판 과학수사대가 드라마로 제작되는 데 자극제가 되기도 했다.

1970년대와 80년대 우리나라에서도 인기 있던 텔레비전 시리즈는 〈형사 콜롬보〉였다. 주인공 콜롬보 경위는, 묘한 표정과 목소리, 낡은 레인코트를 걸친 후줄근한 옷차림, 어수룩한 것 같지만 결국 범인을 궁지에 몰아넣는 집요한 추리력으로 상징되는 독특한 캐릭터였다. 아날로그 시대의 전통적 수사관인 그는, 뛰어난 패션 감각에 첨단 디지털 장비를 갖춘 깔끔한 인상의 시에스아이 감식반원들과는 극명히 대조된다. 콜롬보와 시에스아이의 비교는 등장인물과 이야기 전개에서 '미드'의 변천사를 보여줄 뿐만 아니라 인류 문명사의 큰 변화를 보여준다.

콜롬보 경위와 시에스아이 팀

콜롬보는 철저한 '논증'으로 범인을 몰고 간다. 그가 등장하는 드라마 자체는 일종의 연역법적 틀을 갖고 있다. 사건 현장에 나타난 콜롬보는 처음부터 누가 범인이라는 것을 직감한다. 그런 후에 자신의 직감에 들어맞는 사실들을 찾아내어 그들을 추론으로 꿰어 간다.

어수선한 살인 사건 현장에서 경찰들은 지문을 채취하고 발자국의 크기를 재느라 분주하다. 하지만 콜롬보는 시가를 입에 문 채 사건 현장에 있는 사람들을 유심히 살핀다. 범죄 용의자의 태도를 관찰하는 것이다. 그가 뒷짐을 지거나 머리를 긁적이는 것은 골똘히 '생각'하기 위해서다. 그는 먼저 생각하고 물증이 될 만한 것을 찾는다.

콜롬보가 범인을 꼼짝달싹하지 못하도록 최종 올가미에 가둘 때에 내세우는 것은 물론 물증이다. 하지만 그는 끈질긴 논증의 결과로 물증을 찾아내거나 논리를 개발해서 연극을 한 다음 덫에 걸린 범인이 물증을 내놓지 않을 수 없게끔 몰고 간다. 이 과정에서 콜롬보와 용의자는 끈질긴 논리 게임을 하기도 한다.

텔레비전 드라마라는 관점에서 보면, 시청자도 이미 알고 있는 범인을 콜롬보가 어떻게 단서를 찾아내 옭아매는지 지켜보는 일이 흥미진진하다. 콜롬보와 범인이 벌이는 두뇌 게임을 따라가는 것도 시청의 즐거움이다.

항상 실수투성이고 어딘지 모르게 어설프지만 결정적인 순간에 명석함과 철저한 추리로 미궁에 빠질 뻔한 사건들을 해결하는 콜롬보는 인간적 차원에서도 공감을 불러일으킨다. 완전범죄를 치밀하게 계획한 범인이 처음에는 어수룩한 콜롬보를 따돌리고 뜻을 이루는 듯하다 결국에는 콜롬보의 집요한 수사로 범행이 밝혀지고야 마는 '뻔한' 반전은 오히려 드라마의 압권이다. 추리 드라마에서 논증의 과정은 치열한 논리 게임뿐만 아니라 범인과 수사관 사이의 인간적 대화까지도 포함하기 때문에 이야기를 심도 있게 진행시킬 수 있다는 장점이 있다.

단독으로 수사하는 콜롬보와 달리, 시에스아이 팀은 철저한 협동 작업을 펼친다. 그래서 콜롬보에게는 '경위' 라는 단독 계급 명칭이 중요하지만, 시에스아이에게는 '팀' 이라는 것이 중요하다. 그리고 시에스아이 팀은 범죄 현장에서 '물증' 부터 찾는다. 그러므로 드라마 자체는 귀납법적 틀을 갖고 있다.

그들은 사건 현장에서 이 잡듯이 물증을 찾아낸다. 예를 들어, 화물차량이 폭발해 전복한 도로에서 타이어 파손의 이유를 알아내기 위해, 도로 위에 팀원들이 일렬횡대로 앉아 천천히 바닥을 훑으며 물증이 될 만한 것들을 철저히 수거한다. 이렇게 귀납적으로 확보한 물증 후보들은 유전자 검사, 레이저 탄도 추적, 컴퓨터 시뮬레이션 등의 기법으로 확실한 증거가 된다. 이러한 물증들로 사건의 편린들을 연결하면서 그것을 설명하는 논리를 만들어간다. 곧 물증의 구성에서 거의 반박 불가한 논증으로 이어지는 것이다.

콜롬보의 수사가 범인 추정에서 출발해 논증을 거쳐 물증으로 범인을 확인하는 것이라면, 시에스아이의 경우는 물증에서 시작해 그것이 가리키는 논리를 따라가서 범인의 발견에 이른다. 시에스아이의 그리섬 반장은 "증

그리섬 반장은 증언이 아니라 '절대로 거짓말 않는' 물증만을 믿으며, 그
것으로부터 수사를 시작한다. 이는 콜롬보가 처음부터 철저한 '논증'으로
범인을 몰고 가는 것과 사뭇 다르다. 이 변화에서 우리는 긍정적이든 부정
적이든 물질환원주의로의 거대한 문명사적 흐름을 감지할 수 있다.

언이 아니라 증거를 믿는다"라고 단언한다. 이는 과학수사가 '항상 의심해 볼 수 있는' 증언이 아니라 '절대로 거짓말하지 않는' 물질적 증거에 의한 다는 신념의 표현이다. 물증이 팀 내의 수사관과 연관되어 있다면, 수사관 도 범죄 용의자가 된다. 예를 들면, 권총으로 남편을 저격한 용의자와 악수 를 하는 바람에 탄약 가루와 냄새가 소맷귀에 남은 수사관도 물증 때문에 의심받는다.

텔레비전 드라마의 관점에서 보면, 시에스아이 팀의 수사 과정은 물증 추적과 분석에 사용되는 첨단 기기, 사건 종류에 따라 적용되는 특별한 기 술 등 '물질적 상황' 들을 보는 재미를 제공한다. 이 드라마의 특징인 두 개 의 사건을 병렬적으로 전개하는 방식도 물증 중심의 이야기 구성 덕이다. 논증적 구성의 드라마는 대사를 많이 이용하기 때문에 병렬적 구성이 혼란 만 야기할 가능성이 높지만, 눈을 즐겁게 하는 영상물로 물증의 활용 과정 을 보여주는 것으로 스토리가 전개될 때에는 이런 혼란을 줄이면서 시청 자의 흥미를 자극할 수 있기 때문이다. 다른 한편, 과학수사대는 범인을 신속하고 정확하게 잡아내는 데는 압권이지만, 범행의 동기 및 과정, 범인 의 고뇌 그리고 범죄의 의미(또는 범죄의 허무) 등을 조밀하게 보여주지는 못한다.

방송 추리극과 문명의 변화

그리섬 반장이 증언이 아니라 '절대로 거짓말 않는' 물증만을 믿는다고 그랬듯이, 사실 증언과 물증의 차별적 수용은 전통 추리극과 과학수사극 사이의 큰 차이이다. 전통 추리소설의 여왕 애거서 크리스티^{Agatha Christie}의 주인공들에게 증언은 사건 해결의 중요한 자료다. 증언의 진위 여부도 그들의 예리한 판단의 대상이기 때문이다.

저 유명한 〈오리엔트 특급 살인〉의 무슈 푸아로는 살인 사건 용의자로 무려 열두 명의 증언을 모두 듣고 나서 사건의 결론을 내린다. 또한 증거가 조작될 수 있음도 보여준다. 확실한 물증을 댈 수 있는 위치에 있던 콘스탄틴 의사가 "의학적인 증거에 대해선, 음, 내가 몇 가지 잘못 생각한 것 같습니다"라고 한 발 물러서니까 말이다. 그는 결국 물증을 부재하게 만든다. 다시 말해, 물증은 있어도 증거로 활용되지 못하게 된다.

크리스티 작품의 또 다른 주인공 미스 마플은 뛰어난 기억력과 날카로운 추리력으로 범죄 현장에 가지 않고 사람들의 이야기만 듣고도 범인이 누구인지 밝혀낸다. 형사 콜롬보는 종종 증언을 역으로 이용해서 범인을 꼼짝 못하게 만들기도 하는데, 이는 마치 증언을 물증 이상으로 확고한 증거로 활용하는 경우이다.

그렇다면 이런 가정을 한번 해보자. 시에스아이 팀이 콜롬보, 푸아로, 마플 등이 처리했던 사건을 맡는다면 다른 용의자나 참고인에 피해를 주지 않고 확실히 진짜 범인을 잡아낼까? 또한 어떤 방식으로 어떻게 범인을 잡고 사건을 풀어나갈까?

콜롬보를 비롯한 '고전적' 수사관들은 시에스아이 팀들이 해결했던 수많은 문제 가운데 상당수는 풀어내지 못할 것이다. 왜냐하면 범죄자들이 범행에 사용한 물질이나 과학·기술은 그들의 시대에 존재하지 않았기 때문이다. 그렇다면 역으로 시에스아이 팀은 과거의 사건들을 첨단의 기술로 훨씬 더 잘 해결해낼까? 적지 않은 사건들은 시에스아이 팀이 더 용이하게 해결할 것이다. 오늘의 기술은 과거에도 적용될 수 있으니까.

하지만 모든 문제를 해결하기는 어려울 것이다. 절대로(?) 믿을 수 있는 물증들만 찾아낸다고 수사결과가 곧바로 나오는 것은 아니기 때문이다. 시에스아이 CSI: Crime Scene Investigation는 말 그대로 '범죄현장감식'을 임무로 한다. 그것은 과학수사 전체가 아니고, 종합적 수사를 위한 기초 작업이다. 자료의 종합적 해석과 판단이 필요하다. 그리고 '모든' 물증을 확보한다는 보장은 어떤 경우에도 없다. '결정적인 단서'는 '완벽한 단서'가 아니다. 결정적인 단서는 때로 결정하기 위한 단서가 될 수도 있다.

그럼에도 불구하고 현대의 과학수사기법을 익힌 수사 팀은 사건을 풀어나가는 방식을 바꾸지 않을 것이다. 곧 어떤 경우라도 사건의 해결을 물증에서 시작하고 물증에만 기반을 두려고 할 것이다. 그리섬의 확신은 요지부동일 것이다. 사건 해결에 고충을 겪을 때마다 다른 방식들에 일시적 관심을 둘지라도 '분명히 믿을 수 있는' 것은 물증이라는 데에는 변함이 없을 것이다. 이는 현대 과학이 세상의 모든 일을 물리·화학 법칙에 기반을 두어서 설명하려고 시도하는 것과 일맥상통하는 것이다. 긍정적이든 부정적이든 오늘날 물질환원주의는 거대한 문명사적 흐름의 저변에 깔려 있다.

이러한 문명사적 흐름의 추이를 방송 드라마 시리즈에서 더 잘 확인할 수 있다는 사실은 흥미롭다. 대중문화는 고도의 학문과 예술 그리고 과학과 기술 변화의 신호를 일상생활에 담고 있다는 점에서 중요하다. 그것에 대한 성찰 또한 오늘을 사는 삶의 지혜일 것이다.

광고

광고에서 철학적 화두를 얻는다고? 누군가 그렇게 물을지도 모른다. 하지만 광고는 우리 일상생활을 반영하며, 일상생활 속 깊이 침투하기 위해 존재한다. 광고에 대한 거친 비판에 머무는 것을 넘어서 의미 분석이 필요한 이유이다. 일상 없는 철학은 없다. 그것은 철학이 할 일이다.

광고에서 철학적 화두를 얻는다고? 누군가 그렇게 물을지도 모른다. 하지만 광고는 우리 일상생활을 반영하며, 일상생활 속 깊이 침투하기 위해 존재한다. 광고에 대한 거친 비판에 머무는 것을 넘어서 의미 분석이 필요한 이유이다. 일상 없는 철학은 없다. 그것은 철학이 할 일이다.

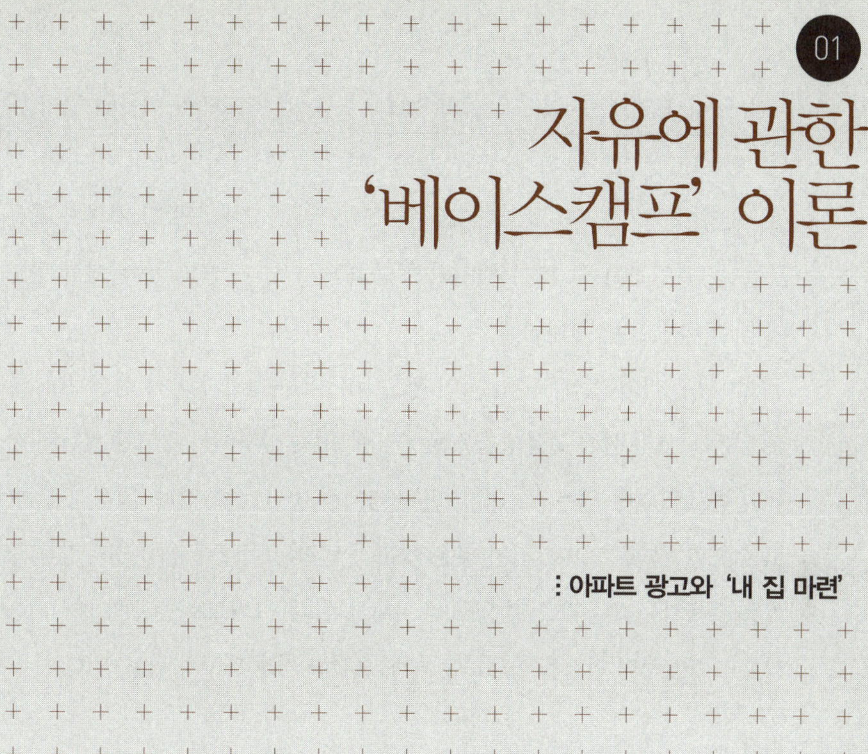

01 자유에 관한 '베이스캠프' 이론

: 아파트 광고와 '내 집 마련'

　"웬 광고가 이렇게 많아!" 사람들이 대중매체를 접할 때, 흔히 하는 말이다. 신문이나 잡지를 읽을 때도 이런 불평을 할 수 있고, 라디오를 듣거나 텔레비전을 시청할 때도 이런 불만을 토로할 수 있으며, 인터넷에 접속하자마자 화면에 뜨는 팝업, 배너 광고들 때문에 이렇게 짜증을 낼 수도 있다. 그뿐이랴. 도심의 건물들은 광고판이라는 옷을 입고 있으며, 우리들 가운데 누군가는 지금 커다란 로고가 새겨진 옷을 입고 다님으로써 본의 아니게 그 상품 광고를 하고 있는지도 모른다.

　우리 일상은 거의 광고라는 '환경'에 둘러싸여 있다. 문화적 관점에서도 광고는 그 시대의 문화적 영향 아래 있는 한편, 역으로 대중문화에 깊고 넓게 영향을 미친다. 예를 들어, 사회화 과정에서 중요한 역할을 하는 유행어나 누구나 흥얼댈 수 있는 일상의 멜로디는 상업 광고에서 비롯된 것이 많다. 이른바 '시엠 송'의 가사와 멜로디는 청소년들 사이에서 '알아야 하는' 교양이 되기도 한다. 그러므로 일상적으로 광고에 노출될 기회가 많은 오늘날 '과잉광고론' 역시 제기되며 문화연구cultural studies의 차원에서 광고에 대한 비판 또한 활발하다.

여기서 우리의 관심은 통상적인 광고 비판이 아니라 철학적 성찰이다. 좋든 싫든 광고와 함께 일상생활을 할 수밖에 없는 상황에서 광고를 철학적 사유의 통로로 삼는 일은, 광고의 고정관념에서 벗어날 수 있는 '지성적 전략'일 수도 있기 때문이다. 적지 않은 광고가 인간의 욕구에 응답하며 상품 구매를 설득하는 내용과 표현 양식을 지니고 있다. 그러므로 광고의 메시지를 역으로 활용하면 인간을 이해하는 데에 요긴한 지적 도구가 될 수 있다.

한계와 의존

우선 아파트 광고를 한번 보자. 우리나라에서 아파트는 거의 집과 동의어다. 이 말이 너무 당연해서 생소한 사람이 있을지 모르겠다. 주거 형태의 획일화는 우리의 현실이다. 그러므로 아파트 광고의 내용은 인간 삶의 3대 기본 요소인 의·식·주의 한 축을 맡고 있는 집의 본질을 담고 있다.

집이란 우리에게 무엇일까? 그 의미가 너무나 당연한 것 같아 쉽지 않은 질문이다. 아마도 사람들은 평안, 행복, 만족 등을 떠올릴 것이다. 그러나 집과 자유의 개념을 연결시키는 데는 인색할 것이다. 하지만 집이야말로 자유의 모순적 본질을 그대로 담고 있는 삶의 조건이다. 두 가지 의미에서 그런데, 하나는 '한계'라는 점에서 그렇고 다른 하나는 '의존'이라는 점에서 그렇다.

'자유의 한계' 라는 말은 이중적 의미를 지닌다. 자유에도 한계가 있다는 단순한 의미를 넘어서, 바로 한계가 현실에서 자유를 보장해주기 때문이다. 집은 타인의 시선과 간섭을 배제하는 경계이자, 그 안에서 나만의(또는 우리만의) 삶을 보장해주는 한계이다. 내 집에서는 적어도 '내 맘대로' 라는 자유의 일차적 정의를 실현할 수 있기 때문이다.

집 밖에서 나의 자유는 타인의 시선과 타인과의 관계 때문에 대폭 조정될 수밖에 없다. 우리가 일상에서 의식하지 못할 뿐 그 차이는 어마어마하다. 자유의 이런 양면성은 인간에게 태생적인 건지 모른다. 철학자 칸트는 아이가 엄마 뱃속에서 나오자마자 우는 이유를, 자궁이라는 한계 덕에 그 안에서 무척 자유롭게 '떠다니며' 아홉 달을 보낸 태아가 순간 자신에게 자유를 보장해주던 경계막을 상실한 불안감을 느끼기 때문이라고 했다.

한계 속에서 자유를 실현한다는 것은 모순적이지만 그래도 일상의 경험을 상기하면 그 의미에 공감할 수 있다. 그러나 의존^{dependence}의 개념이 자유와 연결된다는 것에는 얼른 공감하기 어려울지 모르겠다. 우리의 고정관념은 독립^{independence}과 자유를 더욱 쉽게 연계하기 때문이다. 여기서 말하는 의존은 좀 특별한 의미인데, 이해를 돕기 위해 동물행동학자 콘라트 로렌츠^{Konrad Lorenz}의 '전도顚倒된 창살 효과' 를 상기해보자. 이것은 정신적 발달의 정도가 높고 자유분방한 동물일수록 고정된 '집' 을 더욱 필요하게 된다는 주장이다.

로렌츠는 "보다 정신적으로 활발한 고등동물들은 자유롭게 행동하도록 해줄 때에만 참모습을 보여준다" 는 관찰과 실험을 바탕으로 한 확고한 과학적 신념 아래, 그의 집에서 기러기, 까마귀, 원숭이, 몽구스 같은 동물들을 자유롭게 길렀다. 그는 "동물들은 완전한 자유 속에 살면서 우리 집에 친밀감을 느낀다"고 한다. 로렌츠가 기르는 동물들은 자유롭게 그의 집을 떠나 생활하다가도 집으로 돌아온다. 로렌츠의 집에서는 창살이 딴 곳에서

와는 정반대의 역할을 한다. 동물들을 나가지 못하게 하기 위한 것이 아니라, 들어오지 못하게 하기 위한 것이기 때문이다. 때때로 그들이 마구 들어와 집안사람들의 삶과 일과를 방해하지 않도록 제한하는 역할을 하는 것뿐이다. 다른 집에서는 "새가 새장에서 나왔어요. 도망가지 못하게 빨리 창문을 닫아요!"라고 하지만, 그의 집에서는 반대로 "저런, 창문을 닫아요. 카카두와 원숭이가 들어오려고 해요!" 라고 한다.

내 집 마련

나는 로렌츠의 전도된 창살 효과를 '베이스캠프 이론' 이라고 부른다. 동물들에게는 로렌츠의 집과 그곳에 있는 우리와 새장이 일종의 '베이스캠프' 와 같은 것이다. 그것이 보장됨으로써 동물들은 자유롭게 돌아다닐 수 있다. '밖' 에서 맘껏 자유로울 수 있는 것도 '안' 이라는 확실히 기댈 수 있는 공간이 있기 때문이다.

여기서 우리는 언제든 '기댈 언덕이 있을 때' 자유로울 수 있다는 자신감과 의식이 획득된다는 것을 알 수 있다. 그럼으로써 궁극적으로 기댈 언덕인 집을 떠나서도 실질적으로 더욱 자유롭게 활동할 수 있다는 것을 추론할 수 있다. 집이든 우리든 둥지든 마음 편하게 돌아갈 데가 없는 사람과 동물은 자유롭지 못하다.

"자연이 좋다고 집 떠나 살지는 마세요" 같은 광고 카피는 "집이 있으니까, 자유롭게 자연 속으로 떠나세요"라는 뜻을 뒤집어 표현한 것에 다름 아니다. 또한 많은 광고에서 어떤 방식으로든 주거와 '귀환' 의 상징이 서로 엮여 있는 것도 의존과 자유가 연계된 의미임을 잠재적으로 내포한다. 여행에서 돌아와 무거운 트렁크를 끌며 집 앞에 당도해서 안도의 한숨을 쉬는 사람을 묘사한 광고는 말할 것도 없고, 조깅 후에 땀을 뻘뻘 흘리며 얼른 집에 들어가 옷을 홀딱 벗고 샤워하는 자신을 상상하는 광고도 그렇다.

언제나 자신을 받아주는 집은 앞에서 말했듯이 경계와 한계를 지니고 있지만, 바로 그렇기 때문에 또 다른 자유의 공간이다. 칸트로부터 얻은 한계적 의미의 자유 개념과 로렌츠로부터 가져온 의존적 의미의 자유 이론을 수렴해서, 우리는 결국 집은 안에서의 자유뿐만 아니라, 밖에서의 자유 또한 보장한다는 것을 발견한다. 바로 여기에 모든 형태의 집이 제공하는 포괄적 자유 공간으로서 주거의 의미가 있다. 이런 의미에서 주거의 자유는 법적·정치적 차원에서 말하는 공간 점유와 이동의 차원을 훨씬 넘어서는 철학적·생명권적 의미를 내포하고 있음을 알 수 있다.

오늘날 누구나 바라는 '내 집 마련'(이 때 가족이 마련하는 집이라도 '우리 집 마련'이라고 하지 않는 것은 자유를 추구하는 심리와 연관 있다)은 이 험한 세상에서 조금이라도 자유를 실현하기 위한 베이스캠프 구축하기와 같은 것이다. 사람들이 '내 집'을 마련하고 싶은 것은 자유롭기 위해서다. 자유롭다는 것은 또한 행복한 삶을 보장한다. 행복의 의미가 무엇이든 자유에는 행복이 따라오기 때문이다.

자유는 그 '일차적 정의'가 분명하다. 자유란 '자기 맘대로 하기'이기 때문이다. 한계와 의존이라는 제한 조건 안에서도 집이란 공간은 타인의 자유를 침해하지 않으면서 '마음대로 할 수 있는' 순간들을 제공해준다. 그 순간들은 바로 행복한 순간들이다. 우리는 자유를 지향해서 행복을 얻을 수 있다. 논리적으로도 그럴 수밖에 없다. 자유의 일차적 정의는 분명하지만, 행복의 일차적 정의는 뭐라고 말하기 힘들기 때문이다. 분명한 것을 앞세우는 것이 합리적이다. 그리고 동물에게도 그러하듯이 사람이라면 누구에게든 자유의 공간으로서 집 또한 분명하고 구체적으로 필요한 조건이다.

02

'독립 공간'이라는
욕망의 환상적 여백

: 자동차 광고와 '나만의 공간'

사전에 나온 자동차의 정의는 "가스, 휘발유, 경유 등의 연료를 내연기관의 동력원으로 하여 자력으로 달리게 만든 차"이다. 그래서 영어를 비롯한 대부분의 서구어에서도 '스스로auto'와 '움직인다mobile'는 그리스어와 라틴어의 하이브리드 조어로 된 말이 사용되고 있다. 한자로 자동차自動車나 자행차自行車 같은 표현이 사용되는 것도 스스로 움직이는 물체를 강조하기 위한 것이다. 이는 아마도 전에는 소나 말의 힘을 빌려 움직이던 것에 빗대 표현한 것이리라. 물론 운전자가 기계를 조작해야 자동차가 움직이므로, 실제로는 스스로 움직인다기보다 '동력을 내재하고 있다'는 것이 자동차의 특성이라고 하겠다.

이런 점에서 자동차는 자동화 기기의 효시라고 할 수 있다. 자동차와 로봇이 밀접하게 연관되는 데에도 이런 이유가 잠재해 있다. 마이클 베이 Michael B. Bay 감독의 영화 〈트랜스포머〉에 나오는 변신 로봇들은 자동차와 유기적으로 연관되어 있어서 어느 쪽으로든 상호 변신할 수 있다. 이는 다른 영화나 문화상품들에서도 흔히 볼 수 있다. 아이들이 좋아하는 장난감 로봇도 주로 자동차나 비행기로 변신한다. 자동차는 또한 속도의 상징이다. 20세기 초 서구에서 일어났던 미래파 예술가들을 매혹한 것도 '고속으로 달리는 자동차'였다.

아마도 현대의 문명 이기 가운데 자동차만큼 일부 형태가 바뀌고 기능이 발전되었지만 탄생할 때의 본질적 성격을 유지하면서 인류의 생활필수품으로 지속되고 있는 경우는 찾아보기 힘들 것이다. 그런데 앞에서 나열한 특징들만으로 자동차가 현대인의 생활에서 필수불가결한 문명이기라는 위상을 유지하고 있을까? 다시 말해 이런 특징들만으로 자동차가 오늘날 사람들의 일상에서 삶의 본질적 의미를 구성할까? 따라서 오늘날 자동차 광고가 이런 점을 부각시키는 데에 머물까?

움직이는 집

물론 그렇지 않다. 자동차는 특별한 생활 공간과 연관되어 있기 때문이다. 오늘날 자동차는 사람들에게 '독립적인 공간'을 제공한다. 그렇기 때문에 누구에게든 실용적 필수품일 뿐 아니라 심리적 필수품이 된다.

'스스로 움직이는' 자동차라는 상징은 어느 정도 그 자체로 독립적이라는 인상을 주지만, 오늘날 자동차 광고는 더 나아가 그 차의 주인이 될 사람에게 독립 공간을 제공한다는 것을 내세움으로써 '사람의 독립성'을 최대한 부각시키고자 한다.

"시간을 잊게 하는 최상의 공간" 같은 광고 카피는 이를 잘 보여준다. 자동차가 제공하는 최상의 공간은 시간을 잊게 함으로써, 결국 자동차의 본질적 속성인 '속도'조차 잊게 한다. 시간에 반비례하는 속도는 시간과 함께 동전의 양면을 구성하기 때문이다. 최고의 자동차는 어디든지 빨리 달려갈 수 있는 속도를 자랑하면서도 그 속도를 잊게 하는 공간이어야 한다. 여기서 궁극적으로 강조되고 있는 것은 시간도 속도도 아니고 '최상의 공간'이다. 그것도 '나'라는 자동차 주인만을 위한 공간이며 그 안에서 나는 지금 나에게 직접적인 영향을 주고 있는 것(속도)조차 잊고 있다. 그러므로 자동차는 모든 것으로부터 독립된 공간이다. "나는 오늘 좀 달려야겠다"는 광고 문구에서도 겉으로 드러나는 것은 스피드이지만, 그 이면에는 자동차라는 독립 공간이 내가 어디를 달려가든 나와 함께 한다는 자신감과 안정감이 있다.

자동차의 구조와 기능은 지난 백여 년 동안, 그것이 얼마만큼 독립 공간을 제공할 수 있는지를 목표로 해서 진화해 왔다. 차체, 엔진, 동력전달 장치, 제동 장치, 조향 장치, 조명 장치, 신호 장치, 냉난방 장치, 실내 음향 장치, 운전자 보호 장치 등은 이제 기본이고, 새로운 생산 재료와 전자기술의 도입으로 각종 자동 제어 장치와 인공위성의 도움까지 받는 원격 통신 시스템 등이 자동차의 독립적 세계를 보강하고 있다. 이제 자동차는 가히 '자급자족의 공간'이 된 것이다. 좀 더 상징적으로 표현하면 자동차는 '움직이는 집'이 주는 매력을 지닌다.

케네스 그레이엄Kenneth Grahame의 동화 〈버드나무에 부는 바람〉에서 주인공 토드는 거의 자급자족할 수 있게끔 설계한 마차를 타고 여행을 하다가 엄청난 속도로 자신을 칠 듯 휙 지나간 자동차를 보고는 그 매력에 사로잡히고 만다. 그가 자동차에서 본 '실현 가능한 꿈'은 어디든 마음대로 신속

자동차 광고가 궁극적으로 강조하는 것은 '최상의 공간'이다. 곧 광고는 자동차가 자기만의 독립 공간임을 조명하는데, 자동차에 대한 우리의 욕망이 향하고 있는 지점을 확인할 수 있는 대목이다.

히 갈 수 있고, 그러한 이동을 자급자족의 독립 공간과 함께 할 수 있다는 것이다. 저 멋진 기계 안에 생활에 필요한 온갖 것들을 싣고 저리도 빨리 달려 어느 곳에나 갈 수 있고 아무 데나 멈추어서 삶을 즐길 수 있다면 얼마나 좋을까. 그렇다면 더 이상 바랄 것이 없어! 이런 실현 가능한 상상이 자동차를 본 순간 토드의 머리를 꽉 채운 것이다.

다이애나 윈 존스^{Diana Wynne Jones}가 동화로 쓰고 후에 미야자키 하야오가 애니메이션으로 작품화한 〈하울의 움직이는 성〉은, 바로 이런 인간의 욕구를 환상적으로 극대화한 것이다. 움직이는 성 안에는 다른 사람들에게 어떤 것도 기댈 필요 없으리만치 모든 것이 다 있다. 그리고 그 거대한 성이 움직이며 어디든 갈 수 있다. 하울의 성은 과대망상적 자급자족의 공간이라고 할 수 있다.

독립과 종속의 공간

일상생활에서 현대인은 '움직이는 성'은 가질 수 없지만, '움직이는 집'과 같은 기분을 주고 어느 정도 그런 기능을 하는 공간을 각자 추구한다. 바로 이 욕구를 충족시켜주는 것이 자동차이다.

광고는 이 현실적 환상의 틈새를 비집고 들어온다. 많은 광고가 은근히 '당신만을 위한 독립 공간'이라는 의미를 자동차의 상징성에 첨가한다. 독립할 수 있다는 것은 또한 능력을 의미한다. 그것은 경제적 독립이기도 하고 가정이라는 사회 안에서 자신의 위상을 정립하는 독립이기도 하다. 그래서 사람들은 가족 안에서 성인으로 인정을 받거나 가정을 꾸리고 경제적 능력을 어느 정도 갖추면 '좋은 차'를 사서 남들에게 그 능력을 보여주려고 한다. 이는 단순한 허영에 젖은 과시적 행위라기보다 문명사회에서 '독립 선언'의 의미에 더 가까울지 모른다.

우리는 '아파트 광고'를 보면서, 자유를 보장해주는 '의존의 베이스캠프' 이론을 이야기했다. 그런데 '자동차 광고'에는 거침없이 독립적인 공간만 보이는 것 같다. 자동차에 있어서는 심리적 필수품의 효과가 실용적 필수품의 효과를 넘어서는 것 같다. 독립성이라는 상징이 너무 강해 물질적 조건의 제한이 엄연히 존재한다는 것을 잊게 할 정도이다.

이 분야 전문기술자들은 사람이 운전의 노고를 들일 필요조차 없는 완전 자동화된 말 그대로 스스로 움직이는 '자동차自動車'의 도래를 예견하기도 한다. 그러나 물질적 조건에 대한 자동차의 의존성은 좀 더 근본적이기 때문에 보이지 않을 뿐이다. 자동차는 '도로'가 있는 곳에서만 이동이 가능하며, 동력을 내재한 자동기기라고 해도 동력에 필요한 에너지원을 공급받아야 한다는 두 가지 기본 조건에 종속되어 있다. 공상과학에서 볼 수 있는 반영구적 에너지원으로 공간을 비행해서 이동하는 자동차가 나오기 전까지는 그렇다.

어쩌면 자동차는 종속과 독립의 모순 위를 달리는 '일상의 환상적 공간'일지 모른다. 아니, 자동차는 갑부에서 서민에 이르기까지 그 실용적 기능 외에 욕망의 환상적 여백이 가장 넓은 문명이기임에 틀림없다. 지난 100여 년 동안 수없는 교통수단의 변화가 있었고 인간 삶의 여러 분야에서 수많은 문명이기들이 등장했다가 대체되고 소멸했지만, 자동차만큼 우리 삶에서 차지하는 위상에 변함없는 문명이기를 찾아보기 힘든 데에는 이유가 있다. 성공하는 자동차 광고는 이 이유에 초점을 맞춘다. 우리는 그 광고를 역으로 이용해 우리 욕망의 이면을 들여다볼 수 있다.

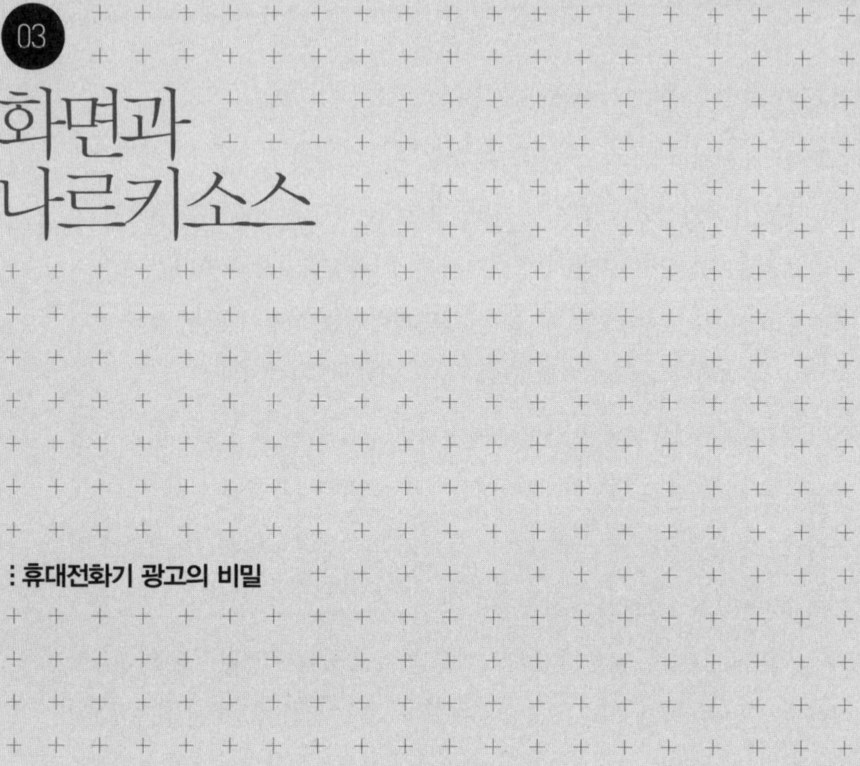

03

화면과
나르키소스

: 휴대전화기 광고의 비밀

물에 비친 자신의 아름다운 모습을 보기 위해 매일 호숫가를 찾던 나르키소스는 그 아름다움에 매혹돼 결국 호수에 빠져 죽었다. 나르키소스가 죽었을 때 요정들이 찾아와 나르키소스를 애도하고 있는 호수에게 위로의 말을 건넸다. 나르키소스의 아름다움을 매일 가장 가까이서 볼 수 있었던 호수에게 그의 죽음이 얼마나 슬프겠냐고.

그러자 호수는 오히려 요정들에게 이렇게 물었다. "나르키소스가 그렇게 아름다웠나요?" 이 의외의 말에 요정들은 되물었다. "그대만큼 잘 아는 사람이 어디 있겠어요? 나르키소스는 날마다 그대의 수면 위로 몸을 구부리고 자신의 얼굴을 들여다보았잖아요!" 호수는 한동안 가만히 있다가, 조심스레 입을 열었다. "저는 지금 나르키소스를 애도하고 있지만, 그가 그토

록 아름답다는 건 전혀 몰랐어요. 저는 그가 제 수면 위로 얼굴을 구부릴 때마다 그의 눈 속 깊은 곳에 비친 나 자신의 아름다운 영상을 볼 수 있었어요. 그런데 그가 죽었으니 아, 이젠 그럴 수 없잖아요.”

나, 나, 나!

파울로 코엘료^{Paulo Coelho}는 오스카 와일드가 각색했다는 이 호수와 나르키소스 이야기를 듣고 연금술사의 입을 통해 “오, 정말로 아름다운 이야기다!”라고 감탄했다. 하지만 나는 섬뜩한 느낌이 들어 나르키소스보다 더 지독한 자기애에 빠진 ‘호수 이야기’를 사람들에게 생각의 화두로 종종 들려주곤 한다.

이 현대판 나르키소스 신화는 오늘날 모든 휴대전화 광고의 저변에 깔려 있는 설득 코드이다. 호수와 나르키소스에게는 각자 ‘나’만 존재했다. 나 이외의 존재는 배제되어 있었다. 타자는 나를 비춰주는 매체로서만 그 존재 이유가 있었던 것이다. 오늘날 휴대전화 광고는 그것이 단말기의 어떤 특징을 강조하든 항상 ‘나’의 의미를 부각시킨다. 예를 들어 휴대전화가 제공하는 수많은 ‘소통의 기능’들도 궁극적으로 나를 위한 것임을 강조한다.

광고의 메시지에 주목하도록 고안된 일러스트레이션, 사진, 애니메이션 등 시각 요소인 아이캐처^{eye catcher}와 음악, 음향, 대화 등 청각 요소인 이어캐처^{ear catcher}가 궁극적으로 겨냥하는 것은 나르시시즘의 극대화이다. 상호 소통 기기로서 휴대전화를 사이에 두고 ‘나와 너’를 함께 등장시킨 광고에서도 결국 너를 통해 부각되는 것은 나이다. 짧은 광고이지만 나의 역할을 하는 모델이 절대적으로 주인공이다.

‘터치폰’ 광고에서 터치폰의 화면이 사랑스러운 것은 그곳에 네가 있기 때문이 아니라 화면에서 내가 너를 만질 수 있기 때문이다. 이미지로서든 동작으로서든 화면을 장악하는 것은 언제나 '나'이다. 디지털 나르시스트들은 액정화면에서도 자기 자신을 보고, 동료의 눈동자에서도 자기 자신을 찾는다. 호수와 나르키소스가 서로 자애적 욕구에 도취했던 것처럼 말이다.

1988년 처음 이동통신망이 개통되었으니, 우리나라에서 휴대전화가 상용화된 지 이십 년이 훌쩍 넘었다. 그때부터 1990년대 말까지 사람들은 미디어 네트워크를 통한 열린 공동체를 꿈꾸어왔다. 그것은 인터넷에서나 이동통신에서나 마찬가지로 기대했던 것이다. 전문가들은 네트워크의 진정한 가치는 정보보다 공동체에 있음을 강조했다.

1999년 휴대전화 가입자 수가 기록적으로 2천만 명을 넘으면서 유선전화 가입자 수를 추월할 때만 해도 휴대전화기 확산을 도구적 성격의 문명이기 보급과 달리 공동체 형성의 관점에서 관찰했었다. 언제 어디서나 대화의 장場을 마련해줄 수 있는 기기였기 때문이고 실제로 휴대전화기 이용자들은 그 편리함을 만끽하고 있었다. 오히려 공공장소에서 각각의 '대화의 장' 들이 중첩되는 사회 현상이 문제 거리였다. 당시 필자도 '이동하는 공동체' 또는 '중첩되는 대화의 장' 이라는 개념으로 이 현상을 설명했었다.

그러나 휴대전화기가 '휴대용 멀티미디어 단말기' 가 되어가면서 각 개인이 홀로 단말기를 조작 사용하는 '나만의 시간' 이 부쩍 늘어났고 지금도 그런 추세에 있다. 그럴수록 '화면' 의 기능과 위상은 더욱 중요해진다.

이는 공공장소에서 휴대폰을 귀에 대고 있는 사람보다 자기 앞에 놓고 액정화면을 보며 뭔가 손가락으로 작동하는 사람 수가 점점 더 늘고 있는 것을 보아도 알 수 있다. 더 나아가 이른바 폰카메라로 타인을 찍는 것 이상으로 자기 자신을 찍는다는 사실은 디지털 나르시시즘의 정도를 잘 보여

준다. 고대의 나르키소스가 수면에 매어 있었다면, 현대의 나르키소스는
화면에 매어 있다.

광고의 표적

그러나 여기서 우리가 주의 깊게 봐야 할 것이 있다. 촛불문화제가 보여
주듯이 '이동하는 공동체'의 기능은 아직도 생생하다. 다만 음성 통화 방
식보다 문자 메시지를 주고받는 방식이 더 보편화되었을 뿐이다. "목욕탕
에서 나오니 수아에게서 메시지가 와 있었다. — 예쁜 악기 들고 집회장으
로! 〔……〕 — 애들아, 양귀비 빛깔 촛불 켜러 가자. 〔……〕 수아에게서 다시
메시지가 왔다. — 오늘은 웬 양귀비? 연우가 웃으며 엄지를 꾹꾹 눌러 답
메시지를 보냈다." 김선우의 소설 〈캔들 플라워〉에 나오는 한 대목이다. 문
자 메시지와 엄지족, 이것은 이동하는 공동체로서 휴대전화 문명의 변천사
에 남을 만한 것이다.

그럼에도 불구하고, 현대의 광고는 디지털 나르시시즘에서 구매 욕구
유도의 묘약을 찾는다. 물론 오늘날 이동통신 단말기는 휴대형 전자기기의
'허브'로서 그 위상을 확고히 하고 있다. 영상 통화까지 가능한 3세대 이
동통신으로 발전했으며, 카메라, 전자게임기, 음악재생기는 물론이고 무선
인터넷을 포함한 컴퓨터 기능과 텔레비전 수신도 그 안으로 들어왔고, 각
종 신용 결제 기능도 장착되었다. 지피에스GPS, 곧 전 지구 위치 파악 시스
템까지 활용하면서 부수 기능은 점차 확장되고 있으며, 앞으로 수많은 기
능들이 더 첨가될 것이다.

그런데 아이패드를 포함해서 첨단의 단말기 광고도 이런 기능 자체를 돋
보이게 하는 게 아니라, 이 기능들이 결국 자기애를 충족시킬 수 있는 매체

라는 것을 반복적으로 강조한다. 공익광고는 공동체를 전제하지만, 상업광고는 일차적으로 개인에 초점을 맞춘다는 공식에는 변함이 없다. 휴대전화기 광고는 이 공식을 극대화하는 분야의 전형이다. '나, 나, 나'는 휴대전화 광고의 기본 리듬이자 멜로디이다.

오늘날 휴대전화 가입자 수는 1999년의 기록을 두 배 이상 뛰어넘어 4500만에 이른다. 복수 가입자를 감안하더라도 극소수의 연령층을 제외한 한반도 인구의 거의 모두가 휴대전화를 사용한다고 해도 결코 지나친 말이 아니다.

현대의 광고는 그 수만큼의 나르키소스가 있음을 전제하고 전략을 짠다. 특히 '타인과의 소통'을 위해 태어난 기기가 '나'를 위한 '애완 기계'가 돼 가고 있음을 강조한다. 앞으로 광고는 단말기가 단순한 애완의 차원을 넘어 진정한 '반려 기계'임을 홍보해야 할지 모른다. 하지만 애완이든 반려이든 사실 자기애의 표현임을 인류는 오랫동안 경험하지 않았던가.

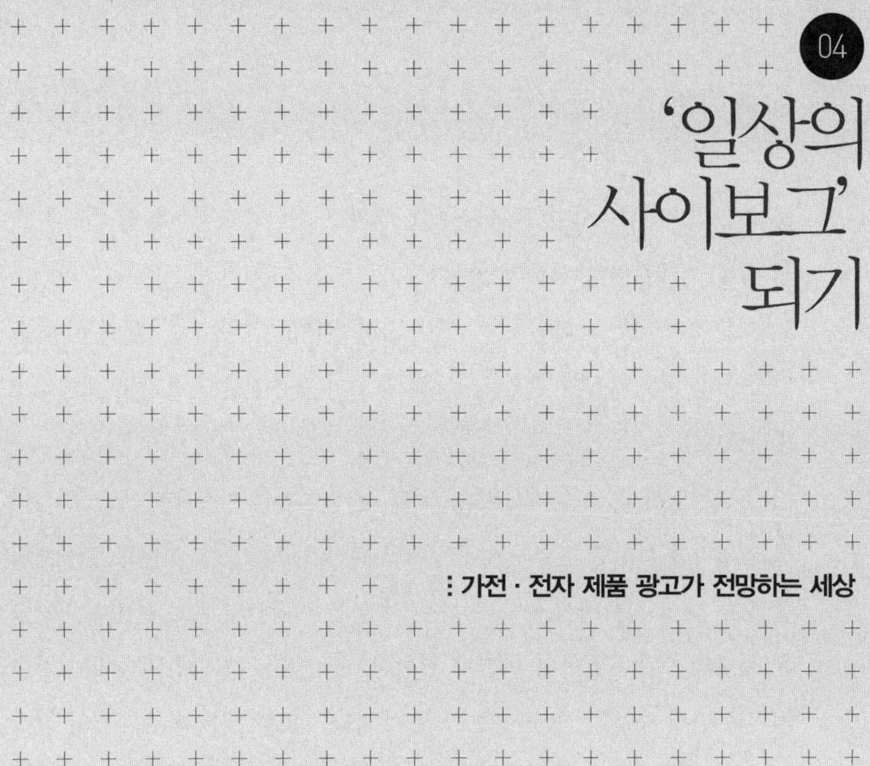

　사이보그라는 말이 우리 삶 속에 들어온 지도 한참 되었다. 하지만 아직 적지 않은 사람들에게 이 말은 공상과학 이야기에나 어울릴 말인 것 같다. 사이보그 하면 얼른 〈로보캅〉이나 〈터미네이터〉 같은 영화를 떠올릴 것이다. 사이보그는 SF 영화에서 설정하는 시·공간만큼이나 우리로부터 멀리 떨어진 시간과 공간에 존재하는 무엇으로, 지금 이곳의 우리와는 아무 관계가 없는 것처럼 느끼는 사람들도 많을 것이다. 아니면 과학자와 철학자들이 자신들의 지적 항유를 위한 주제로 다루고 있는 것쯤으로 여기는 사람도 있을 것이다. 그런데 이런 상황 인식을 그대로 받아들여도 좋을까?

선천적 사이보그

사이보그^{cyborg}는 사이버네틱스^{cybernetics}와 오거니즘^{organism}을 합성해서 줄인 말로 기계장치와 생물의 합성체를 뜻한다. 1960년 맨프리드 클라인즈^{Manfred Clynes}와 나단 클라인^{Nathan Kline}은 저서 〈사이보그와 우주〉에 이 말을 도입하면서 인간-기계의 결합체인 사이보그가 우주진출에 유리할 것이라고 주장했다.

1998년 인류 최초로 자신의 몸 안에 실리콘 칩을 이식해서 스스로 사이보그 되기를 실험한 인공두뇌학자 케빈 워릭^{Kevin Worwick}은, 사이보그의 개념을 묻는 대학 시험에서 다음과 같은 것을 좋은 답안의 예로 들었다. "기술은 생물학적 존재로서의 인간과 결합하여야 한다. 그래서 인간에게 기술 없이는 가질 수 없는 능력을 제공해야 한다." 또한 기계와 유기체의 합성으로 된 사이보그를 "한쪽이 없으면 다른 한쪽도 생각할 수 없는 공생관계에 있는 존재"라고 한 것도 좋은 답안으로 골랐다. 하지만 워릭 교수가 가장 좋아한 정의는 "무한히 확장된 인간"이었다. "짧지만 관련된 모든 이슈를 함축하는 적확한 진술"이었기 때문이라고 한다.

'무한히 확장된 인간'이라는 사이보그 개념은, 기계를 창조하면서 그것을 자신의 보철적^{補綴的} 확장에 이용하는 인간의 제2본성에 주목한 브루스 매즐리시^{Bruce Mazlish}의 공진화^{co-evolution} 이론과 일맥상통한다. 또한 그것은, "기계 시대 동안 서구인들은 인간의 신체를 공간적으로 확장해왔으며" 특히 전기 기술 시대 이후 1세기가 넘게 인간은 자신의 중추신경 조직을 정보통신망을 통해 전지구적 규모로 확장해왔다고 은유한 미디어 이론가 매클루언의 선견지명에도 맥이 닿아 있다.

더 나아가 인지과학자 앤디 클라크^{Andy Clark}는, 우리 인간은 지구상의 어떤 생명체보다도 '선천적인 사이보그'라고 주장한다. 그는 "우리의 세계가 점점 더 똑똑해지고 우리를 점점 더 잘 알아갈수록 어디가 세계의 끝이고 어디에서 자아가 시작되는지 분간하기가 어려워진다"고 말한다.

그렇다면 어떤 기술들이 이런 상황을 만드는가? 클라크는 일상적인 예를 든다. "그러한 기술은 종류도 많고 다양하다. 점점 더 반응이 빨라지고 있는 월드와이드웹에 사용자를 접속시켜주는 들고 다닐 수 있는 똑똑한 기계도 그중 하나다. 또 궁극적으로는 그보다 더 중요한 것일 수도 있는데, 집과 사무실에 있는 일상용품들의 지속적인 지능 향상과 상호연결도 여기에 포함된다." 이런 의미에서 인간이라는 "사이보그 시스템의 외부 경계는 피부와 두개골의 외피를 훨씬 벗어난다".

손발 같은 기계들

바로 이 지점에서 대중매체 광고의 상당 부분을 차지하는 가전제품과 전자제품 광고가 담고 있는 메시지를 유심히 볼 필요가 있다. 우선 이 분야의 제품들은 우리 삶의 공간을 모두 채우고도 남으리만치 다양하고 많다는 것을 관찰할 수 있다. 한 기업체의 홈페이지는 이들을, 계절 가전, 생활 가전, 주방 가전, 영상 가전, 음향 가전, 빌트인, 조명시스템, 시스템에어컨, 컴퓨터와 주변기기, 통신 기기, 모바일 디바이스, 보안 기기 그리고 홈네트워크 등으로 크게 분류하고 있는데, 그 구체적 제품들은 여기서 다 나열할 수도 없다.

이들 제품들은 광고 카피가 유혹하듯이 과학 기술이 가져다 준 '더 나은 삶'을 약속한다. 그래서 중의법을 활용한 냉장고 광고 카피처럼 "삶은 근사하다 Life is cool". 이제 "멋지게 지혜롭게 생활을 즐기면" 된다. 무엇보다 이들 제품을 활용하는 것은 "경이로움을 접촉하는Touch the Wonder" 것과 같다. 앤디 클라크의 말처럼 일상용품의 지능적 능력 향상과 다매체적 네트워크는 경이로운 세상의 중심에 우리 각자를 초대함으로써 우리를 '일상의 사이보그'가 되게 한다.

여기서 우리는 사이보그가 '인간의 확장'이기도 하지만, 수많은 '타자他者를 자기화'하는 방식이라는 것을 관찰할 수 있다. 전기·전자적 기계 환경을 구성하는 수많은 제품들은 지속적으로 사용자의 자아 영역에 참여한다. 그럼으로써 대상과 사용이라는 구분을 무색하게 한다. 이제 타자를 자기화했는지 자기가 타자에 흡수되었는지 타자와 자기의 구분은 모호해진다. 함께 살아가고 있기 때문이다. 이것은 거의 유기적인 관계의 삶이다. 이는 의식적으로만 그런 게 아니라(이 점이 중요하다), 실체적으로도 그렇다. 그렇기 때문에 기계 환경은 첨단의 기술이 실제 효과를 내는 세계를 일상화하도록 한다.

우리는 컴퓨터와 휴대전화 '없이는 못 산다'는 말을 일상적으로 내뱉는다. '텔레비전을 끼고 사는 사람'도 있다. 손 안에 있는 리모콘을 잠시라도 내려놓으면 큰일이라도 날 듯 하는 사람도 있다. 그러나 우리가 냉장고 없이도 못 살고, 세탁기 없이도 못 살며, 가스레인지 없이도 못 산다는 것을 잠시 잊고 있을 뿐이다. 나아가 전깃줄 없이도 못 살고, 수도관 없이도 못 산다는 것도 일상의 관성으로 그저 잊고 있을 뿐이다. 이들은 '타자'이지만 마치 우리의 수족을 떼어낼 수 없는 것처럼 '자기화'되어 있다. 이제 인간이 '선천적 사이보그'라는 말은 과장으로 들리지 않는다.

더구나 이들 기계들은 점점 더 똑똑해지고 있다. 광고 카피도 이런 경향에 발맞춘다. "더 발전한 삶을 위하여For Advanced Life" 신제품 구입을 독려한다. "일상생활에 놀라운 일이 일어나고 있습니다"라는 카피처럼 놀라움은 일상에 있다. 터치 더 원더! 그런데 진짜 경이로운 것은, 이러한 기계적 환경과 함께하는 일상이 아니라, 우리 자신이 일상의 사이보그이면서도 사이보그를 아직 공상과학의 세계에만 머물게 하는 우리 의식이 아닐까?

의식의 폭을 넓히는 일은 광고 카피가 전하는 메시지보다 '더 근사하고 아름다운 삶'을 위한 우리 일상의 과제이다. 광고 메시지에 뒤처진 의식은 그저 웃기 바쁘지만, 그것을 앞서간 의식은 광고 카피를 보고 빙그레 미소 지을 수 있다.

05

몸, 살, 사람 그리고 변증법의 개그

: 다이어트 광고의 특별한 소외 전략

광고는 일상이 되었지만 일정 제품에 대해서는 광고 회사들이 특별한 광고 시점에도 신경을 쓴다. 어쩌면 오늘 우리 사회에서 다이어트 광고는 가장 일상적이면서도 어떤 때가 오면 광고 회사로부터 매우 특별한 대우를 받는 분야일지 모른다. 7월 중순 장마가 끝나면 여름휴가가 본격적으로 시작된다. 늦은 봄부터 대대적으로 시작된 다이어트 광고는 6월이 되면 절정에 이른다. 여름을 위해 '미리미리' 준비하라는 내용에 '단기 처방'까지 광고에 가세하기 때문이다.

다이어트diet라는 말은 고대 그리스어 '디아이타'에서 유래하는데, 본디 '삶의 방식'이라는 뜻이었으며, 이와 연관해서 음식을 활용한 '일상적 섭생'이라는 의미로 쓰였다. 지금은 몸을 관리하기 위해 먹고 마시는 것을 제한한다는 뜻으로 주로 쓰이고, 더 나아가 속된 말로 ‘살빼기’라는 의미로도 쓰인다. 살빼기는 ‘몸만들기’의 좀 더 구체적인 표현이다.

매해 7월 초는 이른바 ‘살빼기 전쟁’의 마지막 라운드쯤에 해당된다. 이때쯤 다이어트 광고는 사람과 사람의 몸 그리고 몸에 붙은 살에 관해 적나라한 언어를 쏟아낸다. 그러면서도 그 언어가 몸, 살, 사람에 대한 ‘과학적 근거’에 기반을 둔 것이고 ‘삶의 지혜’를 담고 있으며 ‘사람다울 수 있는 조건’을 반영하는 것임을 과시하는 정도에까지 이른다. 이제 다이어트 광고는 과학이자 철학이며 종교가 된다. 누군가 광고를 이렇게 풍자하지 않았던가. 도덕적으로 나쁜 광고와 좋은 광고의 차이는 다른 게 아니다. 나쁜 광고는 거짓말로 사람들을 속이는 것이고, 좋은 광고는 진실로 사람들을 기만하는 것이라고.

변증법

다이어트 광고 문구는 또한 어떤 광고 카피보다 현대인의 일상 현실을 담고 있다. 그것이 몸과 살에 관한 것이기 때문이며, 몸과 살은 곧 사람의 삶을 형성하는 필수불가결한 요소이기 때문이다. 살과 몸 그리고 삶은 인간이라는 하나의 존재를 이루는 것들이다. 그런데도 사람들은 그들 사이의 ‘분리’를 의식하고 그 분리에 집착한다. 다이어트 광고는 바로 이 분리 의식의 뿌리를 세세히 파고든다. 그 방식은 철저하게 변증법적이다.

근대철학에서 변증법의 체계를 세운 사람은 헤겔^{G. W. F. Hegel}이지만, 후대 학자들은 그 파생적 의미들을 적극 활용했다. 그 가운데 하나가 ‘소외’의 개념이다. 헤겔에게 역사란 가이스트^{Geist} 즉 정신이 일단 스스로를 ‘객체화’한 뒤(스스로에 대해 낯설 게 한 뒤) 다시 찾는 과정이며, 이 과정을 반복 지속함으로써 정신은 완성을 향해 나아간다.

포이어바흐^{Ludwig Feuerbach}는 헤겔의 객체화 개념을 부정적 의미로 바꾸어버린다. 인간은 자신에게 고유한 본질을 하늘에 투사한다. 그 투사된 것이 신이다. 신은 인간 스스로에게 낯설게 되어버린 인간 자신의 본질일 뿐이다.

마르크스^{K. Marx}에 이르러 객체화는 사회·경제적 차원에서 '다시 찾음'이 없는 박탈, 즉 완전히 부정적 의미의 소외가 된다. 노동자는 자신의 노동력을 팔아버림으로써 자신의 노동에 대해 이방인처럼 낯설어진다. 노동자는 노동의 결과로 생산된 것에 대해서도 아무 소유권과 처분권을 갖지 못하기 때문에 노동으로부터 소외된다. 노동자의 소외는 심리적 박탈과 경제적 박탈 모두를 포함한다.

소외

이제 다이어트 광고가 무엇을 소외시키는지 살펴보자. 우선 몸에 대해 살을 낯설게 만들어버린다. "군살 쏙 뺀 몸 만들기"라든가, "안 빠지는 살 뺍니다" 같은 카피는 그래도 점잖은 편이다. "뱃살, 옆구리살, 부위별 살빼기" 같은 단계에 이르면, 사람 몸의 모든 '부위'의 살이 몸에 대해 도저히 수용될 수 없는 낯선 것들이 된다.

나아가 도저히 잉여분의 살이 있을 것 같지도 않은 부위의 살을 빼라고 유도하기도 한다. "여름엔 등도 얼굴이다"라고 하면서 이른바 '뒤태'를 강조한다. 살이 있든 없든 광고 등쌀에 등의 살도 빼야 한다. 보름달이 아니라 초승달 같은 얼굴을 만들기 위해 얼굴 살도 빼야 한다. 이미 광고에서 집중적으로 드러내는 목살, 어깨살, 팔뚝살, 엉덩잇살, 허벅지살, 종아리살 빼기에 이어, 손등살, 발등살, 손가락살, 발가락살 처분하기까지 나올 판이다.

인간 역사에서 언제 어느 곳에서 이렇게 살을 몸으로부터 소외시킨 적이 있었던가. 수전노 샤일록도 살은 곧 몸이기에 살만 떼어가라는 판사의 명령에 살 떼어내기를 포기하지 않았던가. 현대인에게 몸이 곧 '나'일 수는 있어도 내 살은 결코 '나'가 아닌 것이다. 살빼기 전쟁 중인 현대인은 몸에서 떨어져나가는 살의 절규를 듣지 못한다.

헤겔 변증법을 실존주의 철학에 접목한 사르트르Jean-Paul Sartre는 이 세상에 존재하는 것들을 두 영역으로 구분한다. 구분의 기준은 의식이 있고 없음이다. 의식이 없는 사물은 자기충족적인 '즉자卽自' 적 존재이다. 반면 의식을 가진 인간은 '대자對自' 적이자 '대타對他' 적 존재이다. 곧 나뿐만 아니라 나 아닌 다른 것을 대상으로 의식한다.

몸도 의식의 대상이 된다(여기서 자신의 몸을 의식하는 인간을 대자적이라고 해야 할지 대타적이라고 해야 할지는 사르트르도 혼란스러워 했으리라). 현대인은 유별나게 자신의 몸을 의식한다. 의식하는 방법은 두 가지다. 자아와 육체를 일치시키기도 하지만, 그보다 더 흔히 나와 몸을 분리시킨다. 이것을 극대화한 것이 오늘날 다이어트와 완벽한 몸만들기 광고이다.

다이어트로 완벽한 몸을 지향하는 나는 이제 나로부터 내 몸 또한 소외시킨다. 즉 나는 내 몸을 낯선 대상으로 삼는다. 내 몸을 타자화한다. 의식의 대상은 내 '앞에' 있어야 한다. 이때 자아와 몸은 의식적으로 분리된다. 이런 의미에서 "몸이 곧 나다"라는 명제는 단호하고 멋있지만 공허하고 순진한 게 된다. 대상을 갖고자 하는 자아는 사물화한 몸을 나로부터 소외시킨다. 그럼으로써 자신의 육체를 관찰하고 분석하며 타인들의 몸과 비교 평가한다. 자신의 몸을 평가하는 이 별난 의식은 철저히 낯선 자의 시선을 취한다.

소외의 전도

    그럼에도, 다이어트 또는 살과의 전쟁이라는 일생일대의 과업을 수행하는 현대인은 '소외의 전도顚倒' 현상을 경험하기도 한다. 마르크스적 자본주의 비판에 따르면, 현대인은 노동으로부터 소외된 노동자이며 인간적인 일감을 박탈당한 일꾼이다.

    그런데 치밀한 계획 아래 이루어지는 치열한 다이어트는 소외를 전도시키는 변증법적 아이러니의 순간을 제공한다. 자신의 노력으로 기적적인 성과를 이루어내며 효율적으로 살을 제거해버린 현대인의 완벽한(?) 몸은 타인의 부러운 시선에 의해 사회적 보상을 받기 때문이다.

    바로 여기에 광고의 설득 전략은 집요하게 다시 한번 개입한다. 다이어트를 위해 힘쓰는 일은 '나를 위한 노동'이라며 사람들에게 접근한다. 나를 위해 헬스클럽에서 땀을 흘리고, 나를 위해 식이요법의 고통을 감수하면 그 노력은 사회적 보상으로 돌아온다는 것이다. 나는 노동의 결과로부터 소외되지 않고 내 노동의 결과가 반드시 나의 것이라는 보장은 사람들에게 때론 어떤 희생도 각오하게 한다.

    그러므로 회사와 공장이라는 작업장에서 소외된 노동자는 헬스클럽의 러닝머신 위에서 자기 노동의 결과가 자기 것이 되는, 즉 소외 없는 '나의 일감'을 찾고 '나의 노동'을 경험하고자 한다(다이어트와 다양한 다이어트 광고 사이에서 근·현대 사회철학 논쟁의 각종 이데올로기는 재탄생한다).

    다만 이 모든 것은, 그들이 자본주의적 '육체 신화화 산업'의 매트릭스 안에 있다는 사실을 완전히 망각할 때만 가능하다. 그렇지 않으면 '나를 위한 노동'과 그 정당화는 쓸쓸한 '변증법의 개그'로 남을 뿐이기 때문이다.

06

유소미아 : 통증 없는 육체

: 의약품 광고가 희망하는 세상

의약품 광고 가운데 우리가 일상에서 가장 빈번하게 접하는 것은 아마도 진통제 광고일 것이다. 이는 그만큼 몸의 통증이 우리 삶에서 뗄 수 없는 것임을 말해주는 것이리라. 통증은 무조건 참기만 해서 되는 게 아니고, 그냥 없애 버리기만(그럴 수 있다면) 해서 문제 해결되는 것도 아니다. 그 어떤 경우도 사람에게 더 큰 고통으로 이어질 수 있기 때문이다.

모든 질환은 크고 작은 통증을 수반한다. 통증으로 인해 목숨을 잃지는 않지만 경우에 따라서 통증은 죽음보다 더 견디기 힘든 고통과 함께 인생의 짐이 될 수도 있다. 특히 만성 통증은 당사자에게 걱정과 두려움을 주고 우울증에 빠지게도 하며 가족들에게까지 그 영향을 미친다. 심한 경우 보통 사람으로서의 생활을 영위할 수 없게 된다. 직장마저 포기한 채 가정과 사회에서 소외된 채 심신의 장애자로까지 전락하는 경우도 있다.

이렇듯 통증이 가져오는 고통으로 인해 인생의 즐거움을 상실한다면 오래 산다고 해도 삶 자체가 그 의미를 잃게 된다. 진정한 의미의 장수는 삶의 양과 질이 적절한 조화를 이루는 즐거운 삶이어야 하기 때문이다. 통증은 병리적인 문제에 머무는 게 아니라 인생의 의미와 인간 존재에 대한 근본적인 물음을 불러온다. 그래서 "인간이 얻을 수 있는 모든 행복은 / 기쁨이 아니라, 통증에서 잠시 풀려남에 있다네"라고 노래한 시인도 있다.

통증

현대 의학이 발달하기 전까지 인류 역사에서 오랫동안 통증을 사물의 자연적 질서로 간주하거나 종교적으로 인간의 원죄에 대한 신의 응보라고 믿어왔다. 그러므로 통증을 해소하기 위한 적극적인 노력이 미약했다. 이는 윤리적으로도 영향을 미쳐 통증을 견디는 것, 더 나아가 인고忍苦의 과정은 '덕성을 쌓기 위한 과정'으로 인식되기도 했다. 오늘날에도 웬만한 통증은 참고 넘길 줄 아는 인내심을 높이 사는 경우가 있다. 또는 정신적 지도자가 통증을 넓은 의미의 고통에 포함시켜 "고통에는 사람의 도덕적 위대성과 정신적 성숙에 대한 호소가 포함되어 있다"는 것을 강조하는 경우도 있다.

인류가 몸의 통증을 비롯한 삶의 고통을 참고 감추어왔다는 것은 언어 사용에서도 알 수 있는데, 중국작가 샤오춘레이蕭春雷는 "인류가 언어를 사용한 이래로 수없이 많은 말들이 창조되었지만, 육신의 고통을 표현하는 단어가 생각보다 빈약하다"는 것을 관찰한다. 중국어도 마찬가지인데, 그는 "종종 의사에게 두통의 증상을 설명하다가 뭔가 딱 떨어지는 표현이 없다는 생각이 들지 않았는가?"라고 묻는다.

—철학 광장

버지니아 울프Virginia Woolf도 "영어는 햄릿이나 리어 왕의 비극은 표현할 수 있지만 오한이나 두통을 표현하는 데는 무용지물이다"라며 투덜댄 적이 있다고 한다. 고통은 인류의 가장 강렬한 경험인데, 오랜 세월 언어의 바깥에 방치되어왔기 때문에 그저 개인적 체험에 머물 수밖에 없었다는 것이다. 그래서 고통받는 사람은 고립무원의 섬이 되어 한 마리 짐승처럼 홀로 묵묵히 견뎌낼 수밖에 없었다.

그러나 르네상스 이전의 의학에서는 주변적 문제였던 '통증 완화'가 현대 의사들에게는 의료의 일상적 기능 중 하나가 되었다. 많은 의사들이 의학은 통증을 완전히 제거하지 못할지 모르지만 통증 제거라는 목표의 정당함에는 의문의 여지가 없다는 입장이다. 오늘날에는 진화생물학과 유전자학이 발달하면서, 자연 그 자체가 통증을 줄이는 메커니즘들을 진화시켜왔다는 것에 근거하여 통증을 제거하는 것이 '자연스럽다'는 과학적 판단에까지 이르게 되었다.

'통증의 문門 조절 이론Gate control theory of pain'으로 유명한 로널드 멜잭Ronald Melzack은 "심각하고 지속적인 통증은 그것으로 고통을 받는 사람들의 삶의 질을 파괴하는 까닭에 이런 종류의 통증을 제거할 필요성은 매우 절박하다"고 말한다. 그는 또한 만성통증의 두드러진 특징은 그것이 뇌 전체의 활동과 관련되어 있다는 관점에서 이렇게 주장한다. "이제 뇌의 강력한 역할과 그 기능들(감각적, 정서적, 인지적)이 밝혀졌기 때문에 최근에는 의식과 통증 및 고통 인식을 생성하는 뇌의 메커니즘을 탐구하기 시작했으며, 어쩌면 우리는 의학 분야에서 15세기의 코페르니쿠스 혁명에 비견되는 단계에 있는지도 모른다." 뇌는 천억 개의 신경세포와 수조 개의 회로를 가진 엄청나게 복잡한 구조이지만 과학의 진보는 결국 뇌의 비밀을 밝혀내 "전 세계 모든 사람들을 괴롭히는 끔찍한 통증과 고통을 쓸어내는 길을 비추게 될 것이라는 희망 또한 확실히 존재한다"고 멜잭은 덧붙인다.

인고의 중용

　진통제 광고는 바로 '통증과 고통을 쓸어내리라' 는 희망에 근거한다. '통증 그만!' 또는 '고통 끝!' 같은 카피는 광고의 핵심이다. 통증이 엄습할 때, 사람들은 아픈 부위가 없어지기를 바란다. "앓던 이 빠지니, 살 것 같다"는 표현은 이를 잘 보여준다. 어쩌면 온몸이 아프면, 온몸이 사라지기를 바라야 할지 모른다. 그러나 통증은 신경을 통해 느끼는 것이니 그것을 관장하는 뇌를 없앨 수는 없다. 그러므로 아픈 부위를 잘 보존하면서 통증만을 제거하는 것이 현대 의학의 묘수이고 현대의 묘약이 목표로 삼는 것이다. "투약과 의술은 자연이 병을 치료하는 동안 환자를 즐겁게 해주는 데에 있다"라는 말이 있다. 이것은 환자의 통증 완화가 치유의 길이라는 것을 기막히게 은유하고 있다. 통증이 완화되어 점차 사라지는 과정에서 환자는 자연 치유 능력을 회복하게 된다.

　통증 없는 육체, 이는 온전하게 건강하지 못한 몸 때문에 아프고 괴로운 삶을 살아야 하는 우리 인간이 바라는 유토피아Utopia이다. 아니 이 지점에서는 할 수 없이 말을 만들어야겠다. 끊임없이 바라지만 이 세상에 '없는ou 장소topos' 가 유토피아라면, 우리가 간절히 바라지만 아직 이 세상에 '없는ou 몸soma' 인 '유소미아Usomia' 가 적절할 것 같다. 살아 있으면서 통증을 전혀 느끼지 않는 건강한 몸은 아직까지 이 세상에서 발견되지 않았으니까 말이다. 그런데 현대 의학과 약학은 정말 유소미아를 이룰 수 있을까?

　인류가 의과학의 발전을 통해 통증을 제거하고자 한다는 것은 분명한 사실이다. 그러나 통증을 완전히 없앨 수 있을까? 많은 의학자와 과학자들도 동의하듯이 합리적으로 생각해보건대 그러지 못할 것이다. 아니, 이 물음은 좀 더 현명하게 이렇게 제기되어야 할 것이다. 우리는 유소미아를 정말 바라는가? 우리는 과연 모든 통증으로부터 자유로운 세상에서 살기를 원하는가? 우리가 삶에 어떤 위험도 없는 세상에서 살기를 바라는 것처럼 그런 육체를 원하는가? 정말로 우리는 모든 통증이 없어지기를 바라는가?

'통증 그만!' 같은 외침은 각종 암, 관절염, 신경 손상 등의 원인으로 인해 통증에 시달리고 있는 수많은 환자들을 위한 광고 카피에 머무는 게 아니라, 그들에게 좀 더 나은 진료를 제공하려고 노력하는 의료진들의 슬로건이다. 심각하고 지속적인 통증은 그것으로 고통받는 사람들의 삶의 질을 파괴하는 까닭에 제거할 필요성이 매우 절박하다.

하지만 우리는 또 다른 종류의 통증, 즉 긍정적 가치를 지닌 통증을 먼저 인식해야 한다. 대개 상처나 감염 후에 갖게 되는 짧고 격렬한 통증은 참된 생존적 가치를 지니고 있다. 그것은 신체가 방어 체계를 발동하는 것이며 즉각적 치료를 요구하는 것이다. 이런 통증은 병에 대해 빨리 대처하게 하고 결국 생명을 구한다.

이와는 달리 고통을 받는 사람 개인의 문제로 감추어져 있기 쉬운 만성통증은 파괴적이고 결점을 벌충하는 장점이 없다. 만성통증은 신체조직을 파괴하거나 몸의 각 기관에 혈액을 충분히 공급하지 못하게 하는 등 다양한 병리현상들과 관련이 있기 때문에 치료되지 않으면 생명에 큰 위험이 된다. 더구나 만성통증의 특징은 그 통증이 뇌 전체의 활동과 연관되어 있다는 점이다(멜잭을 비롯한 과학자들의 연구도 이에 집중되어 있다). 사람들이 통증에 시달리고 있을 때 활동 중인 곳은 감각을 받아들이고 전달하는 뇌의 영역뿐만이 아니다. 감정, 동기 유발 등에서 중요한 역할을 담당하는 대뇌변연계와 상황을 판단하고 의미를 부여하며 미래를 예측하는 인지영역도 동시에 활동하는 것으로 알려져 있다. 그러므로 만성통증은 삶 전체에 악영향을 끼친다.

이제 우리는 다양한 정보와 지식으로부터 우리가 어떻게 통증을 다루어야 할지 숙고해야 한다. 고대로부터 근대에 이르기까지, 영혼의 힘은 육체의 고통을 제어할 수 있다고 생각했다. 근대적 인식은 육체의 고통이 오히려 영혼을 좀먹는다는 데에 이르렀다. 이 두 가지 상반된 인식은 우리에게 일상에서 참아야 할 고통과 제거해야 할 고통을 구별할 줄 알라고 충고한다. 참아야 할 고통을 손쉽게 제거해 버릇하거나, 제거해야 할 고통을 억지로 참으면 육체뿐만 아니라 영혼이 상하기 때문이다. 반면 참아야 할 고통을 참고 없애야 할 고통을 제때에 없애면 영혼이 건강하게 성장한다. '고통의 탈고전적이자 탈근대적 처방'은 '인고忍苦의 중용'이 아닐까?

실천적 차원에서 인고의 중용은 우리가 의약품 광고를 대할 때 더욱 필요하다. 어떤 의약품도 유소미아를 지향한다. 그리고 종종 유소미아를 이루어낼 듯 광고한다. 그러나 유소미아는 즉각적 실현 목표가 아니라 유토피아가 우리 현실 사회를 비추어주는 거울이듯이 통증의 상황과 그 해소 가능성을 비추어주는 거울이다.

07

조화의 그물망에는 '파격의 매듭'이 있다

: 화장품 광고와 '모순의 한쪽'

생활 경제가 어렵다고 해도 사람들은 선물을 한다. 오늘날 선물 목록에서 빠지지 않는 게 화장품이다. 더구나 요즘에는 명절에도 화장품을 선물한다. 이것은 흥미로운 변화이다. 몇 년 전까지만 해도 추석이나 설 같은 명절에 화장품을 선물하는 사람은 별로 없었다. 명절 대목에는 다른 매장에 비해 화장품 코너는 오히려 한산했다. 어버이날에 화장품 세트를 선물하는 경우도 많이 늘었다. 스승의 날에도 다양한 화장품을 선물한다. 연인들끼리 화장품 선물을 서로 주고받는 것은 이미 한참 되었다. 화장품은 이제 '유비쿼터스'하다.

당연히 화장품 광고도 도처에서 더욱 다양해지고 적극적이다. 화장품 광고에는 '적극성'이라는 말이 잘 어울린다. 화장품 광고에 자극적이고 공격적이라는 표현을 써도 그리 지나치지 않다. 곧 알아보겠지만 이런 성격은 화장품과 화장의 본질에 내재하는 것이기 때문이다.

화장품이 먼저다

'화장'을 사전에서 정의하는 것을 보면 흥미로운 점을 발견할 수 있다. 화장을 정의할 때, '화장품'을 먼저 내세우기 때문이다. 국어사전에서 화장이란 "화장품을 얼굴 따위에 바르고 매만져 곱게 꾸미는 일"이라고 정의하고 있다. 화장품학에서는 "화장품의 사용이 언제부터 시작되었는지에 대한 역사적인 기록은 없으나, 화장품의 역사는 본격적인 화장에 앞서 시작되었을 것"이라고 추론하기도 한다. 그 이유는 태고 때부터 제의祭儀에 쓰였던 향유를 피부에 바르기 시작하면서 '화장품'을 얼굴 등 인체 화장에 본격 사용하기 시작했다는 역사적 사실에 근거한다. 화장품이 앞서고 화장이 따라온 셈이다. 다시 말해, 화장품이 화장의 욕구를 유도했다고 보는 것이다.

오늘날에는 화장품 광고가 생각지도 못했던 화장 방식들을 유도한다. 화장품의 종류도 매우 세분화되어 있어서, 나처럼 얼마 전까지만 해도 립스틱은 알았어도 립글로스에 대해서는 개념조차 없었던 무지한 사람은 따로 열심히 공부해야만 이 세계를 어렴풋이나마 파악할 수 있다. 화장품 브랜드 또한 하늘의 별만큼 많다고 해도 될 정도이다. 그러니 자신의 피부에 맞는 화장품 고르기는 곡예 수준이 된다. 폴라 비가운Paula Begoun 같은 화장품 전문가는 다양한 미디어를 동원해 화장품 광고의 허구를 파헤치기도 한다. 하지만 그녀도 "보습제 없이는 단 하루도 살 수 없다!"고 고백한다.

그렇다면 이렇게 다양한 종류와 엄청난 물량의 세계를 광고하는 언어와 이미지 속에는 무엇이 들어 있을까? 그 안에는 아주 특별한 모순이 담겨 있다. 그것은 '화장품의 의미'와 '실제 화장의 특성' 사이에 교묘히 존재하는 모순이다. 화장품 광고는 바로 이 모순의 한쪽(화장품의 의미가 아니라 실제 화장의 특성)을 고객 설득의 수단으로 삼는다. 모순이라는 단어의 어원에 담긴 모矛와 순盾의 의미 가운데 특히 '창' 쪽을 상품 광고의 주 무기로 삼는다.

화장化粧이라는 말은 원래 우리말이 아니며 개화기 이후 일본에서 도입된 용어이다. 오늘날 우리가 일상에서 사용하는 화장이라는 말은 서구어에서 화장품을 뜻하는 코스메틱스cosmetics의 의미를 밑에 깔고 있다. 이 말은 '조화'를 뜻하는 그리스어 코스모스cosmos에서 유래한다. 특히 제일 중요한 얼굴 화장일 경우, 화장을 한다는 것은 우선 얼굴 안에서의 조화, 그리고 얼굴과 몸 전체와의 조화를 의미한다. 이는 화장에서 이상적인 것이다. 실제로 화장의 전문가들도 이 점을 강조한다. 그러나 화장이 무엇인지 이해하는 데에는 이것으로 전혀 충분하지 않다. 바로 이 점이 우리의 막연한 상식과 다른 것이다.

다윈의 아이디어

화장은 물론 아름다움과 밀접하다. 좀 더 구체적으로 말하면 사람이 아름다움을 추구하는 일과 연관 있다. 아름다움이란 무엇인가? 왜 미를 추구하는가? 이것은 미학의 영원한 숙제일지 모른다. 찰스 다윈Charles Darwin도 아름다움을 인식하는 데 있어서 인종에 관계없이 인간의 보편적인 특성을 찾으려고 했다. 내가 보기에 그 가운데 하나가 흥미롭게도 '기형畸形'의 역할과 의미에 관한 것이었다. 다윈은 미와 추의 전통적 구분을 전제하지도 않았고 고전 미학이 기형deformity을 추의 속성으로 간주하는 것을 염두에 두지도 않았던 것 같다. 다윈은 자신의 생물학 연구 방법대로 구체적인 관찰과 자료 수집으로부터 미를 이해하는 아이디어를 얻으려고 했다.

다윈은 우선 일부 종족에서 기형이 장식으로 여겨진다는 점을 관찰했다. 다윈은 〈인간의 유래와 성과 연관한 선택〉에서 다음과 같은 예를 든다. 중앙아프리카의 마칼롤로 족은 윗입술에 구멍을 내어 '펠레레'라고 부르는 큰 금속성 고리나 대나무 고리를 그 구멍에 매달고 다닌다. 이것 때문에 입술이 코끝에서 2인치나 아래로 처지는 경우도 있다. "왜 여자들이 이런 것을 하고 있지요?"라는 질문을 받은 덕망 있는 추장 수르디는 이방인의 이 어리석은 질문에 놀란 듯한 표정을 감추지 못했지만 다음과 같이 대답했다. "아름다움 때문이지요!"

다윈은 여러 다른 종족에서도 "신체 부위 중에서 기이하게 변형되지 않은 부위는 거의 없다"는 것을 관찰한다. 신체 부위가 변형되어 받는 고통이 엄청 클 것임에도 그들은 이런 장식을 한다. 이로부터 다윈은 다음과 같이 추론한다. "신체의 손상은 그 최초의 원인이 무엇이든 간에 곧 특유의 표지로서 가치를 인정받아 집단 내에 자리 잡게 된다. 그러나 자기 장식, 허영심, 타인에 대한 동경이 가장 보편적인 동기가 되는 것 같다." 그리고 이것이 어떤 일정 지역의 전통 때문에 생겨났을 가능성은 거의 희박하다고 본다. 이것은 오히려 "거의 전 세계적인 풍습인 춤, 가장무도회, 거친 그림 그리기와 마찬가지로 인간의 마음이 인종에 상관없이 매우 유사하다는 것을 보여준다"라고 판단한다.

이제 다윈은 "인간은 자연이 그에게 부여한 형질이 무엇이든 그것을 찬양하고 과장하려는 경향을 종종 나타낸다는 것을 여러 면에서 관찰할 수 있다"고 결론짓는다. 이것이 미적 감각과 밀접하다는 것을 또한 다른 동물들을 관찰한 결과와 비교하면서 설명한다. "인간과 하등동물의 감각은 조화롭고 율동적인 소리뿐만 아니라 화려한 색깔과 특정한 모양으로 즐거움을 얻고 그것을 아름다운 것으로 인식하도록 구성되어 있다." 그리고 어떻게 이런 일이 일어나는지 확실히 알지 못하지만 "특정한 취향이 긴 세월을 거치며 유전될 수는 있다"는 가설에 이른다.

이와 함께 다윈은 다른 박물학자naturalist들의 관찰 결과를 종합하여 인종의 차이와 관계없이 인간이 아름다움을 추구하는 동기에 대해 공통점들을 찾으려 한다. "유럽 사람이라고는 한 번도 본 적이 없는 내륙 지방의 흑인을 관찰할 기회가 많았던 리드W. Reade는 아름다움에 대한 그들의 생각이 대체로 우리와 같다고 주장했다. 롤프스F. G. Rohlfs도 내게 보낸 편지에서 보르누 족과 풀로 족 사람들이 아름다움에 대해 우리와 근본적으로 생각이 같다고 했다." 그 공통점은 다름 아니라 "인간은 다양함을 좋아하며 극단으로 치닫는 특징을 매우 좋아한다"는 사실이다. 어떤 특징과 어떤 극단을 좋아하는지는 각 인종마다 상대적이지만 이런 특징이 뚜렷하게 나타날 때 좋아하며 그것에 강하게 이끌린다는 점은 공통적이다. 물론 다윈은 일상생활에서 "각 인종의 사람은 그들에게 익숙한 것을 좋아하며 큰 변화는 견디질 못한다"는 것도 인정한다. 그러나 극단적으로 표출된 것에 매력을 느끼며 그것을 미적 요소로 받아들인다는 점을 주시한다.

그리고 이것이 아프리카뿐만 아니라 유럽인에게도 마찬가지라는 것을 강조한다. 곧 전 인류에게 보편적이라고 생각한다. "우리는 우리 자신의 풍습에서도 매우 똑같은 원리가 적용된다는 것을 안다. 또 모든 부분을 극도로 과장하려는 비슷한 욕구를 발견한다." 더 나아가 이것이 인종 사이의 공통점에 머무는 게 아니라—당시 사람들에게는 확실히 모욕적이고 오늘날 일부 사람들에게도 거의 모욕적일 수 있지만—모든 생물의 공통점이라

만약 모든 이가 똑같이 아름다워진다면 우리는 곧 좀 다른 새로운 매력을 원하게
될 것이다. 화장에는 어쩌면 다름을 통해 아름다움을 추구하는 인간의 보편적 특
성이 숨어 있는지 모른다. 화장품의 서양어 어원이 ‘조화’와 관련 있지만 이는
어디까지나 ‘파격’에 수렴하는 조화일 것이다.

는 점을 시사한다. 이는 그가 〈종의 기원〉에서 생물 진화의 변이와 선택 개념을 설명하는 단계에서도 그랬듯이 동식물의 사육에서도 그 실마리를 찾을 수 있다고 한다. "사육가는 각각의 형질이 증가되기를 항상 바라고 있다. 그들은 중간 단계의 표준을 좋아하지 않는다." 이는 우리가 수많은 애완견의 형질을 신체 부위 별로 어떻게 극단적으로 변형시켜왔는지를 보아도 알 수 있다.

이제 다윈의 미학적 입장은 분명해졌다. "모든 종류의 특징이 아름다움을 위해 지나치게 발달되었다는 것은 틀림없다." 다윈은 해부학자 비체트_{Xavier Bichat}가 만약 모든 사람이 똑같은 틀에서 주조되어 나온다면 아름다움 같은 개념은 없어질 것이라는 언뜻 당연하면서도 단순한 견해를 표명한 것에 대해 다음과 같이 반박한다. "만약 모든 여자가 메디치의 비너스처럼 아름다워진다면, 우리는 잠시 동안 그 아름다움에 매료되겠지만, 곧 좀 다른 새로운 매력을 원하게 될 것이다. 그리고 그 새로운 매력이 나타나자마자 우리는 또 현재의 보편적인 기준과는 완전히 다른 어떤 특정한 형질들이 좀 더 두드러진 모습을 갖게 되기를 바랄 것이다." 더 나아가 다윈은 "미인은 많은 형질이 특별한 방식으로 변형되었다는 것을 의미하며 이런 요건을 고루 갖춘 미인은 모든 인종에서 그야말로 절세의 미인으로 인정될 것이다"라고 하면서 자기 이론의 일반적 적용 가능성까지 논한다.

미인에 대한 다윈의 입장을 분석하다보니, 다윈보다 약 열 세대 이전 영국에서 활동했던 철학자 베이컨이 〈아름다움에 관하여〉라는 에세이에서 한 말이 떠오른다. "조화 안에 뭔가 기이함이 없는 절세의 미는 없다."

지금까지 미학에서 '기형'은 추의 원인으로 다루어져 왔다. 하지만 다윈의 입장은 기형이 미의 근거가 될 수 있음을 시사한다. 움베르토 에코는 '미와 추의 역사'를 다루면서 현대 젊은이들이 피어싱을 하거나 축구 스타 데이비드 베컴^{David Beckham}의 과장된 닭벼슬 모양 헤어스타일을 흉내 내거나 록스타 메릴린 맨슨^{Marilyn Manson}의 그로테스크하기까지 한 파격 화장을 따라 한다거나 더 나아가 그들 나름으로 과장되고 극단적인 화장과 외모 꾸미기를 개발하는 '미적 감각과 행동'을 잘 이해하지 못했다. 그는 이것을 흔한 미적 상대주의로 설명했는데, 오히려 다윈의 생각은 이런 '기형 추구적 미감^{美感}'을 일반 미학 이론으로 설명해줄 수 있는 실마리를 제공한다. 물론 화장품의 이해에도 아주 유용한 관점을 제시해준다.

조화와 파격의 미학

화장품의 서양어 어원이 '조화'와 연관 있지만 그것으로는 화장의 본질을 설명하는 데 불충분하다고 했다. 이는 화장품 광고가 사람들이 화장의 일반적 특성으로 강조하는 조화를 내세우고 있지 않는 것을 보아도 알 수 있다. 실제로는 오히려 이와 대척점에 있는 것을 내세운다. 그것은 '파격'이다. 이는 다윈이 간파한 '과장' 또는 '극단'을 포함하는 의미이다. 과장하거나 극단으로 가려면 어쨌든 틀을 깨야 한다.

쉬운 예를 들어보자. 얼굴 화장에서 파격이라고 하면, 얼른 눈화장과 입술화장을 떠올릴 수 있다. 고대 이집트의 넓고 짙은 눈화장은 유명하다. 입술화장도 그 화려함과 다양함에는 이에 못지않다. 그리고 이런 화장을 위해서는 고대로부터 지금까지 특수하고 강렬한 효과를 내는 화장 재료가 필요했다. 화장품의 상당수는 파격적인 눈화장과 입술화장에 연관된 것들이다. 좀 더 나가면 양쪽 볼을 강조하는 화장도 파격을 노리는 것이고, 광고 문구에 자주 등장하는 "백옥 같은 살결" 또는 "투명한 피부"도 파격적이다. 도대체 피부가 투명하다는 게 가능하기나 한가! 이것이야말로 다윈식

과장이자 극단이다. 이 모든 것은 파격적으로 '돋보임'을 강조한다. 화장품을 사용하는 것은 어떤 방식으로든 감추기보다는 돋보이기 위함이다(잡티를 감추는 것은 깨끗한 피부를 돋보이기 위한 것이다). 화장품 광고는 철저하게 다원적이다. 결국 화장품은 엉뚱할 것 같은 다원의 미학 이론을 정당화하고 있지 않은가!

그런데 바로 이 지점에서 화장이 작동하는 방식을 잘 볼 필요가 있다. 이제 다원의 입장에서 한 발자국 더 나아가보자. 다시 말해, 개인과 사회에 연관된 미학적 시야를 좀 더 넓혀보자. 사람들은 '이만 하면 됐어!'라는 느낌이 들 때 화장을 마친다고 한다(아무리 극단을 추구해도 어느 시점에서는 화장을 끝내야 하니까 말이다). 그런데 파격이 '이만 하면 됐다'라는 것은 도대체 무슨 뜻인가?

극단의 욕구에 일정 한계를 설정하며 '이만 하면 됐다'는 것은 그 파격적인 요소가 새로운 조화의 핵심에 있다는 뜻이다(이것 외에 다른 해결은 있을 법하지 않다. 그렇지 않다면 파격과 한계 설정은 갈등의 상태로만 남을 수밖에 없다. 이렇게 되면 화장을 마친 사람의 심리적 안정은 전혀 기대할 수 없다). 곧 파격적인 것을 향해 다른 요소들이 수렴되는 새로운 조화가 탄생함을 의미한다. 파격에 수렴되는 조화, 어쩌면 이 미학적 개념이 인간의 미적 삶을 설득력 있게 설명해줄지 모른다. 이때 파격은 오히려 정체성의 차원에서 자신감을 주며 이런 자신감은 심리적 안정감으로 이어질 수 있다. 그럼으로써 그 파격은 사회적으로 수용될 기회 또한 갖는다.

화장은, 그것이 파격인 이상, '변화'를 가져오는 방법이다. 예로부터 화장은 각 개인에 의해 일상적으로 행해진 변화의 수단이다. 화장은 무엇을 변화시키는가? 정체성을 변화시킨다. 그러나 잘 볼 필요가 있다. 화장은 정체성을 변화시키는 동시에 고정시킨다. 직립 동물인 인간에게 얼굴은 자

기표현이라는 차원에서 인체의 다른 어느 부분보다 중요하다(진화생물학적
으로 보면, 섹스어필 또는 성적 호소라는 점도 그 밑에 깔려 있다). 얼굴이 곧 정
체이다.

화장은 기존의 정체성을 변화시킴과 동시에 일상생활의 일정 시간 동안
화장된 얼굴로 자신의 정체를 고정시킨다. 그렇기 때문에 예기치 않은 일
로 화장이 지워졌을 때, 엄청난 박탈감을 느낀다. 이때 자신감을 주는 파격
으로 이루어낸 안정된 조화가 깨지는 것도 직감한다. 여기서 조화는 이중
적 의미이다. 화장이 개인의 인체 안에서 파격과 조화라는 교묘한 모순을
연출하는 것처럼, 화장한 개인은 사회 안에서 파격과 조화라는 모순의 세
계를 이루는 요소이기 때문이다. 조화의 그물망은 '파격의 매듭'으로 이어
진다.

바로 이 점에서 화장품 광고 속의 모순적 진실이 드러난다. 화장품, 곧
코스메틱스는 조화라는 뜻의 이름을 갖고 있지만 파격을 강조하고 파격적
으로 자신을 소비하게 한다. 또한 코스메틱스는 아름다움이 조화인가 파격
인가 하는 문제를 제기하면서, 개인적이든 사회적이든 파격으로 조화를 이
루며 또한 조화가 파격을 품을 수 있는지 그 가능성을 시험하는 문화적 요
소가 된다. 이제 개성 있는 '매력적인 파격'을 이루어낼 지혜와 능력은 각
개인에게 물음표로 남아 있다. 그 물음표의 해결에 접근하는 방법은 일상
의 당연함이 품고 있는 미학적 역설을 깨닫는 데 있는지 모른다.

여행이란 무엇인가?

: 반쪽짜리 '여행' 광고 뒤집어 보기

계절이 바뀔 때마다, 여행 광고의 강조점도 바뀐다. 여름에는 주로 휴가 여행을 강조하고, 가을에는 단풍 구경처럼 자연 관광에 초점을 맞춘다. 그러나 어떤 계절에도 여행사 광고가 여행의 공통적인 '매력 포인트'로 강조하는 게 있다. 그 하나는 '떠남'의 의미와 설렘이고, 다른 하나는 '시간의 집약적 활용'이다.

"꿈꾸는 것은 그만, 올해는 떠나라!" 같은 광고 문구가 전자의 대표적인 예이고, "북해도 환상 여행 3일" 같은 것은 후자의 전형적인 예이다. 앞의 광고 카피는 일단 '떠나면' 꿈도 이루어진다는 의미를 내포하며, 뒤의 카피는 3일 동안 '철저한 계획 아래' 환상도 현실로 만들 수 있음을 암시한다. 그러니 일단 떠나야 하고, 여행사의 일정표에 따라야 한다. 그러나 현대 사회의 여행 광고는(특히 우리나라의 경우가 심한데) 여행의 본질과 의미를 제대로 반영하지 못한다. 광고에서 강조하는 것은 항상 여행의 반쪽 얼굴뿐이기 때문이다.

출발의 유혹

우선 '떠남'의 유혹에 대해 말해 보자. 여행은 떠나면서 시작하지만, 돌아오면서 마감한다. 사람에게 '귀환'이란 말만큼 중요한 의미를 갖는 단어도 드물다. 인간은 어떤 의미에서 '돌아오는 동물'이다.

물론 돌아오기 위해서는 어디론가 떠나야 한다. 출발이 전제되지 않은 귀환이란 있을 수 없기 때문이다. 귀환의 감동을 온몸으로 느끼기 위해서도 어디론가 떠나야 한다. 순례자도 돌아오기 위해서 떠난다. 성지에 영원히 머물기 위해서가 아니라 자신이 출발했던 곳으로 돌아오기 위해 멀고 먼 순례의 여정을 인고한다. 끊임없는 방랑의 여정을 체화한 것 같은 유목민도 사실 이곳저곳 '돌아갈' 수 있는 장소를 정해놓는다. 온 세상 구석구석을 여행하느라 반생을 보내는 전문 여행가도 자기가 떠났던 곳에 머물러 있는 사람들에게 자신의 여행담을 들려주기 위해서 돌아온다. 또 다른 출발을 위해서도 일단 돌아와야 한다.

인간은 돌아올 수 있다는 가능성 때문에 여행이라는 모험을 시도하는지 모른다. '무사히' 돌아와서 '의미 있는' 시간을 보냈다는 것을 반추하려고 떠나는지 모른다. 그런데 여행 광고는 이 두 가지 삶의 가치, 곧 안전과 보람이라는 삶의 가치도 떠남의 설렘 뒤편에 감추고 있다.

무사히 보람을 안고 돌아오는 것은 삶에 진한 의미의 흔적을 남긴다. 독일의 문호 괴테^{J. W. von Goethe}도 그렇게 바라던 로마^{Roma} 여행을 마친 후 이렇게 말했다. "내가 로마 땅을 밟은 그 날이야말로 내게 제2의 탄생일이자 내 삶이 진정으로 다시 시작된 날이라고 생각한다. 〔……〕 이 땅을 찾아보고자 하는 욕망은 너무나 강렬했었다. 그 욕망은 채워졌다. 〔……〕 이제 귀환은 더욱 더 큰 욕망으로 꿈틀댄다." 그에게 귀환의 여로는 또한 내면의 세계에서도 진행되었다. "내가 이처럼 경이로운 여행을 하는 것은 그 놀라움으로 나 자신을 기만하기 위해서가 아니다. 내가 보게 된 것들을 통해 나 자신을 재발견하기 위함이다."

오늘 우리도, 출발의 설렘에 혹해서 떠난 여행일지라도 그 귀환의 의미를 발견할 줄 알아야 손해보지 않은 여정을 마친 것이 되지 않겠는가. 여행의 반쪽을 찾는 일은 여행자의 몫으로 남아 있다.

시간 활용

이제 '시간의 집약적 활용'을 강조하는 여행 광고는 무엇을 감추고 있는지 살펴보자. 여행은 사실 공간을 즐기며 이동하는 행위라고 할 수 있다. 우리는 여행하면서 시간을 보는 게 아니라 공간을 본다. 우리는 여행 중에 무엇보다도 새로이 만나는 공간의 의미를 향유한다. 이는, 여행사들이 광고에서 일러스트레이션·사진 등 아이 캐처eye catcher를 주로 활용하는 것을 보아도 알 수 있다. 아이 캐처로 공간의 황홀함과 환상 그리고 낭만적 분위기까지도 표현해내려 하기 때문이다. 그러면서도 철저히 규정된 여행 일정을 강조한 문구를 함께 넣는 것이 현대 여행 광고의 모순이다.

진지한 여행객은 여로에서 시간 가는 줄 모르고 공간을 즐긴다. 공간의 새로움과 아름다움을 만끽한다. 그러면서 시간을 써버린다. 시간을 써서 공간을 향유한다고 할 수 있다. 공간 속에서 시간조차 늘어나는 것을 느낀다면 공간을 만끽하고 있는 것이다. 어찌 보면 그 순간에는 시간조차 공간화한다고 할 수 있다.

좋은 공간에서 의도적인 활동을 최소화하면 시간을 잊게 된다. 하염없이 아름다운 자연 풍광을 바라보고 있거나, 인류의 위대한 문화유산에 도취해 있다가 의식이 돌아와 하는 말이 무엇인지 아는가? 그건 "시간 가는 줄 몰랐어?!"라는 감탄의 말이다. 이런 순간들은 역설적으로 시간을 '고귀하게 낭비하는' 무위의 순간들이다.

전문 여행가가 아닌 보통 사람들에게 여행의 기회는 대개 휴가를 보내거나 여가를 활용하는 것과 함께 한다. 여행이 때론 고달프더라도 공간의 향유가 휴식의 효과를 주기 때문에 즐거운 것이다. 그런데 철저한 일정과 시간 계획에 따라서 뭔가 하는 것은 휴식을 망친다. 시간을 쫓아서 활동하는 것은 이미 '일'이 되기 때문이다.

인간이 제대로 쉬지 못하는 것은 시간을 의식하기 때문이다. 잘 쉬기 위해서 이른바 '휴休테크'를 할 때도 그 안에 '시時테크'가 내포된다. 휴가 계획에는 시간과 일정이 빠지지 않는다. 시간을 낭비하지 않고 휴가를 잘(?) 보내기 위해서다. 하지만 진정한 휴식은 '시간을 낭비하는' 데에 있다. 쉽게 말해, 시간을 써버리는 것을 개의치 않는 데에 휴식을 만끽할 가능성이 있다.

어쩌면 우리는 아직까지 제대로 된 여행 광고를 하지 못하는 문화적 환경에 있는지도 모른다. 흘러가는 것이 자연의 법칙이라면, 떠나고 돌아오는 것은 인간의 '문화적 연출'이다. 시간의 흐름에 지배받는 것이 자연 법칙이라면, 시간을 잊을 수 있는 공간 속에 있는 것도 문화적 연출이다. 보람 있는 귀환과 공간 향유의 여로, 그것은 여행 광고가 감추고 있는 여행의 비밀이지만 문화인으로서 여행자가 찾아내야 할 인생의 보물이다.

'인생 안전 설계' 라는 가상현실과 미래 적응도

: 금융 · 보험 광고의 심연

경제 위기는 우리 일상이 되었다. 앞뒤가 안 맞는 표현이지만 '만성 위기' 라는 말을 써야 할지도 모른다. 전문가들조차 "경제가 요동치고 있다" 라든가, '금융 공황 상태' 라는 표현을 종종 쓴다. 무엇보다도 심각한 건 서민들의 생활과 마음 상태이다. 조금씩 절약해서 가입한 예금이나 보험이 '안전할까?' 하는 불안 심리까지 고개를 들고 있기 때문이다. 이 모든 것의 근저에는 '어떤 결과에 이를지 모른다' 는 불안이 깔려 있다. 오늘의 고통도 미래에 대한 정보와 희망이 보장된다면 참을 수 있지만, 그렇지 못하기 때문에 정말 힘든 것이다.

미래의 안전을 확보하려는 것은, 다른 동물에 비해 두뇌가 월등히 발달한 인간의 특성이다. 사람의 두뇌와 관련한 진화론의 핵심은 '적응도' 이다. 적응력 강한 행동과 사고와 믿음이 생존에 유리하기 때문이다. 인간에게는 현재의 적응도 못지않게 '미래의 적응도' 역시 무척 중요하다.

미래 적응도

오늘날 경제적 차원에서 미래 적응도를 보장해주는 것이 금융·보험 상품이다. 이는 금융·보험 광고에서 "당신의 미래를 맡기라!" 또는 "평안한 노후 생활을 책임진다"라는 문구를 활용하는 것을 보아도 알 수 있다. 금융·보험 상품의 핵심 키워드는 현재가 아니라 미래인 것이다. 사람들은 미래 적응도를 높이기 위해 금융에 투자하고 보험에 가입한다. 곧 인생을 안전하게 설계하려고 한다. 그렇기 때문에 이 분야의 위기는 곧 생존을 위한 적응력의 위기가 되어 인간 심리의 심연을 건드린다.

이에 인간이 미래 적응도를 어떻게 판단하는지 살펴보는 것은 중요하다. 인간은 인과율에 따라서 미래 적응력의 정도를 가늠한다. 다시 말해, 원인과 결과, 투자와 성과, 인풋input과 아웃풋output 등, 투여한 에너지와 그것이 이루어낸 것 사이의 관계를 필연적으로 인식하고자 한다. 이 과정에 우연적 요소가 개입하더라도 '그 원인에 그 결과'라는 믿음에는 변함이 없으며, 더 나아가 우연적 사건을 인과적 필연 구조에 꿰맞추려고까지 한다.

데이비드 흄David Hume은 인간이 세상을 인과율에 따라서 인식하려고 한다는 것을 경험적 실례로 증명했으며, 칸트는 이를 체계적으로 이론화했다. 사람에게는 보편적 '인식의 방식'이 있는데, 그 가운데서 인과율은 핵심적이라고 한다. 다시 말해, 누구든 선험적으로 원인과 결과라는 인식의 방식에 맞추어 대상을 다룬다는 것이다. 인과율적 인식의 방식은 인간에게 내재하며 선험적이다.

오늘날 과학자들은 인간이 진화 과정에서 인과율을 본능화했다고 설명한다. 즉 칸트가 인간에 선험적으로 내재한다고 한 것을 생물학자들은 진화 과정의 결과라고 본다. 진화론자들은 이를 '타고난 인과성'이라고 부르기도 한다. 인간의 두뇌가 고도로 발달하는 데에도 인과율적 사고와 행동이 결정적 영향을 미쳤다고 본다.

발생생물학자 루이스 월퍼트 Lewis Wolpert도 인과성이 인간의 의식에서 근본적인 개념이라는 입장을 견지한다. 그에 따르면 인간은 자신이 처한 "환경과 관련해서 신체에 대한 정신 모델들을 획득하고 이것들이 어떤 인과관계를 갖고 있는지 파악함으로써 행동의 정확도와 계획성을 높여왔다." 그 결과 "인간의 진화는 그럴듯한 인과적 믿음을 생성하는 두뇌 메커니즘을 보유하는 쪽으로 나아갔다".

이제 흥미로운 것은 인과적 믿음을 생성하는 두뇌 메커니즘을 갖도록 인간이 진화했다는 사실이 낳은 또 다른 효과이다. 사람은 어떤 사건의 과거 원인이나 그 사건의 결과로서 미래에 벌어질 일의 양상을 설명하려고 한다. 즉 인간은 인과의 사슬을 만들어내려 한다. 인류학자 클리퍼드 기어츠 Clifford Geertz도 "인간이 세상을 꿀 먹은 벙어리처럼, 앞이 안 보이는 사람처럼, 무덤덤하게 대하지 못한다"는 점을 지적한 바 있다. 이는 우리가 언제나 무슨 일이 벌어지는지 설명하려 한다는 뜻이다. 월퍼트는 이를 인과율적 설명을 위한 '일종의 강박'이라고 본다. 인과율적 강박은 다양한 믿음을 발생시킬 수 있다.

나아가 정보처리자로서 인간은 '인식의 일관성'을 추구한다. 인과적 믿음이 주는 내적 일관성은 대단한 만족감을 주기 때문에, 사람들에게는 "스스로의 믿음에 부합하도록 일관된 이야기를 하려는 경향이 생긴다". 더구나 "중요한 사건과 상황에 대한 원인을 찾지 못하는 무능력 상태는 정신적

불쾌감은 물론, 심지어 걱정까지 유발하기 때문에 인간은 인과적인 이야기를 꾸며내면서까지 어떻게든 해명하려고 한다". 어떤 원인에 대한 분명한 결과를 예상 못할 때도 인간은 불안에 빠진다. 중요한 원인과 결과를 간과하는 것은 인간이 용납할 수 없는 일이다.

확률적 가상현실

인과율에 대한 강박은 '투자와 성과' 라는 금융 경제 분야에도 그대로 적용된다. 특히 위기의 시기에, 인과율적 사고는 합리적이지 못하고 강박적 믿음이 된다. 즉 이치적으로 그렇게 되지 않을지라도, 반드시 그렇게 되리라고 믿게 된다. 다시 말해 우연의 사건들에서 필연의 연결 고리를 강박적으로 찾게 된다. 그래서 사람들은 혼돈의 시기에 수많은 '필연적 결과' 들을 만들어낸다. 그러면서 불안해한다.

금융·보험 상품처럼 투자와 성과를 보장한다는 명분을 내세운 경우, 그 보장의 필연성이 희박한 가능성으로 바뀔 수 있는 상황에서 사람들의 인과적 믿음은 부정적으로 나타난다. 이제 사람들은 모든 것이 '잘못되리라' 고 믿게 된다. 그것도 인과율에 따라 필연적으로 믿게 된다. "믿음을 가진 모든 이들은 의구심도 갖고 있다"는 말처럼, 금융 경제 위기의 원인이라고 지목되는 것들을 꿰맞추어 '부정적 결론' 을 만들어낸다.

그러나 잊지 말아야 할 것은, 금융·보험은 일종의 '가상현실' 적 성격을 지니고 있다는 사실이다. 그것은 모든 것이 잘 돌아가면 미래에 좋은 '효과' 를 낼 수 있지만, 지금 바로 실재하는 것은 아니다. 적금과 보험은 꼬박꼬박 일정 금액을 적립하고 정해진 적립 회수를 다 채워야 언젠가 효과를 내며, 주식과 펀드 운용도 일정 조건을 충족해야 실제 효과를 발휘할 수 있다.

이런 것들은 효과를 보장한다고 주장하는 가상현실이지, 내 앞에서 바로 효과를 발휘하며 실재하는 게 아니다. 그 실제 효과는 물론 확률에 기반을 둔 것이다. 어쩌면 우리는 '돈'과 연관된 것들의 세계를 '확률적 가상현실'을 대하듯 하는 데 익숙해져야 할지 모른다.

은행, 보험, 증권 회사의 광고는—최근 경박할 정도로 '가볍게' 보이도록 노력하는 경향이 있다고 할지라도—업종의 특성상 '신뢰'의 콘셉트를 바탕으로 하고 '든든한' 이미지를 주려고 노력한다. 그러나 광고 문구 역시 이런 가상현실에 대한 것이지, 실재에 대한 게 아니라는 것도 깨달을 필요가 있다. 이는 단순히 과장 광고 여부의 문제가 아니라, 우리가 세상에 잘 적응하며 살아가기 위한 생활의 지혜에 관한 문제이다.

그리고 '우리 자신을 잘 알아야' 한다. 어떤 이유에서든 인간의 인과적 인식 태도는 분명히 존재하며, 그것이 어떤 불확실한 원인의 결과를 과다하게 추정하기도 하고, 역으로 예상하거나 기대하는 결과에 맞추어 원인을 만들어내기까지도 한다는 점을 잘 보아야 한다. 다시 말해, 긍정적 방향으로든 부정적 방향으로든 인간의 인과적 인식 태도가 뿌리 깊게 존재함을 성찰적으로 받아들여야 한다. 복잡한 사회에 적응하며 살아가는 성숙한 현대인이 되기 위해서는, '잘되리라'고 믿든 '잘못되리라'고 믿든 인과적 믿음의 절제와 균형을 터득해야 할지 모른다.

4

문자

대중문화 분석에서든 그에 대한 비판과 성찰에서든 문자문화
는 소외 지역이다. 그러나 문자문화의 대중적 영향력은 앞으로
한참 동안 엄연한 현실일 것이다. 더구나 문자문화는 교묘한
'윤리성'을 지니고 있다. 문자문화의 틈새들을 비집고 들어가
는 철학적 사유라면 흥미로울 것 같다.

01

의미 형성의 주체로서 인간

: '자기치유'의 욕구와 문자문화

사람들이 책을 찾고 있다. 좀 더 정확히 말하면 요즘 독자들은 어떤 특정 분야의 책과 함께하고자 한다. 그것은 '자기치유self-healing' 분야이다. 최근 몇 년 동안 출판계에서 자기치유의 바람이 거세게 불고 있다. 어떤 출판평론가는, 정치지도자들의 무능력과 이전투구, 사회적 갈등의 확산, 빈부격차의 심화, 해소되지 않는 청년실업, 자살자의 증가, 고사 상태의 문화시장 등으로 대중은 모든 희망을 접어야 할 상황에서, "이미 '성공'을 포기한 지 오래고, '나만의 행복'을 추구하는 것도 사치일 뿐이며, 그들은 오로지 자신의 상처를 보듬는 것에 몰두한다"고 말한다. 근근이 살아남은 자들은 "스스로 위안받는 자기치유를 마지막으로 선택할 수밖에 없다"는 것이다. 다분히 비관적인 전망이다.

그래서 서점에는 자기치유와 연관한 책들이 눈에 띄는 곳에 진열되어 있다. 자기치유서라고 할 수 있는 책들은 마음을 위로하는 심리학 서적, 삶과 죽음을 다룬 책, 성장소설류, 치유로서 글쓰기에 관한 것 등 다양하다.

의미와 속도

이상은 오늘의 사회 상황이고 독서 현상이다. 그런데 이제 그 이면을 살펴볼 필요가 있다. 곧 '사람과 책'에 대한 세심한 문화적 성찰이 필요하다. 문화 변동은 매체 혁명과 밀접하다. 구술문화를 '시각화'(말하기를 구술-청각의 세계에서 시각의 세계로 이동시켰다는 의미에서) 또는 '정적靜的으로 영상화'한 문자문화의 경우도 그렇고, 텔레비전, 영화, 인터넷 등 동적動的 영상과 음향을 종합하는 '감각종합형 문화'의 경우도 그렇다.

이 모든 경우 매체 혁명은 문화의 다양한 분야에서 미시적이자 거시적인 변동을 일으켜왔다. 그러나 이러한 과정에서도 변함없이 지속적으로 제기되는 문제가 있는데, 그것은 바로 '의미의 문제'이다. 오늘날 인문적 성찰이 감각종합형 문화와 연관하여 끈질기게 제기하는 것도 의미의 문제다. 인문학의 활동 가능성은 의미를 전제하기 때문이며, 과학-기술의 성과를 일상화하는 현대 문화가 의미에 대한 사유 가능성을 줄일 수 있다는 판단 때문이다.

의미 추구의 축소화 내지 무용화 경향은 다양하게 나타난다. "세상은 결국 돈과 권력이야"라고 하는 과장된 이기적 실리주의에서 "의미는 무슨? 재미있으면 되지" 같은 단호한 향락주의에 이르기까지 각양각색이다. 좀 더 일반적으로 말하면, 현대 문화에는 삶의 의미를 찾아보고자 노력하는 것 자체를 무시하는 경향이 암암리에 내재해 있다고 할 수 있다. 이는 의미에 대한 물음조차도 일축해버려 무의미하게 만드는 힘을 발휘한다. 이는 의미의 가능성을 허무로 환원한다. 의미 추구의 의미를 일축하는 문화적 허무주의의 진실은 이렇다. 인간이 생각할 수 있는 것도 없고 인간에 대해 심각하게 생각할 것도 없다는 것이다. 곧 사람과 생각을 분리하고 의미와 삶을 분리하고자 한다.

이런 맥락을 염두에 두고 의미의 문제를 소통 매체의 차원에서 좀 더 구체적으로 살펴보면, 이는 '동적 시각화' 및 '속도 제어'의 문제와 밀접하다는 것을 알 수 있다. 예를 들어, 영화와 텔레비전은 동적 실재를 동적 영상으로 시각화함으로써 현실을 재현한다. 그러므로 총체적 현실 재현이라는 과정에서 시간의 흐름마저 시각화의 작업 안에 포함한다. 그 결과로 온 것은 의미 형성의 과정에서 사유 주체가 속도를 제어할 수 없게 된다는 사실이다. 앞으로는 또 다른 문화 변동이 있겠지만, 지금까지는 영화와 텔레비전을 보면서 그것을 '따라가야' 한다. 물론 현재 기술적으로 되돌려보거나 저장했다 보거나 일부만 따로 보거나 할 수 있다. 비디오에서 블루레이와 스마트 텔레비전에 이르기까지 이런 가능성은 있어왔다. 그러나 일상에서 보통 사람들이 그렇게 보는 경우는 매우 드물다.

반면 책을 읽을 때 속도를 조절하는 주체는 독자다. 어떤 문장을 음미하기 위해 천천히 읽을 수 있고, 어떤 쪽들은 빨리 넘어갈 수 있으며, 한 줄의 문장에 감동해서 그곳에 한참 머무를 수도 있다. 다시 말해 의미 형성을 위해 자연스레 속도를 제어할 수 있다. 하지만 오늘날 영화와 텔레비전 등 감각종합형 문화는 이를 허용하지 않는다. 속도 조절의 주체는 수용자가 아니기 때문이다. 이런 매체는 의미를 위해 속도를 희생시키지 않는다. 정해진 속도에 따라 진행하기 위해서 사유 주체의 의미 형성 과정에 무심하며, 오히려 자신의 시간 계획에 따라 진행하는 서사 구조 속으로 수용자가 몰입하기를 원한다(이렇게 말하면 연극이나 기타 공연도 마찬가지로 관람객을 위해 연출 속도를 희생시키지 않는다는 점을 지적할지 모른다. 물론 그렇다. 하지만 고대로부터 연극이나 공연은 축제나 제전 등 어떤 특별한 기회에 즐기는 것으로 오늘날의 텔레비전이나 영화보다 훨씬 더 비일상적인 것이었다. 또한 연극이나 공연은 기계적 경직성을 갖지 않는다는 점에서도 다르다).

인터넷의 경우 속도 제어를 사용자가 맘대로 할 것 같지만 실제로는 그렇지 않다. 인터넷의 바다는 그 자체가 '속도 기반의 세상'이기 때문이다. 인터넷의 여러 경로를 서핑하는 유저는 '의미'를 위해 멈춰 서 있기보다는 빠른 속도로 정보와 지식의 파도타기를 즐기려는 경향을 갖고 속도 기반의 세상에 익숙해진다.

허버트 갠스Herbert J. Gans 같은 미디어 연구가도 이미 1970년대의 대중문화 분석에서 "대중문화, 그것도 최소한 매스 미디어에 의해 전달되는 부분의 대중문화는 보고 들을 때만 즐기고는 곧 흘려버리게 되는 경향이 있으며, 대부분의 텔레비전 프로그램이나 영화 등은 다수의 사람들에게 이와 같이 잠시 머무르고 곧 사라져버리는 단명한 것이 되는 경향이 없지 않다"고 말한 바 있다. 그러나 현상은 관찰했어도 그 이유를 '의미 형성'과 '속도 제어'의 관계로 파악하지는 않았다. 그랬기 때문에 매체 비평이 인문적 성찰에 이르지 못했다. 즉 그런 현상이 인간에게 무슨 의미가 있는지 깊이 있게 설명하지 못했다.

또한 문자문화가 구술문화보다도 의미 형성을 위한 속도 제어에 용이하다는 것도 종종 잊혀져왔다. 구술적 의사소통은 화자가 '연출'한 속도의 흐름에 의미를 담는다. 청자는 듣기 위해 집중할 수는 있어도 마음대로 화자의 의사소통 속도를 조절할 수는 없다. 이런 점에서 문자문화가 발전하면서 의미 형성의 응집력은 더욱 강화되었다고 볼 수 있다. 그 영향은 긍정적일 수도 있고 부정적일 수도 있다(디지털 문화가 도래하던 초기에 문자문화에 대한 비판은 당연히 그 부정성에 집중되었다). 다만 우리가 문자문화를 대할 때 의미 형성의 주체로서 자신을 확고히 할 수 있다는 점은 분명하다.

책을 읽어야 할 때

이제 이론과 비평으로부터 구체적인 '사람과 책'의 이야기로 돌아와보자. 사람들이 흔히 놓치는 것을 상기할 필요가 있기 때문이다. 책을 읽는다는 것은, 책을 읽지 않는 순간들을 내포함을 의미한다. 의미 형성을 위해 책에서 눈을 떼는 순간들 말이다. 이 점이 독서에서 핵심이며, 책읽기의 묘미이다. 이때 우리는 자신이 주체적 독자라는 것을 절로 즐기게 된다.

위기의 시기는 삶의 의미들이 상실되는 순간들이 이어지는 시기이다. 그래서 사람들은 허무에 빠지든가, 어떻게든 의미를 찾으려 한다. 곧 허무의 바람이 부는 시대에도 의미 있는 삶을 영위하는 인간의 위치에 표표히 서 있으려 한다. 그래서 자신이 의미 형성의 주체가 될 수 있는 매체를 다시 찾게 된다.

이는 우리에게 독서에 관해 무엇을 말해주는가? 이것은 자기치유 목적의 책을 읽으라는 것을 뜻하지 않는다. 이는 우리에게 지금이 '책을 읽을 때'라는 것을 일깨워준다. 어떤 책도 사람에게서 의미 형성의 주체적 권한을 송두리째 빼앗아가지 않기 때문이다. 그리고 그 권한을 마음대로 행사할 때 부박한 세상에서 자기치유의 가능성 또한 발견할 수 있다.

그런데 의미를 위해 속도 제어를 허용하지 않는 매체들이 등장하면서 책의 쇠퇴와 소멸에 대한 예측도 이에 줄곧 동반되어 왔다. 그렇다면 정말 "책을 읽는 일이 무슨 소용이 된단 말인가?" 하고 물을 수 있다. 이에는 내가 오래 전에 제안한 '책의 말기 암 환자론'으로 답할 수 있다. 책은 환경이 바뀌고 영양이 부족해서(책의 영양분은 독자의 관심과 독서다) 얻은 병 때문에 사망 선고를 받고 '몇 년' 안 남은 시한부 생명을 살고 있는 환자와 같다. 바로 그렇기 때문에 지금이야말로 책의 장점을 이용하고 책의 혜택을 받을 '마지막' 기회이다. 지금이야말로 책이 남기고 갈 보석 같은 말들을 들을 기회이다. 말기 암환자가 들어둘 만한 소리는 많이 하는 법이다. 물론 책의 장구한 역사로 볼 때, 책의 '몇 년'은 인간의 년 수로 '수백 년'에 해당할 수 있다. 책은 중병을 앓고 있지만 책은 아직 살아 있고 책을 읽을 기회도 우리가 원하는 한 아직 남아 있다.

이제 다양한 책을 의미 있게 읽어야 할 때다. 자기치유의 목적을 드러내는 책은 오히려 의미 형성의 주체로서 독자를 방해할 가능성 또한 내포한다. 의미가 과잉으로 노출되어 있거나 깊어야 할 의미가 너무 표출되어 있을 가능성이 높기 때문이다. 의미를 형성하려면 그것이 드문 가운데서 찾아내야 한다. 특히 삶의 의미에 대해 심각히 고민하기 시작하는 청소년들의 독서에서 이런 차이는 작지 않다.

위기의 시대에 문화가 중요하다고 한다. 이는 문화를 깊고 넓게 보고 활용하라는 의미이다. 우리는 디지털 영상·음향 문화의 시대를 살아오면서, 오랫동안 문자문화가 대중문화에서 아주 중요한 분야라는 것조차 잊고 있지 않았던가?

02

할 수 있다, 하면 된다, 한다!

: '훈訓'과 '계戒'의 매체로서 문자

사람은 계기를 필요로 하는 동물이다. 그래서 '삶의 매듭'을 정해놓고 그때마다 반성을 하고 다짐을 한다. 하루의 일과를 마치고 반성하며 새로운 한 주를 시작하며 다짐한다. 삶의 굵은 매듭에는 해年가 있다. 힘들었던 한 해를 보내고 새해를 맞이하면서 사람들은 미래를 위해 뭔가 다짐을 한다. 그러면서 서로 용기와 희망을 주는 말을 갈구한다. 요즘에는 이런 욕구가 더욱 강해졌다는 느낌을 받는다. 이는 사람들이 자주 사용하는 언어를 보아도 알 수 있다. 소크라테스도 우리가 사용하는 언어가 우리 의식을 조정한다는 점을 유심히 관찰하고 언어가 권력의 성격을 띠는 것을 경고했다.

우리나라 사람들이 일상에서 마음을 다지기 위해 사용하는 말은 내게 오래 전 1970년대의 군대생활을 떠올리게 한다. 하사관 훈련을 마치고 배치

받은 부대에 갔다. 부대 입구부터 초소 옆에 세워놓은 커다란 직사각형 현판에 쓰인 '할 수 있다!'라는 모토가 눈을 끌었다. 부대원들은 경례를 할 때마다 이 구호를 먼저 외친 다음 관등성명을 대곤 했다. 부대장도 뭐든 할 수 있다는 것을 늘 강조하곤 했다. 일 년쯤 지나서 새로운 부대장이 왔다. 그는 곧바로 부대의 모토를 바꿨다. 새 구호는 '하면 된다!'였다. 부대장이 원했듯이 이전의 구호보다 분명 의지가 강화된 느낌을 주는 것이었다. 일 년쯤 지나 부대장이 또 바뀌었다. 새 부대장은 곧바로 부대 모토를 바꾸지 않았다. 그 전까지 사용하지 않았던 새 모토를 찾는 데 시간이 필요했던 것 같다. 부대장 부임 후 열흘쯤 지나서 새 모토가 나왔다. 무엇이었을까? 새 구호는 '한다!'였다.

그리고 여러 해가 지나서 '88 서울 올림픽' 때쯤인가 우리나라의 유명한 관광지에 갔다. 기념품 판매점에서 나는 예쁘게 장식된 우리 전통 매듭을 골랐다. 그 매듭에는 나무로 된 직사각형의 작은 현판이 달려 있었다. 그런데 현판에 쓰여 있는 글을 보고 무척 놀랐다. 그 글은 다음과 같았기 때문이다. "할 수 있다!"

자기계발서

경제가 어렵고 정치가 무능하고 인간관계가 버거운 시절에는 대중적 문자문화의 중요한 분야로 '자기계발서'가 부상한다. 좀 투박하게 말하면, 자기계발서에서 주장하는 내용들은 대개 '할 수 있다'라는 의지 충전에서 '한다'라는 실천 표명 사이의 스펙트럼에 놓여 있다.

마음을 단단히 먹으면 무엇이든지 할 수 있다는 가르침은 자기계발의 기초 강령쯤 된다. 좀 더 나가면 이 세상 '모든 일'은 '마음먹기 달렸다'라는 선언에 이른다. 여기에 노력이라는 요소를 특별히 강조하면 '하면 된다' 라는 교훈이 바로 따라 나온다. 더 나아가 마음먹고 의지를 다지는 일보다 화끈하게 즉각적 행동 개시로서 실천을 강조하면 '한다' 라는 모토가 등장한다.

'이 세상 모든 일은 마음먹기 달렸다' 라는 것은 '성공의 연금술' 이다. 많은 자기계발서가 이 연금술을 내포하는데, 이는 성장소설로서 자기계발적 요소를 풍부히 담고 있다는 평을 받는 파울로 코엘료의 〈연금술사〉에도 잘 표현되어 있다. "이 세상에는 위대한 진실이 하나 있어. 무언가를 온 마음을 다해 원한다면, 반드시 그렇게 된다는 거야. 무언가를 바라는 마음은 곧 우주의 마음으로부터 비롯된 때문이지. 그리고 그것을 실현하는 게 이 땅에서 자네가 맡은 임무라네."

코엘료는 이를 좀 더 압축해서 멋진 문장으로 제시하기도 한다. "자네가 무언가를 간절히 원할 때, 온 우주는 자네의 소망이 실현되도록 도와준다네." 이것은 은유이지만 여기서 나아가면 지고의 노력을 강조해서 '하면 된다' 라는 훈시를 하고 즉각 실천을 요구하며 '한다' 라는 행동지침을 내세우게 된다. 은유란 종종 교묘해서 멋진 만큼 독성을 품고 있기도 하다. "고통 그 자체보다도 고통에 대한 두려움이 더 나쁜 거라고 그대의 마음에 일러주게."(고통의 문제도 마음먹기에 달렸다) 이는 코엘료가 아니라도 많이 듣던 말이지만, 우리가 고통에 대한 두려움도 갖지 않을 정도로 냉혈의 강철 인간은 아니지 않은가.

'수세기 동안 인구의 1%만 알았던 부와 성공의 비밀' 을 알려준다는 자기계발서는 "당신은 우주에서 가장 강력한 자석이다! 당신 안에는 세상 그 무엇보다 강한 자기력이 깃들어 있고, 그 헤아릴 수 없는 자기력은 바로 당신 생각을 통해서 방사된다"고 가르친다. 즉 가장 많이 생각하고 정신을 집중하는 대상이 당신의 삶에 나타날 것이라는 확신을 심어준다. 코엘료의 연금술이 강조한 '마음'이 '생각'으로 대체되었을 뿐, 소원과 의지를 강조한다는 점에서는 차이가 없다.

훈계와 실용성

자기계발서에 대한 이런 관찰들은 우리에게 얼른 두 가지 생각 거리를 제공한다. 하나는 '문자문화의 활용'에 관한 것이고, 다른 하나는 '자기계발적 교훈의 실용적 효과'에 관한 것이다.

고대로부터 지금까지 소통 매체로서 문자문화는 '훈(訓)'과 '계(戒)'의 내용을 담는 일에서 그 활용도를 극대화해왔다고 할 수 있다. 훈이든 계이든 글을 '새겨' 전달하고, 마음에 '새길' 것을 요구하기 때문이다. 옛날에는 '하지 말라!'는 계명들이 많았다. 석판에 문자로 새겨진 십계명은 그 전형적 예이다. 여러 문화권에서 전통적으로 있어왔던 부정적 계명들을, 현대의 자기계발서는 긍정적 훈시로 바꾼다. '하지 말라!'라는 계명 대신에 '하라!'라는 훈시를 한다. 긍정적으로 사고하고, 될 것처럼 믿고, 된 것처럼 미리 행동하라는 가르침을 내세우고 있기 때문이다.

그런데 자기계발의 교훈에 탐닉하면, 문자문화를 탁월하게 활용할 수 있는 가능성에서(쉽게 말해, 책을 읽으며 얻는 이점들에서) 멀어질 수 있다. 책읽기는, 어떤 이미지와 소리에 고착되지 않으므로, 책의 내용으로부터 전이된 이미지와 소리를 창조하게 하는 경우가 많다. 우리는 책을 읽으면서 글자를 보지만 머릿속에서는 모습, 색깔, 소리, 동작, 풍경 등을 연출해낸다. 곧 상상의 날개를 맘껏 편다.

그러나 자기계발서는 영혼과 우주를 논해도 상상력을 줄인다. 원칙적으로 훈계하고 '지시' 하기 때문이다. 요즘에는 예화같이 스토리텔링 기법을 쓰기도 하지만 그 내용은 본질적으로 지시적이다. 자기계발서에 탐닉하면 상상력이 줄어든다는 것은 과장이 아니다. 청소년을 위한 노골적 자기계발서가 부정적일 수 있는 이유가 여기 있다.

그러면 자기계발서의 가르침은 얼마나 실용적 효과가 있을까? 물론 그것으로부터 효과를 보는 사람도 있고 그렇지 않은 사람도 있다. 그렇지 않다고 해서 저자에게 항의할 수도 없다. '자기 마음먹기에 달렸다' 고 하기 때문에 효과가 없어도 그 책임은 저자에게 있는 것이 아니라 독자에게 있다(부의 획득과 개인적 성공이라는 차원에서 보면, 자기계발서의 독자보다 그 저자가 훨씬 유리한 고지에 있다는 우스갯소리는 씁쓸하다. 그렇지만 다분히 진실을 담고 있다).

어쨌든 자기계발서가 미래를 위해 꿈꾸고 마음먹기를 기본으로 강조한다는 점을 보면, 그 효과는 상당히 미지수다. 흔히 말하듯 미래는 불확실한 영역이며 마음먹어도 현실에 부딪치면 안 되기 때문이 아니라, 마음먹기가 마음대로 되지 않기 때문이다. 곧 마음이 불완전하고 불안정하기 때문이다.

이 점에서는 현대 과학의 최근 성과에 귀 기울일 필요도 있다. 뇌과학자이자 심리학자인 개리 마커스^{Gary Marcus}가 주장하듯이, 인간의 마음은 일종의 '클루지^{kluge}' 일 가능성이 높다. 즉 불완전한 요소들이 서툴게 짜맞추어진 것이라고 할 수 있다. 그러므로 예로부터 선인들이 직감했듯이 마음은 확고하기보다 변덕스럽다.

인간의 뇌는 생존을 위한 투쟁의 과정을 거친 진화의 관성 때문에 어떤 사태에 대해 '숙고 체계' 보다는 '반사 체계' 를 더 잘 가동한다. 그러므로 자기계발적 인지로 마음이 지속적으로 확고해지기 어렵다. 확고한 마음 다짐은 자기기만이 되기 쉽다. 그래서 또한 강압적 구호가 필요한지 모르지만 말이다.

물론 많은 자기계발 교훈은 코엘료의 말처럼 은유이지 직설법이 아니다. 그래도 사람들은 어려운 시절에, 이룰 수 있는 것과 이룰 수 없는 것 사이에서 일일이 따지기보다는 '하면 된다', '한다' 같은 강압적인 구호에 끌린다.

그러나 어려움을 돌파하려면, 마음먹기보다는 숙고하기가 더 중요하다. 마커스도 차분히 깊게 생각하는 사람이 되라고 주문한다. 문화적 관점에서 보면, '마음먹게 하는' 책보다 '생각하게 하는' 책이 위기 극복과 미래 성공에 훨씬 더 효과적이다.

'설득의 언어'를 찾아서

: 책 세상에 부유하는 '설득의 욕구'를 넘어서

문자문화의 대중적 욕구에 부응하는 자기계발서는 '개인'에 초점을 맞춘 것과 '관계'에 초점을 맞춘 것으로 구분할 수 있다. 전자에 해당되는 것은 대체로 각 개인이 미래를 향해 꿈을 품을 것을 강조하고 개인의 의지를 북돋으며 성공의 비밀을 드러내고 성취의 길을 가르친다. 그러므로 개인의 의지와 감성에 호소하는 경우가 많다. 따라서 종종 비합리적이며 신비주의적 성격을 띠기도 한다. 반면 후자에 속하는 책들은, 인간관계에 초점을 맞추기 때문에 좀 더 합리적인 가르침을 담고 있다. 그럴 수밖에 없는 것이, 관계는 '상호성'을 바탕으로 하며 '변증적'이기 때문이다. 변증 관계는 서로 검증과 수정의 효과가 있기 때문이다. 개인의 일방적 의지가 아니라 관계 속에서 이치에 합당한 것들을 찾아야 하기 때문이다.

인간은 수많은 관계를 맺고 산다. 관계의 그물망에서 자신의 뜻대로 살아가고 싶어하며 또한 그런 삶에 다른 사람들이 동참하기를 원한다. 남의 뜻을 기꺼이 따르기도 하며 또한 쉽게 따라가지 않도록 조심하기도 한다. 이런 관계의 전 영역에서 '설득의 욕구'는 자연스레 부상한다.

최근 몇 년 동안 우리나라에서뿐만 아니라 국제적으로도, 설득의 심리와 설득의 법칙을 설파하는 책들은 줄곧 독자의 높은 관심을 끌어왔다. 이들은 실험적이고 과학적인 연구 방법을 거쳐 설득 심리의 원칙들을 설명하기도 하고, 직접적 또는 간접적(미디어를 통한) 상호 관계에서 어떤 전략적 기술이 적용되는지 분석하기도 한다. 설득의 법칙과 기술이 적용되는 분야도 경제·경영의 마케팅, 정치의 정략적 술수 그리고 아주 사적인 남녀 관계에 이르기까지 그 폭이 매우 넓다.

그런데 이 설득의 개념이 학술적이며 실용적으로 어디서 유래하는지 제대로 짚어주는 서적들은 찾아보기 힘들다. 설득의 개념은 고대 철학자 아리스토텔레스의 '수사학'과 떼려야 뗄 수 없다. 설득은 수사법 또는 수사학 rhetoric을 정의하는 기본 요소이기 때문이다.

흥미로운 것은 많은 경우 우리말 사전에 있는 수사 또는 수사학의 정의에는 '설득'이라는 말이 들어 있지 않다는 사실이다. 예를 들어 수사란 "말이나 글을 다듬고 꾸며서 보다 아름답고 조리 있게 만드는 일. 또는 그 기술"이라고 정의하고, 수사학이란 "독자에게 감동을 줄 수 있게 글을 수사하는 방법과 이에 관련된 현상을 연구하는 학문"이라고 정의한다. 아니면 수사란 "말을 다듬어서 뜻을 똑똑하고, 아름답고, 힘있게 하는 일"이라고 정의하고, 수사학을 역사적 차원에서 "그리스·로마에서 정치연설이나 법정에서의 변론에 효과를 올리기 위한 화법話法의 연구에서 기원한 학문"이라고 정의한다. 그러나 보다시피 그 어떤 경우에도 '설득'의 개념과 연관 짓거나 그 의미를 품고 있지는 않다.

그러나 서양어 사전에서 수사 또는 수사학을 정의할 때 설득persuasion이라는 말이 들어가지 않는 경우는 찾아볼 수 없을 것이다. 아리스토텔레스는 〈수사학〉에서 수사를 "각각의 논제에서 설득 가능한 것을 찾아내는 능력"이라고 정의한다. 이때 '설득 가능성'은 설득의 방법뿐만 아니라 그것이 담을 내용 모두에 연관된다.

나는 다른 글에서 아리스토텔레스의 〈시학〉을 스토리텔링의 원리들을 설명했다는 점에서 '이야기 철학'을 시작한 책이라고 해석한 적이 있다. 이에 빗대어 말하면, 〈수사학〉은 '설득의 원리'들을 체계적으로 설명하기 시작한 책이라고 해석할 수 있다. 전체적으로 그리 길지 않은 〈수사학〉은 3권으로 이루어져 있는데, 그 첫째 권의 도입부만 보아도 수사와 설득의 핵심을 간파할 수 있다.

아리스토텔레스는 도입부에서부터 수사적 필요는 전문적 학술 분야와 관계없이 민중의 삶과 상식 그리고 여론 등에 개연되어 있음을 강조한다. 다시 말해 사람들이 흔히 오해하듯이 수사학이 정치인들의 언변이나 웅변에 주로 활용된 것이 아니라는 뜻이다. 수사는 보통 사람들의 욕구이고 삶의 수단이다. 이런 의미에서 그의 수사학은 오늘날 대중문화를 이해하는 데에도 중요한 실마리를 제공한다.

논리적 설득, 윤리적 설득자

설득의 차원에서 우리가 귀담아들어야 할 아리스토텔레스의 말은 많지만, 그가 처음부터 강조하는 '토론과 논설에서 화자의 성격'에 관한 것은 오늘날 모든 설득 이론과 실천의 바탕이 된다. 그는 공적 공간에서 논설의 수사를 세 가지 관점에서 관찰한다. 화자話者의 성격, 심리적 상태를 포함하는 청중의 상황, 논설 자체가 그것이다. 아리스토텔레스는 청중은 다양한 감정 상태에 있다는 것을 강조하며, 논설은 사실을 증명하거나 증명할 가능성 있는 내용을 담고 있어야 한다는 것을 지적한다.

철학사적으로 보면, 소피스트 수사학이 인간의 정서를 유발하는 쪽에 초점을 둔 것과 달리 아리스토텔레스는 수사의 논리성을 중시하여 수사법을 활용하는 과정에서 지적인 반응을 부각시키고자 한다. 그는 소피스트들이 종종 청중의 감정이나 정념을 불러일으키는 수사의 기술을 남용하여 사실을 왜곡하는 경향을 반박하며 수사학을 논리적이고 철학적인 방법 위에 정초시키고자 했다. 그가 설득의 방식으로 논리적 부분인 '로고스'를 중요하게 생각한 까닭이 바로 여기에 있다.

아리스토텔레스가 궁극적으로 강조하고자 한 것은 말의 기술이 아니라 설득의 방법들을 발견하는 이성적이고 논리적인 능력이다. 아리스토텔레스는 설득이란 바로 '논거'로부터 비롯된다는 점을 강조했던 것이다. 또한 수사학이 변증론과 짝을 이룸을 강조하는데, 이는 수사의 핵심인 설득이 사실에 근거한 '논리'를 상호 제시함을 바탕으로 한다는 것을 의미한다.

그런데 이 고대 철학자의 진짜 의미 있는 가르침은 화자 즉 수사를 활용하는 사람에 관한 것이다. 우리가 수사를 사용해서 소통하는 것은 반박이 불가능한 진리를 말하기 때문이 아니라, 변증적으로 반박 가능한 의견을 내놓기 때문이다(그 반대라면 설득을 목적으로 하는 수사를 사용할 필요가 없다). 이때 가장 기본이 되는 것은 화자의 정직성이다. 청중은 정직한 사람의 말을 믿는다는 것이다. 즉 그에게 설득 당한다는 것이다. 그렇다면 정직성은 어디에서 드러나는가? 아리스토텔레스는 그것이 논설 그 자체에서 드러난다고 한다.

이 말은 추상적인 것 같지만, 사실 매우 구체적이다. 이 말은 우리가 어떤 사람의 논설을 읽거나 들을 때, 화자에 대한 선입견을 가져서는 안 된다는 것을 의미하기 때문이다. 다시 말해, 그가 어디 출신이고 학력이 어떻고 성별이 어떻고 정치적 성향이 어떻고 하는 화자에 대한 사전 정보들은 오히려 화자의 정직성을 알아차리지 못하게 한다는 것이다.

이는 우리에게 화자의 특별한 '익명성'에 대한 깊은 생각의 화두를 던진다. 우리는 화자가 '누군지 모를 때', 그를 '지시하는 이름'만으로 족할 때, 논설의 논리 구조에 내재하는 정직성을 더 잘 간파할 수 있을 것이기 때문이다. 다시 말해 화자가 그 자신의 이해관계 때문에 부정직할 수도 있지만, 우리가 화자의 정보와 연관된 우리 자신의 이해관계 때문에 화자의 정직성을 제대로 보지 못할 수도 있기 때문이다.

아리스토텔레스에 따르면 정직성은 논설의 논리 구조 자체에 담겨 있으며, 논설이 정직을 바탕으로 할 때 정직성은 드러날 수밖에 없고(이 동어반복 같은 주장이 중요하다), 따라서 '자연적으로' 설득력을 갖게 된다. 여기서 로고스와 에토스는 결합한다. 에토스가 결여된 논리는 허점이 있을 수밖에 없다.

일반적으로 서구 수사학의 중요 분야를 들라고 하면, 직유simile, 은유metaphor, 환유metonymy, 의인법personification, 과장법hyperbole, 대조법antithesis, 반복법repetition, 도치법inversion, 반어법irony 등 수많은 방법을 들 것이다. 이렇게 수많은 방법들이 수사학을 구성함에도 불구하고 아리스토텔레스가 특별히 강조한 것은 수사의 내용과 그 내용이 어떤 성격을 지니고 있는지에 관한 것이다. 곧 수사의 내용이 화자의 정직성을 그대로 반영하고 있어야 한다는 것이다. 아리스토텔레스가 이렇듯 수사학의 윤리성을 강조하는 까닭은 그만큼 수사학의 비윤리성이 문제되어왔기 때문이기도 하다. 이것은 오늘날 우리의 문제이기도 하다. 그는 분명히 "비도덕적인 것을 설득해서는 안 된다"라고 말한다.

이런 의미에서 아리스토텔레스는 "수사학은 변증론과 윤리학의 갈래임이 드러난다"고 한다. 이는 설득의 언어가 '지식의 언어'이자 '진실의 언어'임을 뜻한다. "말 한마디로 천냥 빚을 갚는다"는 속담이 있다. 그러려면 그 말이 '지식의 언어'이자 '진실의 언어'이어야 한다. 깊고 넓은 지식을 바탕으로 한 논리적인 설득과 정직성을 보장하는 윤리적인 설득자는 우리 시대의 과제이다.

04

고전의 대중화와 인문 권위주의

: 위기의 시대 '고전 읽기'라는 문화트렌드에 대하여

　최근 경제 위기를 맞아 고전 읽기와 인문 강좌 같은 문화 행사가 많아진 것 같다. 이른바 '인문 경영'에 대한 욕구도 늘어난 것 같다. 나도 최고경영자를 위한 고전 특강을 했다. 그런데 강의 제목은 '고전으로부터의 자유'였다. "고전에 관한 좋은 말씀"을 기대하며 초대한 사람에게는 의외였겠지만, 강의 부탁을 받았을 때부터 뭔가 느낀 바가 있었기 때문에 그렇게 정했다.

　그 느낌이란 이런 것이다. 우선 경제 위기의 시대에 경영인과 금융인에 대한 인문학자들의 '훈계'가 늘었다는 것이다. 마치 '때를 만난 듯' 인문 정신의 이름으로 위기의 직·간접적 책임자들을 '야단치는' 듯한 경향까지 있다. 이는 고전을 대하는 태도에도 그대로 반영되는데, '교훈적 고전 읽기'에 중점을 두는 경향이 그것이다. 곧 고전이 우리가 '가야할 길'을 제시해주리라고 '심하게' 기대하고 있다. 그러다 보니 이른바 고전의 '맞춤식 해석'도 나온다. 마치 고대의 현자가 이삼천 년 앞의 미래를 내다보고 미리 오늘의 정치와 경영에 맞게 '처방'을 해놓은 것처럼 그 가르침을 전하고자 하는 경우도 있다.

고전의 한계

폭넓은 대중이 고전에 관심을 갖는 것은 좋은 일이지만, 고전이 줄 수 있는 것에 대해 지나친 기대나 믿음을 갖는 것은 바람직하지 않다. 고전을 중요시하고 가치 있게 여기는 데에는 전통적으로 쌓여온 몇 가지 이유가 있으며, 그 이유들의 한계를 볼 수 있을 때 우리는 고전으로부터 더 많은 삶의 영양분을 얻을 수 있다.

첫째, 고전을 '지혜의 보고'로 삼는 경향은 오래된 것이다. 지혜의 보고이기 때문에 곧바로 윤리적 근거를 제공해주는 것으로 여기게 된다. 그래서 고전의 내용으로 현재의 잘못을 훈계하려는 경향이 생기는 것이다. 이것은 또한 문맹이 많았던 시대의 역사 속에서 축적해온 문자문화의 권위주의와 쉽게 결합한다. 그렇기 때문에 고전의 지혜로 훈계하는 사람은 종종 자신도 모르게(어쩌면 너무 자연스레) 문자 권위주의에 기대게 된다.

고전의 지혜와 전통 덕목으로 현대인을 비판하거나 훈계하거나 계몽하기는 어렵지 않다. 다만 그 성과가 별로 없다는 것이 문제이다. 그 이유는 과거의 것이 현재에 잘 맞지 않기 때문이 아니라—사람들은 이 점을 놓치고 있다—그것이 확고한 주장의 근거가 되어주기 때문이다. 기존의 것은 미지의 것에 비해 항상 확고한 근거다. 고전은 기존의 것 가운데서도 그 높은 가치를 인정받고 있는 것이다.

어떤 주장을 위해 확고한 근거로 되돌아가 버릇하면, 변화의 현실을 잘 보지 못하며 따라서 생각의 변화를 시도하기 어려워진다. 물론 과거의 것은 현재뿐만 아니라 미래를 위해서도 항상 필요하다. 그러나 결코 충분치 않다. 과거의 지혜를 재해석해서 현재에 알맞게 적용하는 것은 변화하는 삶에 대처하기에 불충분하다.

한편 고전을 지식과 정보의 창고로 볼 수도 있다. 그 안에 물론 삶의 지혜도 있다. 하지만 창고 정리를 하다 보면, 쓸모없는 것들도 있다. 고전 텍스트 안에는 별 의미 없는 말들도 있다. 이렇게 걸러서 볼 때, 우리는 오히려 고전에서 '의미의 새로움'을 발견할 수 있으며 새로운 지식 창출의 실마리를 찾을 수 있고 창조적 사유의 화두를 얻을 수 있다.

둘째, 옛것이지만 고전을 현재와 미래를 비추어 보는 거울로 삼는 데에는 '하늘 아래 새로운 것 없다'라는 명제가 깔려 있다. 나아가 '세상은 늘 똑같이 되풀이되며, 달라진 것도 달라질 것도 없다'는 인식적 근본주의도 엿볼 수 있다.

이런 입장은 인간의 본성을 '상수'로 보는 것이다. 이 입장에는, 인간 본성은 '주어진 것'으로서 변하지 않으며 생물학적 관점에서 인간이 진화해 왔다고 해도 '진화의 종점'에 있다는 인식이 자기도 모르게 깔려 있다. 그러나 인간 본성은 상수가 아니라 변수다. 오늘날 과학자들은 이에 대한 구체적이고 설득력 있는 자료들을 제시하고 있다.

생물학적 진화론에 동의하지 않더라도, 인간은 별로 변하지 않은 부분들이 있는 만큼 많은 변화 또한 거쳐 왔다. 변하지 않았을 것 같은 사람의 감정 발현과 행동 양식에도 변화가 있어 왔다. 생물학적 진화와 문명적 진화가 혼합해서 일어난다는 공진화共進化의 차원에서도 많은 변화가 진행되고 있으며 미래에는 급속도로 진행될 것이라는 전망도 있다.

이런 과학적 입장에 동의하지 않을 수도 있다. 그래도 하늘 아래 새로운 것 없다고 할 수 있다. 그러나 한번 주어진 인간 본성이 불변임을 믿는다고 해도, 본성에 대한 인식은 변화해왔다. 전통적 인문 고전이 가르쳐주는 것과 달리 본성을 이해하는 인식적 도구 또한 다양해졌다. 사람들이 흔히 지나치는 것이지만 무엇보다도 인간관계와 일상생활에서의 변화야말로 문자 권위주의에서 헤어나지 못하는 학자들이 깊이 성찰해야 할 것이다.

셋째, 문화연구적 관점에서 보면 고전의 중요성을 유난히 강조하는 입장에는 특별한 심리 기제가 있다. 현대 문화의 변화 속도에 대한 피곤감과 불안감이 있을 때, '고전에로의 귀의' 는 일종의 안도감을 준다. 그래서 전문 학자들뿐만 아니라 보통 사람들도 곧잘 고전으로 돌아가고 잠언으로 돌아가며 덜 문명화된 공동체의 지혜로 돌아간다. 때론 최근에 출간된 중요한 책들을 읽어야 하는데도 고전 삼매경에서 위안을 얻으며 오늘의 지식을 무시하기도 한다.

그럼으로써 얻는 '고전의 위안' 은 이중적이다. 고전이 변화를 이해하는 데 중요한 참고 자료가 되기도 하지만, 변화를 제대로 보지 못하게 하는 걸림돌이 될 수도 있다.

넷째, 인문적 지식인들은 고전의 가치를 때론 지나치게 강조하는 경향이 있다. 이들에게 문헌을 다루는 작업은 일상의 일이다. 자기의 주된 작업과 연관된 것을 강조함은 어쩌면 자연스런 것일지 모른다. 그러나 그것이 과하면 자기도 모르게 '인문 권위주의' 를 내세우게 된다. 좀 더 나가면 '인문 전체주의' 가 될 위험도 있다. 곧 고전에 담긴 인문 정신을 되살리면 모든 문제가 해결될 듯 주장하게 될 수도 있다. 그러므로 인문학자들이 고전의 가치를 강조하는 말들은 새겨들을 뿐만 아니라 또한 '걸러서 들어

—철학 광장

야' 한다.

지식 창출적 고전 읽기

앞서 말한 '고전으로부터의 자유'란 여러 가지 의미를 함축하고 있지만, 무엇보다도 고전을 경전經典처럼 떠받드는 게 아니라 고전과 함께 부담 없이 지적 놀이를 함으로써 즐기는 자유를 뜻한다. 고전은 경전이 아니다. 고전은 떠받들기 위해 있는 게 아니라, 잘 쓰기 위해 있는 것이다. 인문 권위주의로 고전의 가치를 강조하는 것은 전문 경영인 같은 어른들에게뿐만 아니라 자라는 청소년들에게도 문화적 억압이다.

나는 고전을 교훈적이기보다는 지식적 차원에서 읽기를 권한다. '지식 창출적 고전 읽기'라고 표현해도 좋다. 그러다 보면, 오히려 자연스레 삶의 지혜도 터득할 수 있다. 고전은 엄한 부친이 아니라 친구 같은 아버지다. 함께 지적 놀이를 하는 친구처럼 고전을 대할 때 우리는 지혜로운 삶의 길 또한 엿볼 수 있다.

그리고 세상이 변하는데, 생각이 변하지 않을 수 없다. 우리는 고전을 읽으면서 생각을 개발할 수 있다. 그러기 위해서는 다양한 시각들로 고전 읽기에도 변화를 줄 필요가 있다. 그러므로 기존의 고전 해석에서뿐만 아니라 고전에 대한 가치 판단에서도 자유로워야 한다. 고전을 너무 떠받들면 해석의 폭은 좁아진다. 윤리의 무게가 인식에 영향을 미치기 때문이다. 또한 깊이 들어가지도 않게 될 수 있다. '고전의 말씀'을 전하기에 바빠질 수 있기 때문이다. 이 또한 고전으로부터의 자유가 의미하는 바이다. 새롭고 다양한 시각은 개념을 변화시키고, 개념의 변화는 실천을 위한 사고와 판단의 변화를 가져온다.

　　고전으로부터의 자유라는 말은 고전을 읽고 가르침을 얻고자 하는 사람에게 역설적이다. 하지만 이 역설을 실천할 수 있을 때, 우리는 고전과 정말 친해질 수 있다. 고전과의 이런 친교 속에서 우리의 사유는 원숙해짐과 동시에 참신해질 수 있다.

05

문자의 미로에서 범인 찾기

: 문자문화와 추리 효과

"움베르토에게 말한 게 기억나요. 당신의 소설은 세부 묘사가 뛰어나지만, 작가라서 '수도사의 승복이 의자에서 바닥으로 떨어졌다' 라고 쓰고 말죠. 하지만 나는 더 세부적인 것에 집착해서 '어떤 승복이, 어떤 재료로 만든 승복이, 어떤 모양의 의자에서⋯' 라고 묻죠. 에코는 알 필요가 없지만, 전 알아야 해요. '보여줄' 것이니까."

1980년 움베르토 에코의 〈장미의 이름〉이 출간되고 세계적인 베스트셀러가 되자 4년 동안의 작업을 거쳐 1986년 영화로 제작되었다. 당시 감독을 맡았던 장자크 아노Jean-Jacques Annaud의 말이다.

영화 제작팀은 소설에 나오는 수도원 전체를 실물 크기 촬영 세트로 제작했으며, 수도원 성당 입구의 작은 부조에서부터 일상생활의 소품에 이르기까지, 14세기 초 중세 유럽의 모습을 그대로 재현하려고 했다. 중세 수도사를 개성 있게 재현하는 등장인물의 묘사에도 물론 신경을 많이 썼다. 아노 감독은 표현력 있는 배우들, 완벽한 분장과 세트, 그리고 손으로 짠 의상들이 일관성 있게 중세의 모습을 그려주기를 원했던 것 같다.

그런데 아노 감독의 영화는 그리 호평을 받지 못했다. 아노는 "감히 영화가 책 자체라고 말하고 싶지 않다"라고 했다. "책에서 영감을 받았고 같은 이야기를 다루지만 내가 느끼고 생각한 것을 보여주고자" 한 것이라고 했다. 에코는 인터뷰에서 어떤 기자의 표현대로 "누구보다도 느긋하게" 아노 감독을 이해하고 옹호했다. "영화는 내 자식이 아닙니다. 그것은 장자크 아노가 잉태해서 탄생시킨 자식입니다." 그러고는 자신이 항상 주장해왔던 번역과 해석의 문제에 대해 언급했다. "모든 번역은 해석이며, 영화도 마찬가지입니다. 그러니 독립적으로 만들어져야 합니다. 또 다른 작품이라는 것이죠." 영화는 소설을 영화 언어로 번역한 것이며, 그 과정에 번역자인 감독의 해석이 들어갔다는 것을 전제하고 하는 말이었다.

그럼에도 소설과 영화의 관계는 당시 이탈리아를 비롯한 유럽 문화계에서 뜨거운 논쟁의 대상이었다. 아마도 이것은, 그로부터 20여 년 후 유사한 분야에서 베스트셀러의 지위를 누리고 있는 댄 브라운Dan Brown의 소설 〈다빈치 코드〉와 론 하워드Ronald W. Howard 감독의 영화 사이에서도 있을 수 있는 논란거리일 것이다.

잠깐, 그렇다고 여기서 단순히 '소설의 영화화'에서 일어날 수 있는 문제를 논하는 것은 아니다. 원작 소설보다 더 큰 성공을 거둔 영화도 많지만, 수백 쪽에 달하는 장편소설을 두세 시간짜리 영화로 만드는 일은 쉽지 않고 항상 많은 문제를 야기한다.

여기서 나는 통상 있어왔던 논쟁에서 지나쳐버린 점을 지적하고자 한다. 진짜 흥미로운 것은 이러한 '예술적 괴리'가 추리소설과 영화 사이에서 심하다는 사실이다. 특히 '추리'라는 관점에서 보면, 영화는 소설의 '흥미진진함'을 살리기 어렵다. 영화라는 '감각종합형 예술'이 오히려 시각적으로 편협할 뿐 아니라 청각적 요소도 없는, 즉 감각적 차원에서 더 제한적인 문자문화의 특성을 살려내지 못하기 때문이다(그러므로 영화인들은 넓은 의미의 영상문화이자 감각종합형 문화인 영화를 깊이 이해하기 위해 좁은 의미의 영상문화인 문자문화의 특성에 대해 더 많이 연구해야 한다. 마치 문자문화의 깊은 이해를 위해 그 이전의 구술문화를 탐구하듯이).

영화는 '실감나는' 작품이기 위해서, 장자크 아노가 시도했듯이 너무 많은 것을 '보여줄' 가능성이 높다. 이는 추리소설을 영화화할 때 큰 약점이 된다. 이것은 하워드 감독의 경우에도 마찬가지다. 그는 한 인터뷰에서 "〈다빈치 코드〉라는 영화를 꼭 있을 법한 일처럼 실감나게 그리는 게 중요했습니다. 현재 일어날 수 있는 일처럼 말이죠"라고 했다. 그 역시 현실감을 위해서 너무나 많은 것을 보여주려 했다.

그러나 문자로 잘 '쓰여진' 작품은 그 자체로 보여주기와 감추기가 절묘한 균형으로 공존하는 기호 체계이다. 이 점이 중요하다. 문자의 감추는 기능을 상기해야 한다. 더 나아가 문자텍스트에서 글이라는 기호는 그 자체로 암호일 경우가 많다. 뭔가 드러내며 다른 것을 가리거나, 가려진 것이 깊은 의미를 담고 있기 때문이다. 그래서 텍스트를 '읽어내야' 한다.

이제 우리는 조금 위험부담을 지면서 일반화를 시도해볼 수 있다. 암호와 해독, 그것은 비밀스런 텍스트의 특징이 아니라, 문자문화가 발전해오면서 문자 그 자체가 자신의 기본 유전자처럼 보존해온 것이라고 할 수 있지 않을까.

암호와 해독

　이제 우리는 '읽기'와 '쓰기'가 문자문화를 구성하는 기본 유전자라는 당연한 사실을 다시금 상기할 필요가 있다. 문자는 쓰기와 읽기 사이에 존재한다. 곧 쓰여진 것과 읽는 행위 사이에 존재한다. 즉각적으로 보여지는 게 아니다. 말소리처럼 즉각적으로 들리는 것도 아니다. 어찌 보면 이런 비유를 할 수 있을지 모르겠다. 쓴 사람은 문자 뒤에 있고, 읽는 사람은 문자 앞에 있다. 이런 의미에서 문자는 항상 '사이 존재'이다. 사이와 틈새에 존재하는 것은 항상 은폐의 암호를 지니고 있다. 잡힐 듯 말 듯 숨어 있는 것이다. 그러므로 항상 해독의 문제를 동반한다. 곧 '풀어내야' 한다. 한눈에 보는 것이 아니다. 문자문화에서 읽기는 추리적 사고의 발달과 밀접하다.

　이는 또한 '쓰기'가 어떻게 발전해왔고, 그것이 인간의 의식에 어떤 영향을 미쳤는지 하는 문제와도 밀접한 관계가 있다. 구술문화와 문자문화를 비교연구한 월터 옹은 "새로운 지식의 세계로서 결정적이고도 독창적인 비약이 인간 의식의 내부에서 이루어진 것은 단지 기호론적인 표시가 고안된 때가 아니라, 시각적인 표시의 코드체계가 발명되고 그것에 의해서 쓰는 사람이 정확한 말을 결정하여 텍스트를 마련하며, 읽는 사람은 그 텍스트에서 그 말을 인식하게 되었을 때이다"라고 말한다. 즉 문자를 사이에 두고 쓰기와 읽기의 행위를 하는 과정에서 인간 의식은 획기적인 전환을 맞이한 것이다.

그런데 여기서 중요한 것은 텍스트를 마련하는 일과 텍스트를 인식하는 일이다. 그러기 위해서는 엄청난 두뇌의 작용을 필요로 한다. 옹은 "쓰기는 어떠한 발명보다도 더욱 강하게 인간의 의식을 변형시켜 왔다"고 말한다. 인간이 태곳적부터 발명하고 사용해온 수많은 기호 가운데서도 '시각적인 표시의 코드체계' 인 문자가 이런 작용을 하게 된 것은 생산된 기호가 해독이 되어야만 의미가 있는, 의미적으로 은폐된 기호 즉 암호이기 때문이다.

암호와 해독은, 레오나르도 다빈치Leonardo da Vinci의 저 유명한 '역상필체(거울에 비추어 보거나, 필체를 뒤집어 반대편에서 조명해 보아야 읽을 수 있게 쓴 글)' 처럼 명시적인 암호이므로 바로 해독을 요구하는 텍스트에서부터, 우리가 일상에서 언제나 접할 수 있지만 의미의 차원에서 '암호 그 자체인' (과언이라고 여기지 않기를) 시詩에 이르기까지, 문자텍스트의 본질적 특성이다.

조밀하게 추론적인 이야기 구조를 지닌 추리소설은 명시적 암호 체계와 의미적 암호를 능수능란하게 활용해서 작품을 이루어가는 분야이다. 그러므로 추리 작품은 사건이 남겨놓은 암호를 해독하면서 범인을 찾아가기도 하지만, 문자의 기호 체계 그 자체의 미로에서 범인 찾기를 유도하는 것이기도 하다.

댄 브라운은 애너그램 같이 명시적인 암호 풀기로 소설의 시작부터 독자를 몰고 간다. 그것이 이야기의 중심에 있고 다른 상황들이 그것을 나선형처럼 휘감는다(이것을 영화는 효과적으로 표현해내지 못한다). 에코는 사건을 추적하는 이야기 속에 인간 존재의 근원적인 암호가 있음을 암시한다. 철학자 야스퍼스Karl T. Jaspers는 고대 비극 작품을 해석하면서 비극은 단순히 슬프고 절망적인 사건이 아니라 삶을 근원적으로 파악하게 하는 암호라고 했다. 추리소설도 그 못잖은 근원적 암호 체계이다. 문자의 미로를 적극 활용한다는 점에서는 추리소설이 삶의 더 깊은 곳으로 독자를 데려갈 수도 있다.

　우리나라는 추리소설의 전통이 빈약하다고 한다. 젊은이들에게 연애소설 쓰기 좋은 나이라고도 한다. 하지만 나는 청소년 때부터 시도해볼 수 있는 것이 추리소설이라고 생각한다. 세상의 암호와 그 해독의 고민이 많을 때이기 때문이다. 그 고민을 문자 놀이로 풀어내면 뛰어난 추리 작품 한편 써낼 수 있지 않을까.

06

해리 포터와
대안 학교의 신화

: 조앤 롤링의 해리 포터 시리즈를 다시 생각한다

"아이들이 드디어 책을 읽기 시작했다!" 조앤 롤링Joanne K. Rowling의 해리 포터 시리즈 각 권이 출간될 때마다 서점 앞에 줄을 서서 책을 구입하는 '사건'을 묘사했던 기사의 일부이다. '해리 포터'는 지난 십여 년 동안 대중문화의 중요 현상이었다. 디지털 영상문화 시대에 책으로의 귀환을 선언하게 했으며, 책의 내용이 다시 영화와 게임 및 캐릭터 산업에까지 확산되면서 '단일원천 다중활용OSMU'의 전형이 되기도 했기 때문이다. 그것은 상상력의 보고寶庫로서 문자의 세계를 재발견하게 했던 사건이었다. 조앤 롤링의 마법이 이 세상에 통했던 것이다. 책 속의 탁월한 마법사는 해리이지만 '역사적 사건'의 진짜 마법사는 문자로 상상력의 마술을 부린 조앤이었던 것이다.

마법 학교의 의미

  해리 포터 시리즈의 전 7권이 모두 간행된 지도 '한참 지난 듯한' 기분을 느끼는 지금 이 별난 문화 현상이 우리에게 남긴 생각 거리를 다시금 수확하는 것은 의미 있는 일이다. 흥미진진한 환상과 마법으로 가득한 해리 포터 이야기는 사실 우리 일상의 주제와 밀접하게 연관되어 있다. 그것이 무엇보다도 '학교' 이야기이기 때문이다.

  해리와 친구들은 매년 호그와트 마법 학교에서 수학한다. 마법 학교는 우리 일상의 보통 학교와 비슷한 점도 많다. 그곳에는 권위 있으면서도 인정 많은 할아버지 같은 교장 선생님이 있고, 꽤 까다로우면서도 정 깊은 교감 선생님이 있다. 해리가 처음 호그와트에 입학했을 때 "시험이라고!" 하면서 놀랐던 것처럼 평가 제도가 있으며, 학생들이 속한 각 기숙사 사이에 경쟁도 있다. 학우 사이에 우정도 있고 갈등도 있다.

  그러나 마법 학교의 교육은 우리 교육 현실과 본질적으로 다르다. 그곳에는 주입식 학습이란 존재하지 않는다. 기본적으로 교육은 체험 학습이고 창조적 수업이며 개별 능력 개발을 위한 자율적 연마로 되어 있다. 그러므로 마법 학교를 다녀올 때마다 아이들은 구태의 허물을 하나씩 벗으며 성장한다.

  해리는 자신이 마법사의 후손이라는 사실도 모른 채 무능한 '머글'들에게 온갖 멸시와 학대를 받으며 살다가 호그와트에서 자신의 능력을 서서히 발견하게 된다. 이는 오늘날 교육이 어떻게 아이들의 다양한 잠재 능력을 발견해서 키워줄 것인가 하는 과제를 다시금 상기시킨다. 그러기 위해서는 우선 선생님들이 아이들 세계의 '탐험가'이어야 한다. 그래야 '발견'하기 때문이다. 가르치는 능력이란 곧 찾아내는 능력이다.

해리 포터 이야기의 기본 소재인 마법을 상식적인 차원을 넘어서 좀 더 깊이 볼 필요도 있다. 그러면 마법 이야기가 전하는 메시지의 차원이 달라진다. 흔히 마법을 판타지와 연결하지만, 마법의 본질은 '영특한 힘'이다(이는 마법사라는 뜻의 영어 'wizard'가 지혜롭다는 뜻의 'wise'와 어원적으로 유사한 것을 보아도 알 수 있다). 즉 환상과 달리 마법은 매우 구체적인 특성을 지닌다. 뛰어난 마법은 '무엇인가를 지혜롭게 해내는 능력'이라고 할 수 있다. 그래서 마법은 고대로부터 '아는 것이 힘이다'라는 근대적 명제를 자기 나름의 방식으로 이미 내포하고 있었다.

그러므로 또한 마법은 성과와 연관되어 있다. 당연히 실패하고도 연관된다. 해리와 친구들이 호그와트에서 마법 수련과 그 적용의 경험을 통해 성취와 실패에 대해 절실히 배우게 된다는 것은 의미심장한 은유를 담고 있다. '마법사들의 비밀서'를 풀어쓴 까트린 끄노Katherine Quenot는 마술이란 "의지의 단련과 천체 감응력에 대한 인식의 결과"라고 한다. 일리 있는 말이다. 그러므로 마법은 관습적인 사고와 일상에 매몰된 삶 저 너머를 발견하려는 욕구의 표현이다. 마법의 주문은 영어가 아니다. 물론 한국어도 아니고 그 어느 특정 나라 언어도 아니다. 그 어원이 무엇이든, 그것은 이 모든 것에 관계하며 그 어느 것에 속하는 것도 아니다. 아브라 카다브라…… 수리 수리 마수리…… 주문은 관습적 의미 저 너머를 지향한다. 그래서 창발적이다. 그리고 또한—마법의 효과를 믿는다면—창조적이다.

이런 의미에서 마법은 또한 '이야기'를 만들어내는 능력이기도 하다. 다시 말해 젊은이들에게 마법의 은유는 '세계'를 그려낼 줄 아는 능력을 의미한다. 그 세계는 물론 '자신의 세계'뿐만 아니라 그 너머의 '세계들'을 가리킨다. 이는 합당한 노력으로 그 세계를 현실화할 수 있는 가능성 또한 내포한다. 마법 이야기가 성장 소설이라는 것은 이제 너무나 당연해 보인다. 해리와 친구들은 뭔가 특별히 다른 학교에서 온갖 어려움을 신나게 극복하며 튼실하게 성장할 수 있는 기회를 가졌던 것이다.

대안을 실천하는 방법

해리 포터 이야기는 '대안 학교의 신화'이다. 그곳에는 물론 획일적인 내신 성적도 없고, 상급학교에 진학하기 위한 몰입식 수업도 없으며, 부모의 재산을 소진하게 하는 사교육도 없고, 학생의 개성과 교육 기관의 특성을 무시하는 일제 고사도 없다.

신화를 읽는 것은 재미있다. 그러나 신화를 실천하면 진짜 의미 있는 일이 된다. 오늘날 교육 현실은 우리에게 대안 학교의 신화를 읽는 데 그칠게 아니라, 대안 학교의 신화를 실현하라고 촉구한다. 물론 결코 쉽지 않은 일이다. 고정관념을 깨고 대안을 실천하는 일은 엄청 어렵다. 그러기 위해서는 무엇보다도 철학적이어야 하기 때문이다.

철학은 상식의 권력이 무시하는 대안들을 보존하고 선택하며 실천하는 일이다. 그래서 사람들은 엉뚱하고 힘만 드는 실속 없는 일이라고도 한다. 그러므로 철학은 어렵다. 철학적 사유도 어렵고, 그것을 실천하는 일도 어렵다. 쉬운 철학은 없다. 흥미롭고 재미있으며 의미 있고 보람 있는 철학이 있을 뿐이다. 그리고 무엇보다도 용기 있게 실천하는 철학이 있다.

꽤 많은 시간이 지났지만 어쩌면 이제 해리 포터 시리즈의 제1권을 다시 읽어보는 것도 철학의 이런 의미를 상기하는 방법이 될 것 같다. 작가 조앤 롤링은 분명히 '철학의 의미'에 대해 의식하고 있었기 때문이다. 롤링은 첫 장에서부터 '경이로움은 일상에 숨어 있다'는 메시지와 '철학은 경이로움에서 시작한다'는 은유를 마치 보이지 않는 양탄자처럼 이야기의 바닥에 깔아나간다. 그러다가 마지막 장에서 마법의 돌을 찾는 일을 '지식을 추구하되 소유하지는 않는다' 는 애지愛智의 태도에 턱 걸쳐 놓는다. 주의 깊은 독자라면 이야기 내내 작가의 철학적 의도를 발견할 수 있다. 런던에 있는 소규모 출판사인 블룸스버리Bloomsbury에서 1997년에 나온 제1권의 영국판 원제는 〈해리 포터와 철학자의 돌 *Harry Potter and Philosopher's Stone*〉이었다. 이것이 미국에서 출판되면서 '마법사의 돌 *Sorcerer's Stone*' 로 바뀐 것이다. 롤링은 2001년 영국 비비시BBC 방송과의 인터뷰에서 제목을 바꾸도록 타협한 것에 대해 후회한다고 밝혔다. 당시 그가 작가로서 좀 더 나은 위치에 있었다면 미국 출판사의 제안을 받아들이지 않으려고 싸웠을 것이라고 덧붙였다. 책의 마지막 부분에서 해리의 스승 덤블도어 교수의 가르침은 제목이 왜 '철학자의 돌' 이어야 하는지를 보여준다.

해리의 이야기 속에는 철학적 의식이 스며 있을 뿐 아니라, 다행히도 그 어려운 것을 '어떻게 실천할 것인가' 에 대한 은유 또한 담겨 있다. '$9\frac{3}{4}$ 승강장' 의 비밀이 그것이다.

그런데 그런 번호의 승강장은 없다. 9번과 10번 승강장이 있을 뿐이다. 해리가 처음 호그와트로 가던 날, 론의 엄마는 그 비밀을 가르쳐 준다. "9번과 10번 승강장 사이에 있는 개찰구로 곧장 걸어가기만 하면 된단다. 부딪힐까봐 멈추거나 겁먹지 않는 것. 그게 아주 중요하지."

해리는 그곳을 뚫어지게 쳐다보았다. 사람들이 그를 9번과 10번 쪽으로 밀쳤다. 하지만 해리는 목표를 향해 곧장 걸었다. 저 단단한 벽과 정면으로 부딪히면 큰일 날 것 같았지만 손수레 쪽으로 몸을 숙이고 힘껏 달렸다. 해리는 부딪칠 각오를 하고 눈을 감았다…… 충돌은 없었다…… 계속 달렸다…… 눈을 떴다. 그 앞에 진홍색 증기기관차 한 대가 기다리고 있었다. 기차 머리에는 '호그와트 행 열차' 라고 쓰여 있었다.

07

벤자민의 시간은 책갈피에 멈춰 있다

: 시간예술도 공간예술도 아닌 '인문예술의 재미'에 대하여

무심코 던진 엉뚱한 물음이 생각의 꼬리를 물게 한다. 지인들 끼리 모여 한담을 하고 있었다. 한 친구가 데이비드 핀처David Fincher 감독의 영화 〈벤자민 버튼의 시간은 거꾸로 간다〉를 관람한 이야기를 꺼냈다. 그런데 그가 가져온 영화 팸플릿에는 영어 제목이 'The Curious Case of Benjamin Button'으로 되어 있었다. 평소 무식이 탄로날 일에는 별로 개의치 않는 나는 무심코 이렇게 물었다. "영화의 우리말 제목은 원작 소설의 제목을 가져온 모양이지? 그러면 '벤자민 버튼의 시간은 거꾸로 간다'를 영어로 뭐라고 하지?"

무식이 계기가 되어

물론 그때까지 나는 영화도 보지 않았고, 원작인 스콧 피츠제럴드[F. Scott Fitzgerald]의 단편소설도 읽지 않았다(이 찬란한 무식함이여!). 그러니까 이런 '기이한' 상상을 한 것이다. 미국의 영화제작자는 영화에 맞게 원제를 바꾸었고, 우리나라 영화수입자는 오히려 소설 원제를 번역해서 영화 제목으로 썼다고……. 사실을 아는 독자는 지금 벌써 배꼽을 잡고 킬킬거리고 있을 게다.

어쨌거나 내 기이한 질문에 그 날 모임에 있었던 사람들은 각자 한 마디씩 하기 시작했다. "아 맞아! 소설 제목이 〈벤자민 버튼의 시간은 거꾸로 간다〉였던 것 같아. 그런데 영어로는 뭐였더라?" 그러고는 몇몇 참석자들은 영작문을 하기 시작했다. 그날 모임에서 어떤 영어 제목들이 나왔는지는 여기서 말하지 않겠다. 족히 대여섯 종으로 나눌 수 있었는데, 그 가운데는 웃지 못할 '콩글리쉬'도 있었고 영어권 사람들도 감동할 시적 표현도 있었다.

모임 뒤에 나는 곧 이 '미스터리'를 풀기 위한 정보 검색을 했다. 다들 알겠지만, 소설이든 영화든 제목은 '벤자민 버튼의 기묘한 경우'이다. 그러니까 미국의 영화 제작자는 소설 원제를 토씨 하나 안 바꾸고 영화에도 그대로 썼다. 그런데 우리나라에서 영화 제목을 '……거꾸로 간다'로 붙인 것이다. 영화가 출시된 시점에 몰려나온 소설 번역본들은 아마도 영화 제목을 따른 것 같다. 그러니까 우리말로는 소설 제목이 바뀐 것이다.

우리나라에선 작품의 주제와 내용이 겉으로 드러나는 제목을 선호하는 것 같다. 영어 원제가 작품의 구체적 내용이 뭔지 모르게 연막 작전을 쓰는 것과 다르다. 피츠제럴드의 소설은 제목만 보아서는 벤자민 버튼의 경우가 기묘하긴 한데, '왜' 기묘한지 알 수 없다. 여기서 움베르토 에코가 '제목의 연막술'을 뛰어나게 활용한 예로 알렉상드르 뒤마^{Alexandre Dumas}의 〈삼총사〉를 든 이유를 상기하게 된다(소설의 주인공은 제목의 삼총사와 밀접하면서도 그 3명에 들지 않는 제4의 인물이다).

피츠제럴드가 스티븐슨^{R. L. Stevenson}의 소설 제목(*The Strange Case of Dr Jekyll and Mr Hyde*) 패턴을 염두에 두었는지도 모른다. 영어에선 '큐리어스^{curious}'라는 말이 지니는 다의성 또한 흥미롭다. 피츠제럴드가 스티븐슨의 제목을 참고하면서도 'strange' 대신에 'curious'라는 형용사를 선호했는지도 모른다. 그랬다면 그것이 '이상한'이라는 뜻에 '사람의 마음을 끄는'이라는 뜻을 가미하기 때문일 것이다(이상한 것이 거부감만 줄 경우도 있으므로). 토머스 하디^{Thomas Hardy}는 전쟁을 묘사하면서 'quaint and curious war'라고 표현했는데, 두 형용사가 함께 미묘한 의미를 표현하기 때문이다. 전쟁이란 참으로 미묘한 것 아닌가. 어쨌든 소설 속 벤자민이란 인물은 단순히 이상하기보다 뭔가 미묘하게 끌어당기는 힘이 있다. 이 모든 것은 흥미롭고, 문화 탐구의 주제로 삼을 만하지만 이 정도로 그치기로 하자.

인문예술의 재미와 의미

나는 곧바로 소설을 사서 읽기 시작했다. 재미있었다. 그리고 다시 한번 소설 제목은 영어 원제가 제격이라는 생각이 들었다. 소설은 '기묘하게도' 시간이—앞으로 가는 것도 거꾸로 가는 것도 아닌—책갈피에 멈춰 있다는 느낌을 주기 때문이다. 움직이는 것, 생동하는 것은 사람들이기 때문이다.

벤자민 버튼은 시간을 어기면서 나이를 먹는다. 하지만 달리 보면 그를 둘러싼 다른 사람들은 벤자민의 시간을 어기면서 나이를 먹을 뿐이다. 그러니까 벤자민은 다른 사람들의 시간을 어기면서 나이를 먹는 것이다. 그들의 인생은 서로 어기면서 진행한다. 그들의 인생은 플러스와 마이너스 진행을 하며 서로 비기는 것이다. 이렇게 비기는 사이에서 시간은 제로가 되어버린다.

바로 여기에 이 기묘한 이야기의 묘미가 있다. 버튼 가(家)의 이야기는 시간에 특별한 의미를 부여하는 게 아니라 시간을 무의미하게 만들어버린다. 아버지 로저 버튼이 아들 벤자민의 삶에서 대면하는 것은 '덧없는 인생'이 아니라 '의미를 상실한 시간'이다. 이것은 벤자민의 입장에서도 마찬가지다.

버튼 가의 이야기에서 진한 의미로 부상하는 것은, 서로 비기는 인생 행로에서 발견되는 미묘한 대칭의 순간들이다. 대칭적 조화의 순간들에서 삶은 더 없이 유의미해지기 때문이다. 소설은 세 번의 중요한 대칭적 조화를 보여준다. 벤자민이 태어나서 얼마 안 되어 "그와 할아버지가 함께 지내는 일에서 서로 커다란 기쁨을 느끼게" 되었을 때, 스무 살이 된 벤자민과 쉰 살이 된 아버지 로저가 "점점 더 친구처럼 함께 다니게" 되었을 때 그리고 '만년의 어린' 벤자민이 다섯 살 된 손자와 함께 "아이들 게임을 하며 놀 수 있게" 되었을 때, 우리는 시간이 어느 쪽으로 흐르든 상관없이 의미 있는 삶의 순간들을 대면하게 된다.

피츠제럴드의 소설을 읽으면서 문예의 관점에서 깨닫는 것은 아리스토텔레스의 가르침이다. 〈시학〉에서 그는 "이야기는 시초와 중간과 종말을 가진 하나의 전체적이고 완결된 행위를 취급하지 않으면 안 된다"고 한다. 여기서 시초, 중간, 종말은 시간의 진행 순서가 아니라 인간 행위의 유기적 연결을 의미한다. 즉 '플롯 액션plot action'을 뜻한다. 이는 아리스토텔레스의 말에서도 확인할 수 있다. "그래야만 작품은 유기적인 통일성을 지닌 생물과도 같을 것이며, 그에 고유한 쾌감을 산출할 수 있을 것"이기 때문이다.

이야기를 만들려면 시·공간적 요소가 필요하다. 그러나 탁월한 이야기는 어느 순간 공간의 존재와 시간의 흐름을 느끼지 못하게 만들어버린다. 물리적 조건을 편재시킴과 동시에 그것을 초월할 때 인문적 재미와 의미는 창출된다. 이런 점에서 문자로 이야기를 짓는 예술은 시간예술도 공간예술도 아닌 것이다.

이상은 책 속에서 일어나는 일이다. 곧 내용적인 차원이다. 사실 책은 기술적인 면에서도 시간예술도 공간예술도 아니다. 우리는 앞서^{4부 1장}, 글을 읽을 때에는 독자가 속도 제어의 주체라는 위상을 만끽할 수 있기 때문에 문자문화는 시간적 제약을 받지 않는다는 것을 살펴보았다. 또한 책은 일반적 장르 구분에 따른 공간예술이 아니다. 물론 책은 어떤 공간에 놓여야 하고, 책 그 자체가 일정 공간을 점한다. 또한 글은 책 안의 공간에 놓인다. 하지만 책의 공간은 글로 가득 채워지며 독자의 시선을 문자 자체에 집중하게 함으로써 공간의 예술 장르로서 의미는 사라진다.

우리는 이제 시간예술과 공간예술의 구분은 책을 제외하고 설정된 것이라는, 듣고 나면 당연한 사실을 새삼 깨닫게 된다. 하지만 바로 이 점이 문자문화의 대명사인 책의 고유한 특성이다. 책에 쓰여진 이야기가 시·공간의 소실消失을 느끼게 한다면 그것은 탁월한 예술적 성과이다. 문자는 인간 문화의 지독한 한계이자, 창의적 자유의 가능성이다. 나는 아직도 핀처의 영화를 보지 않았다. 그래도 다른 때와 달리 느긋하다.

08

작가를 부탁해!

: 대중문화의 보이지 않는 '속살'에 대하여

고대로부터 지금까지 '이야기'만큼 문화의 대중적popular 특성을 잘 보여 주는 것도 없다. 누구든 이야기를 좋아한다. 듣기도 좋아하지만 지어내기도 좋아한다. 이야기의 영역은 고대 신화에서부터 현대 디지털 스토리텔링에 이르기까지 그야말로 방대하다. 이야기 없는 인간 문화는 무의미하다고 해도 지나치지 않으리라.

실재와 허구

이야기 문화는 줄곧 실재reality와 허구fiction 사이의 미묘한 관계에 대한 철학적 사유를 유발해왔다. 호르헤 루이스 보르헤스Jorge Luis Borges는 이야기가 이야기를 만들어내고, 이야기 속에 이야기가 중층적으로 삽입되며, 이야기를 만든 자가 이야기 속에 등장하고, 이야기의 주인공이 이야기의 독자가 되는 세계가 우리 인간 존재에 어떤 의미가 있는지 물었다.

"왜 우리는 지도 속에 포함된 지도와 〈천일야화〉의 천일야화 이야기에서 불안을 느끼는 걸까? 왜 우리는 돈키호테가 〈돈키호테〉의 독자가 되고, 햄릿이 〈햄릿〉의 관객이라는 사실에서 불안을 느끼는 걸까?" 보르헤스는 그 이유를 찾았다고 믿었다. 즉 전도顚倒된 등장인물들과 이야기의 유희는 다음 같은 사실을 암시한다는 것이다. "허구 속에 등장하는 인물이 독자가 되거나 관객이 될 수 있다면 그 허구의 독자나 관객인 우리도 허구적일 수 있다."

보르헤스의 깨우침이 그렇게 새로운 것은 아니다. 인간은 항상 '이야기 속'에 대한 호기심과 '이야기 밖'에 대한 경외심을 가져왔기 때문이다. 이야기의 중층 구조를 상상하는 것은 이런 인간의 욕구를 반영하는 것이리라. 다만 이제 우리 자신이 스스로 그 중층 구조의 등장인물임을 인정하는 것이 남았다. 우리는 지금 누군가 계속 지어내고 있는 이야기 안에 살고 있는지도 모른다. 좀 더 상상의 나래를 펴면 누군가 이야기를 만들어내고 있는 동안만 우리가 존재하는지도 모른다. 세상이 실재한다는 건 그것이 이야기의 중층 구조에 편입될 때에만 의미 있는 건지도 모른다. 흥미로운 것은 이런 다중 차원의 세계에 대한 상상과 가설이 그 누구보다도 이차원 평면에 글을 쓰는 작가들의 머리에서 나온다는 사실이다.

현대 물리학자들은 지금까지 실재의 '바탕'이라고 인식되어 온 시간과 공간의 문제를 추적하다 보면 결국 '정말로 실재하는 것은 무엇인가?'라는 난제에 부딪힌다고 고백한다. 브라이언 그린Brian Green은 묻는다. "우리의 경험과 생각은 지금 우리가 살고 있는 세계의 내부에 한정되어 있음이 분명한데, 눈앞에 펼쳐진 현실이 '다른 외부 세계가 우리 세계로 투영된 결과'인지 아닌지 어떻게 알 수 있단 말인가?" 그러고는 조심스레 답한다. "나와 같은 물리학자들은 시간과 공간, 그리고 그 속에 존재하는 모든 물질들이 실재가 아니라는 강한 심증을 갖고 있다."

그는 이런 심증을 뒷받침하는 것으로서 '우주는 하나의 거대한 홀로그램hologram일 수도 있다'는 가설을 든다. 홀로그램은 에칭etching이 새겨진 2차원의 평면 플라스틱 조각에 레이저를 적절한 방향으로 투사하여 공간에 3차원 입체영상을 만들어내는 장치이다. 이 파격적인 홀로그램 가설은 '끈 이론'을 주장하는 물리학자들이 제시했는데, 그들은 현재 3차원 공간에서 벌어지고 있는 현상들이 '정말로 그곳에서 일어나고 있는 사건'이 아니라, 아주 먼 곳에 있는 '2차원 평면에서 진행되는 사건들이 우리 눈앞에 투영된 결과'라고 주장한다. 그렇다면 우리가 보고 느끼는 모든 것들은 일종의 3차원 홀로그램 영상인 셈이다.

창작 홀로그램

이런 문학적 상상과 과학적 가설은 문화적 차원에서 우리에게 흥미로운 관점을 선물한다. 고대로부터 현대에 이르기까지 대중문화의 큰 흐름은 '감각종합형' 표현을 지향해왔다. 곧 3차원 공간에 시간예술인 음향과 음악의 요소를 통합해서 표현하려 했다. 그 대표적인 것이 연극, 영화, 방송 등이다(이는 연극처럼 실체적일 수도 있고, 텔레비전의 'HD 영상'이나 영화의 '3D 상영'처럼 기술적일 수도 있다).

그런데 이들이 표현되기 위해서는 대본이 필요하다. 대본은 2차원 평면에 쓴다. 곧 2차원에서 창조된 내용이 3차원 공간에 투영된다고 해도 과언이 아니다. 그러므로 희곡 작가든, 시나리오 작가든, 방송 작가든, 영화의 소설 원작자든 이들은 모두 3차원에 투영될 '실감나는 이야기의 세계'를 2차원적 '창작 홀로그램'에 새기는 작업을 한다고 볼 수 있다.

그러니 그 작업이 얼마나 정교해야 하며 실재 같은 허구가 될 만큼 상상력이 풍부히 스며들어 있어야 하겠는가. 그건 지난한 작업이다. 어떤 작가는 심한 말로 "지랄병 같은 작업"이라고도 한다. 창작 과정에서 경련을 일으킬 정도의 경험을 하기 때문이란다. 모든 작가는 고생을 사서 하는 사람들이다. 하지만 그들의 진짜 힘든 작업은 드러나지 않는다. 작가들은 보이지 않는 곳에서 에너지를 공급하는 사람들이다. 그들은 대중문화의 보이지 않는 '속살'이다.

신경숙은 소설 〈엄마를 부탁해〉에 딸린 '작가의 말'에서 이렇게 자신을 되돌아본다. "글을 쓰는 것 외에는 그 무엇도 나에게 어울리지 않는다는 것을 알게 된 게 행복인지 불행인지 모른다. 이 길을 내가 선택한 것도 같고 처음부터 정해진 길에 들어선 것도 같다." 그러고는 이렇게 다짐한다. "나는 이 길작가의 길을 나의 어머니처럼 가고 싶다."

그의 소설은 작가의 어머니에 대한 이야기다. 그런데 작가가 깨달은 건 진정한 작가는 '엄마'라는 사실이다. 소설의 작가는 '너'로 표현된 자신이지만, '인생의 작가'는 엄마이기 때문이다. 더구나 '너'는 이야기 속에 인생을 담기 위해 피 말리는 고통의 밤을 보내기 일쑤이지만, 엄마는 인생이라는 이야기 속에서 '너'를 튼실하게 키우고 '너'의 삶을 지켜내기 위해 어떤 고통에도 "삶을 내려놓지 않고 꿈을 기르고 사랑을 번식시키는 것으로" 한 발짝씩 앞으로 나아간 사람이기 때문이다.

영어의 작가author라는 말은 '증식시키다'는 뜻의 라틴어 아우게레augere에서 유래한다. 이 말은 창조, 번식, 성장, 확장 등을 폭넓게 의미한다. 그래

서 작가는 이야기를 창조하고 상상을 번식시키며 우리 마음을 확장시켜준
다. 영문학자 캐스린 흄 Kathryn Hume 은 작가는 인간과 세계에 의미감을 제공할
수 있는 다양한 종류의 진리를 찾는다고 했다. 작가는 의미의 천착과 확장
을 추구한다. 그래서 이 세상의 미물과 대화하고 광활한 우주와 소통한다.

작가는 다중 세계의 경계를 투시하고 경계 안팎에 편재한다. 그래서 허
구가 '허위가 아닌' 실재가 되게도 한다. 작가가 지어낸 허구는 종종 실재
의 잃어버린 고리들을 찾게 해준다. 그리고 작가는 세상을 똑같게 하지 않
고, 다 다르게 한다. 사람들의 문화가 강요가 아니라 선택이 되게 한다. 사
람들의 문화는 작가들이 만들고 작가들이 지켜낸다. 문화를 사랑하는 사람
들이라면 문화의 젖샘이 되어주는 '엄마' 같은 작가를 잃어버리기 전에 서
로 "작가를 부탁해!"라고 다짐해야 한다. 그것이 또한 그들을 잊지 않는 방
법일 테니까.

09

무엇을 '오바마처럼' 해볼까?

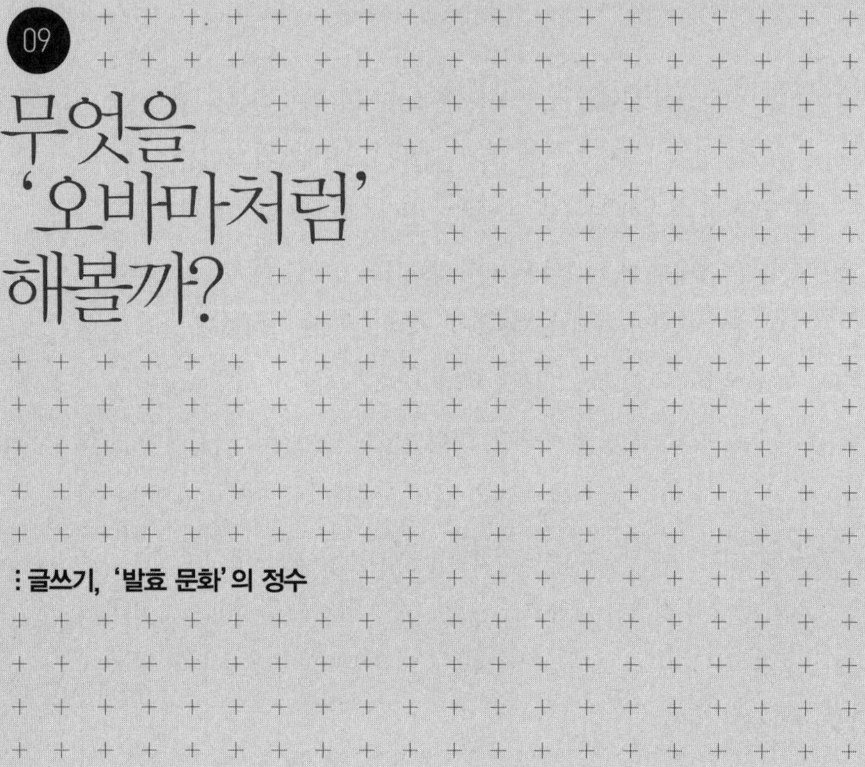

: 글쓰기, '발효 문화'의 정수

미국 대통령 버락 오바마 Barack H. Obama 는 대중문화의 아이콘이 되었다. 많은 사람들이 그를 '따라 하려고 한다' 는 의미에서 그렇다. 이는 그가 민주당 대통령 후보일 때부터 시작된 것이다. 그의 정치적 역정이 어떻게 마무리되든 그가 모방의 대중문화에 남긴 족적은 대통령으로서의 공과와 함께 역사에 남을 것이다.

　내겐 이런 일도 있었다. 오랜만에 정장 차림으로 어떤 모임에 참석했다. 그런데 한 지인이 다가와 낮은 목소리로 "오바마 넥타이 매셨네요"라고 하는 것 아닌가. 나는 그저 미소로 답했다. 사실 그 타이는 20여 년 전부터 매오던 것이다. 오바마의 정치적 인기는 '오바마 따라 하기 열풍' 과 동반 상승효과를 얻었다. 패션 이론으로 설명하면 오바마의 등장은 복합적 차원에

—철학 광장

서 '새로움'의 등장이었기 때문이다. 오바마처럼 입기, 오바마처럼 마시기, 오바마처럼 미래를 꿈꾸기도 있지만, 무엇보다도 사람들은 오바마처럼 말하기에 관심이 많은 것 같다. 오바마 스피치 따라 하기를 연습하는 학원도 있다고 한다. 서점에는 오바마의 연설에 관한 책들이 여러 권 나와 있다.

연설의 달인, 그 이면

정치평론가들은 오바마가 미국 정치 무대에서 급부상한 것도 연설 능력 덕분이라고 한다. 그의 연설에는 흑인 특유의 음악적 리듬감이 살아 있다고 한다. 적당히 굵은 목소리는 안정감과 함께 진취적 인상을 준다고 한다. 그가 목소리의 고저·강약을 유연하게 조절하는 탁월한 기술을 발휘한다고도 한다. 다시 말해 강조할 문장과 그렇지 않을 문장을 절묘하게 구분할 줄 안다는 것이다.

내가 오바마의 연설에서 받은 느낌은 그가 '생각하며 말한다'는 것이다. 이는 듣는 사람에게 깊은 신뢰를 준다. 연설하는 사람이 '자기 생각'을 전달하고 있다는 느낌을 주는 일은 의외로 쉽지 않다. 그러기 위해서는 연설문이 자신의 땀으로 젖어 있어야 하기 때문이다. 즉 자신이 쓴 연설문이어야 한다. 자신이 쓴 연설문을 바탕으로 대중 앞에서 말할 때, '자유롭게' 말할 수 있다. 즉 연설문에 '매인' 것처럼 말하지 않을 수 있다. 따라서 우리가 흔히 연설의 기술이라고 여기는 부분들, 억양, 리듬감, 극적 표현 등을 자유자재로 조절할 수 있고 임기응변에도 능할 수 있다. 즉 내용이 기술을 조정하고 유도할 수 있게 된다. 자유롭게 말하는 사람은 설득력이 있다. 자유롭게 말하려면 자신이 연설문의 주인이어야 한다.

이제 우리는 한 가지 사실을 분명히 알았다. 오바마의 뛰어난 연설 능력

뒤에는 글쓰기가 있다. 대다수의 정치인들은 전문적인 연설문 작성자들을 두고 그들의 도움을 많이 받는다. 그러나 오바마는 연설 원고를 직접 쓴다고 한다. 그가 직접 쓴 원고를 잘 다듬는 정도의 일이 연설문 작성자들의 몫이다. 이는 전문 보좌관이 미리 작성해준 연설문에 첨가와 수정을 하는 다른 정치인들과 반대 방식을 취하는 것이다.

물론 점점 유명 정치인이 되고 국가의 대통령이 되면서 연설 원고 쓸 시간을 내는 일이 어려워졌겠지만, 오바마는 수시로 메모하고 되도록 시간을 내서 연설 원고를 작성한다고 한다. 그가 이렇게 할 수 있는 것은 학생 때부터 꾸준히 글을 써왔기 때문이다. 그동안 축적된 오바마의 작가적 감수성과 창작 능력이 바쁜 가운데서도 연설 원고를 직접 작성하는 데 큰 힘이 됨은 말할 나위도 없다.

글쓰기의 특별함

'오바마 따라 하기' 열풍으로 돌아가 보자. 대중적 열기에서 좀 떨어져 '실용적인 관점'에서 생각해보자. 무엇을 오바마처럼 해보는 것이 우리에게 도움이 될까? 이왕 따라 할 바에야 오바마처럼 해서 우리에게 피가 되고 살이 되는 것을 얻으면 더 좋지 않겠는가.

오바마 스피치를 연습해서 오바마처럼 말하기는 쉽지 않을 것 같다. 반면 오바마처럼 청소년기부터 글쓰기를 연습하면 그에 따라 얻을 수 있는 건 많을 것이다. 지금 영어 글쓰기를 말하고 있는 게 아니다. 어떤 언어로든 글쓰기 실력은 다양한 문화적 능력의 바탕이 된다. 글을 잘 쓰는 사람은 말도 잘 할 수 있지만, 달변이라고 해서 글을 잘 쓰는 건 아니다. 이는 일상에서도 충분히 관찰할 수 있다. 한 가지 언어로 글을 잘 쓰면, 다른 언어로 글쓰기를 익히는 일이 훨씬 수월해진다. 글쓰기에는 뭔가 특별함이 있기 때문이다.

문자문화의 발달 과정에서 '쓰기'의 특별함에 대해서는 앞에서[4부 5장]도 살펴보았다. 월터 옹의 말처럼 쓰기는 인류의 어떠한 발명보다도 더욱 강하게 인간의 의식을 변형시켜왔다. 옹은 "한 개인이 우주 속에서 자기 자신을 느끼는 방식이 전 시대에 걸쳐 어떤 형태에 따라 진화해왔다는 사실"을 주목하라고 한다. 그리고 "그와 같은 진화가 쓰기에 의존해왔다"는 점을 강조한다. 옹은 글쓰는 사람이 공동체와 갖는 관계에 대해 세세히 다루지는 않았지만, 쓰기는 '텍스트를 마련하는 일'이라고 한 점은 중요하다. 다수의 타인[읽을 사람]을 위해 '텍스트를 마련하는' 일에는 특별히 공을 들여야 하기 때문이다. 글을 써서 세상에 내놓는다는 것은 문자로 다른 사람들을 대접하는 것과 같다.

찰스 다윈도 글쓰기의 특별함에 대해 흥미로운 견해를 밝힌 바 있다. 그는 〈인간의 유래〉에서, 언어학의 창시자 가운데 한 사람인 혼 투크[John Horne Tooke]가 인간의 언어를 빵을 굽고 술을 빚는 것과 같은 기술이라고 한 것에 반대한다. 다윈은 빵굽기[baking]와 술빚기[brewing]에 비유될 수 있는 것은 글쓰기[writing]라고 주장한다. "아이의 종알거림에서 알 수 있듯이 인간은 말을 하려는 본능적 성향이 있지만, 어떤 아이도 술을 빚거나 빵을 굽거나 글을 쓰려는 본능적 성향을 지니지 않기" 때문이다.

그렇다면 이 세 가지 활동의 공통점은 무엇인가? 다름 아닌 '발효'이다(다윈이 우리나라 사람이었다면 '김치 담그기'를 예로 들었으리라!). 발효 문화는 인간의 지혜와 노력이 일정 수준에 이르러야 가능한 것이다. 더구나 그것은 적합한 지식과 세심한 노력으로 수많은 시행착오와 실수를 극복하면서 얻을 수 있는 것이다.

글쓰기는 문자로 생각을 발효시키는 일이라고 할 수 있다. '발효 문화의 정수'라고 할 만한 것이다. 그런 과정을 거쳐 남에게 내놓을 수 있을 만한 글을 써본다는 것은 적어도 다음 세 가지 일을 해봄을 뜻한다. 첫째, 생각을 해본다는 뜻이다. 곧 어떤 문제에 대해 깊이 있게 고민해본다는 뜻이다.

둘째, 노동을 해본다는 뜻이다. 자료 수집과 분석에서 사고의 정리와 표현의 결정 그리고 퇴고에 이르기까지 힘든 일을 수행해본다는 뜻이다. 글쓰는 사람은 또한 이 특별한 노동의 과정에서 세상만사에 대해 숱한 간접 경험을 한다. 일의 고통이 있지만 글쓰기라는 노동은 세상을 가로 세로 지르며 활보하게 해준다.

셋째, 공적으로 자신을 노출해본다는 뜻이다. 글쓰기는 외부를 향한 전 인격적인 투척이다. 아주 사적인 일기가 아니고 다른 사람들이 읽을 것을 전제로 한 글쓰기는 자신을 통째로 내놓는 것과 같다. 그래서 노출의 고통을 경험한다. 그러므로 또한 자아와 공동체에 대한 깊은 성찰을 동반한다.

결국 이 모든 것은 사람을 훌쩍 크게 만든다. 그리고 정말 귀한 것을 얻을 수 있다. 일면 억압적인 문자문화로부터 어느 정도 해방되는 자유를 맛볼 수 있기 때문이다. 다른 사람들이 마련한―때로는 부담스러운―문자의 성찬을 받는 일에서 나아가 자신이 알찬 밥상을 차려 버릇하면 문자로부터 해방되는 기분을 느낄 수 있다. 내가 문자를 다룬다는 의식과 자신감이 생기기 때문이다. 그래서 글을 푹 삭혀 쓰는 일에도 점점 더 흥미를 느낄 수 있다. 인간의 문화적 성취에서 발효의 과정만큼 흥미로운 것도 드물기 때문이다.

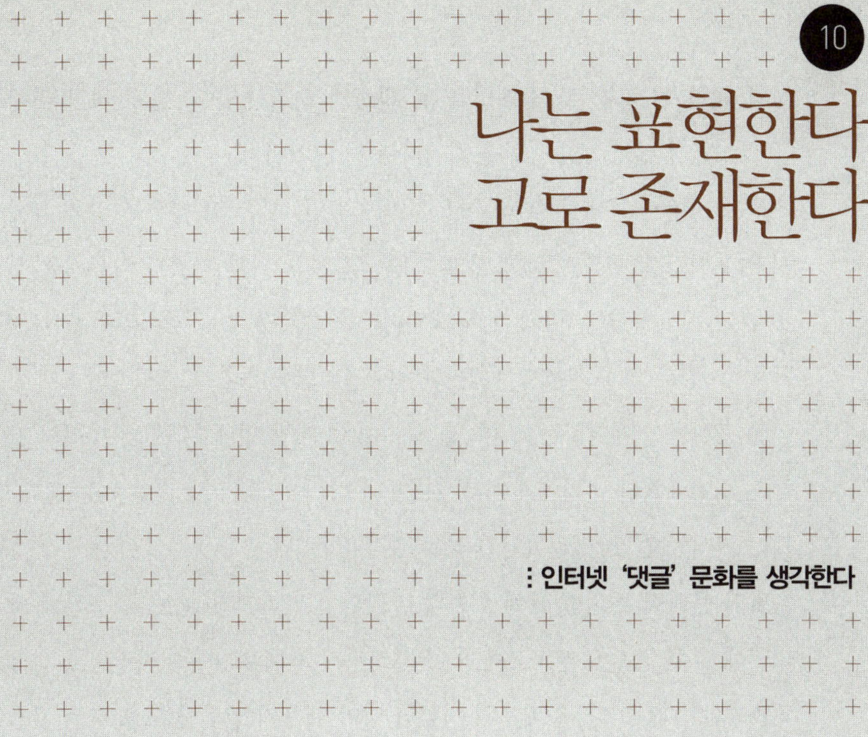

"인간은 자신의 삶을 표현하지 않고, 삶을 살 수 없다." 철학자 에른스트 카시러Ernst Cassirer의 말이다. 각 개인은 지속적인 자기표현으로 다른 사람들과 무엇인가 공동의 세계를 찾고자 하며, 표현의 다양한 방식들은 소통을 위한 나름의 문화적 영역을 구성한다.

표현의 문제

그러나 또한 인간은 표현을 통제하는 방식을 발전시켜 오기도 했다. 이렇게 말하면 얼른 언론 탄압 같은 정치적 차원의 문제를 떠올릴지 모르지만, 표현 통제의 심층은 우리 일상에서 더 잘 찾아볼 수도 있다. 우리는 일상의 대화 가운데서도 상대방을 입 다물게 하거나 주눅 들게 하기 위해 "(너는) 말이 많아!" 같은 말을 하거나 듣지 않았던가.

우리 생활 전통에서 '과묵' 함은 미덕이지만, 때론 말 많은 사람을 통제하거나 어떤 문제를 말하지 않고 그냥 '넘기기' 위한 기제로 작동해온 것도 부인하기 어렵다. 말에 대한 책임이라는 속뜻을 지닌 남아일언중천금男兒一言重千金 같은 한자 성어도, 때론 한자의 권위만큼이나 무거운 중압으로 설익은 표현들을 제어하는 역기능을 하지 않았던가. 언제부터인가 우리의 전통은 남자에게나 여자에게나 어른에게나 아이에게나 '말 많이 하는 문화'와는 거리가 멀었던 것 아닌가 하는 생각이 든다.

말의 문자적 표현인 글에 이른다고 상황이 달라지진 않는다. 우선 우리나라에서 한글로 글쓰기 교육이 어릴 적부터 제대로 이루어져왔다고 생각하지 않기 때문이다. 일찍부터 지금의 영어 배우기 열풍 정도로 한글 글쓰기를 배워왔다면, 사정은 많이 달라졌을 것이지만 말이다. 나도 초등학교 때 일기 쓰기 숙제를 했었다. 하지만 일기가 숙제가 될 때 그 곤혹스러움이란……. 또한 일기 쓰기는 매우 사적인 것이다. 언제 공적인 장에 올릴 글을 쓰기 위한 교육을 제대로 받아본 적이 있었던가?

인터넷이 등장하기 전까지 공적인 공간에 글을 올릴 수 있는 기회는 일부 제한적인 사람들에게 주어졌었다. 이는 우리나라에서든 다른 나라에서든 공통적인 것이다. 그러나 말과 글로 표현하는 데에 일상적 장애가 더 많았던 곳에서는, 쌓여 있던 표현의 의지는 더욱 강해질 수 있고 그것이 봇물이 될 수도 있다.

인터넷 댓글의 문제는 우리의 문화적 배경과 밀접하다. 나아가 우리의 교육 환경과도 깊게 연관되어 있다. 그리고 너무 단호해서 오히려 혼란스런 우리의 윤리관과도 무관하지 않다. 디지털 인터넷 사회가 본격화한지 그리 오래되지 않아서, 인터넷에 연관된 수많은 문제들 가운데에서 왜 굳이 우리나라에서 댓글의 문제가 첨예화했는지, 우리 스스로에게 물어보아야 하지 않을까. 댓글에 대해 어떤 조처를 취할 것인지 서두르기 전에 댓글의 정체에 대해 먼저 알아봐야 하지 않을까.

댓글의 정체

전문가들은 무엇보다도 인터넷에서 누리꾼의 익명성을 문제 삼는다. 그래서 실명제 법제화가 거론되는 것이다. 물론 문제 있다. 하지만 인터넷의 도래는 누리꾼 각자에게 '자신의 이름을 스스로 지을 수 있는' 기회를 준 것도 사실이다(어쩌면 많은 경우 이 세상에 태어나서 처음일지도 모른다). 자신의 본이름과 달리 사이버 공간에서 사용하는 이름^{아이디}은 대개 스스로 지은 것이다.

누리꾼이 아이디와 자신을 동일시하지 않는 게 아니다. 그는 마치 작가의 필명처럼 사이버 이름을 통해 자신을 표현한다. 지금 우리가 겪고 있듯이 '마구' 표현하기도 한다. 그러나 그런 표현 행위 속에서 자신의 존재감을 확인하기도 한다. 그 안에 '나는 표현한다. 고로 존재한다' 라는 존재론적 명제가 끼어들 틈이 없다고 말할 수 있을까?

이제 '마구' 써서 올린 댓글을 '악플' 이라는 신조어로 일반화해서 부른다. '악의 축' 으로 규정한 것이다. 악플을 다는 사람은 손쉽게 악인이 된다. 이렇게 해서 악의 축을 구성하는 사람들과의 대화는 더욱 어려워진다.

많은 지성인들이, 마구 써서 올린 글을 비판한다. 이른바 '정제된 언어' 로 글을 쓸 줄 아는 사람들이다. 그런데 이들이 '막 글' 을 비판할 때 사용하는 언어 표현은 대충 이렇다. 선과 악의 손쉽고도 무서운 편 가르기에 의

한 '악플', '악취가 진동하는 사이버 토론장', '골수 악플러', '쓰레기 더미', '배설물 세례', '수질 관리 대상' 등등…….

넓게 보아 글쓰기와 글 올리기를 '문화적 놀이'라고 한다면, 나를 비롯한 기존 필자들은 돈(원고료)을 받고, 글의 권위가 기본적으로 인정되는(어떤 의미에서 사회·문화적 기득권 덕에 '글발이 서는') 어드밴티지를 갖고 글쓰기 게임을 하고 있다. 반면 누리꾼에게는 이른바 '익명성'이 유일한 어드밴티지일지 모른다. 앞서도 말했지만, 그 익명성이란 것도 단순히 자신을 숨기기 위한 것만은 아닐지 모른다. 우리는 이 점에 대해서도 깊이 생각해야 한다. 그리고 진지하게 소통해야 한다.

문명사적 이해

전문가들은 또한 인터넷 댓글의 문제가 '사이버 민주주의'에 대한 지나친 기대에도 기인한다고 한다. 대중매체로서 방송 모델처럼 일방 소통을 하는 '제1미디어'가 아니고 쌍방 소통과 다중 소통을 하는 '제2미디어'로서 인터넷을 그동안 '너무' 관용해왔다고도 한다. '인터넷 콤플렉스'와 '인터넷 강박증'을 떨쳐내라고도 한다. 그런데 이런 주장을 하는 사람들의 다수는 인터넷의 도래를 환호하며 맞이한 사람들이다. 그들이 이제 '수질 관리'를 하자고 한다.

이런 의식의 이면에 도사린 문명사적 문제는 댓글 이상으로 심각하다. 우리는 급변하는 세상에서 정신 차리자고 하면서 사실 단순한 숫자 계산도 못할 정도로 정신이 혼미해지는 사람들을 본다. 인터넷 문명이 본격적으로 일상화한 지 도대체 몇 년이 되었는가? 지금 2010년의 시점에서 보아 기껏해야 십 년 안팎이다. 1990년대 말에 우리는 초기 인터넷이라 할 수 있는 '피시^PC 통신'을 즐기고 있었다. 인터넷 '포털' 사이트가 본격 등장한 것도 2000년 전후이다.

이제 막 걸음마를 시작한 개구쟁이에게 양복 정장하고 점잖게 걸으라는 격이다(이건 인터넷에 대해 너무 큰 기대를 했던 사람들의 강박증 아닐까?). 물론 항상 정장을 입고 다니는 데에 익숙한 사람은 아이의 배설물이 튈까 노심초사한다. 그러나 지난 세월의 인고를 무의미하게 버릴 수가 없다. 그것이야말로 엄청나게 값진 시간이었기 때문이다. 인터넷 문화는 어떤 방식으로든 그 유아기를 벗어나려 하고 있다. 댓글에 대해 논쟁을 하는 것도 그런 과정의 하나이다. 이제 걸음마를 뗀 아이를 다시 기저귀 채워 요람에 눕혀 놓고 가만히 있으라고 할 수는 없다.

인터넷 사이트의 수질 관리든 대청소든 정화 운동을 해 버릇하면, 일시적으로 편안할지 모르지만 끔찍한 결과를 초래할 수도 있다. 귀찮아서 편한 길을 찾은 사람이 좋은 길로 들어설 가능성은 낮다. 무엇보다도 우리는 왔던 길을 되돌아갈 수가 없다. 정화 운동은 되돌아가는 정도가 아니라 되돌려놓는 것이다. 우리는 자칫 지금까지의 피와 땀을 모두 허사로 만들어 버리고 더 큰 희생을 요구받게 될 수도 있다.

내가 볼 때 인터넷 문화는 이제 걸음마를 떼는 시점에 있다(아니면 좀 더 길게 보아 거친 사춘기를 지나고 있다고 해도 좋다. 이런 비유의 차이는 그리 중요하지 않다). 우리의 선택은 그 어느 때보다 중요하다. 지성인들이 해야 할 일은 서로 정신이 혼미해지지 않도록 비판하고 소통하는 것이지, 댓글에 대한 분노와 두려움 때문에 은근한 집단의식으로 '문명의 아이'가 성장하는 걸 막는 게 아니다.

물론 공동체 생활에서 조정과 관리는 필요하다. 하지만 시점도 중요하다. 디지털 인터넷 사회에 대한 교육과 적절한 비평 그리고 필요한 조처 등은 훨씬 전에 했어야 한다. 인터넷 사회의 도래를 환호하던 때에, '사이버 공간은 그 안팎의 인간관계에 유의해야 한다'고 진지하게 비판하고 성찰한 사람이 얼마나 되는가? 그 당시에는 수질 관리 같은 강한 조처가 필요 없었다. 작지만 깊고 넓게 상황을 판단하고 반영한 조처를 차근히 실천하는 것으로 족했을 것이다. 우리는 그 시점을 이미 놓쳤다. 대개 시점을 놓치면 사람들은 서두른다. '지금이라도!'라는 것이 그들이 원하는 것이다. 하지만 그 불필요한 미련을 버리고 앞을 보는 것이 현명하다.

물론 끔찍하게 표현된 댓글을 무작정 변호할 생각은 없다. 다만 이렇게 물어보고 싶다. 이른바 악플에 대한 비판에는, 문화적으로 가진 자, 힘 있는 자, 대접받는 자의 무시와 폄하가 스며 있지 않은가? 마구 써서 올린 글은 문화적으로 힘없고 빈곤한 자의 절규라고 생각해볼 수는 없을까? 게시글이든 댓글이든 인터넷 상에 '떠도는'(이 말의 의미는 중요하다. 그들도 고뇌하고 방황하기 때문에) 글들을 문화적 시각으로 볼 때, 이것이 '표현하고 싶음'과 '표현할 수 없음'의 갈등 그리고 '공인된' 표현의 기회를 가진 자와 갖지 못한 자의 불평등을 깊게 내포하는 현상이라고 진지하게 성찰할 필요가 있지 않을까?

또한 우리는 이런 문화적 변동을 제대로 이해하고 있는가? 어려운 상황에서 숙고하고 행동하기보다 반사적 거부감을 보이는 건 아닌가? 이른바 지성인들이 '막 글'을 대하는 자세에 미숙함은 없는가? 지성인들은 '막 글'을 막 대하고 있지 않은가? 니체가 그랬던가? 괴물과 싸우는 자는 자신도 괴물이 된다고. 그런데 이 말은 이렇게 고치는 게 좋겠다. 상대를 괴물로 간주하고 싸우는 자는 자신이 괴물이 된다.

인류 문명사에서 인터넷이 중요했던 것은, 그 자체가 소통의 '자율적 유기체'로 성장할 가능성에 대한 시험 무대였기 때문이다. 인터넷의 문제가 단순히 정치적·법적인 문제로 환원될 수 있는 게 아니라, 철학의 문제, 교육의 문제, 문화의 문제라는 것을 깨달을 만큼 되려면 또 얼마나 많은 세월을 기다려야 하는가?

5

만화

'하이브리드'라는 말이 현대 대중문화에서 널리 사용되기 훨씬 이전에 만화는 '하이브리드의 운명'을 갖고 탄생했다. 매우 고전적 형식에 첨단의 정신을 담으려는 이 예술 매체는 현대 문화의 '개구쟁이'이자 '말썽꾸러기'이다. 그렇기 때문에 진정한 예술 정신의 소유자일지 모른다.

'하이브리드'라는 말이 현대 대중문화에서 널리 사용되기 훨씬 이전에 만화는 '하이브리드의 운명'을 갖고 탄생했다. 매우 고전적 형식에 첨단의 정신을 담으려는 이 예술 매체는 현대 문화의 '개구쟁이'이자 '말썽꾸러기'이다. 그렇기 때문에 진정한 예술 정신의 소유자일지 모른다.

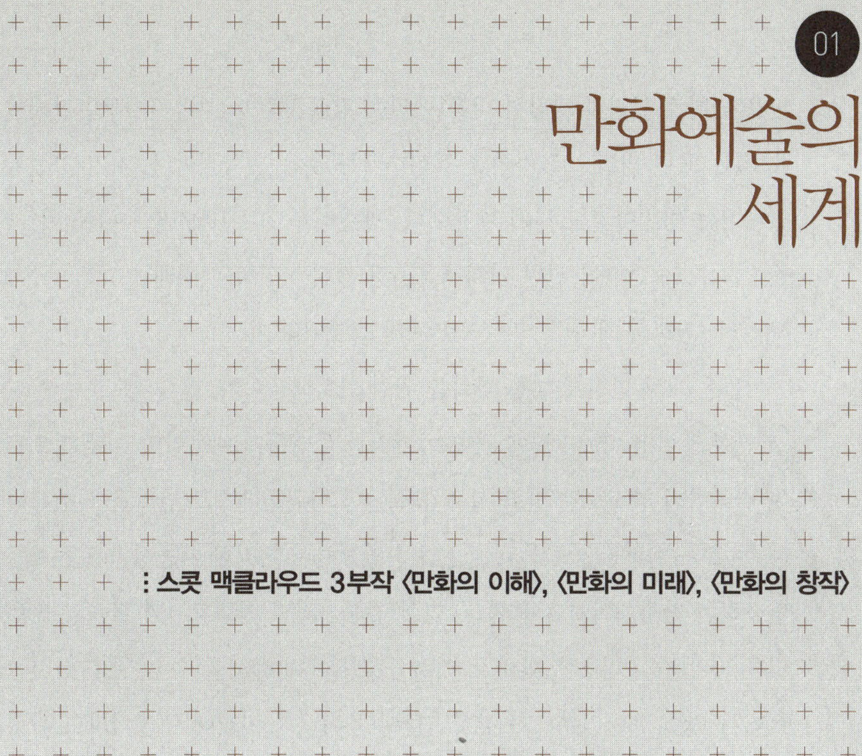

01

만화예술의 세계

: 스콧 맥클라우드 3부작 〈만화의 이해〉, 〈만화의 미래〉, 〈만화의 창작〉

"그림도, 대화도 없는 책을 무엇에 쓴담?"

강둑에 앉아 언니가 읽고 있는 책에 슬쩍 눈길을 던지던 앨리스Alice는 이렇게 독백한다. 루이스 캐럴Lewis Carroll의 〈신기한 나라의 앨리스〉1865년에 나오는 말이다. 앨리스가 만화를 보았다면, 무척 좋아했을 것이다. 만화는 그림과 대화로 가득하기 때문이다. 특히 만화에서 대화를 담고 있는 말풍선은 그 자체로 또 하나의 그림이니까 앨리스 마음에 쏙 들었을 것 같다.

만화예술의 필요성과 가능성

스콧 맥클라우드Scott McCloud의 〈만화의 이해UNDERSTANDING COMICS〉는 '만화 이

론을 만화로 설명한 탁월한 작품' 이라는 평을 받는다. 자신이 제일 잘해낼 수 있는 표현 방법으로 자신을 표현한다는 것은 철학적이다. 자기 자신을 알아가는 방법이기도 하기 때문이다. 맥클라우드는 1993년에 나온 이 책을 시작으로 만화에 관한 만화책을 3권 썼다. 〈만화의 미래 Reinventing Comics〉 2000년와 〈만화의 창작 Making Comics〉 2006년이 그것이다.

이들은 모두 만화에 의한 만화를 위한 만화책들이다. 형식적으로는 만화로 만화를 설명하고 만화에 관한 이야기를 들려주기 때문이며, 내용적으로는 만화가의 열정으로 만화 전문가가 아닌 사람들에게도 만화를 이해시키며 현재와 미래에 만화를 위해 무엇이 필요하며 어떠한 가능성이 있는지를 탐구하는 만화책이기 때문이다. 만화 전문가라면 만화로서의 형식과 만화이론 및 실기의 내용에 대해 이 작품들을 세세히 해석할 수 있겠지만, 나는 여기서 작가 맥클라우드가 만화인들뿐만 아니라 만화에 조금이라도 관심이 있는(또는 앞으로 관심을 갖게 될) 사람들에게 전하고자 하는 메시지에 초점을 맞추고자 한다.

맥클라우드는 〈만화의 이해〉 도입부에서 친구와 대화하는 형식으로 자신이 의도하는 바를 밝힌다. "만화의 역사도 어느 정도 포함되기는 하지만…… 만화라는 예술형식의 가능성과 작동방식 같은 것들에 대한 탐구지. 그러니까, 만화의 정의라든지, 만화의 기본 요소가 무엇인지, 우리 정신이 만화언어를 어떻게 처리하는지 — 뭐 그런 것들 말야…… 심지어 만화와 예술 일반의 창작 과정에 관한 포괄적인 이론도 새로 만들려고 하지." 이것을 바탕으로 맥클라우드는 이어서 '만화를 재발명' 하고 '구체적으로 만화를 어떻게 만들지' 하는 내용들을 일종의 3부작을 통해 전개하고 있지만, 그는 이 작품들을 통해 일관되게 어떤 메시지를 보내고 있다.

그것은 철학적 메시지이기도 하다. 내가 보기에 맥클라우드는 궁극적으로 '만화예술의 필요성과 가능성'에 대해 깊은 이야기를 나누자고 요청하고 있기 때문이다. 그럼으로써 만화가의 창작이 예술 작품으로서 가치와 의미를 인정받고, 학문적인 연구의 대상이 되며, 누군가 '만화예술의 철학'을 진지하게 전개해주기를 바라고 있기 때문이다.

우리는 맥클라우드가 자신의 저술 의도를 밝힐 때 사용한 만화의 '예술 형식ART-FORM'이란 말에 주목해야 한다. 이 개념과 이 개념을 철저히 의식하는 태도는 3부작 전체를 관통한다. 그는 〈만화의 미래〉에서 "만화 형식의 예술적인 속성들이 회화나 조각 등과 같은 위치를 획득할 수 있음을 널리 인정받을 수 있어야 한다"고 주장한다. 또한 "만화가 연구할 만한 가치가 있는 작품이 될 수 있으며, 삶과 시대, 작가의 세계관을 의미 있게 반영할 수 있어야 한다"는 점을 강조함으로써 전문 만화인들뿐만 아니라 학계의 다양한 관심을 요청하고 있다. 나 같은 만화 문외한의 관심을 포함해서 말이다.

맥클라우드의 이런 뜻을 제대로 새기기 위해서는 '만화의 세계'가 무엇인지 알아보는 것이 중요하다. 다시 말해 만화의 특성과 그것의 문화사적, 예술적, 철학적 함의를 알아볼 필요가 있다. 맥클라우드는 자신의 저서에서(특히 〈만화의 이해〉에서) 만화의 역사적, 미학적, 심리학적, 문학적 요소들을 짚어 가고 있다. 우리는 이를 실마리 삼아 맥클라우드의 생각을 좀 더 심층으로 끌고 가고, 그가 만화를 위한 열정으로 '당연히' 주장하는 것의 이유를 다시 살펴보며, 인간의 창작품으로 만화 자체가 지니는 미학적 특성과 그 철학적 의미를 찾아볼 수 있다.

맥클라우드는 궁극적으로 만화예술의 필요성과 가능성에 대해 깊은 이
야기를 나누자고 요청하고 있다. 이를 통해 만화가의 창작이 예술작품
으로 인정받고, 학문적 연구 대상이 되길 바란다. 그리고 누군가 '만화
예술의 철학'을 진지하게 전개해주기를 바라고 있다.

필자의 다른 글들에서도 강조했지만, 오늘날 통상 '영상문화^{visual culture}'라고 지칭하는 영화, 애니메이션, 디지털 작품 등은 '영상문화'가 아닐 수 있다. 왜냐하면 그것들은 영상만으로 대표되는 문화가 아니기 때문이다. 영상으로 대표되는 문화는 문자, 회화, 사진, 만화이다. 이들은 시각화^{visual-ization}의 구체적인 표현 방식이 다를 뿐 진정 영상으로 대표되는 영상문화이다. 반면 영화, 애니메이션, 텔레비전, 디지털 작품 등은 '감각통합형 문화'라고 하는 것이 적절하다. 말 그대로 인간 감각의 통합성을 지향하는 문화이기 때문이다. 무엇보다도 이들은 청각·구술문화를 동반한다. 이들에게 시각화는 이런 감각통합화의 일부이다.

문자, 회화, 사진, 만화 등도 각 분야마다 특성이 있음은 말할 것도 없고, 각 분야가 지니는 문화사적 의미도 각별하다. 맥클라우드가 시도했듯이 이들을 글과 그림이라는 관점에서 살펴보는 것은 흥미로운 일이다. 고대 상형문자에서는 글과 그림이 혼재했지만, 표의문자가 점점 추상화하고 표음문자가 발달하면서 글과 그림은 분리의 길을 걸었다. 글과 그림의 분리는 인류의 예술적 성취에도 영향을 주어 문자를 기반으로 하여 문학의 발달이 있었고, 그림을 본질로 하는 미술의 발전이 있었다. 위대한 문학 작품과 미술 작품은 이런 '전문화'의 유산이라고 할 수 있다.

그런데 맥클라우드는 이들에 비해 글과 그림이 혼합된 작품에 대한 평가가 문화사적으로 제대로 이루어지지 않았음을 주장한다. "진정으로 위대한 예술이나 문학 작품이라면 둘 사이가 멀찌감치 떨어져 있어야 한다는 생각이 오랫동안 지속되어" 왔기 때문이다. 또한 "글과 그림을 섞는 것은 좋게 말해서 대중을 위한 오락, 나쁘게 말하면 형편없는 상업주의의 소산 정도로" 간주되었다. 19세기 초가 되면 서양에서는 미술과 글 사이가 가장 멀어진다. "한쪽은 형태 유사성, 빛, 색, 눈에 보이는 모든 것에 몰입했고, 다른 한쪽은 보이지 않는 보물들인 감각과 정서, 영성, 철학 따위에 흠뻑 빠졌기" 때문이다.

이러한 분리의 정점을 지나면서 19세기 중·후반에는 글과 그림이라는 두 가지 표현 형식이 방향을 바꿀 준비를 하게 된다. 특히 "대중문화POPULAR CULTURE에서는 두 형식이 '고급' 예술의 탈을 벗어던지고 자꾸 맞닥뜨리게" 된다. 이러한 재회를 새로운 예술 장르의 탄생 기회로 철저하게 활용한 것이 현대 만화이다. 맥클라우드가 관찰한 대로 미술과 문학이 방향을 바꿀 준비를 하던 바로 그 시점에 현대 만화가 태어났다는 것은 매우 흥미로운 일이다.

만화는 한편으로는 문자와 비교해서도, 다른 한편으로는 회화 및 사진과 비교해서도 훨씬 더 '종합영상예술'이다. 문자에는 그림이 없는 반면, 회화와 사진에는 글이 없기 때문이다. 만화의 이런 혼혈성은 순수성과 전문성을 앞세운 앞의 두 분야에 의해 어떤 의미에서 '무시당해' 왔지만, 영상 문화의 종합성이라는 차원에서 보면 만화는 이들보다 더욱 질긴 생명력을 갖고 다양하게 발전할 가능성을 지니고 있다. 원래 구술문화가 시각화하면서 탄생한 글은 현대 전자기기에 의해서 다시 청각구술문화로 되돌려 표현될 수 있다. 오늘날 '오디오북'이 대표적인 예이다. 하지만 그림을 포함하고 있는 만화는 순수 청각의 세계로 환원될 수 없다. 또한 디지털 그래픽 기술에 의한 이미지 표현이 고도로 발달해도 만화에서 글을 분리하는 일은 (만화 자체가 없어지거나 다른 장르로 대체되지 않는 한) 쉽게 일어나지 않을 것 같다. 오히려 디지털 기술은 글과 그림의 조합을 사이버 공간에서 더욱 다양하게 표현할 가능성을 제공할 수도 있기 때문이다. 이런 의미에서 좀 과장한다면 만화는 문자문화 보존의 마지막 보루가 될지도 모른다. 21세기에 만화의 미래는―적지 않은 비관적 전망에도 불구하고―다양한 발전의 가능성을 지니고 있다.

현대 만화가 대중문화의 중요 요소로서 본격적인 행보를 시작하는 19세기 후반은 문화사적으로 매우 중요하다. 그 시기에 과학기술과 문화예술에 엄청난 변화의 물결이 있었으며, 바로 이 시기가 서구에서는 다양한 분야에서 시·공간의 인식과 활용이 재정립되는 때였기 때문이다.

이 시기에 우리는 커다란 문화적 흐름의 교차 현상을 관찰할 수 있으며, 그것은―맥클라우드는 지적하지 않았지만―만화의 역사에서 중요한 의미를 갖는다. 현대 만화의 맹아는 맥클라우드도 설명하듯이 스위스 출신 화가이자 작가였던 로돌페 퇴퍼^{Rodolphe Töffer}의 주로 1830∼40년대 작품에서 발견할 수 있다. 그는 글과 그림의 상호의존성을 감지하고 그들을 조합하는 창작을 했으며, 카툰화법과 칸 경계선을 도입했다. 그러나 만화^{comics}의 역사에서 지금 우리가 알고 있는 연속된 글과 그림의 조합 형태인 코믹 스트립^{comic strip}이 등장한 것은 대체로 영국에서는 1880년대이고 미국에서는 1890년대이다(영국 만화사에서는 1884년에 등장한 코믹 스트립 ‘Ally Sloper’를, 미국 만화사에서는 1896년 〈The New York World〉의 일요판에 등장한 ‘The Yellow Kid’를 최초의 만화로 든다. 그 명칭이 ‘코믹스’인 것은 초기 만화들이 ‘유머러스하고 풍자적 성격’을 지니고 있었기 때문이며, 만화가 다양화한 오늘날에도 이를 대표하는 전문 용어가 된 것이다).

이 시기에 다른 커다란 문화적 흐름이 있었는데, 그것은 바로 영화의 탄생이다. 1800년대 말, 특히 1880년 이후는 ‘활동 영상’을 실현할 수 있는 영사기의 발명을 위해 경쟁이 치열했던 때였다. 잘 알려져 있듯이, 뤼미에르 형제^{Louis & Auguste Lumière}에 의한 최초의 영화 상영이 있었던 해가 1895년이다. 현대 만화의 발아와 영화의 탄생이 거의 동시에 있었던 것이다.

이런 역사적 사실은 무엇을 의미하는가? 이것은 한편에서는 '정지 영상'을 다양하게 활용하는 예술형식의 발달이 있었고, 다른 한편에서는 '동動영상'을 바탕으로 '실감나는' 작품 창작을 지향하는 예술형식이 발전하고 있었다는 것을 의미한다. 이 두 가지 예술적 경향은 그 지향점에서 서로 교차하고 있었다고 할 수 있다(이것은 어쩌면 만화의 '운명'과 밀접한 것인지도 모른다).

움직이는 영상을 추구한다는 것은 앞서 말했듯이 인간의 감각을 종합하여 현실을 대체한다는 효과를 줄 정도로 실감나는 작품을 만들어간다는 뜻이다. 이것은 현대 과학-기술의 발달과 그 보조를 같이 한다. 우리는 영화를 비롯해서 오늘날 디지털 게임에 이르기까지 모든 감각통합형 문화에서 이를 관찰할 수 있다. 반면 정지 영상의 종합 예술 형식을 추구한다는 것은 오히려 '고전적 예술 표현 양식'을 완성한다는 뜻이다.

이것은 맥클라우드가 〈만화의 이해〉를 저술하는 데 본으로 삼았던 현대 만화의 거장 윌 아이스너Will Eisner의 중요한 저작 〈만화와 연속 예술Comics & Sequential Art〉1985년을 보아도 알 수 있다. 여기서 아이스너는 '연속 예술'은 "이야기를 들려주고 어떤 아이디어를 극화하기 위해 그림과 글을 조합하는 예술과 문학적 형식"이며, "이 고대의 예술 형식 또는 표현 방식this ancient form of art, or method of expression이 만화와 만화책에서 그 길을 찾았다"는 점을 강조한다.

맥클라우드는 아이스너의 '연속 예술'이라는 개념을 이어받아 '의도된 순서로 나란히 놓인 그림 및 기타 형상들JUXTAPOSED PICTORIAL AND OTHER IMAGES IN DELIBERATE SEQUENCE'이라고 만화를 정의한다. 이 정의 아래 그는 고대의 벽화와 원주화圓柱畵에서 중세의 판화 그리고 근·현대의 연작 그림에 이르기까지를 역사에 존재해왔던 만화의 원류로 설명한다. 이런 의미에서 현대 만화는 일종의 '문예부흥'이다. 다른 한편 이는 고전적 표현 양식을 자신의 예술 형식으로 체화한다는 뜻이기도 하다. 그러면서 만화는 틀 잡힌 고전 형식에 가장 자유분방하고 형식 파괴적인 현대의 정신을 담으려 했다. 이런 점에서 만화는 매우 '역설적'이다.

한계의 내재화

어떠한 예술이든 형식은 '한계'를 의미한다. 다만 각 예술마다 그 한계를 '활용'하는 방식은 다 다르다. 영화같이 과학-기술의 성과를 이용해서 실감나는 현실을 추구하는 예술에서 그 한계는 항상 외재한다. 그것은 마치 다가갈수록 계속 밀려나가는 지평선과 같다. 이때 한계는 극복해야 할 목표로 설정된다.

이에 비해 만화는 '한계를 내재화'한다고 할 수 있다. 이 내재화 과정이 예술로서 만화의 다양한 표현 양식을 만들어낸다. 한계를 스스로 자기 안으로 수용한다는 것은 역설적이며 철학적 고뇌를 수반하는 일이다. 이 점은 우리가 만화 작품을 어떻게 대해야 하는지(구체적으로 어떻게 '읽어야' 하는지)에 관해 어떤 암시를 준다.

만화가 내재화한 일차적 한계는 '시각 기반 매체'라는 것이다. 앞서 보았듯이 만화는 영상문화의 대표 격이다. 맥클라우드의 말처럼 만화는 "단지 한 가지 감각기관만을 사용한 정지된 화상을 통해 모든 감각을 표현"하려고 한다. 이 한계를 내재화해 활용함으로써 만화의 예술 양식은 구체화한다.

맥클라우드의 말처럼 만화가는 '시각 아이콘' 언어의 세계 전체를 요리할 수 있다. "그곳에는 모든 범주의 그림 양식들이 다 들어 있다. 사실적인 구상미술에서 가장 단순화한 카툰화법"에 이르기까지. 무엇보다도 그 세계는 "상징과 언어의 보이지 않는 세계INVISIBLE WORLD까지" 포함한다. "보이는 세계의 모든 그림은 반드시 보이지 않는 것의 씨앗을 품고 있기 때문"이다. 우리는 '얼굴'이라는 언어를 통해 수많은 얼굴들을 상상하며 볼 수 있다. 상징은 물질적으로 보이는 것과 그것이 가리키는 의미를 연결해준다. 시각 아이콘의 세계를 대한다는 것은 보이지 않는 것을 볼 수 있는 '눈'을 갖게 된다는 뜻이기도 하다.

여기까지는 표현 예술로서 만화의 한계가 또한 만화의 무한한 가능성이다. 그렇지만 만화는 두 가지 분명한 한계를 더 지니고 있고 그것을 내재화해야만 자신의 예술 형식을 활용하면서 작품을 완성할 수 있다. 그 한계는 '정지 영상'과 '무성·무음'이다. 만화가 이 한계를 내재화하면서(극복이 아니다) 창조해낸 예술 형식이 한편으론 연속적 표현을 위한 '칸'과 '칸 사이'이고, 다른 한편으론 청각을 시각화하면서 발전해온 글의 도입이다. 곧 글과 그림의 조합이다. 전자는 정지 영상 기반의 지형에 움직임의 감지를, 후자는 소리를 창조해내는 방식이다. 이렇게 만화는 가상적으로 '공감각共感覺적 표현'을 시도한다.

맥클라우드는 만화는 "칸을 자기표현의 공간으로 삼을 뿐만 아니라, 이야기 전개의 기본 축으로 삼는다"고 설명한다. 이 설명 앞에 만화가 칸을 사용하는 기본적 이유는 '정지 영상으로 동작, 진행, 과정 등을 보여주려 하기 때문'이라는 당연한 설명을 붙였더라면 더 좋았을 것이다. 이렇게 당연히 전제되는 설명은 만화가 한계를 내재화하려고 노력하는 가운데 어떤 예술 형식을 개발해내는지를 더 잘 드러내주기 때문이다.

칸은 또한 시간을 공간화하는 장치이다. 하나의 그림을 다른 그림 뒤에

붙임으로써 시간의 경과를 나타내고, 각 칸은 각기 다른 공간에 놓인다. 만화의 칸은 '시간과 공간을 나누는 일종의 일반적인 지표의 역할'을 한다. 이렇게 함으로써 만화는 시간을 공간화하는 것을 넘어 맥클라우드의 말처럼 시간과 공간이 하나가 되게 한다.

그러나 칸 이상으로 중요한 것은 '칸 사이'이다. "만화의 핵심은 칸 사이에 있는 공간이다." 그곳을 통해서 독자의 상상력은 정지된 그림들을 살아 움직이게 만들기 때문이다. 만화 애호가들이 '낙수 홈통GUTTER'이라고 익살스럽게 부르는 칸 사이는 만화에서 "마술과 미스터리의 주역을 맡고" 있다. "이 홈통이라는 빈 공간 안에서 인간의 상상력이 두 개의 별개 장면을 하나의 발상으로 변화시킨다." 맥클라우드는 이렇게 부분들과 별개의 것들을 목격하면서도 하나의 전체로 인지하려는 작용을 지각심리학의 용어를 빌려다 '완결성 연상CLOSURE'이라고 부른다. 만화의 각 칸들은 시간과 공간을 모두 쪼개어 스타카토 리듬처럼 보여주지만, 하나의 통일된 현실을 만들어내려는 완결성 연상 효과는 이 순간들을 연결시킨다. 그래서 맥클라우드는 "시각 아이콘 언어가 만화의 어휘라면 완결성 연상은 그 문법"이라고 하며, 나아가 "만화는 완결성 연상 그 자체인 셈"이라고까지 주장한다.

칸 사이는 또한 '피가 흐르는 도랑'이라는 별칭으로 불리기도 하는데, 이는 그것이 만화의 생명력이라는 것을 잘 보여준다. 칸 사이의 다양성이야말로 진정한 역동적 효과를 만들어낸다. 언급했듯이 만화는 단일 감각 매체이다. 만화는 한 가지 감각만으로 경험의 세계를 전달한다. 칸 안에서 전달되는 정보는 모두 시각정보이다. 하지만 맥클라우드의 말대로 칸과 칸 사이에는 "우리의 모든 감각이 개입하게" 된다.

이렇게 해서 만화가들은 "독자들을 보이는 것과 보이지 않는 것이 펼치는 소리 없는 춤 속으로 잡아끈다." 이 춤은 "만화 특유의 것"이다. 바로 이 때문에 그는 "만화를 시각 예술과 산문 소설의 단순한 혼혈아로 평가해서는 안 된다"고 본다. "칸과 칸 사이에서 일어나는 일은 만화만이 해낼 수 있는 일종의 마술이기" 때문이다. 이것은 만화가 자기 고유의 한계를 내재화함으로써 확고한 예술형식을 갖게 되었다는 뜻이자 또한 현실의 이면을 보게 하는 능력을 갖게 되었다는 뜻이다. 바로 여기에 만화의 미학적 특성과 철학적 의미가 있다.

한계를 내재화하는 과정이 예술형식을 낳게 하는 과정과 일치한다는 것은 만화의 본질이라고까지 하는 글과 그림의 관계에서도 관찰할 수 있다. 글과 그림이 자동적으로 자연스럽게 조화를 이루지 않기 때문이다.

맥클라우드는 글이 '표현하고자 하는 대상에 대한 최종 형태의 추상' 이라는 점에서 글과 그림은 같은 뿌리에서 나온 것이라는 입장이다. 다음과 같은 말은 그의 입장을 잘 요약한다. "많은 미국 만화, 그중에서도 코믹북 형식은 오랫동안 말과 그림의 차이를 강조해왔다. 글쓰기와 그림그리기는 별개의 훈련과정으로 간주되고 작화가와 스토리작가를 별개의 부류로 보는 것이다. 그리고 이 아주 다른 표현 형식들을 잘 조화시켜야 '좋은' 만화라고 한다. 하지만 과연 얼마나 다를까? 글도, 그림도 다른 아이콘들도 만화라는 언어LANGUAGE의 어휘VOCABULARY이다. 하나의 통일된 언어라면 마땅히 하나의 통일된 어휘를 가져야 한다. 그렇지 않으면 만화는 글과 그림의 '사생아' 로서 계속 절뚝거릴 수밖에 없을 것이다."

여기서 맥클라우드가 간과하는 것은 글 자체가 이미 오래 전에 청각적 요소를 시각으로 전환했던 고통의 역사를 내재하고 있다는 사실이다. 이것이 고유 형상으로서의 그림과 청각을 시각화한 형상으로서의 글이 다른 점이다. 이 점을 이해해야 그의 설명이 설득력이 있다. 즉 "만화의 다양한 공감각적 아이콘 가운데 가장 널리 쓰이고 가장 복잡하며 가장 다용도적인 것이 항상 있어왔고 늘 인기를 끌어온 말풍선이지만” 그가 〈만화의 창작〉에서 만화 지망생들에게 강조하듯이 “말풍선과 그것을 둘러싼 그림은 항상 불편한 관계”인 것이다.

이제 맥클라우드는 아이스너가 〈만화와 연속 예술〉에서 만화의 말풍선은 ‘필사적 장치desperation device’라고 부른 것을 상기시킨다. “소리라는 무형의 요소를 붙잡아 시각화하는 시도”이기 때문이다. 더구나 말풍선은 우리의 현실 공간에는 전혀 존재하지 않지만, 만화 세계의 공간에 머물러서 “물리적 실체인 양” 떠다닌다. 또한 만화가들이 오랫동안 말풍선의 다양한 표현기법을 개발하는 것도 시각매체에 소리를 담기 위한—아이스너의 표현을 패러디하면—‘필사적 시도’이다.

여기서 ‘필사적’이란 말은 단순히 과장법이 아니다. 그것은 한계를 내재화해서 예술형식을 창조해내는 예술가의 실질적 고통이며 예술 작품이 의미와 가치를 획득하게 하는 것이다. 글과 그림의 결합은 실질적으로 만화가 문화의 중요한 분야로 발전하는 데 추동력이었으며, 그 결과 “많은 잠재적인 쓰임새에도 불구하고, 만화는 이야기 서술의 예술ART OF STORYTELLING로 확고하게 인식되어왔던” 것이다. 아이스너도—앞서 ‘연속 예술’의 정의에서도 보았듯이—만화가 스토리텔링의 예술이라는 점을 누구보다도 강조했다.

우리는 짧게나마 만화의 이 ‘독특한’ 성격과 역사를 살펴보면서, 자신의 한계를 지속적으로 외재화해 나가며 발전하는 예술형식에 비해 한계를 내재화하며 성숙하는 예술형식의 역정이 어떠한지 어렴풋하게나마 엿볼 수 있었다(맥클라우드의 3부작을 읽으면서 내가 어떤 ‘비장함’을 느꼈다면 과장일까?). 한계와 연관하여 이렇게 상호 교차하는 방식들은 예술에서뿐만 아니라 인간의 삶과 인류 문명사에도 어떤 생각의 화두를 던진다.

이러한 성찰은 이제 우리가 만화를 어떻게 '읽어야' 하는지에 대해 의미 있는 조언을 한다. 여기서 '읽는다' 는 말은 '독서' 의 의미만이 아니다. 폭 넓은 의미로서 하는 말이다. 아이스너도 〈만화와 연속 예술〉의 첫 장에서 '읽기 형식으로서 만화' 를 다루는데, 그는 읽기를 '지각 행위의 형식form of perceptual activity' 이라는 의미로 사용하고 있다. 흔히 그림 덕에 만화를 쉽게 빨 리 읽는다는 말을 한다. 그러나 그림의 점 하나, 선 하나에는 작가의 필사 적 노력이 담겨 있으며, 시간과 공간, 정지와 움직임, 칸과 사이를 엮어가 는 과정에도 한계를 내재화하는 필사적이며 창조적 발상들이 담겨 있다. 우리는 그것을 음미하며 만화를 읽어야 한다. 글과 그림이라는 만화의 정 지 영상들을 명상해야 한다. 그러므로 만화를 '천천히 읽어야' 한다.

부록: 만화 연구, 만화 사랑

나는 맥클라우드의 〈만화의 이해〉를 여러 해 전에 한국어판으로 읽었다. 이 꼭지를 쓰기 위해 맥클라우드의 영어 원본들을 이곳 옥스퍼드에서 찾아 보았다. 옥스퍼드에는 수많은 도서관이 있지만, 맥클라우드의 세 작품 가 운데 UNDERSTANDING COMICS만 찾아볼 수 있었다. 보들리언 도서관과 영어영문학부 도서관이 이 책을 한 권 씩 소장하고 있었다. 보들리언 도서 관의 경우 개가식 서가에는 없고 옥스퍼드 외곽에 위치한 별도 서고에 있 는 것을 인터넷으로 신청해야 했다.

옥스퍼드에서 영화에 관한 책들은 풍부하게 찾아볼 수 있다. 보들리언을 비롯한 몇몇 도서관에는 '영화 연구Film Studies' 에 관한 도서와 자료를 별도 의 코너에 모아놓아 열람의 편의를 제공하기도 한다. 또한 영화 연구 관계 서적의 별도 카탈로그도 찾아볼 수 있다. 이에 비하면 '만화 연구' 를 위한 배려는 거의 없다시피 하다(그 이유는 '경제적인' 면 등 몇 가지 추정해볼 수 있지만, 실증 통계 자료를 제시하며 설명해야 하기 때문에 여기서는 언급하는 것으로 그친다).

맥클라우드도 〈만화의 미래〉에서 '만화의 발전' 과 '만화 사랑' 을 위해 대학, 박물관, 도서관 같은 기관들의 지속적인 관심이 필요하다는 것을 주장한다. "특히 학문적인 관심이 쏟아질 때, 만화 자체 및 관련 제도 양쪽에서 지속적인 성과를 가져올 수 있다"고 한다. 학계에서 만화는 두 가지 방식으로 다루어질 수 있다. 만화창작에 대해 가르치는 것과 학문적인 관점에서 만화를 연구하는 것이다.

전자는 만화 전문가들이 해야 할 일이고, 후자는 그들뿐만 아니라 다양한 분야의 학자들이 만화 그 자체를 연구하는 일이다(아이스너도 '연속 예술' 로서 만화가 학술적 논의의 대상으로서는 간과되어왔음을 지적한 바 있다. 그것은 물론 1980년대 중반의 상황이다. 그 후로 한 세대가 지났지만 그런 상황이 얼마나 많이 달라졌는지는 따져봐야 할 일이다). 맥클라우드도 지적했듯이 "여러 해 동안 '만화 연구' 는 만화를 일종의 문화상품으로 보는 대중의 인식을 반영해왔다. 물론 코믹 스트립과 만화책들은 다른 모든 예술 작품과 마찬가지로 문화상품이므로, 그런 방향의 연구도 충분한 가치가 있다". 그러나 만화 연구를 '만화 시리즈 속의 섹슈얼리티 분석', '파시즘의 은유로서 슈퍼히어로 분석' 같은 다량의 논문들처럼 '문화연구cultural studies' 적 비판의 관점에서만 보는 것은 예술 형식으로서 만화를 연구하는 데에 충실한 보완 역할을 하지 못한다. 맥클라우드가 주장하듯이, 기존 만화 작품의 형식적 특성에 대한 분석과 만화 양식 자체의 내적 속성에 대한 연구가 필요하다. 나아가 만화의 미학을 포함하는 만화예술의 철학 또한 요긴한 연구 항목 가운데 하나일 수 있다.

그러기 위해서는 진지한 학술적 관심과 준비가 필요하다. 만화에 대한 진지한 인식의 전환과 학술적 준비를 위해, 만화 작품이 품고 있는 철학적 의미를 포착해서 해석하는 일 또한 소중하다. 나는 그런 작은 일부터 해보고자 한다. 작은 일이지만 진지하게 접근해보고 싶다.

02

인간은 먹기 위해 사는가?
창조 욕구를 요리하는 인간

: 허영만 〈식객〉

"소크라테스는, 자신은 살기 위해 먹는데, 다른 사람들은 먹기 위해 산다고 말하곤 했다." 철학자 열전을 쓴 디오게네스 라에르티오스는 이렇게 전하고 있다.

지금도 많은 사람들이 이 말을 즐겨 인용한다. 라에르티오스의 열전에 의하면, 소크라테스가 장터에서 팔리는 많은 물건들을 보고는 자신은 "얼마나 많은 물건들 없이도 살 수 있는지" 감탄조로 말했다고도 하고, 화려한 옷과 장신구는 연극무대에 오를 때나 필요한 것이지 살아가는 데는 필요 없는 것이라고 말하기를 즐겼다고도 한다.

하지만 이것이 철학적으로 큰 의미가 있는 건 아니다. 소크라테스가 '영혼을 보살펴라'고 가르쳤듯이 정신적 삶의 중요성을 강조한 것은 사실이지만, 세인들이 과장해서 전하듯 물질적 욕구의 중요성을 무시한 것은 아니다. 다만 그것에 매달리지 말라고 가르친 것일 뿐이다. 그것은 엄청난 차이이다. 스토아학파는 소크라테스의 이런 가르침을 잘 받아들였으나 바로 그렇기 때문에 그들도 어설픈 해석자나 세상 사람들로부터 소크라테스와 유사한 오해를 받아왔다. 어쨌든 라에르티오스가 전하는 대로의 소크라테스가 오늘 우리 삶을 보면 뭐라고 할까?

아마도 '먹기 위해 사는 사람들' 참 많다고 하지 않을까? 고대 소피스트들이 대중에게 수사법을 가르치듯이, 온갖 매체를 통해서 요리법이 전수되고 있으니까 말이다. 만화만 하더라도, 〈맛의 달인〉, 〈미스터 초밥왕〉, 〈명가의 술〉, 〈신의 물방울〉 등 먹고 마시는 일을 글과 그림의 예술로 표현한 작품들이 이미 적지 않다. 이들은 모두 일본 만화이지만, 국내 만화에서는 허영만의 〈식객〉이 많은 사람들의 사랑을 받고 있다.

글과 그림이 섞인 만화는 요리와 연관한 이야기를 풀어가기 좋은 매체이다. 사진을 곁들이면 현실감이 있겠지만, 그것은 요리법 설명이나 강의용 책에 더 어울린다. 요리에서는 시각적 요소도 중요하지만 맛과 향기가 핵심인데, 그것은 당연히 실물 사진은 표현해낼 수 없고 만화의 상상력이 글과 그림 사이에 상징적으로 심어놓을 수 있다. 독서에서 줄 사이를 읽는 일이 의미 있다면, 만화에서는 글과 그림 사이를 보고 읽으며 냄새 맡는 일이 의미 있고 중요하다. 허영만의 〈식객〉은 이 점에서 성공적인 만화이다.

만들기 위해 사는 인간

프랑스 작가 보마르셰^{P-A. Caron de Beaumarchais}가 그랬던가. "인간은 목마르지 않아도 마신다"고. 이에 빗대어 말하면, 인간은 배고프지 않아도 먹는다.

분명히 인간에게는 먹고 마시는 일이 생존과 연관해서만 일어나지는 않는다. 그렇기 때문에, 인간은 당연히 살기 위해 먹어야 하지만, 먹기 위해 산다는 말도 틀리지 않은 것처럼 보인다.

〈식객〉에도 이를 증명할 만한 에피소드들이 등장한다. 예를 들면, 한강대교 위에서 자살 소동을 벌이던 남자가 '가을 전어' 맛에 홀려 자살 의지를 접는다. "한 번 죽는 것과 맞먹는 맛"이라는 시인 소동파의 말까지 들먹이며 황복 요리의 맛을 찾아 한국까지 온 중국 사람도 등장한다. 이보다 더한 예도 있다. 요리의 명인들이, 먹어야 산다는 인간 조건을 역행해, 식음을 전폐하면서까지 지고의 멋과 맛이 어우러진 음식을 만들고 술을 빚으려 하지 않는가.

그렇다면 이 모든 현상은 '먹기 위해 사는 인간'을 보여주는 것인가? 그렇지 않다. 이런 점에서 우리는 소크라테스의 한계를 넘어서야 한다. 결론부터 말하면, 이 모든 것은 '만들기 위해 사는 인간'의 전형을 보여준다. 인간은 만들기 위해서 산다. 혹자는 그 역이 더 맞는 말이라고 주장할지도 모른다. 인간은 살기 위해서 뭔가를 만든다는 그럴 듯한 명제 말이다. 하지만 이 경우 후자가 더 보편성을 가질 가능성은 낮을 뿐만 아니라, 둘 사이는 서로 비기는 관계도 아니다. 혹 도발적으로 들릴지 모르지만, '인간은 만들기 위해 산다'는 말이 진리에 더 가깝기 때문이다.

이것이 인간 창조 행위의 특성이다. 생존과 섭생의 관계와는 달리, 인간존재와 창조의 관계에서 창조 행위는 생존의 필요에 종속적이지 않다. 살기 위해서 먹는 것은 필연적이고 분명히 파악할 수 있는 현상이지만, 살기 위해서 만든다는 것은 전혀 그렇지 않다. 문명사적으로 볼 때, 인간이 지속가능한 생존을 위해서라면 오히려 지금까지 좀 '덜' 만들면서 살아 왔어야 했을지 모른다. 물론 인간은 생존에 필요한 것들을 만든다. 하지만 인간의 수많은 피조물들은 기초적인 생존에 필요해서 만든 게 아니다. 그 예는 너무 많고 명백해서 굳이 들 필요조차 없지 않은가.

오히려 인간에게 뭔가 만들지 못하게 한다면 존재 의미를 상실할지 모른다. 그러므로 '인간은 만들기 위해 산다'는 명제의 의미를 우리는 깊이 생각해야 한다. '말도 안 되는 소리' 같아 보이는 데에 진리 탐구의 길이 있다. 이 길은 2400여 년 전에 아리스토텔레스 같은 철학자도 윤리를 행하는 것 못지않게 근본적 중요성을 지닌 인간 행위의 한 분야로 삼았던 것이고(아리스토텔레스가 윤리적 행위로서 '프락시스'와 만드는 행위로서 '포이에시스'를 구분한 이유도 여기에 있다), 21세기 문화철학의 핵심 주제이며, 오늘날의 청소년들이 성숙한 지식인이 되어서도 계속 붙들고 가야 할 시대의 화두일 것이다.

요리하는 인간

인간의 이 수수께끼 같은 창조 욕구와 생산력은 그 막강함에도 불구하고 종종 드러나지 않게 작동해서 겉으로 보이는 다른 현상의 이면에 잠재한다. 그 대표적인 것이 의·식·주와 연관된 창조 행위다. 더구나 음식 요리의 경우, 곧 사라질 것을 위해서도 심혈을 기울여 창조하는 인간의 특성을 보여준다는 점에 그 독특함이 있다.

이런 의미에서 보면 '인간은 먹기 위해 산다'는 말은 맞지 않다. 인간이 먹기 위해 산다거나 마시기 위해 사는 것처럼 보이는 것은 사실, 만들고 만든 것을 즐기기 위해 사는 인간 행위가 그 이면에 잠재해서 일어나는 현상이기 때문이다(예를 들어, 식도락가는 아무것이나 먹지 않으며, 식도락은 요리를 전제한다). 이 모든 것을 조정하는 '보이지 않는 욕구'는 식욕이 아니라 바

우리가 만드는 요리에는 인간의 창조 욕구가 그대로 녹아들어 있다. 〈식객〉에서 우리가 짜릿하고 뭉클한 정감을 느끼는 것은 그것이 탁월하게 '창조하기 위해 인생을 산' 요리사들의 이야기이기 때문이다.

로 창조욕과 창조물 향유욕인 것이다.

이제 '인간은 먹기 위해 산다' 라는 명제는 양면 공격을 받고 있다. 우선 그것은 본질적으로 '인간은 살기 위해 먹는다' 는 명제를 대체할 수 없다. 라에르티오스에 의하면 소크라테스의 풍자도 이를 강조한 바 있다. 후자의 명제야말로 강력한 역사적·경험적 증거에 기대고 있기 때문이다.

다른 한편 '인간은 살기 위해 먹는다' 라는 일면 당연해 보이는 명제도 자연스레 '인간은 살기 위해 요리한다' 는 명제를 끌어오지 못한다. 이 점이 우리에게 중요하다. 이것은 무엇을 말하는가? 이는 먹는다는 것이 반드시 요리한다는 것을 포함하지 않음을 의미한다. 달리 말하면, '요리한다' 가 '먹는다' 에 완전히 종속적이지 않음을 의미한다. 동물은 요리하지 않고 먹는다. 인간도 요리하지 않고 먹을 수 있고 그렇게 하기도 한다.

생존하기 위해, 곧 '살기 위해 요리한다' 는 것은 오히려 터무니없는 말처럼 들린다. 반면 허영만의 작품에도 등장하듯이 요리하기 위해 자신의 생애 전체를 바치는 사람은 있다. 그는 요리하기 위해 살고 있는 것이다. 곧 '만들기 위해' 살고 있다. 그가 만들어내는 요리에는 인간의 창조 욕구가 그대로 녹아들어 있다. 어쩌면 요리사에게는 창조 욕구 자체가 가장 중요한 요리 재료일지 모른다. 이제 창조하는 인간의 영역이 어디까지 확장될 수 있는지 우리는 경험적으로도 논리적으로도 확인할 수 있다.

요리는 당연히 창조이며, 때론 그 어느 창조 행위보다 만들기 위해 치열하게 사는 인간의 특성을 적나라하게 보여준다. 이것은 허영만의 작품이 철저한 휴머니즘에 기반하고 있음을 보아도 알 수 있다. 그것은 요리를 내세우지만 사실 요리를 위해, 곧 음식을 시각적으로든 후각적으로든 아름답게 만들고 식탁이라는 사회의 장을 훌륭하게 구성할 수 있도록 성찬을 만들어 내놓기 위해 생애를 바치는 요리사들의 이야기이기 때문이다. 곧 '만드는 사람'에 관한 이야기이다. 이는 작품의 제목에도 잘 나타나 있다. 그것은 사람을 지칭하기 때문이다. 물론 식객의 뒤에는 요리사가 있다(이런 점에서 〈식객〉이란 제목은 의도적인지 실수로 그렇게 된 건지 잘 모르겠으나 알렉상드르 뒤마의 소설 제목 〈삼총사〉와는 좀 다른 뉘앙스에서 결과적으로 절묘하다. 식객은 요리와 요리사 사이에서 삼각관계를 이루며, 작품의 주인공을 감춤과 동시에 연상하게 하기 때문이다).

우리가 〈식객〉에서 짜릿하고 뭉클하며 포근한 정감을 느끼는 것은 그것이 탁월하게 '창조하기 위해 인생을 산' 요리사들의 이야기이기 때문이다. 요리와 요리사의 관계는 다른 어떤 생산 또는 창조에서보다 만드는 사람과 피조물이 밀착해 있다. 우리는 요리한 사람을 바로 떠올리지 않고 요리를 대하지 못한다. 그것은 엄마의 요리든 단골 밥집 아줌마의 요리든 만화에 등장하듯 지존으로 존경받는 요리사의 요리든 마찬가지다.

작가 허영만은 "세상에서 가장 가치 있는 창조란 요리가 아닐까"라고 조심스레 말한다. 가장 가치 있는 것인지 아닌지는 단언할 수 없지만, 이 주장을 과감히 내세워도 좋을 만큼 요리는 인간 창조 행위의 독특함과 미묘함을 보여주는 것임에 틀림없다. 만화 〈식객〉을 이런 관점에서 보고 읽고 냄새 맡는다면, 분명 창조의 비밀에 이르는 흥미롭고 깊은 사색의 기회를 가질 수 있으리라.

03

어떻게 '불순의 지혜'를 얻을 수 있을까?

: 강풀 〈순정만화〉

"이런 만화는 첨이네요···· 자꾸자꾸 보고 싶고···· 질리지도 않고···· 옛 사랑이 생각나게 되는 만화." "벌써 50번은 넘게 읽은 듯합니다. 읽으면 읽을수록 행복해지는 듯합니다." "항상 볼 때마다 입가에 미소를 띠게 해줍니다. 너무 예쁘고 아름답습니다. 순수하고 귀엽습니다."

이 말들은 강풀의 〈순정만화〉 단행본 표지에 발췌해서 실린 '인터넷 독자들의 찬사'이다. 인터넷 사이트에 연재되면서부터 폭넓은 대중성을 확보했다는 것을 한눈에 알 수 있게 하는 말들이다. 물론 '순정만화'이니까, 독자의 말처럼 순수하다. 읽으면 읽을수록 주인공들의 마음에 동화돼 행복해지는 듯하다. 무엇보다도 자꾸자꾸 보고 싶고 질리지도 않는다.

하지만 이런 이야기가 처음인 것은 아니다. 처음처럼 느끼는 것일 뿐이다. "그림을 잘 그리지도 않고 신선한 소재를 다루는 것도 아닌데, 강풀의 작품이 왜 그렇게 인기를 끄는 지", 그 자체가 궁금하다는 사람도 있다. 이런 이야기는 만화뿐만 아니라 다른 장르의 작품들에서도 수없이 반복되는 것이지만, 순정, 곧 순수하고 사심이 없는 감정은 언제나 우리 마음을 처음처럼 설레게 한다.

강풀의 〈순정만화〉에 등장하는 인물들은 우리나라에서 이른바 '순정만화'라고 분류되는 작품들의 주인공들처럼 귀족적인 꽃미남과 꽃미녀가 아니다. 그렇기 때문에 독자들이 그들에게 쉽게 동화될 수 있다. 그들은 우리 일상에서 마주칠 수 있는 보통 사람들이다. 다만 그들이 '사랑에 빠지면' 아주 특별한 남녀가 된다.

순수함이란?

〈순정만화〉는 사랑에 빠진 세 커플의 이야기이다. 당연히 우리는 만화 속에서 사랑에 빠지면 사람이 어떻게 되는지를 적나라하게 볼 수 있다. 같은 아파트에 사는 서른 살 노총각 연우와 여고생 수영은, 각각 출근시간과 등교시간에 우연히 엘리베이터에서 자주 마주친다. 그러다가 사랑에 빠진다. 이런 우연의 기회가 반복되는 가운데, 필연적으로 사랑에 빠지면 어떻게 될까? 순수하게 된다.

그런데 여기서 순수하다는 것은 무슨 뜻일까? 몸과 마음이 깨끗해진다는 뜻일까? 아니다. 둘 사이에 다른 것이 끼어들 여지가 없다는 뜻이다. 도저히 아무것도 끼어들 수 없어서 '아주 특별한 의미에서' 순수한 것이다. 여기서 순수함은 배타적임을 뜻한다. 사랑에 빠진 두 사람은 둘을 제외한 일체의 타인들에 대해서 배타적인 관계가 된다. 그들만을 위한 세계가 형

〈순정만화〉는 그야말로 순수한 사랑에 대한 이야기다. 강풀의 어딘가 부족한 듯한 앙상한 그림들 역시 이런 순수한 관계를 강하게 부각시킨다. 금발의 공주도, 백마 탄 왕자도 아닌 평범한 주인공들이지만 사랑에 빠지는 순간 그들은 아주 특별한 남녀가 된다.

성된 것이다. 그것은 둘만을 위해 순수한 따라서 철저하게 '닫힌 사회'가 형성됨을 의미한다. 작가 강풀의 앙상하고 유치하며 단순한 그림들 역시 이런 순수한 관계를 강하게 부각시키는 기능을 한다.

그래서 둘 사이의 만남은 우연으로 시작되지만, 둘만의 필연적 만남을 위해서 그들은 기꺼이 엘리베이터를 몇 번씩 그냥 지나쳐 보낼 수도 있다. 처음에는 꾀죄죄한 모습의 노총각에 별 관심 없을 것 같던 새침데기 수영이 이제는 초조하게 엘리베이터 앞에서 그를 기다린다. "아…… 왜 이렇게 느려. 이번에도 아니네. 또 아니고…… 빨랑 타고 내려오라구. 아…… 미치겠네. 시간은 자꾸 흐르고…… 또 지각이다. 지각! 이게 다 아저씨 때문이라구!"

연우는 더 말할 것도 없다. 수영을 만나지 않을 때도 그의 삶은 온통 그녀의 환영에 지배당한다. 크리스마스이브에 아래층에 사는 수영을 위해 위층에서 스프레이로 눈 내리는 것을 연출하는 연우는 보이지 않는 그녀를 연상하며 부끄러움에 양 볼이 온통 빨개진다. 그래도 그는 행복하다. "이 학생은 알까……? 내가 얼마나 자꾸자꾸 자기 생각하는지…… 알까? 깊어가는 내 마음을……?" 사랑의 순정이 두뇌 활동을 조정하고 지배해서 상대를 자꾸자꾸 생각나게 하는 것이다.

두 사람이 아파트의 발코니에서 만나는 일은 이제 그 어느 것보다 중요한 약속이 되어버렸다. 강풀의 그림에서, 칙칙한 도시의 아파트는 사랑에 빠진 두 사람을 위한 아름다운 성城처럼 보인다. 그 안에서 둘은 어떤 금발의 공주와 백마 탄 왕자보다 빼어나고 행복하다.

'숙'이라는 외자 이름의 남자 고교생과 하경이라는 20대 후반의 직장 여성 사이의 관계도, 붕어빵 장사 아줌마와 목도리 장사 청년 사이의 관계도 모두 이와 같다. 그래서 우연히 스쳐지나가기도 하고, 한 장소에 있기도 하며, 대화 속에 교차 삽입되기도 하는 이들 3쌍의 남녀는 자신들도 의식하지 못한 채 서로 묘한 사랑의 감정을 가중시키고 서로 열정을 전염시키기도 한다.

사랑에 빠지는 일은 하나의 사건이고 헤어날 수 없는 함정에 빠지는 것과 같다. 물론 행복한 사건이고 기쁘기 짝이 없는 함정이지만 말이다. 오늘날은 이런 특별한 인간관계를 인문학적이기보다 생물학적이고 화학적으로 설명하려고 한다. 사랑에 빠지는 것은 예외적인 호르몬 분비에 의한 것이므로 '사랑의 화학'으로 분석하려 한다.

하지만 일찍이 철학자 쇼펜하우어^{A. Schopenhauer}도 남녀의 사랑이 자연의 기만에 의한 것임을 간파한 바 있다. 남녀가 사랑에 빠지는 것은, 각자의 의지로 사랑하는 게 아니라, 자연의 의지, 곧 거역할 수 없는 '세계의 의지'에 의해 조정되는 것이라는 의미에서 그렇게 본 것이다. 불같은 사랑일수록 자신의 의지에 의한 것이 아니라 자연의 의지에 의해 지배당하고 있음을 여실히 보여준다는 것이다.

'사랑에 빠지기'와 '사랑하기'

그렇다면 인간에게 불가항력적인 '사랑에 빠지기'라는 사건에서 어떤 인문학적 의미를 끌어낼 수 없을까? 쉽지 않아 보인다. 자연과학과 자연주의적 철학관이 일단 그 사건을 훨씬 더 잘 설명해주는 것 같기 때문이다. 어쩌면 문학을 비롯한 인문학은 신(또는 자연)이 섞어서 던져준 카드를 갖고 게임을 하지만, 자연과학은 그 카드가 어떻게 섞였는지 밝혀내려 하는 건지도 모른다.

그래서 자연과학은 궁극의 원리를 찾으려는 미련을 못 버리고 그에 매달리고, 인문적 성찰은 게임의 전략을 바꾼다. 곧 '뒤집어 보기'의 전략을 구사한다. 사랑에 빠지기는 자연의 의지를 드러내지만, 그 이면을 구성하는 '사랑하기'는 인간의 의지를 보여주기 때문이다. 이런 의도로 〈순정만화〉를 뒤집어 읽으면, 우리는 '불순의 지혜'를 얻을 수 있다.

사랑에 빠진 사람의 순정은 상대를 위해서 '모든 것'을 할 수 있게 한다. 상대에 대한 넓고 깊은 관심을 갖게 되고, 온갖 배려를 마다하지 않으며, 상대가 아무리 잘못하더라도 이해하고 용서한다. 극단의 상황에서도 최고 수준으로 상대를 포용할 수 있다. 관심, 배려, 이해, 용서, 포용…… 이런 덕목들은 인간 세상에서 매우 중요한 윤리적 가치를 지닌 것들이다. 사랑에 빠지면 이런 덕목들이 저절로 생겨난다. 참으로 묘하지 않은가.

다만 이들이 순수하게 배타적으로 적용된다는 사실이 특별한 것이다. 그리고 아쉽게도 특별한 상대에 대해 '지고의 도덕성'이 적용되는 기간은 매우 짧다('사랑의 화학'은 그 기간이 고작해야 2년이라고 설명한다). 순정을 불러일으키기 위해서는 초강도의 두뇌활동과 신경활동이 필요한데, 이는 생명에 위협이 되기 때문에 오랫동안 지속될 수도 없다.

하지만 순정의 순간들은 인간이 아주 훌륭한 덕목들을 실행할 수 있다는 가능성을 증명해준다. 인문적으로는 이 점이 중요하다. 그러한 가능성은 '순정의 사회화'를 이룰 때 폭넓게 실현될 수 있다. 이는 또한 인간관계에서 '불순의 지혜'를 키워가는 것이라고 할 수 있다. 순수하게 배타적인 두 사람의 관계가 아니라, 사회에서 만나는 모든 사람들에게 관심, 배려, 이해, 용서, 포용, 성실의 덕목을 실천하려고 노력하는 일이야말로 역설적으로 불순의 지혜를 키워가는 것이기 때문이다.

불순의 지혜는 '열린 사회'를 가능하게 한다. 그것이 바로 '사랑하기'인 것이다. 사랑에 빠진 사람들이 서로 오직 한 사람에게만 최고의 수준으로 실행하는 고귀한 덕목들을, 사랑하기의 차원에서는 되도록 많은 사람들과 공유하려고 한다. 그래서 성장하고 이성과 사랑에 빠지면서 때론 귀찮게 여겨지던 노부모를 다시 사랑하고, 불우한 이웃을 사랑하여 정을 나누며, 사회에서 소외된 사람들과 서로 격려와 위안을 나누며 사랑하기를 실천하게 된다.

　사랑에 빠지면 가치 있는 덕목들이 저절로 생기지만, 그런 덕목들을 의식적으로 실행하면 사랑하기가 된다. 순정의 열병을 앓아본 사람들은 자신이 경험한 순정의 순간들을 사회화할 때 성숙해진다. 또한 순정을 사회화할 수 있는 능력이 인간의 특이함이자 탁월함이다. 이렇게 〈순정만화〉의 주인공들이 상징하는 인간관계의 덕목들은 인문적 성찰을 거쳐 만화의 그림과 말풍선 밖으로 풍성하게 확장될 수 있다.

—철학 광장

04

삶의 한복판에서 '스스로의 속도'를 찾아서…

: 심승현 〈파페포포 안단테〉

심승현의 〈파페포포 안단테〉는 일종의 '만화 잠언집'이라고 할 수 있다. 잠언의 사전적 정의가 '사람이 살아가는 데 교훈이 되고 경계가 되는 짧은 말'이므로, 이 만화책에 잠언만 들어 있다고 할 수는 없다. 콩트와 우화 형식의 짧은 이야기도 있고, 작가 개인의 경험을 살린 에피소드들도 있으며, 영화에서 따온 대사들도 있다. 다만 이 모든 것들이 삶의 지혜를 전하려 한다는 점에서 잠언적 성격을 갖고 있다고 할 수 있다.

때론 각 에피소드 뒤에 있는 인생 해설 같은 글들이 앞의 깔끔한 이야기들을 오히려 방해해서 거북스럽기도 하지만, 다양한 글들과 캐릭터를 잘 살린 그림들이 어울려 있는 작품이다. 교훈도 그림과 함께 소통하면 덜 억압적이며 사람을 구슬리는 효과가 있다는 느낌을 준다. 책의 앞부분엔 신화와 철학 이야기도 있다. 인간의 탄생 신화와 철학적 사유의 시작에 관한 에피소드는 기존의 이야기를 재구성한 것이다.

'안단테'의 의미

흥미로운 것은, 고대 철학자 탈레스의 에피소드가 인생에서 '넘어짐'의 의미와 연관 있다는 해석이다. 만화의 주인공 파페는 거창한 자기 인생의 미래에 대한 목표를 세우고 앞만 보고 가다가 그만 계단에 걸려서 넘어지고, 탈레스는 하늘의 별을 보고 걷다가 우물에 빠진다. 2700여 년의 시차를 넘어서 미래를 꿈꾸는 소년과 고대의 철학자는 '넘어지는 바람에' 작가의 멋진 필치로 그려진 천문도 같은 우물 바닥에 앉아 대화를 나눈다.

파페는 묻는다. "탈레스 아저씨, 어떻게 사는 게 옳은 삶인가요?" 탈레스가 대꾸한다. "그건 나도 모르지. 알고 있다면 내가 이렇게 우물 안에서 별을 바라보겠나!" 파페는 하늘의 별을 보며 독백한다. "오늘 나는 별을 보며 꿈을 꾸는 그런 하루를 살고 싶다."

그런데 이 '넘어짐의 의미'란 무엇일까? 그것은 물론 '무의미하게 넘어지지 않고 사는 것'과 연관 있다. 서로 대립되는 것은 오히려 변증적으로 깊이 연관되어 있기 때문이다. 그래서 파페는 자신에게 그리고 또 포포에게 속삭인다. "생의 한복판을 걸어가고 있는 지금의 내게 해줄 수 있는 최고의 말은, 조금은 느리게, 안단테, 안단테……."

파페와 포포는, 일이 안 풀려 조급해질 때마다 일부러 소리내어 외친단다. "안단테, 안단테." 사소한 일에도 신경이 곤두서고 괜히 화가 날 때마다 일부러 소리내어 외친단다. "안단테, 안단테." 뜻밖의 행운이 찾아왔을 때도, 오랜 기다림 끝에 기대했던 일이 무사히 이뤄졌을 때도, 일부러 소리

고대 철학자 탈레스와 〈파페포포 안단테〉의 주인공 파페는 각자의 목표
에 매진하다 그만 넘어지는 바람에 우물 바닥에 떨어져 대화를 나눈다.
파페는 묻는다. "탈레스 아저씨, 어떻게 사는 게 옳은 삶인가요?"

내어 외친단다. "안단테, 안단테." 그래서 그들은 또한 이런 삶의 지혜에 이른다. "조금은 느리더라도, 더러는 실패하여 눈물 흘리더라도, 내게 허용된 깊이와 넓이만큼 살기를 바란다." 그러고 보면 안단테는 우리가 잊기 쉬운 '삶의 속도'를 상기시키는 말인 것 같다. 넓은 의미에서 삶의 속도 말이다. 그것은 또한 삶의 지혜를 되찾으려는 노력 같기도 하다.

그렇다면 이 '안단테'라는 말은 참으로 의미심장하다. 그러니 곰곰이 생각해보아야 하지 않을까. 안단테andante는 이탈리아어에서 나온 음악 용어로서 만국 공통어로 통용된다. 악보에서 빠르기를 가리키는 용어로, 우리는 '느리게'라고 번역한다. 그런데 원래 이탈리아어에는 그런 뜻이 없다. 그것은 안다레andare라는 동사의 현재분사형인데, 안다레는 '가다'라는 뜻의 매우 일상적인 말이다. 영어 to go에 해당한다. 그러므로 안단테는 기본적인 속도를 의미한다. 다시 말해, '그냥 걷는 속도'를 뜻한다. 그래서 때로는 사물의 '평범한' 상태를 나타내기도 한다. 악보의 빠르기 단위에서는 물론 알레그로나 비바체보다 느리기 때문에 '느리게'라고 번역하지만, 사실 기본 빠르기를 가리킨다.

그러니까 기본 빠르기가 다른 것들에 비해 가장 늦은 속도에 해당되는 셈이다. 이것은 무엇을 의미할까? 그냥 지나치기 쉽지만, 여기에는 매우 중요한 의미가 있다. 문명을 이루는 것들의 속도는 일상의 자연스런 속도보다 빠르다는 것을 의미한다. 문화·예술에서 작품을 이루는 것들의 속도도 자연스런 속도보다 빠르다는 것을 의미한다.

예를 들어 보자. 수레의 속도는 걷는 속도보다 좀 더 빠르다. 고대로부터 말이라는 수단을 이용하는 것도 좀 더 빠르기 위해서다. 자전거, 자동차, 비행기는 더 말할 것도 없다. 오늘날 우리는 칙칙폭폭 달리는 옛 기차를 느림의 향수로 곧잘 은유하지만 그 역시 대단한 속도를 냈다. 현대 문화의 대표적인 예술 가운데 하나인 영화를 우리가 느긋한 자세로 실감나게 볼 수 있는 것은 영사기가 필름을 초당 평균 24프레임의 빠른 속도로 돌려주기 때문이다. 예술 작품 감상의 이면에도 엄청난 속도의 혜택이 있다. 악보의 빠르기에는 안단테 다음에 안단테 칸타빌레에서 알레그레토를 거쳐 비바치시모에 이르기까지 수많은 빠르기의 단계가 있다. 이런 다양한 빠르기들이 멋진 음악을 만들어내는 것이다. 음악도 빠른 것들 가운데 상대적으로 덜 빠른 것과 더 빠른 것들의 조합으로 이루어져 있다고 할 수 있다. '그냥 걷는 속도'로는 문명을 이룰 수도 없고, '그냥 진행하는 속도'로는 문화·예술을 꽃피울 수도 없다.

탈레스의 일화에도 해석의 함정이 있다. 그는 마치 신선처럼 느긋하게 하늘을 관찰하며 산 사람이 아니다. 천체의 운행을 관찰하기 위해서 탈레스는 매우 부지런해야 했다. 그가 우물에 빠진 것은 탐구에 열심이었기 때문이다. 아니, 그가 우물에 빠진 게 아니라 스스로 마른 우물에 내려갔다는 해석이 더 설득력을 얻고 있다. 그는 우물의 원통을 마치 하나의 거대한 '천체망원경'으로 활용하려 했기 때문이다. 그는 남보다 부지런해서 남보다 많은 지식과 지혜를 남겼다. 당연히 그 자신 삶의 속도는 평범한 사람들보다 훨씬 더 빨랐다. 한 마디로 바쁜 사람이었다. 다만 그 바쁨을 잘 소화해낼 능력이 있었고, 빠름과 느림을 넘나들 수 있었다.

잠언과 삶의 균형 잡기

이제 우리 삶에서 잠언의 의미를 짚어볼 때다. 잠언은 삶의 지혜 자체가 아니다. 삶의 지혜를 곧바로 가르쳐주는 것도 아니다. 잠언은 종종 어떤 극단을 제시할 가능성이 있다. 우리 삶이 빠르게 돌아가면, 잠언은 느림의 극단을 슬쩍 제시한다. 그러므로 잃어버린 삶의 속도를 잠언 속에서 바로 찾을 수는 없다. 잃어버린 삶의 지혜도 잠언 속에 있지 않다. 사람들은 잠언이 균형 있는 삶의 지혜를 가르쳐주는 걸로 착각하지만 그렇지 않다. 잠언은 삶의 저울 그 자체가 아니다.

천칭은 가운데 세로대가 있고 그것을 가로질러 가로대가 있으며 양끝에 저울판이 달린 저울이다. 잠언을 활용하는 자세는, 한쪽 저울판에 잠언을 올려놓고 다른 쪽 저울판에 현재 우리의 삶을 올려놓는 것이어야 한다. 그래야 삶에 도움이 되는 최적의 지혜를 얻을 수 있다.

우리가 찾는 삶의 지혜는 잠언과 우리 삶을 저울질하는 가운데 얻어지는 평형 속에 있다. 삶의 지혜는 잠언의 교훈과 현실의 삶 사이의 균형 있는 소통에서 얻어지는 것이다. 우리가 되찾아야 할 잃어버린 삶의 속도가 있다면, 그것도 과거의 미덕을 제안하는 잠언과 현재와 미래를 사유하는 나 사이에서 찾을 수 있다. 그렇게 얻은 삶의 속도가 지금 나에게 최적의 속도일 수 있다.

안단테라는 말에는 '수이 흐르다' 라는 뜻도 있다. 안단테는 자칫 억압적일 수 있는 느림이 아니라, 우리 삶에 자연스레 동반해서 우리를 편안하게 해줄 수 있는 최적의 흐름이 아니겠는가.

—철학 광장

05

도시의 피터 팬, 인간의 초상을 그리다

: 마츠모토 타이요 〈철콘 근크리트〉

제임스 배리 James Barrie 는 〈피터 팬〉을 창작하면서, 주인공의 캐릭터를 복합적으로 구성하는 데 신경을 썼다. 특히 피터에게 천진난만함 이상으로 사악한 심성을 세밀하게 심어놓았다. 피터는 쾌활하고 천진하지만, 한편 매정하고 잔인하다. 극도로 이기적이고, 오만하기 짝이 없으며, 남을 괴롭히면서 즐거워하고, 소름끼칠 정도로 냉소적이다.

피터 팬은 항상 복수의 피가 들끓으며, 자신의 부하들에게는 냉혹한 폭군이다. 어른들에게 분노의 감정을 갖고 있는 피터는 자기 집에 혼자 있을 때, 의도적으로 1초에 약 다섯 번씩 짧고 빠르게 숨을 내뱉는다. 그가 살고 있는 네버랜드 Neverland 의 전설에 따르면, 아이가 숨을 한 번 내뱉을 때마다 어른이 한 명씩 죽기 때문이다. 피터는 어른에 대한 잔인한 복수심으로 환상 속에서라도 최대한 빨리 많은 어른들을 죽이고자 한다. 네버랜드의 아이들은 일정한 수를 넘지 않아야 하는데, 피터는 수를 넘는 아이들을 가차 없이 제거해버린다. 어떤 평론가는 피터의 이런 특성을 아이의 천진난만한 밝음에 견줘 '다크 사이드dark side' 라고 했다. 어쨌든 '동심' 의 향수로 치장되는 '아이의 신화' 는 이미 손상을 입었다.

피터 팬과 신세기 통쾌 악동

마츠모토 타이요松本大洋의 〈철콘 근크리트〉는 출판사 홍보 문구처럼 "신세기 통쾌 악동惡童 만화!"이다. 타카라쵸라는 도회지의 어느 동네에 일본어로 흑黑과 백白을 뜻하는 쿠로와 시로라는 두 아이가 살고 있다. 그들은 철근 막대기를 휘두르며 그곳을 "내 동네"라고 부른다.

쿠로와 시로는 건물 사이를 피터 팬처럼 자유롭게 날아다닌다. 그들의 도약과 비행은 각진 업무용 건물들, 동글동글한 미래형 축조물들, 삐죽삐죽 솟아 있는 공사장의 철근과 콘크리트 그리고 각양각색의 골목길 풍경과 어우러져 환상의 세계를 형성한다. 이곳을 오랫동안 활동무대로 삼아왔던 폭력조직의 일원인 스즈키도 이렇게 독백한다. "이 타카라쵸란 거리는 분위기가 독특해. 동화 속의 나라라고나 할까?"

네버랜드에서 해적 두목 후크가 피터를 두려워하듯, 이 타카라쵸에는 폭력조직 두목도 두려워하는 꼬마가 있다. "도덕을 모르고 피 보는 걸 즐기는 꼬마가…… 그 녀석의 이름은…… 쿠로!"이다. 그에게서는 이상할 정도로 사악한 기운이 느껴진다. 그는 "이 거리 그 자체니까". 더구나 쿠로는 "옛날부터 어른이라면 질색" 했다.

반면 시로는, 그와 우정을 나누는 할아범이 말하듯, 참 특별하다. "이런

일본어로 흑黑을 뜻하는 '쿠로' 라는 이름의 아이는 "도덕을 모르고 피 보는 걸 즐기는 꼬마" 다. 쿠로는 악하다기보다는 독한 인물이다. 독하게 잔인하고 독하게 천진하다. 하지만 삶의 터전이 바뀌어가는 데에는 이 독함도 버겁다.

진흙탕 같은 거리에서 전혀 때 묻지 않은 채 살고 있네. 거 참 모를 아이야." 천진난만한 시로는 종종 우주와 통신을 하기도 한다. "여보째요. 여기는 지구별 시로 대원. 오늘도 이 거리의 평화는 제가 확실하게 지키겠습니다…… 시로 대원은 착한 아이입니다. 이상 오늘의 보고 끝!!"

쿠로와 시로는 다름 아닌 '도시의 피터 팬'이다. 피터의 밝은 면과 어두운 면을 둘이 나눠 갖고 있을 뿐이다. 네버랜드의 피터 팬이 타카라쵸의 쿠로와 시로인 것이다. 피터가 그러하듯이, 쿠로와 시로는 장소만 바뀌었을 뿐 '인간의 모습'을 적나라하게 보여준다.

영국의 계관시인 워즈워스^{William Wordsworth}가 그랬던가. "아이는 어른의 아버지"라고. 이것은 낭만적 서정시인이 할 수 있는 표현이다. 쿠로와 시로는 '아이는 어른의 초상'이란 말이 절로 나오게 한다. 어릴 적 초상이 아니라, 지금 여기 처절한 삶의 투쟁 그 현장에 있는 어른의 초상이다. 다만 기존의 삶을 조금 덜 경험한 어른의 초상이다. 그렇기 때문에 역설적으로 어둡고 밝은 인간 본성의 내면을 더 잘 드러내는 '우리 모두의 그림'이다.

통속한 서사와 풍경의 관조

인물이란 면에서 피터팬과 쿠로-시로의 차이는 별로 없다. 그러나 장소의 차이는 무척 크다. 네버랜드는 변하지 않는 세상이다. 이런 면에서 피터는 훨씬 더 자유롭고 행복하다. 하지만 타카라쵸는 세태에 따라 곧 바뀌어 갈 운명에 있다. 엔터테인먼트 산업의 물결은 곧 이곳을 개발하여 아이들의 호주머니를 노리는 '어린이의 성'들로 채울 것이기 때문이다. 바로 여기에 작가 마츠모토의 기본 주제가 깔려 있다. 이런 점에서 쿠로와 시로는 피터보다 더욱 현실적으로 인간의 고뇌를 들추어낸다. 삶의 터전에 대한 상실감과 위기가 상존하기 때문이다.

쿠로와 시로는 타카라쵸를 사랑하며 그와 갈등한다. 동네에 대한 애정이 강할수록 상처도 깊어진다. 천진한 시로도 냉소한다. "킥킥킥…… 다 불타 버리라 그래…… 시로는 이딴 동네 필요 없어." 쿠로는 지쳐간다. "할아벙, 나 지쳤어. 이번 일 때문에 정말 지쳤어." 쿠로와 시로는 선함과 악함의 구분으로 살지 않는다. 순함과 독함의 구분으로 살아간다. 어쩌면 순함을 감추고 독하게 살아가는 것일 뿐인지 모른다. 독하게 잔인함을 보이고 독하게 천진함을 지킬 뿐이다. 그러나 삶의 터전이 바뀌면 독하게 살아도 버겁다. 자신들의 동네에 대한 사랑과 증오…… 쿠로와 시로 그리고 타카라쵸는 날 선 애증의 모순 속에 있다.

〈철콘 근크리트〉라는 제목은, 말이 서툰 어린 시절 작가가 '철근 콘크리트'를 잘못 발음한 데서 따왔다고 한다. 천진한 아이의 맛이 담겨 있다. 이는 시로와 쿠로가 젖먹이 아기의 모습으로 함께 있는 삽화에서도 정겹게 느낄 수 있다. 하지만 쿠로와 시로의 이야기는 언제든 상처를 줄 수 있는 도심의 엄연한 철근 콘크리트들 사이에서 전개된다. 이 모순의 조합 안에 그들이 드러내는 인간 조건이 있다.

만화 〈철콘 근크리트〉에 메시지는 없다. 다만 '보여줌'이 있을 뿐이다. 그래서 작가 마츠모토가 만화에서 활용하는 말풍선과 여백의 말들은 그림처럼 느껴진다. 그리고 '들려줌'이 있다. 마치 '철·콘…근-크-리트'가 인간의 마음이 공허해진 폐허에 메아리 같은 리듬으로 들리듯이……. 그 리듬 속에 쿠로와 시로의 거리 타카라쵸가 겪는 상실의 비장함이 함께 공명한다. 타카라쵸는 말이 사라진 거리이다. 작가는 글과 그림이라는 만화의 본질적 조화를 역이용해, 형식적 조화 속에 있지만 많은 것들이 숭숭 구멍 난 듯 상실되어 잔존한 것의 아픔을 그려내고 있다.

　　과격한 그림과 비장한 리듬을 상처처럼 짊어진 이 작품은, 교훈적 전달이 아니라, 존재의 드러냄으로 소통한다. 사람은 드러나는 것을 보고 성찰한다. 그것을 관조라고도 한다. 한때는 주로 자연이 드러내는 것을 관조했다. 인간 정신의 고귀한 빛을 관조하기도 했다. 오늘 우리는 대중문화의 통속한 서사와 풍경이 드러내는 것을 관조한다. 비열한 거리에 진실이 담겨 있기 때문이다.

06

인간에 관한
세 가지 물음???

: 우라사와 나오키 〈플루토〉

인간에 관한 칸트의 '3+1' 형식의 물음은 유명하다. 나도 '인간의 이해'라는 대학 강의에서부터 여러 글들에서 그것을 각별히 인용해왔다. 내가 칸트를 인용하는 것은 그의 사상에 감화되어서라기보다 그를 철저히 비판하기 위해서다. 칸트는 인간 이성이 갖는 모든 관심은—그것이 사변적 관심이든 실천적 관심이든—다음과 같은 세 가지 물음에 집약된다고 했다. 첫째, 나는 무엇을 알 수 있는가? 둘째, 나는 무엇을 해야 하는가? 셋째, 나는 무엇을 바라도 되는가? 만년에 이르러 칸트는 이에 네 번째 물음을 첨가했는데, 그것은 "인간이란 무엇인가?"였다. 그는 앞의 세 질문들은 모두 네 번째 질문에 귀결된다고 했다. 그는 인식의 문제, 윤리의 문제, 종교적 문제들을 아우르는 이 질문들이 인간에 관한 '모든' 문제를 집약한다고 보았던 것 같다. 나아가 '인간 이성이 갖는 모든 관심'이라는 말에서도 알 수 있듯이 궁극적인 철학적 물음이라고 생각했던 것 같다.

오늘날 칸트의 이 물음들이 중요한 이유는, 그것이 모든 것의 물음이라서가 아니라, 그 물음들이 중요한 것들을 놓치고 있기 때문이다. 그 중요한 것들이 무엇인지 알고 그에 맞는 실천을 위해 오늘날 우리는 우선 다음과 같은 물음들을 던져야 할 것이다. 인간은 무엇을 만들 수 있는가? (아니면, 이 질문은 다른 관점에서 '인간은 무엇을 만들어도 되는가?'라고 제기될 수도 있다.) 인간은 어디까지 자신의 권리를 타자와 공유할 수 있는가? 인간은 무엇이 될 수 있는가?

일본 만화의 대가 테즈카 오사무手塚治蟲도 평생 '인간이란 무엇인가?'라는 화두를 붙들고 작품 세계를 이루어갔다. 생전에 그는 자신의 만화세계는 인간존중과 생명사상, 그리고 인간의 존엄성으로 요약될 수 있다고 말하기도 했다. 그의 대표작 〈철완 아톰〉은 주인공이 로봇이고 로봇의 활약상이 이야기의 중심에 있지만, 그것을 통해 작가는 지속적으로 '인간이란 무엇인가?'라는 물음과 진지하게 씨름했다.

테즈카는 1951년에 소년 잡지에 아톰을 데뷔시켰고, 1964년에 〈철완아톰-지상최대의 로봇〉을 발표했다. 어린 시절부터 테즈카의 작품을 읽고 보며 감동을 받았던 우라사와 나오키浦澤直樹는 2003년 이 작품을 각색하여 자신의 그림체로 새로이 혼을 불어넣은 만화를 그렸는데, 그것이 〈플루토〉이다. 이런 점에서 테즈카-우라사와의 공동 작품이라고 할 수도 있는 〈플루토〉역시 우리에게 인간성에 대한 진지한 물음들을 던진다. 그 질문들은 세밀한 사유의 결들을 품고 있다. 마치 만화 속 우라사와의 그림과 말풍선처럼.

우선 이 작품에 등장하는 로봇들은 '인간이란 무엇인가?' 라고 묻기보다 '무엇이 인간다운 것인가?' 라는 우회적인 질문을 계속 던진다. 나아가 '인간이 아닌 존재가 인간적일 수 있는가?' 라는 물음을 제기한다. 그들은 인간이 아니지만 인간을 닮게 창조되었으며 인간과 어울린 삶 속에서 점점 더 인간을 닮아가기 때문이다. 만화 속 대사처럼 "로봇은 인간과 똑같은 생활을 영위함으로써, 보다 인간다운 감각을 업그레이드시킨다". 이제 다음 단계의 물음은 다음과 같을 수밖에 없다. 인간은 무엇을 만들 수 있는가? 인간은 무엇을 만들어도 되는가? 로봇에 연관한 물음은 이렇게 묻기 시작할 때부터 복합적일 수밖에 없다.

〈플루토〉의 기본 줄거리는 로봇 형사 게지히트를 중심으로 전개된다. 그는 최고 수준의 인공지능과 전투 능력을 갖춘 로봇들이 누군가의 손에 의해 하나씩 파괴(또는 '살해')되며 로봇의 권리를 옹호하는 유명 인사들이 살해되는 사건을 담당하고 그 범인을 추적한다. 그 자신 뛰어난 인공지능뿐만 아니라 막강한 전투력을 가진 로봇인 게지히트는, 이런 과정에서 자신의 인간적 면모 때문에 종종 깊은 생각에 빠진다.

우라사와의 그림체가 표현한 게지히트는 사람들이 일상에서 마주칠 수 있는 옆집 아저씨의 외모이다. 여느 중년 남자처럼 앞머리가 꽤 벗겨진 모습, 직장과 관계된 아내의 질문에 퉁명스레 답하는 태도, 피로에 지친 얼굴 표정 등이 그렇다. 그를 정기 점검하던 유로폴의 호프만 박사도 고성능 로봇과 인간의 유사성을 이렇게 지적한다. "로봇은 지치지 않을 거라 생각하는 사람이 많네만, 이만큼 인간에 가까워지면 로봇이라도 지치게 되지. 역으로 말하면 인간의 몸 역시 메커니즘이란 걸세. 혹사를 하면 어떠한 메커

테즈카 오사무의 〈아톰〉을 우라사와 나오키 식으로 재탄생시킨 〈플루토〉는
우리에게 인간에 대한 진지한 질문을 던진다. 로봇 형사 게지히트의 인간적
인 면모는 오히려 우리에게 '무엇이 인간다운 것인가' 라고 묻는다.

니즘이든 피로를 느끼게 마련이야." 더 나아가 게지히트는 사람처럼 꿈을 꾼다. 그것도 끔찍한 악몽에 시달린다. 이에는 호프만 박사도 의아해 한다. "인공지능에게도 잠재의식이 존재한다는 건 학술적으로 증명이 됐지만, 실제로 꿈을 꾼다는 로봇은 좀처럼 만날 수가 없거든."

아톰은 테즈카의 손에 의해 탄생될 때부터 '인간보다 더 인간적인' 로봇이었다. 이 작품에서도 아톰은 머리와 가슴 그리고 온몸으로 인간적인 너무도 인간적인 모습을 보여준다. 게지히트가 아톰을 처음 만나던 날은 비가 주룩주룩 내리고 있었다. 아톰은 나뭇잎에 매달려 있다가 땅바닥에 떨어진 달팽이를 주워 다시 나뭇잎에 올려놓는다. 게지히트는 묻는다. "뭔가 가슴이 뭉클했던 거니?" 그리고 아톰과 헤어지면서, 자신의 모습이 보이지 않을 때까지 계속 손을 흔들고 있는 그를 보며 독백한다. "나는 가슴이 벅차올랐다⋯⋯ 로봇인 나의 가슴이⋯⋯." 이야기의 대단원에서 가공할 파괴력을 지닌 지상 최대의 로봇 플루토는 눈물을 흘린다. "이건 뭐지⋯⋯?! 이건 뭐지⋯⋯?!" 그를 보고 있는 아톰의 눈에도 눈물이 흐른다. "어째서, 이게 흐르는지⋯⋯ 나도 몰라⋯⋯." 그밖에도 아이들을 입양해서 키우는 로봇, 사람처럼 사랑의 추억을 두뇌 칩에 그대로 간직하려는 로봇 등이 드러내는 것은 인간성의 다양한 차원들이다.

로봇은 기계로 만들어졌다. 즉 무기물의 조합체이다. 그러나 어떤 유기적 생명체보다 지적이고 정서적이며 감동적인 모습을 보인다. 인류에게 고도로 발달한 기계와 공존하는 미래가 부정되기는 힘들 것 같다. 인간의 손에 의해 로봇과 같이 기계적이자 동시에 인간적인 피조물이 창조될 때마다 인간성의 미래 즉 인간성이 종국에 어떤 형태를 취할지 묻는 질문들과 함께 '인간이 어디까지 창조할 수 있는지' 창조성의 미래에 대한 물음들이 솟아난다.

〈플루토〉의 이야기가 여러 가지 사건을 관통하며 제기하는 다음 번 물음은 "인간은 '비인간적인 타자'를 수용할 수 있을까?"라는 것이다. 물론 인간은 오래 전부터 인간이 아닌 타자를 수용해왔다. 그 대표적인 예가 애완동물이다. 그러나 애완동물은 인간에게 위협적이지 않다. 아니, 인간은 그들을 '마음대로' 다룰 수 있기 때문에 데리고 산다. 즉 그들에게 궁극적으로 어떤 자율권도 허용하지 않기 때문이다.

그러나 인간은 로봇을 마음대로 통제할 수 없을지도 모른다는 사실 때문에 그들을 두려워한다. 로봇 스스로가 자율권을 획득할 수 있다는 상상은 악몽에 가깝다. 따라서 어떤 권리도 공유하지 않으려 한다. 저 유명한 아시모프Issac Asimov의 '로봇공학 3원칙'도 권리에 관한 한 철저하게 차별화 원칙이다.

로봇 과학자들은 인간이 자신을 닮은 피조물을 만들려는 것은 심리학적인 것이라고 한다. 그들은 로봇이 인간의 모습을 본떠 만들어졌을 때 사람들이 로봇을 더 쉽게 수용하게 될 것이라고 믿는다. 어떤 과학자는, 이것은 인간이 신의 역할을 하고 싶어서 안달이 나 있는 증거라고도 한다. 그렇다면 이걸 어쩌나! 인간이 진짜 신의 역할을 흉내 내고 있다면, 로봇 같은 타자에 대해 더 지독한 인간우월주의를 유지할지도 모른다. 그리고 어떤 권리도 함께 나누고자 하지 않을지도 모른다.

인간은, 그 모습이 아무리 인간을 닮았어도 뛰어난 능력을 가질 로봇을 미리부터 경계하고 두려워하기까지 한다. 이 작품에도 로봇을 인간 사회에서 완전히 제거하려는 비밀 결사단체가 등장한다. 그들은 미국에서 백인우월주의적 인종차별을 위한 결사단체였던 'KKK단'처럼 흰 두건을 쓰고 "로

붓은 열등하다! 로봇은 노예다! 세계 로봇 인권법을 폐기하라! 기계에게 죽음을!" 같은 구호를 외친다. 그들은 인간 수준에서 확보한 어떠한 권리도 인간과 다른 존재와 함께 공유할 생각과 의지가 없는 것이다.

인간이 타자를 수용하는 태도는 아직 지독하게 인간중심적이다. 그러므로 결국 타자를 제대로 수용하지 못하고 있는 것이기도 하다. 인간의 능력을 가진 로봇이 위험한 게 아니라, '인간은 어디까지 자신의 권리를 타자와 공유할 수 있는가?'라는 문제에 대한 성찰 없이 인간과 같은 로봇을 만들려고 시도하는 것이 더 위험한 것이다.

세 번째 물음

이 작품은 명시적으로 제기하지 않지만, 인간성과 연관한 또 하나의 질문이 남아 있다. 그것은 '인간은 자신을 변화시킬 수 있을까?' 즉 '인간은 무엇이 될 수 있는가?'라는 물음이다. 인류는 과학 기술의 발달과 함께 지난 2세기 동안 세상을 엄청나게 바꾸어왔다. 그리고 마침내 자신과 닮은 존재를 본격적으로 창조하기 시작한 것이다. 그러나 막상 자신을 진지하게 반성하고 바꾸는 데는 무척 인색했다. 그래서 아직 인류는 인간중심주의에 머물러 있다.

나 자신을 잘 알기 위해서는 다른 사람이 필요하다. 인류가 자신을 잘 알기 위해서도 마찬가지로 타자가 필요하다. 그 타자는 적어도 인간만큼의 지적 능력을 갖춘 존재여야 한다. 아니, 인간보다 지적인 차원에서뿐만 아니라 모든 면에서 더 뛰어나다면 인간의 자기반성과 근본적인 자기 변화를 일으키는 데 더욱 효과적일 것이다. 이것은 우리가 이치적으로 어렵지 않게 도달할 수 있는 결론이다. 다만 감성적으로 수용하기 힘들 뿐이다.

인간은 근원적인 자기반성을 위해 탁월한 타자와 만나야 한다. 그러한 타자의 가능성 가운데 하나가 바로 로봇이다. 모든 피조물에는 창조자가 의도하지 않은 탁월함이 창발할 가능성이 내포돼 있기 때문이다. 이런 의미에서 인류는 자신보다 뛰어난 자질과 능력의 타자가 등장하는 것을 두려워할 필요가 없을 뿐 아니라 오히려 반겨야 할지 모른다. 그것이 결국에는 근원적인 자기 변화의 가능성(어쩌면 유일한)이기 때문이다(필자와 대화를 나누던 어떤 과학자는 인간 같은 로봇이 두려운 것이 아니라, 그 로봇의 도덕 수준이 인간의 수준과 같을 경우가 오히려 가장 걱정스럽다고 시니컬하게 말한다).

이것을 뒤집어 말하면, 인간이 자신보다 뛰어난 타자를 수용하지 않으려는 것은 근원적인 자기 변화를 원하지 않기 때문이라고 할 수 있다. 오늘날 자신이 '만물의 영장'임을 자부하는 인간은, 생물학적이든 문화적이든, 자신이 진화의 종점에 와 있을 뿐 아니라 그것이 진화 피라미드의 정점이라고 믿고 싶은 것이다.

하지만 진화의 열차는 출발역에서 이제 막 떠난 것인지 모른다. 그러므로 우리가 무엇을 알 수 있는지, 무엇을 해야 하는지, 무엇을 희망해도 되는지, 마침내 우리가 누구인지, 그리고 우리가 또 무엇을 더 만들어갈 수 있는지, 우리가 또 누구와 어디까지 우리의 권리를 나눌 수 있는지, 우리가 또 무엇이 될 것인지, 그 물음에 대한 해답 찾기도 이제 막 시작되었는지 모른다.

누가 '죽임'의 절대권을 선택하는가?

: 오바 츠구미/오바타 타케시 〈데스노트〉

이야기도 진화론의 법칙을 따르는가 보다. 이야기도 다윈이 주장한 '변이variation'와 '선택selection'의 과정에서 진화해가는 것 같으니까 말이다. 오바 츠구미大場 つぐみ가 쓰고 오바타 다케시小畑 健가 그린 만화 〈데스노트〉는 '알라딘' 이야기의 돌연변이쯤에 해당된다. 아주 특별한 변종이지만 이야기 구조로 볼 때, 주인공 라이토가 주운 노트는 알라딘이 얻게 된 램프이고, 노트의 사신死神 류크는 램프의 정령 지니에 해당된다. 램프는 주인의 소원을 들어주고 노트는 주인이 명령하는 것을 실행한다는, 피상적 유사점과 본질적 차이점도 있다.

그런데 여기서 굳이 변이와 선택의 진화 이론을 언급하는 것은, 이 작품이 오늘날 대중적으로 대단한 인기가 있다는 것을 이해해보려는 노력에서

이다. 생명체의 변이는 자연이라는 환경이 선택하지 않으면 존속할 수 없다. 이와 마찬가지로 이야기도 원천적 서사에서 여러 번 변이가 생겨나지만 문화 환경이 선택하지 않으면 생존할 수 없다. 어쩌면 〈데스노트〉의 이야기는 우리 시대의 사회·문화 환경이 전율할 정도로 특별하다는 것을 보여주는지 모른다. 왜 그런지 이야기 속으로 들어가 보자.

킬링 노트: 절대자의 품행기

열일곱 살의 고교생 야가미 라이토는 어느 날 거리에서 검은색 표지의 노트를 하나 줍는다. 그것은 사신 류크가 사신계의 생활이 '따분해서' 인간계에 떨어뜨린 데스노트다. "이 노트에 이름이 적힌 사람은 반드시 죽는다." 노트 사용법 제1조에는 그렇게 설명되어 있다. 라이토는 처음엔 믿지 않았지만 노트에 이름을 적어 넣은 범죄자가 실제로 죽자, 그 후로 수많은 범죄자를 데스노트를 이용해 살해한다. 그는 자신의 행동을 범죄 없는 정의로운 신세계를 건설하기 위한 것이라고 정당화한다.

그러는 가운데 이 '정의의 사도'는 '키라'라고 불리면서 여론을 반분한다. 한편에서는 키라야말로 범죄 없는 세상을 만들 것이라고 지지하고, 다른 한편에서는 키라 역시 법을 어기는 살인자이며 나아가 그렇게 많은 사람을 단번에 죽일 수 있는 무서운 힘을 지닌 '집단살인자'라고 경계한다. 그러는 사이 국제경찰연합은 명탐정 엘ᄂ에게 이 사건을 맡기게 되고, 그는 키라의 정체를 밝혀나가기 시작한다.

그러면 이 판타지 스릴러에서 우리는 어떤 철학적 주제를 발견할 수 있을까? 〈데스노트〉라는 제목에 담겨 있듯이 죽음, 아니 '죽임killing'(제목은 '킬링 노트'라고 해야 더 맞을 것이다)의 의미? 아니면 '사회 정의'의 주제?

만화는 물론 이런 것들을 명시적으로 드러낸다. 그러나 이 작품은 한 마디로 '절대자의 품행기' 이다. 작품의 줄거리에 좀 더 가깝게 표현하면 '절대자의 품행에 관한 수사 기록' 이다.

마음먹은 대로 사람을 죽일 수 있다는 것은 절대 권한이다. 라이토는 키라의 이름으로 이 절대권을 행사하는 것이다. 데스노트의 소유자는 사람을 죽일 뿐 아니라, 어떻게 죽일 것인지도 결정한다. 죽음의 운명을 조작할 수 있는 것이다. 그럼으로써 사람을 '필연적' 으로 죽게 만들면서 그 죽음이 우연처럼 보이게 한다. 라이토는 음흉하게 독백한다. "데스노트에 이름이 쓰이면 가장 자연스런 방식으로 운명이 바뀌지." 이런 라이토를 보면서 사신 류크도 어처구니 없어한다. "너 악마로구나." 하지만 류크는 아직 더 큰 위험을 눈치 채지 못했다. 라이토가 원하는 것은 악마가 아니라 신의 위상이라는 것을.

우연의 이면에서 필연을 조작하는, 다시 말해 필연이라는 근원적 존재 이유를 우연의 현상으로 나타나게 하는 것은 신神만이 할 수 있는 일이다. 그런데 라이토는 데스노트를 사용하면 할수록 초기의 단순한 '처형자' 에서, 점점 더 필연적 죽음을 우연처럼 연출하는 '운명의 조물주' 가 되어간다. 그 자신도 어느 순간 "새로운 세계의 신"임을 자처하지 않는가.

만화 〈데스노트〉를 읽고 보면서 섬뜩함과 끔찍함에 미세한 경련을 느끼는 것은, 그로테스크한 그림 때문이 아니다. 작가는 오히려 그림에 해학적인 요소를 삽입하려고 노력한다(그럴 수밖에 없었으리라. 그렇지 않으면 이 만화를 계속 읽을 기운을 상실할 사람들이 생길 것이므로). 그 이유는 이 만화가 절대자의 스토리를 담고 있는 잃어버린 '신의 경전經典' 이기 때문이다.

DEATH NOTE

〈데스노트〉를 통해 우리가 발견하는 것은 죽음 혹은 죽임의 의미나 사회 정의의 문제에서 그치지 않는다. 이 작품은 '절대자의 품행'을 다루고 있다. '데스노트'를 손에 넣은 라이토가 궁극적으로 원하는 것은 신神의 위상이다.

사회·문화 환경의 섬뜩함

고대로부터 신의 흉내를 내는 것은 고귀한 것으로 여겨왔다. 한 예로, 아리스토텔레스는 '관조하는 삶'은 신만이 즐기는 '부동不動의 쾌락'을 흉내 내는 일이라는 상상력 넘치는 형이상학을 설파했다. 하지만 인간이 신의 권한을 집행하는 것은, 감히 이야기의 소재로 쓸 엄두도 못 냈다. 신화에서처럼 신탁의 방식으로 풀어가거나 기껏해야 알라딘처럼 정령에게 소원을 빌어 그것이 실현되는 것을 상상해왔을 뿐이다. 그런데 '죽임의 절대권 행사'를 주제로 한 이야기를 인기 있게 선택하는 현대 사회·문화 환경에는 섬뜩함이 있다.

이런 점에서 만화를 영화화한 가네코 슈스케金子修介 감독이 영화를 만들면서도, "총으로 쏘고 칼로 베는 것과 달리, 이름을 쓰는 것만으로 사람을 죽인다는 것은 뭔가 건전해 보이지 않았다"고 한 것은 의미심장하다. 전투를 하고 총과 칼로 싸우고 죽이는 것은 상대적인 것이다. 이름 한 번 써서 일방적으로 절대 운명을 결정하지 않기 때문이다. 슈스케 감독의 느낌은 특별한 게 아니다. 인간은 상대적인 존재이기 때문이다. 이것은 관념이 아니라, 인류가 오랜 역사 속에서 실증적 경험으로 확신하는 것이다. 그러므로 절대권을 행사하는 주인공이 뭔가 말로 표현할 수 없으리만치 버거운 것이다. 이런 버거운 느낌을 만화라는 매체가 주는 흥미가 쉽게 감소해주지 못한다.

상대적인 존재의 절대권 행사라는 것은 이제 우리의 관심을 이 작품의 명시적인 주제인 '정의의 문제'로 되돌린다. 키라는 오로지 살인의 방식으로만 형벌의 세계에 참여한다(이 간단한 요소가 작품 전체를 결정한다는 것을 잊지 말라!). 이는 어떤 잘못에도 사형을 심리와 구형도 없이 즉각 집행하는 것과 같다.

　범죄를 척결하겠다고 시행하는 '죽임의 형벌' 즉 사형의 근본적인 문제는 상대적인 존재가 절대적인 판단을 하고 그것을 실행한다는 데에 있다. 절대자만이 행할 수 있는 힘으로 가장 냉혈적인 야만성을 공공연하게 자행하는 데에 있다. 절대성을 스스로 담보하는 것은 극도의 오만을 넘어서 신성모독이다. 일찍이 18세기 중엽 사형제를 철저히 반대했던 체자레 베카리아Cesare Beccaria는 인간의 법이 자연법칙이나 신의 계시와 같은 절대 권리를 가장하는 것을 경고했다. 라이토와 '데스노트'는 이에 대한 메타포로도 읽힌다.

　이야기 짓기의 차원에서 〈데스노트〉는 극단의 '변이'로 탄생한 작품이다. 바로 이런 점에서 〈데스노트〉는 작품의 내용과 함께 그것을 문화적 향유로서 '선택'하는 오늘 우리 삶의 환경 모두에 대해 진지한 성찰의 계기를 제공한다.

누가 누구를
또 어떻게
억압하는가

: 아트 슈피겔만 〈쥐〉

제2차 세계대전 이후인 1948년에 태어난 아트 슈피겔만은 유태인 박해의 생생한 역사를 아버지에게서 듣게 된다. 그는 부친의 회고를 기록하고 자신이 아버지와 나눈 대화를 함께 편집해서 유태인을 쥐로 히틀러 치하의 독일인을 고양이로 묘사한 만화로 구성하는데, 그 결과가 〈쥐〉다. 만화 〈쥐〉는 1편과 2편으로 나뉘어져 있는데, 출간 시기도 각각 1986년과 1991년으로 간격을 두고 있다.

슈피겔만이 만화 속에 등장해서 말하듯, "8년 간의 작업 끝에 〈쥐〉 제1권이 발간되었고, 비평에 있어서나 판매에 있어서나 성공"이었다. 이 작품은 지금까지 스테디셀러로서 독자들의 사랑을 받고 있다. 유태인 탄압과 대학살에 관해서는 책과 영화로 수많은 작품들이 나와 있다. 그런데 이 작품이 특별히 주목받고 권위 있는 문학상까지 탄 이유는 무엇일까?

두 가지 이야기

평론가들도 동의하듯이 만화라는 형식을 택했기 때문인지도 모른다. 슈피겔만도 이 점을 의식하고 있다. "만일 내 작품이 독자들에게 충격을 준다면, 그건 만화에 실릴 수 없다고 생각되던 내용이 실려 있기 때문일 거예요. 만화라는 장르가 포용할 수 없다고 간주되던 사고 방식 말이에요. 그리고 독자를 즐겁게 만드는 재미있는 이야기와는 너무 거리가 멀다는 사실 역시 일종의 충격으로 받아들여질 거예요."

그러나 이런 점들이 〈쥐〉에 대한 폭넓은 관심을 모두 설명해주지는 못한다. 우리는 이 작품의 소재(충격적인)보다는 서사 구조와 내용에 초점을 맞출 필요가 있다. 〈쥐〉에는 두 가지 이야기가 병행하고 있다.

그 하나는 아버지 블라덱 슈피겔만이 아내와 함께 히틀러 치하의 유럽에서 어떻게 살아남았는가 술회하는 내용으로서, 끊임없이 삶을 짓누르는 공포와 죽음의 위협 그리고 인간의 수단화와 배신 등 일상적 시련과 고통으로 가득한 이야기이다. 다른 하나는 작가 슈피겔만이 부친과 대화를 나누면서 아버지의 삶에 대한 자신의 느낌과 생각을 전하는 내용으로서, 사소한 것처럼 보이는 의견 차이와 논쟁이 그와 아버지를 얼마나 곤혹스럽고 고통스러운 관계로 몰고 가는지 보여준다.

'아버지의 회고록'과 '아들의 자서전'이 함께 섞여 있는 이중적 구조는 이 만화를 보는 사람의 시선을 붙잡기에 충분하다. 예술과 소통이라는 차원에서 보면 만화가 이런 복합 구조를 이야기로 풀어가기 좋은 형식과 매체라는 것을 재발견하게 된다. 이제 더욱 흥미로운 것은 이렇게 병행하는 이야기가 품고 있는 특별한 의미이다.

편재하는 억압의 가능성

아버지 블라덱은 진정시키기엔 너무나 고통스런 과거의 경험을 안고 있다. 소심하고 인색하기 짝이 없으며 극단의 이기성을 오히려 자랑스러워하는 그는 주위 사람들을 편치 않게 하는 정도가 아니라 거의 학대하는 수준이다. 그의 아들과 며느리 그리고 재혼한 부인 등은 그를 대할 때마다 정신적 육체적 고통에 시달린다. 한 마디로 그는 주위 사람에게 억압적인 인물이다.

블라덱의 이런 태도는 〈쥐 I〉의 부제(아버지가 피맺힌 역사를 이야기하다)처럼 피맺힌 과거의 영향 때문이라고 볼 수 있다. 폭력의 경험은 또 다른 폭력을 낳고, 지독한 탄압을 겪은 사람이 남을 더욱 억압할 수 있다는 것은 우리가 공동체의 역사와 개인적 경험을 통해 배운 것이다.

〈쥐〉는 탄압과 학살의 역사가 한 개인의 성격 형성과 행동에 어떻게 '사회·문화적 유전인자'로 작동하는지 고발하고 있다. 이런 의미에서 이 작품은 유태인 탄압과 대학살에서 최후로 살아남은 사람의 이야기이자 어떤 식으로든 그 생존자를 넘어서 생존해가는 자손들의 삶에 관한 이야기이다. 그러나 작가 슈피겔만은 이에 머무르지 않는다. 그는 블라덱 슈피겔만이라는 사람 그 자체가 억압적인 인물일 수 있다는 가능성을 암시하기 때문이다.

아버지가 아우슈비츠 유태인 수용소에 끌려가기 직전까지의 이야기를 다룬 〈쥐 I〉은 이런 가능성을 보여주는 일화들을 다루고 있다(이 내용을 제1권에, 즉 이야기의 전반부에 배치한 것이 작가의 의도라면 그건 탁월한 선택이었다). 나치의 유태인 탄압이 있기 훨씬 전에 할아버지는 아들들을 군에 보내지 않으려고 잠을 재우지 않고 밥을 굶게 하는 등 억압적인 방법을 썼는데, 아버지는 이렇게 회상한다. "정말 끔찍했어!" 그러면서도 할아버지는 자신의 행동을 정당화했다.

아버지 블라덱도 남을 괴롭히면서 언제나 자신의 사고와 행동을 정당화한다. 그의 견고한 자아와 아집은 철옹성 같다. 그런 자아 자체가 타인들에게는 억압적이다. 작가는 이중적인 이야기 구조 안에서, 역사적 경험과 관계없이도 누구든 억압의 주체가 될 수 있고, 억압의 상황은 도처에 있으며, 억압의 기제는 예기치 않게 작동할 수 있다고 암시한다.

슈피겔만은 말한다. "어떻게 보면 아버진 늙은 구두쇠 유태인으로 인종차별적이기도 해요." 더구나 아버지가 이기심 때문에, 자살한 어머니의 일기를 불태워버렸다는 말을 듣고는, "살인자!"라고 외친다. 그는 자신의 격한 행동을 곧 사과하지만 다시 한번 '살인자'라고 독백하며 아버지의 집을 나선다. 〈쥐 I〉은 '억압의 상흔'을 뒤로하고 쓸쓸히 걸어가는 작가의 뒷모습으로 끝을 맺는다.

고통의 역사

아트 슈피겔만은 〈쥐〉 제1권을 앞으로 다가올 공포를 예고하는 어린 시절의 회상으로 시작한다. 그 안에는 아버지의 과거 경험이 전하는 명시적 공포와 아버지와 아들 사이의 기묘한 관계에 묵시적으로 존재하는 섬뜩한 느낌이 병행 공존한다. 아버지는 친구들에게 따돌림을 당해 울면서 집으로 돌아온 어린 아들에게, "친구? 네 친구들? 그 애들을 방 안에다 먹을 것도 없이 일주일만 가둬놓으면 그 땐 친구란 게 뭔지 알게 될 거다"라고 냉담

〈쥐〉는 유태인 학살을 소재로 한 작품이지만, 누구든 억압의 주체가 될 수 있고 억압의 상황은 도처에 있음을 암시한다. '쥐 가면'을 쓰고 만화 제도판 앞에 앉아 있는 작가의 그림은 억압의 역사에 대한 피상적 해석들을 단박에 날려 버린다. 쥐 가면 뒤에 숨은 인간의 얼굴이 품고 있는 어두운 진실을 그 누가 다 알겠는가.

하게 말한다. 언급했듯이 〈쥐 I〉은 또 다른 억압의 주체로서 아버지에게 분노를 표출하는 성장한 아들의 뒷모습으로 끝난다. 그 뒷모습의 은유는 '억압을 경험한 자아가 억압을 재생산한다'는 피상적이고 상투적인 해석에 머물도록 하지 않는다. 그것은 과거의 경험과 관계없이도 억압의 가능성이 편재한다는 것을 암시한다.

이에 비해 〈쥐 II〉는 훨씬 부드럽게 시작해서 감동적으로 끝난다. 아트가 프랑스인 아내와 유대인 사회에서의 차별과 편견에 관해 풍자적인 대화를 나누는 오늘의 이야기로 시작해서, 아버지가 아우슈비츠를 빠져나온 후 어머니와 감격의 재회를 하는 것으로 부친의 회고를 끝맺기 때문이다. 그러나 만화 전체를 관통하는 이야기는 아우슈비츠에서의 경험에 관한 것이다.

그 경험은 너무도 끔찍해서 쥐와 고양이라는 작은 동물 캐릭터로 묘사된 만화의 '미니어처 효과'가 아니라면 도저히 눈뜨고 볼 수 없을 것이라는 느낌을 준다. 이런 점에서 아트는 만화에 담을 수 없는 주제를 다룬 게 아니라("휴. 내 칠흑 같은 꿈보다 더 비참했던 현실을 재구성하려는 게 얼토당토않게 여겨지는 때도 많아. 그것도 만화로 말야!"), 그 주제를 만화에 담음으로써 소통의 곤혹스러움을 이겨낼 수 있었는지 모른다.

아우슈비츠는 인간이 경험할 수 있는 모든 고통의 극치를 보여준다. 그 고통의 현장은 아버지의 회고에서처럼 동료의 죽음을 무덤덤하게 말하게 할 정도이다. "난 그를 다시 보지 못했어. 아마 굴뚝으로 나간 것 같아"(그것은 시체 소각장의 굴뚝을 가리킨다).

철학자 테오도르 아도르노^{Theodor W. Adorno}는 그 고통의 의미를 이렇게 말한 바 있다. "고문당하는 자가 비명 지를 권리를 지니듯이, 끊임없는 고통은 표현의 권리를 지닌다. 따라서 아우슈비츠 이후에는 시를 쓸 수 없으리라고 한 말은 잘못이었을 것이다. 하지만 그보다 덜 문화적인 물음, 즉 아우슈비츠 이후에도 살아갈 수 있겠는가, 우연히 그것을 모면했지만 합법적으로 살해될 뻔했던 자가 제대로 살아갈 수 있겠는가 하는 물음은 잘못이 아니다." 누구보다도 '아우슈비츠 이후'의 문제에 대해 치열한 성찰을 했던 이 철학자에게 "고통을 명백히 들추어내고자 하는 필요성이 모든 진실의 조건"이라는 명제는 당연하다. 그는 칸트의 정언명령Kategorischer Imperativ을 "아우슈비츠가 되풀이되지 않고 그와 유사한 일이 일어나지 않도록 생각하고 행동하라!"는 히틀러 이후의 새로운 정언명령으로 변형시키기까지 한다.

마우슈비츠

그런데 만화가 아트에게는 '아우슈비츠 이후'에도 이런 정신적 단호함이 없다. 그는 우울한 표정으로 아내에게 말한다. "내 자신이 아버지와의 관계에 대해 아무 의미도 찾지 못하고 있으면서 어떻게 아우슈비츠의 의미를 찾을 수가 있지? 대학살에 대해서도 말야?" 더구나 그는 〈쥐 I〉의 대성공 이후 몰려든 기자들이 만화의 메시지에 대해 물을 때도 "메시지요? 모르겠는데요. 저, 전 이걸 어떤 메시지 하나로 축소하려는 생각이 없었습니다"라고 답한다.

〈쥐 II〉에 그려 넣은 이 인터뷰 장면은 고통의 역사에 대한 피상적 해석들을 단박에 날려버린다. 얼굴에 '쥐 가면'을 쓰고 만화 제도판 앞에 앉아 있는 작가의 밑에는 비쩍 마른 시체들이 수북이 쌓여 있지 않은가! 그것은 아우슈비츠에서나 볼 수 있는 시체들이다. 그 위로 파리들이 붕붕 날고 있다. 그런데 기자와 카메라맨들은 그 시체들을 밟고 서서 인터뷰 공세를 펼친다. 아트의 몸집은 점점 작아져서 어린 아이만 해진다.

기자들이 모두 가버리자, 아트는 정신과 의사 파벨을 찾아간다. 그는 아우슈비츠의 생존자다. 아우슈비츠가 어땠었냐는 아트의 질문에 파벨은 개처럼 달려들며 이 한 마디로 답한다. "왕!"

그러고는 차분히 말한다. "휴우. 당신 만화 애길 하는 건 아니지만 지금까지 대학살에 대해 얼마나 많은 책들이 쓰여졌는지 봅시다. 무슨 소용이 있었죠? 사람들은 변하지 않았어요. 어쩌면 더 새로운 대규모의 학살이 필요할지 모르지요."

아우슈비츠의 가능성은 편재한다. 우리는 단지 역사적 경험 때문에 또 다른 아우슈비츠를 우려하는 게 아니다. 아트가 만화에서 재치 있게 표현했듯이, 그가 그려낸 것은 '쥐'들이 억압당하고 학살당하는 '마우슈비츠 Mauschwitz'인 것이다. 쥐 가면 뒤에 숨은 인간의 얼굴이 품고 있는 어두운 진실을 그 누가 다 알겠는가.

—철학 광장

내 의식의 알몸으로 너를 보리라

: 박재동 외 〈십시일反〉

혹 잊고 있을지 모르겠지만, 현대 사회에서 '홍보'는 양적으로든 질적으로든 대중문화의 중요한 부분을 차지한다. 당연히 '널리 알린다'는 의미에서 그렇고, 영화, 애니메이션, 만화 같이 대중성 높은 예술 장르의 표현 방식을 취한다는 의미에서도 그렇다

윤리적 문제를 홍보하기 위해 이런 방식을 택하는 데에는 이유가 있다. 오늘날 윤리는 '보여줌'이 또한 중요하기 때문이다. 우리가 앞서 문자문화를 다루면서도[4부] 언급했듯이 좁은 의미의 영상문화인 문자문화는 윤리적 주제를 집약적으로 전달할 수 있고 의미 형성의 응집력이 있다는 점에서 인류가 적극 활용해왔지만 또한 문자의 억압성이라는 문제가 있을 수 있다. 이미지를 사용하는 넓은 의미의 영상문화는 보여줌으로써 스스로 생각

할 수 있는 기회의 폭을 넓혀준다는 이점이 있다. 단순히 대중에게 접근하는 데 용이하기 때문만은 아니다. 국가인권위원회가 기획하고 10인의 작가가 참여한 만화책 〈십시일反〉은 최근 몇 년 동안 꾸준히 많은 사람들의 관심을 받아왔다는 점에서 주목할 만하다.

사람 취급

우선 '反^반' 자가 들어간 특이한 제목이 시선을 끄는데, 기획편집자들의 설명을 직접 들어보자. "〈십시일反〉. 열 명이 모여 만든 책 한 권으로 차별에 맞서겠다는 의도다. 한편으로는 말 그대로 '십시일반^{十匙一飯}'이 되었다. 만화가들이 한 술 한 술 퍼 담아 뚝딱 밥 한 그릇을 만든 셈이다. 이 밥 한 그릇으로 '인권'에 좀 더 가까워지고, 일상 속에서 지혜롭게 차별과 차이를 가려낼 줄 아는 '인권의 감수성'을 높일 수만 있다면…… 감수성이 쌓이고 쌓여 우리의 지독한 편견과 굳어버린 습관이 하나씩 하나씩 무너지는 날이 오기를……."

그래서 〈십시일반〉은 우리 일상 곳곳에 숨어 있는 차별을 들추어낸다. 가슴 뭉클하고 때로는 오래 주시하지 못할 정도로 전율을 일으키는 이미지들은 여성, 가난한 사람, 장애인, 외국인 노동자, 성적 소수자, 그리고 혹자는 '아직도!'라고 할지 모를, 검은 피부색을 지닌 '인종'에게 가해지는 음흉하고 억압적인 차별을 고발하고 있다. 글과 그림이 어우러진 만화는 이 점에서 특별한 소통력이 있다.

그런데 우리는 여기서 이 고발의 메시지들을 좀 더 세밀히 살펴볼 필요가 있다. 그것들의 심층을 성찰해야 하기 때문이다. 어떤 의미에서 〈십시일반〉을 넘어서는 사유가 필요하다. 이 만화책에 담긴 여러 에피소드들은 결국, 우리 사회의 차별 의식이 위에서 나열한 '부류'의 사람들을 '사람 취급하지 않고 있다'는 것을 보여준다. 그렇기 때문에 인권의 문제가 드러나고 인권 감수성의 향상이 촉구된다.

사람을 사람 취급하지 않는다는 것은 사실 너무도 명백한 인권 문제다. 그러므로 어처구니없을 정도로 심각한 윤리의 문제다. 이 말은 끔찍하게 들린다. 그것은 우선 인식적 차별을 내포하고, 마땅한 정체성을 인정하지 않는 것이며, '취급'이라는 단어의 뉘앙스처럼 인간관계에서 극단의 상태를 나타내기 때문이다(이 말은 해학적이지 않은 한 부정적일 때에만 사람에 대해 쓴다). 그런데도 사람들은 이러한 일들을 자행해왔고, 자행하고 있으며, 앞으로도 그럴 가능성이 있다. 그래서 우리는 명민한 비판 의식을 견지하고자 한다.

역사적으로, 자기와 다른 인종을 아예 사람의 범주에 넣지 않는 인식적 차별이 있던 때가 있었다. 신대륙 개발이라는 서구인들의 식민화가 진행되던 시대에, 그들은 끔찍하게도 이런 인식적 차단으로 근본적 인류의 문제를 은폐하기도 했다. 그러나 오늘날은 '사람 취급'의 문제를 인권의 핵심에 놓는 것으로 족하지 않다. 그것은 차별을 고발하는 데에 그치기 쉽기 때문이다.

'한 사람'으로 대하기

차별을 고발함과 동시에 그것을 해결할 실마리를 잡기 위해서는, 타인을 인간적으로 대하는 것을 넘어서 '한 사람'으로 대해야 한다. '사람 취급한다'는 말은 사실 추상적이다. '한 사람'이라는 친밀한 인식과 구체성을 가져야만, 타인의 문제, 곧 너의 문제를 나의 문제로 삼을 수 있다. 타인을

‘그들’이 아니라 ‘너’로서 인식하는 방법은 너무나 당연하게도 ‘한 사람’으로 대하는 것이다. 우리는 이 당연함을 오랫동안 잊고 있었다.

이것은 인권의 문제를 사랑의 차원으로 이끄는 일이다. 사랑하는 사람은 항상 상대를 ‘한 사람’으로 본다. 물론 개인적인 애정을 품듯이 사회적 연대감을 품을 수는 없지만, 적어도 그런 마음으로 자칫 차별 받을 수 있는 사회적 동료를 대해야 한다. 곧 인간관계의 개인화가 필요하다. 이는 강풀의 만화에서도 살펴보았듯이 ‘사랑에 빠지기’의 상태를 ‘사랑하기’로 전환하는 것임을 이제 우리는 안다.

그래야만 그에게 ‘사회가 지어준 이름’인 장애인, 트랜스젠더, 빈자, 수입 노동자, 흑인, 백인 등의 껍질을 벗겨버리고 만날 수 있다. 장애인의 문제를 해결하기 위해서라든가 트랜스젠더의 문제를 해결하기 위해서라고 인식하기 이전에, ‘한 사람’의 문제를 바로 해결하기 위해서라는 마음이 필요한 것이다.

이것이 진정한 인권 감수성이며, 이는 또한 나 자신에게도 엄청난 윤리적 가치를 지닌 것이다. 누군가 인권 감수성의 윤리적 가치를 묻는다면 이렇게 답하리라. 윤리란 마치 필요한 것처럼 되어버린 불필요한 사회적 무게를 덜어내는 가운데서 드러나는 인간의 의미라고. 고인 물이 되어버린 관습, 편견, 선입견, 고정관념들을 물꼬를 터서 흘려보내고, 자기 몸의 일부처럼 되어버린 고착된 의식의 오랜 먼지를 부르르 털어버리고, ‘의식의 알몸 되기’를 시도하는 과정에서 우리는 도덕적이 된다.

윤리는 나쁜 관습과 습관으로 체득된 잘못들을 진실이 대체할 수 있도록 그 진실을 부단히 실천함으로써 이루어진다. 윤리는 “현실이 다 그런 거지 뭐”라고 하는 바로 그 현실을 진실로 대체하고자 한다.

‘알’이란 덮어 싼 것을 다 털어버린 상태를 뜻한다. 의식의 알몸 되기는 고대로부터 소중한 철학적 가르침이었던 '나 자신을 알게' 되는 것이다. 그것은 모든 틀과 모든 색깔과 모든 덧붙임과 모든 사회적 이름과 훈장을 떨쳐버리고 나의 알몸을 발견하는 일이다. 너 자신을 제대로 보기 위해서 나 자신으로 재탄생하는 것이다. 그러면 나는, 네게 덧씌워진 것이나 네게 색칠된 것이 아닌, 너의 황홀 그 자체를 볼 수 있다.

윤리란 자기 주체화 작업이자, 동시에 타자의 주체화 작업이다. 바로 여기에 차별의 문제를 넘어서는 윤리적 가치가 있다. 내 의식의 알몸으로 너를 보는 것, 이것은 인간의 의미를 발견하는 감동 그 자체이다. 이것이 또한 구체적인 한 사람에서 출발하고 밥 한술에서 출발하여 감동의 연대감을 이루는 '십시일반'의 정신이다.

애니
메이션

애니메이션 또는 얼그림을 영화의 연장선상에서 다루면 우리는 많은 것을 놓치게 된다. 환상예술로서 얼그림을 이해하면 '애니메이션 철학'의 가능성을 발견할 수 있다. 얼그림은 실재성의 틀에서 우리를 해방시키고 영혼의 폭을 확장시켜준다. 따라서 철학적 사유의 폭 또한 유연하게 넓혀준다.

01

"날지 않는 돼지는 돼지일 뿐이야"

: 미야자키 하야오 〈붉은 돼지〉

　대중문화, 곧 '사람들의 문화' 가운데서도 애니메이션 작품(우리말로는 '얼그림'이라고 해도 좋다)은 예술의 여러 장르와 연계되어 있다. 무엇보다도 동화, 만화, 영화와 밀접하다. 그러므로 애니메이션 작품은 형식 면에서든 내용 면에서든 다양한 표현의 가능성을 지니고 있다. 애니메이션은 현실적이고자 하는 표현의 틀에서 벗어나 자유로운 기운으로 창작한 그림과 스토리가 어울린 환상적 표현의 백미를 이루는 예술 장르라고 할 수 있다.

　오늘날 애니메이션은 영화와 기술적인 면에서 많은 것을 공유하고 예술 창작이라는 면에서도 여러 가지 요소들을 공유한다. 하지만, 그 본질적인 차이는 우리가 상식으로 알고 있는 것보다 훨씬 더 크다. 이것은 애니메이션을 영화의 연속선상에 놓고 보거나 그 아류로 생각하는 입장에 대한 반성을 불러온다.

실사영화가 되도록 '실감나게' 표현해내려 한다는 의미에서 현실 집착적이라면 애니메이션은 어떤 의미에서 현실 탈피적이라고 할 수 있다. 이는 현실의 배우를 활용하지 않는 애니메이션의 연출이 본질적으로 영화와 다르다는 점에서뿐만 아니라, 애니메이션은 의도적으로 현실 조작성을 회피해서 환상적 표현을 추구하기 때문이라는 것으로도 설명될 수 있다.

영화와 달리 애니메이션에서는 실체가 별로 중요하지 않다. 실체, 더 나아가 실재 너머의 그 무엇인가가 중요하다. 이런 특별한 의미에서의 비현실성은 환상의 확장을 가능하게 한다. 또한 '실체가 아닌 무엇'을 추구한다는 것은, 눈에 보이지 않는 비가시적인 것(그것은 실체 너머일 수도 있고, 실체 안에 있는 무엇일 수도 있다)에 깊은 관심이 있다는 것을 말해준다. 그것은 영靈적인 것일 수도 있고 혼魂일 수도 있다. 애니메이션 작품^{animated cartoon}이 '혼이 들어간 그림'이라는 어원적 의미를 갖는 것은 어쩌면 당연한지도 모른다.

내가 애니메이션 작품을 가리키는 말로 '얼그림'이라는 단어를 만들어낸 것은 반드시 우리말 표현을 쓰기 위해서만은 아니다. 무엇보다도 이 말이 그 본질을 잘 반영하기 때문이다. 또한 우리의 '얼'이 현실을 성찰하듯이 '얼그림'은 탁월한 상상과 판타지를 품고 있으면서도(아니, 바로 그렇기 때문에) 현실의 삶을 반추하게 한다.

마법에 걸린 세상

일본 '아니메'의 거장 미야자키 하야오宮崎 駿의 작품들도 이런 얼그림의 특성을 잘 보여준다. 그의 작품은 삶에 대한 '물음표'들을 풍부하게 담고 있다. 그 물음표들은 무엇보다도 자연과 인간에 관한 오래된 질문들을 드러낸다. 그러므로 그의 작품들은 인문학 텍스트로서도 소중한 역할을 할 수 있다. 경쾌한 언어와 그림으로 묵직한 질문을 던지는 텍스트 말이다.

〈붉은 돼지〉는 미야자키 감독 자신의 만화를 원작으로 1992년에 애니메이션 작품으로 완성되었으며, 우리나라에서는 2003년에 극장 상영되었다. 미야자키는 이 작품에서 그의 다른 작품들에도 자주 등장하는 두 가지 '이야기 풀어가기 장치' 들을 활용한다. 비상飛翔과 변신變身이 그것이다. 중력을 어기고 '난다는 것' 과 정상의 모습에서 다른 것으로 '변한다는 것' 은 이야기에 출력을 주는 쌍발 엔진과 같은 것이다.

마르코 파고트 중위는 이탈리아 공군 조종사로서 제1차 세계대전 당시 수많은 공중전에서 맹활약한 바 있다. 그러나 전쟁의 참혹함과 동료의 죽음 그리고 그 앞에서 아무것도 할 수 없었던 자신의 무력함에 충격을 받고 돼지로 변한다.

가히 '비행정의 시대' 라고 할만한 1920년대 말의 아드리아 해는 하늘의 해적 또는 '공적空賊' 들이 횡행하는 곳이다. 마르코는 그들을 표적으로 삼는 현상금 사냥꾼Bounty Hunter으로 살아간다. 공중전에서 도저히 그를 당할 수 없는 공적들은, 그와 붉게 칠한 그의 비행정을 포르코 로쏘Porco Rosso, 이탈리아어로 '붉은 돼지' 라는 뜻라고 부르며 두려워한다. 붉은 돼지는 '하늘의 협객' 인 것이다.

그런데 포르코로 변신한 마르코의 마법은 풀릴 것인가? 그를 연모하는 아드리아노 호텔 여사장 지나도 "어떡하면 당신의 마법을 풀 수 있을까요?"라고 하며 고뇌한다. 하지만 마르코에게는 마법에 걸려 돼지로 변해 있다는 사실 자체가 역설적으로 존재의 의미를 지탱해주는 것이다.

살육의 전쟁에서 스타 파일럿이었으며 동료의 안위보다 공중전에 더 몰두했던 자신의 삶은 비인간적이었다. 남들이 모두 더럽고 흉측하게 여기는 돼지로 변한 그는 이제 현상금벌이로 살아간다(미야자키의 수려한 필체로 그려진 이 작품에는 모든 것이 너무 아름답다. 포르코의 모습만 빼고). 하지만 그 시대의 많은 사람들이 그러하듯 번듯하게 인간의 모습으로 온갖 비인간적인 짓들을 하면서 그것을 정당화하는 삶을 살지는 않는다.

포르코에게는 이 세상이 마법에 걸려 있는 것이다. 풀려야 할 마법은 바로 그 마법이다. 그 마법은 사람들이 얼마나 인간적으로 살 수 있는지 시험하고 있다. 그는 돼지의 모습으로 오히려 이 세상이 얼마나 인간적 또는 비인간적일 수 있는가 관조하고 있는 것이다(미야자키의 작품은, 주인공의 마법을 푸는 것이 이야기의 핵심인 다른 판타지 작품과 바로 이 점에서 다르다. 이야기의 결말에서 마법이 풀려 마르코가 원래 모습을 되찾았는지 아닌지는 중요하지 않다).

처절한 인간미

포르코의 비행정을 수리해준 17세 소녀 정비사 피오는 마르코 중위가 세계대전 당시 폭풍우 치는 바다에서 추락한 적군 조종사를 구해주었다는 전설적 이야기를 듣고 얼마나 감동 받았는지 모른다고 그에게 고백한다. 이 말에 포르코는 "네 말을 듣고 있으면, 모든 인간이 다 쓸모없는 존재는 아니라는 생각이 든다"고 답한다.

붉은 돼지를 상대하기 위해 '공적 연합'은 미국인 조종사 커티스를 고용한다. 포르코와 커티스는 현상금을 걸고 공중전으로 결투한다. 공중전에서는 누가 상대방의 '꼬리'를 잡느냐가 승부의 갈림길이다. 커티스는 포르코로쏘의 꼬리를 잡을 때마다 기관총을 난사한다. 하지만 포르코는 커티스의

—철학 광장

꼬리 뒤를 집요하게 쫓아도 쏘지 않는다. 상대방을 조금이라도 다치지 않고 승리할 수 있는 방법을 끝까지 찾는다. 지상에서 손에 땀을 쥐고 공중전을 추적하던 공적의 두목도 이를 알아차린다. "알았다. 포르코 저 녀석은 끝까지 안 쏠 작정이야. 지금 쏘면 미국 놈이 총알에 맞을 수도 있거든. 비행정 엔진에만 몇 방 갈기고 끝낼 수 있을 때까지 기다리는 거야. 저 돼지 녀석 대단해!"

피오는 마르코의 전담 정비사였던 할아버지로부터 들어왔던 전설적 파일럿의 이야기를 좋아했다. 멋진 파일럿으로서 마르코를 흠모해왔다. 하지만 피오가 흉측한 포르코에게 결정적으로 마음을 빼앗기는 것은 바로 이 순간이다. 자신의 목숨을 걸고 타인(그것도 결투의 상대인)의 목숨을 보존하려는 이 역설적 바운티 헌터, 붉은 돼지의 처절한 인간미…… 그것이 소녀의 가슴에 꽂히고 만 것이다.

혹자는 포르코가 너무 인간적인 것을 바란다고 말할지 모르겠다. 하지만 중립적인 의미의 '인간적'인 것이란 존재하지 않는다. 사람들이 흔히 잊고 있지만, '인간적'이란 말은 사실 인간의 형용사가 아니라 '이상적 인간'의 형용사이다. 그래서 '비인간적'이라는 말도 '반인간적인' 것, 곧 인간이 아님을 뜻하는 게 아니라, 인간이되 그 가치와 의미에서 많이 모자람을 뜻한다. 진정으로 인간적인 것은 항상 저 높은 곳을 향한다. 인간은 동물의 본성을 지니고 있으면서도 신의 옷자락을 붙들고 있기 때문이다.

포르코에게 비상의 의미는 각별하다(얼그림 속 몇몇 비행 장면들은 압권이다. 구름 사이에 하늘이 있는지, 하늘 사이에 구름이 있는지 모를 한낮의 창공을 가르는 비행, 은하수를 길잡이 삼아 검은 벨벳 위를 미끄러지듯 하는 야간 비행…… 이 아름다운 비행들은 포르코의 추한 얼굴과 대비된다). 난다는 것이 자유를 의미해서만은 아니다. 날면서 자연을 관조할 때 자연이 가장 아름답기 때문만도 아니다. 추악한 모습의 자신을 사랑한 두 여인을 서로 친구로 만들어놓고 자신은 홀연히 사라질 수 있는 낭만이 가능해서도 아니다.

이 모든 것이 어우러진 삶은, 업보를 지고 돼지로 변한 자신에게는 저 높은 곳을 향할 수 있는 푸른 창공에서만 가능하기 때문이다. 붉은 돼지에게 비행의 의미는 인간적일 수 있는 가능성 그 자체이다. 그래서 포르코, 아니 마르코는 말한다. "날지 않는 돼지는 그냥 돼지일 뿐이야."

02

인간이 '양날의 칼' 이다

: 오토모 가츠히로 〈스팀 보이〉

애니메이션 작품에서 장엄함을 느낀다는 것은 특별한 경험이다. 영상의 장엄함, 음향의 장엄함, 의미의 장엄함 그리고 인간의 삶이라는 모순의 세계가 지니는 저 장중한 무게까지 포함해서 말이다.

오토모 가츠히로大友克洋의 〈스팀 보이〉는 말 그대로 장편러닝타임 126분 애니메이션 작품이다. 오토모 감독은, 2004년 베네치아 영화제 폐막작이기도 한 이 작품의 프롤로그에서 엔딩 크레딧까지 작심하고 생각의 화두들을 심어 놓았다. 그것은 대사뿐만 아니라 채색과 명암의 세밀한 변화에도 담겨 있다. 그가 관객과 함께 사유하고자 하는 것은 과학과 기술 그리고 발명을 둘러싼 인간의 삶과 꿈이다.

궁극의 아름다움

18세기 후반 제임스 와트의 증기기관 발명은 산업혁명의 원동력이었다. 그로부터 약 1세기 후인 19세기 후반이 이야기의 배경이다. 영국의 과학자이자 발명가인 로이드 스팀은 아들 에드워드와 함께 알래스카의 비밀 공장에서 실험을 거듭한 끝에 초고압의 증기를 고밀도 상태로 봉인하는 데 성공한다. 축구공만 한 작은 부피 안에 경이적인 에너지를 품고 있는 '스팀 볼'이 그것이다.

당시 로이드는 상식을 뛰어넘는 발상만이 창조의 원동력이라는 신념을 갖고 과학 기술 발전을 위해 전력투구하고 있었다. 반면 에드워드는 아버지에 비해 과학적 탐구와 실험에서 덜 열정적이고 소심한 성격이었다. 최초의 스팀 볼 한 개를 완성시키던 날 있었던 폭발과 화재로 에드워드는 큰 부상을 입고 간신히 목숨을 건진다. 그런데 이를 계기로 아버지와 아들은 각각 그때까지와는 정반대의 신념을 갖게 된다. 로이드는 과학의 위험성을 깨닫고, 과학 기술 발전의 폭주에 제동을 거는 것을 자신의 사명으로 삼는다.

반면 스팀 볼의 위력을 몸소 체험한 에드워드는 미국 거대 기업의 후원을 받아 두 개의 스팀 볼을 더 개발한 후 상상을 초월하는 과학 기술 프로젝트를 수행한다. 그것은 비행할 수 있는 '스팀 성城'의 건설이다. 아들은 아버지가 갖고 있는 세 번째 스팀 볼을 빼앗아 자신의 계획을 완성하려 하고, 아버지는 아들의 계획 자체를 무산시키려 한다. 이 두 사람 사이에서 또 하나의 혈육인 에드워드의 아들 레이는 갈등한다.

에드워드는 아는 것이 힘인 것처럼 과학은 힘이라고 아들 레이를 설득한다. "레이, 아빠는 사고를 당하고서야 깨달았단다. 격렬한 증기의 소용돌이가 날 삼켰을 때 과학의 압도적인 힘을 직접 목격했다. 그래 과학은 힘이야. 그리고 이 스팀 성이야말로 과학의 궁극적인 모습이다." 에드워드는 스팀 성의 힘은 궁극적으로 인간 활동의 모든 분야에 이용될 것이라고 아들 레이를 설득한다. "길고 힘든 노동에서 인간을 해방시키고, 자연의 재해에도 대항할 수 있어. 우리는 이 강대한 과학의 힘을 모든 세상에 보급할 거란다! 지금까지 인간의 힘이 미치지 못했던 극지대를 탐험하고 고공과 심해로 진출할 거야!"

레이는 아버지에게 왜 할아버지는 스팀 성 제작에 참여하지 않았는지 묻는다. 에드워드는 과학에 대한 견해차라고 답한다. "과학은 연금술과 같은 신비술이 아니야. 과학은 '힘'으로써 현실에 존재하고 실제로 사용할 수 있는 거야. 그걸 사람들을 위해 사용하지 않는다면 어쩌겠다는 거지. 과학의 은혜를 갈망하는 사람들은 온 세상에 존재한다."

반면 할아버지는 "과학은 우주의 진리를 탐구하는 것이야. 인간의 어리석은 행동을 돕기 위한 게 아니야!"라고 맞받아친다. 국제적 무기 거래로 부를 축적한 거대 기업의 재정 지원을 받아 건설되는 스팀 성은 가공할 무기가 될 수도 있기 때문이다. 로이드는 아들을 비난하며 손자에게 말한다. "선과 악의 경계를 넘은 놈은 죽은 거나 마찬가지야. 알았지, 레이. 적이란 자기 안에 있는 오만과 타산이 만들어낸 거야."

에드워드는 런던 만국 박람회를 기회로 스팀 볼의 힘으로 비행하는 거대한 스팀 성의 위용을 선보이려 하지만, 로이드와 그의 뜻을 따르는 레이의 방해로 성은 폭발 직전에 이른다. 아버지는 마지막으로 아들을 설득한다. "포기해라, 에디_{에드워드의 애칭}, 이 성은 이미 폭발 직전이다! 우리의 꿈은 이제 무너진 거야." 이에 아들은 답한다. "그렇지 않습니다, 아버지. 이 성을 발동시킨 시점에서 제 꿈은 실현된 거나 마찬가지입니다······ 스팀 성을 파괴

해봤자 이미 늦었다는 겁니다……. 세상 사람들은 이미 이걸 봐버렸습니다……. 한번 이 압도적인 모습을 본 이상, 비록 스팀 성을 파괴한다 해도 다시 누군가 이것과 똑같은 걸 만들려 하겠죠. 이 모습이야말로 '궁극의 아름다움' 이기 때문입니다."

불의 이미지

〈스팀 보이〉의 이야기를 따라가다 보면, 인간을 위한 것이면서도 인간을 해칠 수 있다는 과학이 지닌 모순적 성격, 즉 '과학은 양날의 칼' 이라는 메시지를 강하게 받기 쉽다. 오토모 감독 역시 다분히 이런 메시지를 의도하고 있다. 그러나 수많은 과학 논쟁에서 사람들이 간과하는 것이 있다. 그것은 바로 '인간이 양날의 칼' 이라는 사실이다.

인간이 다른 동물과 달리 문명을 이루며 살게 된 데에는 여러 가지 이유가 있지만, 무엇보다도 불의 발견을 들지 않을 수 없다. 신화에서도 프로메테우스가 인간에게 불씨를 가져다주었기 때문에 제우스로부터 벌을 받았다는 이야기는 각별한 의미가 있다. 분명 불의 사용은 원시 인류가 획기적인 문명 발전을 이루는 계기가 되었음에 틀림없다. 그렇다면 불이란 어떤 특성을 지녔는가? 그것은 매우 위험한 것이지만, 그 활용도란 이루 말할 수 없는 것이다.

이제 불을 사용하는 인간은 어떤 존재인지 물어보자. 인간은, 다른 동물들은 가까이 갈 엄두도 못내는, 목숨을 앗아갈 정도로 위험한 것을 자신의 도구로 사용하는 존재이다. 이것이 인간의 본질적 양면성이다. 인간은 저 먼 옛날부터 가장 위험한 것을 가장 효용성이 높은 도구로 사용하기 시작한 것이다. 인간은 위험한 것이 곧 쓸모 있다는 것을 체화한 존재이다. 그러므로 효용성을 높이기 위해서는 위험을 무릅써야 한다는 것도 잘 알고 있다. 인간만큼 '양날의 칼'이라는 은유에 어울리는 존재도 없을 것이다.

로이드와 에드워드가 발명한 스팀 볼은 무엇인가? 그것은 초고압의 증기를 고밀도로 응축해서 품고 있는 위험하기 짝이 없는 기구이다. 그럼으로써 그 어느 것보다 효용성이 높은 도구이다. 그 작은 볼 세 개가 연계해서 힘을 발휘하면 상식을 초월하는 거대한 성채도 하늘로 날게 하지 않는가. 이러한 발명들에는 인간의 정신이, 더 나아가 인간의 정체성 그 자체가 투영되어 있다. 이제 문명 비판과 과학-기술 비판이 왜 인문적 성찰을 거쳐야 하는지 이해할 수 있을 것이다. 과학자 없는 과학은 존재하지 않는다. 발명가 없는 발명품도 존재하지 않는다.

이 지점에서 우리는 생각을 좀 더 밀고 들어가볼 수 있다. 과학 기술의 가공할 힘을 경험하게 된 로이드는 '과학을 진리 탐구에' 한정지으려 한다. 즉 기술과 결합하여 뭔가 '만드는 과학'이 아니라, 오로지 '사유하는 과학'으로 되돌리려고 한다. 이른바 '순수' 과학으로 되돌리려 한다. 이것은 결국 과학을 그 탄생의 고향인 고대 자연철학으로 회귀시키는 것과 같다. 곧 서구 근대 역사에서 진행되었던 과학과 기술의 결합이라는 사슬을 끊으려 하는 것이다.

절박한 상황에 있는 로이드가 이런 순진한 사고를 하는 것은 이해할 수 있다. 하지만 인간이 양날의 칼이라는 것은 근현대 과학-기술에만 해당되는 게 아니다. 인간의 사유 자체가 양날의 칼일 수 있기 때문이다. 진리 탐구 자체가 양날의 칼이기 때문이다. 학자들은 고귀한 학문적 사유는 중립적이고 그것을 어떻게 활용하느냐에 따라 좋은 것일 수도 있고 나쁜 것일 수도 있다는 터무니없는 자기 방어를 한다. 과학자들도 이와 같은 논리로 과학 기술과 그 성과는 중립적이고 그것의 활용에 따라 선할 수도 악할 수도 있다고, 모든 비판을 무력화하려는 나름 막강한 방어와 은폐의 방패를 치켜든다. 하지만 이런 과학의 중립성이라는 것은 존재하지 않는다. 그것은 논증할 수도 실증할 수도 없는 것이다. 도대체 어떻게 중립적이라는 말인가? 굳이 중립의 의미를 찾는다면, 양날의 칼 가운데에 있는 칼의 몸통이라는 뜻으로 중립일 수는 있다. 하지만 이미 양날을 지니고 있는 중심 몸통일 뿐이다.

왜 인간이 '자기 자신을 잘 알아야' 하는가? 바로 인간의 존재적 속성이 이렇기 때문이다. 또한 바로 그렇기 때문에 인간이 이 세상에 존속하고 있다는 사실 자체가 대단하고 경이로운 것이다. 그러므로 그것은 엄청난 의미를 지니고 있다. 인간은 지속적으로 철학적 탐구의 대상일 수밖에 없다.

에드워드는 스팀 볼의 힘으로 부상하는 스팀 성의 모습이야말로 '궁극의 아름다움'이라고 했다. 이것 역시 불의 이미지를 떠올리고 불과의 유비적 사유를 자극한다. 저 옛날 원시 인류도 활활 타오르는 불의 모습에서 궁극의 아름다움을 보지 않았을까? 그리고 모든 것 위에 군림하는 궁극의 힘을 연상하지 않았을까? 그러면서도 자신에 대해 깊이 성찰하는 것은 자주 잊고 있지 않았을까?

유기체로 산다는 것의 의미는?

: 크리스 웻지 〈로봇〉

아이나 어른이나 이야기 속의 주인공과 자신을 동일시하는 경향이 있다. 그 주인공은 대부분 사람이지만, 그렇지 않은 경우도 있다. 주인공이 로봇일 경우도 있으니까. 나도 어릴 적에 우주소년 '아톰'처럼 되었으면 하고 꿈꾼 적이 있다. 나보다 더 젊은 세대들은 '로보트 태권브이'와 자신을 동일시하는 경험을 했으리라.

닮고 싶은 우상으로서 로봇은 사람보다 더 매력적일 수 있다. 우선 각각의 로봇은 모두 '개성 만점'이기 때문이다. 로봇은, 사람과 달리 종種의 생물적 특성을 모두 갖출 필요가 없다. 유전적으로 물려받아야 할 그 어떤 것도 없기 때문이다. 각각의 로봇은 그 자체로 독보적인 존재이다. 물론 병정 로봇처럼 획일화된 로봇은 그렇지 않겠지만, 적어도 어떤 이야기의 주인공 로봇은 모두 독보적인 개성을 지닌다. 강한 개성은 강한 상징성을 확보한다. 그러므로 더욱 닮고 싶게 만든다.

그러나 그 어느 것보다 지금까지 로봇 주인공이 매력적인 이유는, '변하지 않는다'는 사실일 것이다. 아톰은 영원한 아톰이다. 태권브이도 자라거나 늙거나 병들지 않고 언제나 한결같다. 잘 알려진 영화 〈바이센테니얼맨〉의 주인공 앤드류도 성장하지도 늙지도 죽지도 않는다. 항상 그대로이다. 인간이 되고 싶어하는 앤드류는 이런 조건 때문에 괴로워 하다가 결국 자신을 늙고 죽을 수 있는 존재로 개조하기까지에 이른다. 불변은 신뢰의 원천이다. 또한 영생의 욕구를 불러일으킨다. 생로병사에 휘둘리지 않는 존재로서 로봇은 영원히 신뢰받는 이야기의 주인공이다. 이런 로봇 이야기는 그 자체로 현대의 신화가 된다. 만화든, 영화든, 애니메이션이든, 지금까지 수많은 로봇 이야기들은 이런 로봇의 특성을 소재로 해왔다.

무기체 〈로봇〉

그런데 크리스 웻지^{Chris Wedge} 감독의 애니메이션 〈로봇〉^{2005년}은 두 가지 점에서 앞선 작품들과 다르다. 그 하나는 사람들의 세계에 등장하는 로봇을 설정한 게 아니라 로봇들만이 사는 세상을 그려낸 것이고, 다른 하나는 로봇의 생존 조건을 '로봇의 본질'이라는 점에서 재조명한 것이다. 그 본질이란 로봇이 무기체라는 사실이다. 즉 사람이나 동물같이 자생력 있는 유기체가 아니라는 것이다.

유기체는 번식이라는 생명의 작용으로 종種을 유지한다. 하지만 무기물로 되어 있는 로봇은 번식할 수 없다. 그래서 웻지의 작품에서는 부부 로봇이 '태어날 아기' 로봇의 부품을 공장에 주문한다. 부품이 집에 도착하면

로봇의 본질은 사람이나 동물같이 자생력 있는 유기체가 아닌 무기체라는
점이다. 부품 공급 중단은 로봇들에게 곧 사형선고나 마찬가지다. 크리스
웻지의 〈로봇〉은 이 무기체의 한계라는 거울에 비춰 '유기체로 산다는 것'
의 의미를 다시금 생각하게 한다.

열심히 조립해서 아이를 '해산' 한다. 물론 출산의 고통도 있다. 조립이 어려워 땀을 흘리고 애를 먹기 때문이다. 반면 편한 점도 있다. 아기가 보채고 울기를 그치지 않으면, 애써 달래지 않고 볼륨 버튼으로 울음소리를 줄이면 된다.

새로 태어난 로봇은 '성장' 한다. 유기체처럼 자생적으로 커가는 게 아니라, 해가 지나면 그 나이에 맞게 부품을 갈아 끼움으로써 성장의 효과를 낸다. 로봇들의 세계에도 빈부의 차이가 있어서, 부자 로봇들은 새 부품을 주문해서 갈아 끼우지만, 시골 마을의 식당에서 식기세척 로봇으로 일하는 카퍼바틈 씨 부부는 아들 로드니를 키우기 위해 사촌 형제들의 부품을 물려받아 활용한다. 그래도 로드니는 무럭무럭 자란다. 가난한 집안이지만 가족 사이의 화목도 있고, 인간애 못지않은 로봇의 사랑도 있다.

그런데 진짜 큰 문제가 발생한다. 그때까지 로봇들에게 부품을 독점 공급해오던 빅웰드 회사가 기존 부품 공급을 중단하고, 새로이 로봇 자체를 업그레이드하는 제품만을 생산 공급한다는 것이다. 로봇은 무기체이다. 그러므로 부품이 오래되어서 마모되거나 손상되면 교체해야 한다. 이는 로봇이 존재하기 위한 필수 조건이다. 그리고 부품이 없으면 아이도 낳을 수 없고, 아이를 키울 수도 없잖은가. 부품 조달을 할 수 없는 로봇들은 이제 폐기처분되어야 할 운명에 있다.

이 사실을 알게 된 주인공 로드니는 빅웰드 사에 대항해 로봇들을 이끌고 목숨 건 투쟁을 한다. 그들의 투쟁은 말 그대로 생존을 위한 것이다. 이는 부품 공급이라는 물질적 조건이 곧 생존의 조건인 무기체의 문제를 그대로 드러낸다.

유기체 인간

　〈로봇〉은 무기체를 의인화하지만, 무기체의 본질적 한계를 잘 보여준다. 또한 무기체의 한계라는 거울에 비춰 '유기체로 산다는 것'의 의미를 다시금 생각하게 한다. 유기체는 그 생명이 유한하다. 태어나서 성장하며 때론 병들기도 하고 시간이 지남에 따라 노쇠해지고 결국 죽음을 맞는다. 그러나 자신의 몸을 유지하기 위해서 로봇의 부속처럼 몸의 일부를 외부에서 가져와야만 하는 것은 아니다. 성장하기 위해서도 그럴 필요가 없다. 스스로 자라고, 외부의 개입 없이도 스스로 늙어가며, 세월이 흘러 나이가 많이 들면, 스스로 죽음의 순간을 향해 간다.

　'스스로'라는 말은 유기체의 본질을 드러낸다. 이것은 곧 자생, 자율, 자유의 의미에 연결된다. 철학자 한스 요나스^{Hans Jonas}는, 모든 생명체가 스스로 살려고 애쓰는 성질을 갖고 있다는 점에서, 생명의 원리를 자유라고 파악한다. 그 원리는 가장 원시적인 수준의 아메바에서 인간에 이르기까지 모든 유기체의 존재 방식에서 작동하고 있다. 그러므로 유기체의 물질대사도 기초적인 형태의 자유이다.

　그러나 사람과 달리, 로봇들은 먹고 소화시키고 배설하지 않는다. 물질대사를 하지 않는 것이다. 이 작품에 등장하는 로봇들은 아침 식사로 커피를 마시는 게 아니라 커피 색깔의 뜨거운 기름을 몸 곳곳에 붓는다. '기계 몸'에 윤활유를 보충하는 게 그들의 식사인 것이다. 그러므로 그들은 배설하지도 않고, 방귀도 뀌지 않는다.

　그런데 이 작품의 한 장면에서 로봇들은 장난으로 방귀 뀌기 경쟁을 한다. 손바닥을 겨드랑이에 밀착했다가 떼는 방법으로 각자 특이한 방귀 소리를 내면서 즐거워한다. 그러는 가운데 하숙집 주인 패니 아줌마는 '진짜로' 땅이 진동할 정도의 엄청난 방귀를 뀌고 만다. 어찌된 일일까? 로봇의 조건에서는 '말도 안 되는' 일 아닌가. 하지만 환상과 상상력을 작품에 깔고 있는 애니메이션에서는 '애교'로 봐 넘기자. 유기체가 되고 싶은 로봇의 꿈을 담고 있는 건지도 모르니까 말이다.

　방귀 뀌기 경쟁은 일종의 메타포다. 하지만 무기체의 한계와 동시에 자율적 의지를 발동하는 유기체의 속성을 아주 잘 보여주는 것이다. 유기체인 사람은 첨단의 기술로 제작한 무기체인 로봇에 견줘 모자란 점도 많겠지만, 자생, 자율 그리고 자유라는 차원에서 훨씬 더 풍족하고 다양한 삶을 살 수 있는 가능성을 갖고 있음을 새삼 깨닫는다. 더 나아가 자유가 인간 정체성의 본질이라는 오래된 지혜를 되새기게 된다. 로봇이 번성하는 시대에 인간에 대한 성찰은 더욱 요구되며, 그것이 또한 로봇을 진지하게 이해하는 길이 될 것이다.

'가까이하기'와 '멀리하기'의 변증법

: 길 키넌 〈몬스터 하우스〉

길 키넌Gil Kenan 감독의 애니메이션 〈몬스터 하우스〉2006년를 편견과 선입견에 대한 교훈이라는 관점에서만 보면 별 흥미 없다. 그 집이 품고 있는 비밀을 밝혀가는 이야기로만 보아도 재미 반감이다.

〈몬스터 하우스〉는 '타자성의 변증법'을 아주 잘 드러내주는 작품이다. 이 말이 생소하고 어렵게 느껴질지 모른다. 그러나 철학을 하면서 개념어를 쓰지 않을 수는 없다. 개념을 갖고 노는 연습을 하는 것이 또한 철학하기이기 때문이다. 개념과 놀다보면 곧 친해지리라. 또한 개념과 친근해지면 그 활용도의 폭이 넓다는 것을 체험하게 되리라. 쉽게 말해, 타자라 함은 '나' 아닌 다른 존재를 총칭하는 말이다. 변증법은 상식적으로 '정-반-합'의 논리를 뜻하지만, 어떤 논리 전개가 선형적이지 않고 복합적이라는 것이 그 본질이다. 변증법의 어원인 그리스어 '디알렉티케dialektike'에는 '상호 작용한다'는 뜻이 담겨 있다. 상호 작용은 이미 단순하지 않고 복합적일 가능성을 품고 있다.

몬스터를 대하기

소년 디제이는 요즘 들어 부쩍 길 하나 사이를 두고 있는 앞집에서 눈을 뗄 수가 없다. 네버크래커 할아버지가 홀로 사는 앞집에 대해 괴상한 소문이 무성하고 실제로 그 소문이 실현되기도 하기 때문이다.

'접근 금지!'라는 팻말이 서 있는 그 집 뜰 안에 들어가는 것은 뭐든지 사라진다. 우연히 공이 굴러 들어가도 사라지고, 맥주병을 뜰에 던지면 그것도 사라진다. 집 자체가 괴물인 것이다. 집주인은 '무단 침입자'의 물건을 빼앗기까지 한다. 심지어 네버크래커가 자기 부인을 살찌워 잡아먹었다는 소문까지 있다. 확인된 건 아니지만 디제이의 의심은 점점 불어나고, 그 집 가까이 갔다가는 자기도 잡아먹힐지 모른다는 생각을 떨칠 수 없다. 그 집에서 눈을 뗄 수도 없고 그 집에 대한 생각을 떨칠 수도 없고 두려운 마음을 감출 수도 없으니, 디제이와 몬스터 하우스는 이제 밀접한 '관계'를 맺게 된 것이다.

이 관계가 문제의 핵심이다. 이 관계를 구체적으로 유지하는 장치는 디제이의 방 창문에 설치해놓은 망원경이다. 디제이는 망원경으로 자기와 대면하고 있는 '괴물'과 가까이할 수 있으면서 동시에 거리를 둘 수 있다. 망원경으로 괴물을 끌어당겨 자세히 살펴보면서도 자신은 괴물로부터 멀리 있어서 일단 안전하다.

바로 이 이중성이 몬스터로 대표되는 '별난 타자'를 상대하는 전형적인

디제이와 친구들은 망원경을 통해 몬스터를 가까이하면서 또 동시에 멀리 한다. 그들은 괴물을 두려워하지만 그와의 관계를 결코 단절하지 않는다. 이 '가까이'와 '멀리'라는 변증 구조에서 오히려 괴물에 대해 '자유'를 즐기고 있는지도 모른다.

방법이다. '가까이하기'와 '멀리하기'가 절묘한 균형으로 유지되는 것이다. 디제이가 참을 수 없는 호기심에 길을 건너 앞집에 접근할 때도, 그는 어느 순간에라도 뒤돌아 자기 집으로 도망칠 준비가 되어 있다. 그의 마음도 가까이하기와 거리 두기로 정확히 반분되어 있다.

디제이와 괴물과의 이상한 관계 맺기에 산만한 성격의 소년 차우더와 몬스터 하우스의 뜰에 발을 들여놓았다가 혼이 났던 새침데기 소녀 제니가 합세한다. 이들이 괴물을 대하는 태도도 디제이와 마찬가지다. 그들은 괴물에 아주 가까이 가지도 않지만, 그렇다고 괴물로부터 완전 격리되지도 않는다. 미묘하게 친근과 원격의 복합적인 관계를 유지한다. 이런 점에서 변증적 긴장 관계 자체가 이런 상황의 활력이 된다.

몬스터가 대하기

여기까지 사람들이 몬스터를 어떻게 상대하는지를 보았다. 이제부터 우리가 주의 깊게 보아야 할 점이 있다. 그것은 남들로부터 괴물이라고 '찍힌' 몬스터 하우스가 어떻게 타자를 대하는지 살펴보는 것이다. 여기서 중요한 것은, 그가 취하는 태도는 가까이하기와 멀리하기의 변증 구조에서 오직 한쪽뿐이라는 사실이다. 몬스터 하우스는 타자를 철저하게 '거리 두기'의 방식으로만 대한다.

'접근하지마!'라는 경고가 그 대표적인 것이다(몬스터의 라틴어 어원도 '경고'라는 뜻을 갖고 있다). 집주인인 네버크래커도 모든 것을 멀리하고 철저하게 고립된 삶을 산다. 몬스터는 타자와 가까이하기를 포기하고, 철저하게 '자기 가두기'의 상태에 있는 것이다. 즉 타자와 상대하던 관계를 끊고(絶) 철저하게 자기만의 세계를 구축한다. 몬스터는 극단적으로 '자기 절대화(絕對化)'의 길을 가는 것이다. 그러므로 괴물은 다른 이들에게 절대 공포의 존재가 된다.

이제 괴물과 괴물을 상대하는 사람들을 다시금 비교해보자. 디제이와 친구들은 괴물을 두려워하지만 그와 관계를 결코 단절하지 않고 오히려 접근과 격리의 이중 게임을 한다. '가까이'와 '멀리'라는 변증 구조의 역동적인 기제를 적극 활용하면서 별난 놀이를 하고 있는 것이다. 이런 점에서 그들은 괴물에 대해 특별한 의미의 '자유'를 즐기고 있다.

반면 몬스터 하우스와 네버크래커에게는 변증 구조의 한쪽(가까이하기)을 상실한 조건에서 자기 가두기만이 가능하다(더구나 집 지하에 박제된 채로 갇혀 있는 몬스터 하우스의 비밀 콘스탄스를 상기해보라!). 남들에게 두려움의 대상이라서 남들을 구속하고 자기 맘대로 하는 것 같지만, 사실은 극단적인 자기 속박의 상태에 있다.

몬스터 구하기

몬스터가 속박을, 몬스터의 타자들이 자유를 상징한다는 것은 이 작품의 다양한 이미지에도 잘 드러나 있다. 몬스터 하우스에서 상징적으로 강조되는 것은 모두 '사각형'이다. 직사각형의 경고 팻말을 비롯해, 모든 것을 빨아들이는 직사각형 현관, 증오로 불타는 눈 같은 두 개의 정사각형 창문, 회한의 한숨이 뿜어져 나오는 각형 굴뚝 등이 그것이다. 모든 것을 '가두는' 이미지인 것이다.

반면 디제이의 망원경, 차우더의 농구공, 제니의 수레바퀴 등은 모두 둥글둥글하다. 언제 어디로 '멋대로 굴러갈지 모르는' 것들의 이미지이다. 결국 '최악의 타자'로서 괴물의 문제는, 괴물과 그를 상대하는 사람들 사이의 변증 관계에서 자유와 속박의 역설적 관계를 복합적으로 드러내 보여준다.

불행하게도 인간은 괴물을 만들어내는 존재다. 역사에서 줄곧 있어왔던 마녀 사냥도 괴물 만들기의 일종이고, 오늘 우리 사회의 문제인 집단 따돌림 현상도 그런 성향이 표출된 것이다. 이런 경우들에도 타자성의 변증법을 적용하면 좀 더 심도 있게 그 현상을 이해할 수 있다. 다시 말해 가까이하기와 멀리하기 그리고 자유와 속박의 이중적 인식을 적용해보면 이해의 실마리를 잡을 수 있다.

끝으로 한 가지 물어보자. 우리가 만들어낸 몬스터와 불평등한 변증 관계를 깨는 방법은 무엇일까? 그것은 '몬스터와 코를 맞대는' 것이다. 즉 변증 놀이의 이중 구조에서 한쪽(멀리하기)을 완전히 포기하고 다른 한쪽(가까이하기)을 최대화하는 것이다. 그러면 타자에 대한 깨달음을 얻을 수 있으며 타자의 속박을 깨고 그에게 자유를 돌려줄 수 있다. 그런데 코를 맞대다니, 우스개 소리라고? 아니다. 키넌의 작품에도 이를 은유하는 장면이 있다. 그럼 각자 찾아보기를⋯⋯.

공동체끼리 서로 사랑할 수 있을까?

: 김문생 〈원더풀 데이즈〉

〈원더풀 데이즈〉2003년의 제작 과정 중에 있었던 인터뷰에서 김문생 감독은 이 애니메이션 작품이 어떤 이야기가 될 것인가라는 질문을 받았다. 그는 "사랑 이야기, 애절한 사랑 이야기"가 될 것이라고 답했다. 물론 이 작품에는 사랑 이야기가 깔려 있다. 어릴 적 소꿉 친구였으나, 커서는 어쩔 수 없이 서로 쫓고 쫓기는 적이 된 수하와 제이의 사랑 이야기, 여기에 제이를 짝사랑하는 시몬이 끼어들어 운명의 삼각관계가 형성된다.

그러나, 우리가 〈원더풀 데이즈〉를 좀 더 깊게 들여다본다면, 이 작품에서 사랑의 주제는—감독이 의도했든 그러지 않았든—남녀 사이의 애정을 넘어서 좀 더 복합적인 차원에서 전개된다는 것을 발견할 수 있다. 〈원더풀 데이즈〉에서는 개인의 사랑과 공동체 차원에서 사랑의 문제가 중첩되고 있다. 이 작품의 플롯뿐만 아니라 이미지에서도 이 중첩 구조는 드러나는데, 그것은 궁극적으로 이런 질문을 던진다. 인간은 사랑하는 존재다. 인간이 모여서 공동체를 이룬다. 그런데 공동체끼리도 서로 사랑할 수 있을까? 다시 말해 공동체끼리 '사랑하기'를 실천할 수 있을까?

디스토피아에 기생하는 유토피아

때는 2142년, 환경오염으로 지구에는 대재앙이 들이닥치고, 재앙을 예측했던 사람들은 첨단 과학 기술로 오염 물질을 먹고 유지되는 도시 에코반을 만든다. 그들 입장에서 에코반은 인류 문명을 지키기 위한 또 하나의 방주이다. 시간이 흐르고 난민들이 에코반에 몰려오지만, 이 미래의 방주는 그들을 받아들이지 않는다. 난민들은 어쩔 수 없이 에코반 주위의 유전 지대인 마르에 정착한다.

가이아Gaia 이론에 의하면 지구는 생명체처럼 자기 정화 능력이 있다. 인류가 지구 환경을 오염시켜 재앙이 오지만, 오염 물질을 배출하는 문명이 거의 소멸되면서 지구는 지속적인 자정自淨 활동으로 환경을 복원시켜간다. 에코반 주위의 환경도 이런 자정 활동으로 복원되고 있다. 그런데 이것이 오히려 에코반에게는 커다란 위기가 된다. 주변 환경에서 오염 물질이 계속 공급되어야만 그것을 에너지원으로 삼는 에코반이 유지될 수 있기 때문이다. 이에 에코반 사람들은 마르 지역을 파괴하고 불태워서 오염 물질을 늘리는 계획을 추진한다. 힘없는 마르 주민들은 이런 어처구니없는 일에 오히려 노역을 제공한다. 에코반의 정찰대는 수시로 마르 지역을 감시하며, 그들의 안전을 위해 필요하다면 그곳 사람들을 살상하기까지 한다.

에코반Ecoban=Ecology+Urban은 그 이름처럼 '생태 도시'이다. 지구 전체가 오염된 상황에서는 일종의 유토피아와 같은 곳이다. 에코반 사람들은 고도의 과학-기술로 남들이 생각하지 못한 이상향을 건설한 것이다. 하지만 자신들의 공동체를 유지하기 위해서 주위에 있는 다른 인간 공동체를 괴롭히고 파괴해야 한다. 그러면서 에코반 사람들끼리는 더욱 돈독한 유대를 다진다. 유토피아의 건설과 유지가 주위의 수많은 다른 공동체의 디스토피아를 초래한 것이다. 다시 말해 에코반은 디스토피아에 기생하는 유토피아인 것이다.

그런데 이런 공동체의 문제는 본질적으로 미래의 이야기만이 아니다. 인간은 개인적 차원에서는 이기적이면서도 이타적으로 남을 배려할 수 있지만, 집단의 차원이 되면 즉 공동체를 이루면 전혀 그렇지 못하다. 이는 원시 부족에서든 현대 국가에서든 미래 공동체에서든 마찬가지다. 더구나 국가적 차원의 공동체는 내부적으로 강하게 뭉칠수록 외부적으로는 철저하게 배타적이 된다. 한 나라의 사람은 다른 나라 사람을 사랑할 수는 있지만, 자기 나라만큼 다른 나라를 사랑한다고 당당하게 고백하지 못한다. 개인의 이기주의는 쉽게 비난받지만, 국가의 집단이기주의는 허용되는 것을 넘어서 찬양받기까지 한다.

인류의 미해결 과제

이런 성찰은, 왜 지금까지 인류가 상상해왔던 이상향이 거의 고립된 지역에 건설된 공동체인지, 그 해답의 열쇠가 될 수 있다. 토머스 모어가 상상한 '유토피아'는 고리 모양의 섬이고, 프랜시스 베이컨의 '새로운 아틀란티스'도 거대한 섬이며, 캄파넬라의 '태양의 도시'도 타프로바네라는 섬에 있다. 섬 전체에 건설된 이들 공동체는 주위의 어떤 다른 공동체와도 접

경하지 않고 있다. 이런 공동체는 당연히 주위의 다른 공동체를 희생시키며 이상향을 유지할 필요도 없고, 자신이 다른 공동체로부터 피해를 입을 일도 없다. 그러므로 이들은 내적으로든 외적으로든 이상적 공동체로서 정통한 가치를 획득한다. 주인공 수하도 이런 유토피아를 꿈꾼다. 그는 눈부시게 파란 하늘을 볼 수 있다는 지브롤터 섬의 지도를 고이 간직하고 있다. 그러나 이렇게 고립된 공동체는 말 그대로 이상향일 뿐이다.

수하는 원래 에코반 출신이지만, 어떤 사건에 연루되어 그곳에서 쫓겨나 마르 지역에 산다. 에코반의 정찰대원인 제이는 수하가 죽은 줄 알았지만, 마르의 전사로 활동하는 그를 다시 만나 깊은 사랑에 빠진다. 서로 사랑하지만 자신들이 지키는 공동체의 적으로서 맞서게 된 것이다. 그러는 가운데 제이는 에코반 지도부의 계획에 회의를 느낀다. 정찰대장 시몬은 에코반을 지키는 임무에 투철하다. 더구나 자신이 사랑하는 제이와 수하의 재회가 그녀를 혼란에 빠트리는 것 때문에 괴로워한다.

이야기의 대단원에서 수하는 에코반의 중앙 통제 시스템인 델로스 타워를 폭파하려 한다. 그래야만 지구의 자정 활동으로 회복되고 있는 환경을 살릴 수 있기 때문이다. 시몬은 수하를 제거하려 한다. 제이는 시몬의 총을 맞고 쓰러진 수하 대신 폭약을 장치하려 한다. 시몬은 제이에게 그러지 말라고 경고하지만 차마 그녀를 쏘지 못한다. 하지만 이 순간 시몬과 제이는 에코반의 간부가 쏜 총에 맞아 쓰러진다.

수하, 제이, 시몬은 모두 쓰러져 피를 흘리고 있다. 그들의 몸에서 흘러나온 붉은 피는 점점 무중력 상태가 되는 델로스 타워에서 춤을 추듯 공중에 떠다닌다. 부유하는 붉은 피, 이 애절하면서도 영혼을 압도하는 영상과 함께 세 사람은 모두 서로가 서로에게 사랑을 줄 수 있다는 것을 깊이 깨닫는다. 시몬은 자신이 희생하면서 두 사람을 구하고 델로스 타워의 폭파와

인간은 사랑하는 존재다. 인간이 모여 공동체를 이룬다. 그런데 공동체끼리
도 서로 사랑할 수 있을까? 〈원더풀 데이즈〉는 인류가 한 번도 실현하지 못
했던 '공동체 차원의 사랑'에 대해 생각해보게 만든다.

함께 공중분해된다. 이제 오염 물질을 에너지원으로 유지되어온 에코반 지역에도, 항상 잿빛으로 어둡던 마르 지역에도 파란 하늘이 드러난다.

인간이 뜨겁게 열정적으로 사랑할 수 있는 이유는 몸에 붉은 피가 흐르기 때문이다. 그러나 이해집단을 결속하는 공동체의 가상 혈관에는 피가 흐르지 않는다. 이념이 흐른다. 냉혹한 이해타산의 숫자 무리가 흐른다. 하지만 붉은 피를 흘릴 수 있는 인간의 사랑이 결국 공동체를 구한다. 우리가 기원하는 멋진 세상의 건설과 '멋진 날들'의 도래는, 사람과 사람 사이의 사랑만큼이나 공동체 차원에서의 사랑하기가 가능한지에 달려 있다. 공동체 사이의 뜨거운 사랑, 이것은 지난 수 천 년 동안 인류가 해결하지 못한 것이다. 〈원더풀 데이즈〉는 21세기 내내 인류가 풀어야 할 사랑의 가장 깊고도 실현하기 어려운 차원을 복합적으로 제시하고 있는지 모른다.

부록 : 러브록의 비관주의와 가상 시나리오

가이아 이론은 1960년대에 화학을 전공한 영국 과학자 제임스 러브록 James Lovelock 에 의해 처음 제기되었다. 잘 알려져 있듯이 가이아는 대지를 뜻하며 그리스 태초의 어머니 신에 해당된다. 이 말은 러브록의 절친한 친구이자 이웃인 노벨 문학상 수상 작가 윌리엄 골딩 William Golding 이 그에게 제안했다고 한다. 러브록은 1970년대 초에 가이아 이론에 관한 논문들을 학회지에 공식 발표하기 시작했고 그의 나이 60세인 1979년 〈가이아: 살아있는 생명체로서의 지구〉를 책으로 발간하면서 그 이론이 세상에 널리 알려지게 되었다.

나는 영국에 체류하면서 이 글의 퇴고 작업을 하고 있다. 그래서 가끔 영국 방송을 라디오로 듣거나 텔레비전 프로그램을 인터넷으로 보는데, 환경 문제와 연관한 그의 인터뷰를 종종 접하고 있다. 최근 영국 비비시^{BBC} 방송은 특별 '과학자 시리즈^{Beautiful Minds}'에서 이제 90이 넘은 이 노학자의 이론 형성 과정을 다루기도 했다.

그는 인류와 지구의 미래에 대해 매우 비관적 전망을 견지하고 있다. 정확히 말하면 인류의 미래는 비관적으로, 지구의 미래는 낙관적 또는 중립적('지구가 알아서 하기' 때문에 무관심적이란 의미에서)으로 보고 있다. 지금 시점에서는 인류가 시도하고 있는 어떤 방법도 지구 환경을 개선할 수는 없고, 가이아 이론에 따라 지구 스스로 자정 능력을 발휘해서 생존해나가는 길밖에 없다는 점을 강조한다. 이런 지구의 자기 생존의 길 찾기에는 물론 인류 멸망 가능성이라는 '암울한' 미래도 포함되어 있다. 그는 우리가 지구를 살리려고 하는 것은 '대단한 넌센스'라고까지 말한다. 지구는 누구에 의해서 구원 받을 수 있는 게 아니라, "그 스스로 자신을 구원할 것^{it will save itself}"이라고 결론짓는다.

이 지점에서 상상력을 발동해서 〈원더풀 데이즈〉와 연관해 지구 환경과 인류의 생존에 관한 전망을 이어가 보자. 지구가 자정 능력을 발휘해 생존한다면, 자연 환경은 회복할 것이지만, 인류의 생존은 위협 받는다. 그렇다면 이런 시나리오도 상상해볼 수 있다. 일부 살아남은 인류가 지금까지 살아온 방식으로 '자연을 이용하고' 소진시키며 살기 위해서 일정한 공동체를 지구 어딘가에 건설한다. 다만 이 공동체가 확장되는 것은 철저히 금지된다. 그렇지 않으면 확장하는 인류가 지구 전체를 또 다시 망칠 수 있기 때문이다. 그렇다면 그 한정된 지역의 한정된 공동체에 남아 있기 위해 인류는 집단 내부적으로 끔찍한 투쟁을 감수해야 한다. 그 투쟁에서 살아남은 자들은 주위의 자연 환경에서 절제된 이득을 취하면서 이 제한된 공동체를 이끌어갈지도 모른다.

태초의 자연 상태를 회복해가는 지구의 어떤 한정된 지역에만 사는 이런 인간 집단은 일종의 '유토피아에 기생하는 디스토피아'일 수 있다. 즉 미래에 살아남을 인간 공동체는 〈원더풀 데이즈〉의 경우와는 반대 상황이 된다. 가이아 이론이 맞고 러브록이 지금 주장하듯이 인류가 지구 환경을 개선할 수는 없고 지구가 스스로 생존의 길을 찾는 과정을 지켜볼 수밖에 없다면 말이다. 어느 쪽이 더 가능한 경우일지 지금 우리는 모른다. 인류와 지구의 미래는 디스토피아만큼 암울하고 유토피아만큼 희망적이다.

06

왜 '눈에 보이지 않는 것'이 소중한가?

: 이성강 〈천년여우, 여우비〉

아리스토텔레스는 〈영혼론〉에서, "영혼에 대한 앎은 모든 진리, 특히 자연을 이해하는 데 크게 기여할 것으로 보인다"고 말한다. "영혼은 살아 있는 것들의 제일원리이기 때문"이다. 이런 의미에서 영혼은 일차적으로 생명철학적 개념이다. 그는 또한 영혼의 능력에 대해서도 논하는데, 그 가운데는 감각의 능력도 있고, 상상의 능력도 있으며, 뭔가 갈망하고 희망할 수 있는 능력도 있다. 그런데 영혼은 눈에 보이지 않는다. 아리스토텔레스는 그런 영혼을 눈에 보이는 그 어느 것보다 중요하게 다룬 것이다.

이성강 감독의 애니메이션 작품 〈천년여우, 여우비〉2007년는 다소 산만한 이야기의 구성에도 불구하고, 한 가지 중요한 것을 다루고 있다. 그것은 다름 아닌 영혼이다. 이 작품에는 인간의 영혼을 구하기 위해 자신의 영혼을 희생하는 여우가 주인공으로 등장한다.

주인공은 천 년을 산다는 구미호九尾狐 새끼로서 이제 백 년 쯤 살아서 꼬리가 다섯 개 난 '오미호'다. 사람으로 말하면 막 사춘기에 들어선 소녀다. 그는 지구에 불시착한 외계인 요요들과 친구가 된다. 어느 날 요요 한 명이 산을 내려와 마을의 폐교에 있는 청소년 수양관으로 들어간다. 요요들은 그를 구출하기 위해 여우를 수양관으로 보낸다. 소녀로 둔갑한 여우는, 자신을 성이 '여'씨이고 이름은 '우비'라고 소개하며 수양관의 아이들에게 다가간다. 이제 여우비와 사람들 사이에 미묘한 공동체 생활이 시작된다.

여우비가 말썽요요를 구출하려 하지만, 그는 이미 종이라는 자폐아와 뗄 수 없는 친구 사이가 되어 있다. 종이는 자폐증 때문에 말도 못하고 다른 아이들과 잘 어울리지도 못한다. 대신 커다란 곰 인형을 한시도 떼어놓지 않고 가슴에 안고 산다. 그런 종이가 어느 날 곰 인형 대신 털북숭이 요요를 친구로 삼은 것이다. 여우비는 새끼를 잃고 슬픔에 잠겨 있는 숲 속의 반달곰에게 곰 인형을 준다. 그러는 사이에 여우비는 전에도 이곳 숲에서 본 적이 있는 황금이라는 남자아이와 점점 가까워진다. 이제 둘 사이에 묘한 감정이 자란다. 금이는 우비에게 아끼던 드림캐쳐를 선물하면서 "나 누구에게 친구하자고 한 것 처음이야"라고 자신의 마음을 전한다.

그런데 이상하지 않은가? 이들은 모두 서로 이질적인 존재들이다. 여우, 외계인, 곰, 사람, 그것도 각기 다른 사람들……. 이들은 하지만 서로 진지하게 소통하고 있다. 외계에서 온 요요들과 여우비가 숲 속 집에서 함께 살고, 종이는 쇠붙이를 먹어야 하는 말썽요요에게 쇠못을 계속 대주면서 떨어지지 않으려 한다. 어미 반달곰은 곰 인형을 갖게 된 것을 계기로 종이와 여우비를 위기에서 구출해준다. 무엇보다도 금이와 우비는 서로 좋아하게 된다.

이질적인 존재들이 서로 소통하고 배려하며 사랑을 나누는 것이다. 그러면 이런 관계를 가능하게 하는 것은 무엇일까? 그것은 영혼이다. 그들에게 영혼이 있기 때문에 이 모든 것이 가능하다. "아, 그거야 환상적 이야기니까 그렇지!" 누군가 이렇게 말할지 모른다.

그러나 잘 생각해보라. 현실에서도 '눈에 보이는 모습'이 전혀 다른 존재끼리 진지하게 소통할 수 있는 것은 '눈에 보이지 않는' 뭔가 있기 때문이다. 그 뭔가를 어떻게 불러도 좋다. 고대로부터 이것을 영혼, 마음, 정신 등으로 불러왔다. 그들이 진지하게 소통할 수 있는 것은 곧 마음 또는 영혼이 통하기 때문이다. 사람이 동물과 무엇으로 소통하겠는가? 좀 더 상상의 날개를 펴서, 지구인이 언젠가 외계인과 만난다면 무엇으로 소통할 텐가? 이들에게 거의 유일한 공통분모는 보이지 않는 영혼이다.

서로 소통communication한다는 것은 함께 공동체community를 형성할 수 있다는 뜻이다. 서구어에서 두 단어의 어원이 같은 데에는 이유가 있다. 커뮤니케이션은 곧 커뮤니티의 가능성을 의미한다. 여우비의 이야기도 이질적인 존재들 사이에서 영혼을 매개로 한 소통과 공존의 가능성을 일깨워준다. 영혼은 물질과 달리 무게가 없어서 가볍다. 그래서 자유롭게 다닐 수 있다. 영혼의 자유는 타자에게 가기 위한 것이다.

나아가 여우비의 행동은 소통에 의한 합일과 공동체적 연대감의 극치를 보여준다. 그것은 다름 아닌 타자를 위한 희생이다. 여우비는 사람이 되고

구미호인 여우비와 외계인 요요, 자폐아 종이, 숲 속 반달곰은 전혀 이질
적인 존재들이지만, 진지하게 소통하며 사랑과 우정을 나눈다. 이들이
영혼을 갖고 있기 때문이다. 아리스토텔레스는 "영혼은 살아 있는 것들
의 제일 원리"라고 했다.

싶어 한다. 사람이 되려면 사람의 영혼을 가져야 한다. 그러나 여우비는 오히려 금이의 영혼을 구하기 위해 자신의 영혼을 희생한다. 여우비는 죽은 사람의 영혼이 새로 변해 날아가는 카나바 호수의 심연에서 금이의 영혼이 갇혀 있는 새장을 갖고 나온다. 금이의 영혼을 놓아주는 대신 자신의 영혼은 새장에 갇혀버린다.

영혼과 '정체 분명한' 존재

이 작품은 영혼의 소통과 함께 영혼이 곧 정체성이라는 메시지 또한 전한다. 사람이 되기 위해서는 사람의 영혼을 가져야 한다는 조건이 이를 잘 말해준다. 그림자로서만 존재하는 '정체 불명'의 그림자 탐정도 다른 사람의 영혼을 탈취해서 '정체 분명'한 존재가 되려고 여우비를 이용해 금이의 영혼을 빼앗으려 한다.

반면 이 작품에는 '영혼 있는 존재'와 대비되는 '영혼 없는 존재'가 등장한다. 그것은 허수아비이다. 이야기의 도입부에 등장하는 도깨비와 처녀귀신의 머리를 한 허수아비들은 무섭고 위협적이다. 야간 극기 훈련에 참가한 수양관 아이들은 허수아비의 공격에 혼비백산하여 도망치지만, 쓰러진 허수아비의 머리 속에서 지푸라기를 한 움큼 빼내고는 그 기만을 알아차린다. "쳇 이게 뭐야, 잘 좀 만들지 킥킥" 하고는 그 무섭던 허수아비를 무시한다. 영혼이 없는 존재와는 상호 소통이 불가능하고, 일방적 위협과 기만 그리고 무시가 있을 뿐이다.

이제 철학사적인 질문을 하나 해보자. 서구사상사에서 영혼과 육체의 이원론은 오랜 전통을 갖고 있다. 철학사에서는 그 책임을 주로 고대의 플라톤에게 돌리며 그런 이원론적 사유 구조는 근대의 데카르트^{R. Descartes}에까지 이어진다고 해석한다. 그런데 이러한 사유의 전통이 의도한 것은 무엇이었을까? 단순히 영육분리가 그 목적이었을까?

여기서 우리는 좀 더 다차원적으로 이 문제를 볼 필요가 있다. 영육이원론의 진정한 의미는 분리에 있지 않다. 그것은 비가시적인 것의 중요성을 강조하기 위한 것이다. 즉 '눈에 보이지 않는 것이 중요한 것이야!' 라고 말하고자 한 것이다. 이원적 분리는 그런 강조를 도식화한 결과라고 할 수 있다.

그렇게 강조한 까닭은 가시적인 것에 비해 비가시적인 것은 지나치기 쉽고 소홀히 다루기 십상이기 때문이다. "나도 영혼이 있을까?" 하는 여우비의 말에, 구릉나무의 영혼은 "그럼! 모두가 영혼을 가지고 있어"라고 강조한다. 소크라테스가 "그대 영혼을 돌보라!"고 가르친 것도, 눈에 보이는 것들에 비해 눈에 보이지 않아서 쉽게 잊고 사는 것을 상기시키기 위한 목적이 컸다. 영혼은 눈에 보이지 않지만 존재한다. 다만 우리가 영혼의 존재방식을 구체적으로 설명할 수 없을 뿐이다. 그러나 우리는 그것의 역할을 구체적으로 감지할 수 있다. 비가시적인 것은 가시적인 것들의 세계에서 소중한 역할을 함으로써 엄연히 존재한다.

이런 의미에서 영혼과 육체의 이원론은 '분리의 이원론' 이라기보다 '공존의 이원론' 이라고 할 수 있다. 영육분리설을 영육공존론으로 이해할 때, 우리는 좀 더 진지하게 살아있는 것들의 존재 의미를 깨달을 수 있을 것이다.

이제 우리는 또 이렇게 물어볼 수 있다. 영혼의 덕으로 타자에게 다가가고 소통할 수 있으며, 타자를 위해 희생함으로써 소통에 의한 합일과 공동체적 연대감의 극치를 이루어낼 수 있다고 했다. 그런데 왜 여우비는 사람이 되고 싶어할까? 금이를 알게 된 후부터 그 소망은 간절해진다. 그것은 완벽한 합일을 위해서다. 완벽한 소통과 합일을 위해선 영혼과 육체의 공

동 에너지가 필요하다. 우리는 여기서 또 다시 영육공존론을 확인하게 된
다. 즉 영혼의 존재와 가치 그리고 역할을 통해 육체의 필요성을 또한 확인
하기 때문이다. 영혼과 육체는 서로 배제하는 게 아니라, 서로 소원所願하는
관계이다.

07

쥐를 통해 본
인간의 복잡성

: 브래드 버드 〈라따뚜이〉

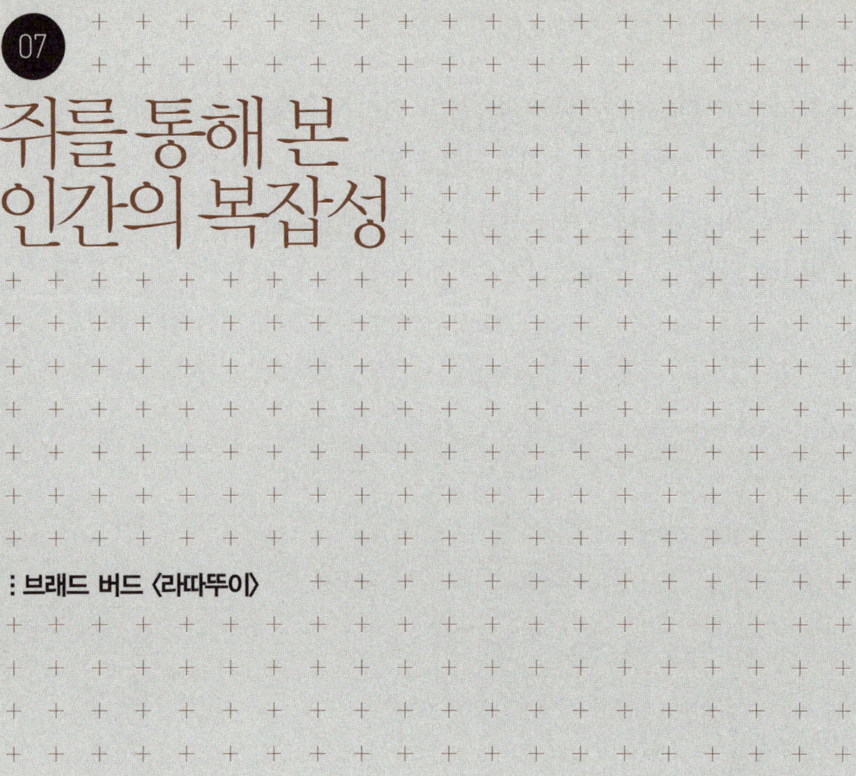

대중이 애니메이션에 대해 갖고 있는 고정관념은 쉽게 사라지지 않는 것 같다. 작품의 주제와 내용이라는 면에서도 사람들은 애니메이션 하면, 천진난만한 아이들, 그럴듯한 인생 교훈, 가족애 등을 떠올린다. 하지만 애니메이션 작품들은 겉보기와 달리, 때론 매우 복잡한 의미들을 담고 있다.

창조 바이러스

브래드 버드^{Brad Bird} 감독은 〈라따뚜이〉^{2007년}를 만들면서, '쥐의 눈'으로 인간 세상을 조명하려 했다고 말한다. 그러한 노력의 과정에서 영화사의 고전 작품으로부터 영감을 얻기도 했다. 저 유명한 히치콕^{A. Hitchcock}의 〈이창

Rear Window*〉에서 다리를 깁스해 거동하지 못하는 주인공은 온종일 창가에 앉아 주변 아파트 사람들의 삶을 엿본다. 〈라따뚜이〉의 주인공인 쥐 레미는 위험을 무릅쓰고 아파트에 숨어 들어가 천장 틈이나 창틀 사이로 인간 세상을 엿본다.

레미는 인간을 관찰하는 것을 넘어서 인간을 닮아가려고 한다. 레미는 말한다. "나는 인간이 싫지 않다. 그들은 특별하다. 그들은 생존하는 것에 머물지 않고 발견하고 창조한다." 창의력! 레미는 인간 세상에서 바로 이것을 발견한다. 섬세한 후각과 미각을 지닌 레미는, '요리는 도전'이라는 파리의 유명 요리사 구스토의 조언대로 '음식을 만드는 일'에서 뛰어난 창의력을 발휘하리라고 결심한다. 이제 그는 더 이상 인간의 음식을 탐하지 않는다. "도둑은 훔치고, 요리사는 만든다."

그런데 레미는 혹여 인간이 귀엽게 봐줄 수도 있는 생쥐mouse가 아니고, 사람들이 가장 혐오하는 시궁쥐rat이다. 쥐는 음식을 요리하는 주방과는 상극이다. 쥐가 주방에 들어간다는 것은 목숨을 내놓는 일이나 다를 바 없다. 그러나 맛있고 향기로우며 멋있는 음식을 창조하겠다는 레미의 열정과 도전 정신 그리고 무모함을 누가 막을 것인가. 레미가 구스토 레스토랑의 청소부이자 견습생인 링귀니와 짜고 요리를 할 때도 '어떻게 하면 잘 만들 수 있을까' 하는 것이 삶의 목표가 된다.

레미의 행동은 창조 욕구가 생존 본능을 넘어설 수 있다는 인간 특성을 보여준다. 더구나 요리의 경우, 사람들이 곧 먹어 없앨 것을 위해서도 심혈을 기울이는 창조자의 특성을 보여준다는 점에 그 독특함이 있다. 그렇기에 역시 요리를 주제로 한 만화 〈식객〉의 작가 허영만은 "세상에서 가장 가치 있는 창조란 요리가 아닐까?"라고 말하지 않았던가5부 2장. 인간이 요리를 하는 것은 식욕 때문이 아니라 바로 창조 욕구와 창조물 향유 욕구 때문이다.

레미의 경험에서 우리는 또 한 가지 흥미로운 사실을 발견한다. 곧 '창조의 전염성'이다. 우리는 이 전염성의 근거를 아주 원초적인 것에서부터 찾아볼 수 있다. 인간의 창조 행위는 신의 창조를 흉내 내려고 한다. 또한 매우 일상적인 경험에서도 확인할 수 있다. 뭔가 만드는 사람 곁에 있으면, 나도 만들고 싶어진다. 이런 경험은 어릴 적부터 누구나 하는 것이다.

레미가 인간의 삶을 엿보면서 다른 것도 아니고 왜 굳이 인간의 창의력에 주목하고 지대한 관심을 갖게 되었는가? 그 어떤 행위보다 창조행위의 전염성이 강하기 때문이다. 똑같은 것을 반복하는 일은 다른 사람들을 전염시키지 않는다. 반면 새롭게 만들어내는 행위의 파급 효과는 크다. 마치 전염이 잘 되는 병균은 새로운 바이러스인 것과 유사하다. 물론 창조 바이러스는 병원체와 달리 생기生氣를 꺾는 게 아니라 생기를 북돋아준다는 점이 다르지만 말이다.

'따로' 또 '같이'인 이성과 감성

그렇다면 탁월한 창조 행위로 '새롭게 잘 만들어낸 것'은 우리 삶에 어떤 효과를 주는가? 무엇보다도 '경이로움'과 '감동'을 준다. 이것이 〈라따뚜이〉가 전하는 또 다른 메시지다. 레미와 링귀니의 합작으로 구스토 레스토랑의 요리는 옛 명성을 회복해 가는데, 한때 구스토의 요리에 혹평을 썼던 요리비평가 안톤 이고가 다시 나타난다.

그는 미식가를 넘어선 애식가로서 자신을 감동시킬 만한 까다로운 요리를 주문한다. 이때 레미는 어떤 특별한 고급 음식이 아니라 프랑스에서 흔히 접할 수 있는 시골 요리인 '라따뚜이'를 만들어 내놓는다. 그런데 이고

혹평을 일삼던 냉혈 비평가 안톤 이고도 어머니의 맛을 떠올리게 하는 '라
따뚜이' 앞에서 감동한다. 그리고 비평의 의미를 다시금 성찰한다. 이는 깊
이 있는 이성적 성찰은 감성적 충격을 전제함을 보여준다.

는 레미가 만든 음식을 조금 집어 입에 넣자마자 얼빠진 사람처럼 된다. 레미의 라따뚜이는 이고에게 어릴 적 어머니가 만들어주던 바로 그 음식 맛과 함께 그때의 감동을 되돌려주기 때문이다.

이고는 다음 날 이런 비평을 쓴다. "요리비평가란 직업은 참 편하다. 별수고 없이 남이 정성껏 만든 요리를 맘껏 먹고 비판할 특혜를 누리니까. 혹평 기사는 쓰기도 읽기도 쉽다. 허나 우리는 한 가지 사실을 잊고 있다. 비평가들이 흔히 무시하는 소박하고 하찮은 일상이 얼마나 많은 의미를 담고 있는가 하는 것 말이다. 그러나 비평가도 모험을 할 때가 있다. '새로운 세계'를 발견하고 그것을 지켜야 할 때다. 새로운 재능, 새로운 발명에 대해 세상은 불친절하다. 새로움에는 그것을 지지해줄 친구들이 필요하다."

이고의 말은 두 가지 관점에서 '인간이란 참 묘한 존재'라는 것을 시사한다. 우선 감동과 경이로움 앞에서 사람은 깊은 성찰에 빠진다는 것을 일러준다. 이는 깊이 있는 이성적 성찰은 감성적 충격을 전제함을 의미한다. 이고 같은 냉혈 비평가의 고정 관념을 깬 것도 감동이기 때문이다. 이는 이성과 감성은 이론적으로만 상반적이지, 실제 삶에서는 상호 깊이 연동되어 있음을 일깨워준다.

이것은 우리가 일상생활에서 어떤 문제를 해결할 때도 경험할 수 있지만, 과학과 같이 철저하게 이성적 학문의 작업에서도 관찰할 수 있다. 과학자들이 작업하는 가운데서 논리적 사고의 연쇄 고리를 밝혀내지 못하고 어떤 설득력 있는 설명을 찾아내지 못해서 고민할 때, 그들은 '영감靈感'을 얻어 돌파구를 찾을 수 있다.

또 다른 시사점은 매우 역설적이다. 이고는 '새로운 세계'를 발견했다고 했다. 하지만 그가 라따뚜이 요리를 통해 찾은 것은 어릴 적의 추억과 감동이다. 요리든 공작工作이든 사람이 만들어내는 것은 '새로운 것'이다. 하지만 그 새로움은 종종 과거의 내용을 담고 있다. 철학자 가다머^{H. G. Gadamer}가 말했듯이, 과거를 재해석하고 재창조하는 일은 '의미를 위한 새로운 기획' 이기 때문이다(지금 이 글을 쓰고 있는 옥스퍼드는 특히 이런 새로움의 역설을 일상에서 보여주는 곳이다. 옥소니언^{oxonian}들은 항상 새롭기 위해 옛 것을 보존하는 데 정성을 기울인다. 그들의 일상은 첨단 기술로 둘러싸여 있고 젊은이들의 전위적인 품행은 존중되지만, 비일상적 행사는 고풍 넘치는 장소에서 입는 옷에 이르기까지 오래된 전통을 유지한다).

이 모든 것은 시·공간적으로 인간이 결코 단편적이지 않다는 사실을 일러준다. 레미가 간파했듯이 인간은 그 복잡함으로 인해 참으로 별난 존재인가 보다.

08

꿈속에 범람하는 '진실' 또는 '사기'

: 곤 사토시 〈파프리카〉

뇌를 소재로 한 작품은 환상적 요소를 갖지 않을 수 없다. 뇌 그 자체가 판타지의 세계이기 때문이다. 이런 점에서 '환상예술'이라고 할 수 있는 애니메이션은 뇌의 소재를 다루기에 적합하다. 그러나 곤 사토시今敏 감독의 〈파프리카〉2007년는 그 작업이 또한 얼마나 지난한 것인지를 잘 보여준다. 왜 그럴까? 이런 작업에는 만드는 사람의 뇌도 작품 안으로 빨려들어갈 수 있다는 것을 각오해야 하기 때문이다.

꿈과 현실

정신분석학에 정통한 〈파프리카〉의 원작 소설가 츠츠이 야스타카筒井康隆

는 자신의 작품이 영화화되기를 바랐다. 몇몇 제안이 끊이지 않았지만, 막상 제작에 선뜻 나서는 사람은 없었다. 뇌 안에서 일어나는 꿈의 이야기와 그것이 현실과 섞이는 상황들을 영화화하기가 쉽지 않았기 때문이다. 그러던 가운데 곤 사토시 감독을 만나 애니메이션으로 제작하게 된 것이다. 츠츠이는 자기가 다룬 주제를 소설로 쓰기도 어려웠지만, 자신이 직접 목소리 연기에도 참여한 애니메이션으로 만드는 과정 역시 매우 어려웠을 것이라고 회고한다. 이는 뇌와 꿈의 세계는 그만큼 복잡하기 짝이 없기 때문일 것이다. 그 작은 것 안에 광활한 세계가 모두 들어 있지 않은가.

신경정신연구소의 치바 아츠코는 천재 과학자 토키타와 함께 'DC미니'라는 심리 치료 기계를 만든다. 이것을 이용해 의뢰인의 꿈속에 들어가 불안, 우울증 등 신경증의 원인을 밝혀내고 치료한다. 이때 꿈에 들어가는 상냥하고 발랄한 치료사는 아츠코의 또 다른 자아 파프리카이다.

사람들이 파프리카의 활약에 기대를 하고 있던 어느 날 DC미니 3개가 도난당한다. 더 큰 문제는 이 기계가 아직 제어장치를 장착하지 않은 미완성 작품이라는 것이다. 아츠코와 토키타가 연구소 소장과 함께 범인을 찾고 있던 중에 주변 사람들이 한 명씩 DC미니를 이용한 공격에 피해자가 된다.

꿈의 세계는 혼란에 빠진다. 게다가 시간이 흐를수록 점점 더 꿈과 꿈이 뒤섞인다. 아츠코는 말한다. "한 사람만의 꿈이란 건 더 이상 존재하지 않아. 꿈과 꿈이 만나서 무수히 많은 꿈들을 만들어내지. 꿈의 원래 주인이 누군가를 묻는 건 어리석은 물음일 뿐." 꿈은 또 다른 꿈을 먹어치우면서 자가 증식하고 현실과 꿈의 경계를 무너뜨린다.

더 나아가 파프리카의 활약은 꿈과 현실이 전도된다는 것을 보여준다. 화가 난 아츠코가 말한다. "파프리카, 왜 내 말을 듣지 않지? 너는 내 분신이라고." 파프리카는 묘한 미소를 흘리며 맞받아친다. "아츠코가 내 분신이라는 생각은 안 해봤어?" 꿈속의 자아가 실재이고 현실의 자아가 그 분신임을 주장하고 있지 않은가.

아츠코와 파프리카의 이런 관계는 또한 인간의 창조 행위가 내포하고 있는 근원적인 문제를 다시 한번 확인해준다. 어떤 피조물도 창조자의 손에서 떠나려 한다는 사실 말이다. 다시 말해 어떤 피조물도 자유와 독립의 의지를 가지려고 한다(아무리 '완벽한' 제어장치가 있다고 해도). 이는 성서의 은유에서부터 근대 문학작품의 주제에 이르기까지 줄곧 제기되어왔던 것이다. 창조자는 이런 점에서 피조물과의 관계에서 체념의 덕을 배워야 하지 않을까? 우선 파프리카가 아츠코에 항의하듯 "맘대로 조정하려 한다"는 것에 대한 체념에서부터 "언제나 자기만 옳다고 생각하지" 않는 체념에 이르기까지 말이다.

꿈꾸는 뇌

곤 사토시 감독의 작품은 현대 뇌과학의 연구 성과들을 활용하고 있다. 뇌 연구가 수전 그린필드Susan Greenfield가 말하듯이, 꿈은 옛날부터 인류에게 매혹적인 관심과 탐구의 대상이었다. 지금은 '꿈이 의식의 한 형태'라는 점까지도 잘 알려져 있다. 1920년대에 뇌전도 측정기가 도입된 이래, 잠잘 때의 뇌파 유형이 깨어 있을 때와는 아주 다르다는 사실을 알게 되었다. 그러나 꿈을 꿀 때는 예외이다. 꿈을 꿀 때의 뇌파 유형은 깨어 있을 때와 구별할 수 없다. 양전자방출단층촬영법 같은 최근의 기술은, 꿈을 꾸는 것과 깨어 있는 상태가 뇌의 견지에서 서로 얼마나 유사한지를 보다 정확하게 보여주고 있다.

뇌 연구를 바탕으로 마음과 영혼의 비밀을 밝혀내려는 움직임이 활발하다. 이런 경향 앞에서 〈파프리카〉의 한 대사는 또 다른 시사점을 안겨준다. "꿈들이 떨고 있다. 과학 때문에 있을 곳이 없어진다고. 비인간적인 현실 세계에서 유일하게 남은 인간적 은둔지. 그것이 바로 꿈이다."

신경학자 로돌포 이나스^{Rodolfo Llinas}는 더 나아가 우리의 뇌가 늘 꿈을 꾸는 상태에 놓여 있다고 한다. 뇌가 끊임없이 이미지를 산출해 머릿속에서 ‘세계’를 구축한다는 것이다. “외부 세계는 투영된 이미지다. 사실 그것은 일종의 꿈이다. 잠들었을 때 꾸는 꿈과 정확히 일치한다고 볼 수 있다.” 이나스는 이것을 고도로 발달한 뇌를 지닌 인간의 특징으로 보는 것 같다. “우리는 보고, 인식하고, 능동적으로 꿈을 꾸어야 한다. 그것이야말로 우리가 이 거대한 우주를 수용해 아주 작은 머릿속에 집어넣을 수 있는 유일한 방법이기 때문이다. 우리가 그것을 끌어안고, 이미지를 만들고, 이를 바탕으로 그것을 밖으로 투영하는 것이다.”

이런 입장은 우리 인식의 객관성과 외부 세계의 실재성에 관한 아주 오랜 논쟁을 다시금 불러일으킨다. 츠츠이 야스타카는 풍자적 객기를 발휘해서 ‘현실이라고 하는 것’이 이미 기만이라고 한다. 오히려 꿈속에 진실의 가능성이 무궁무진하게 잠재해 있다고 한다. 그래서 꿈을 소설로 옮기는 게 사기라고 한다면, 현실을 묘사한다는 소설은 더 사기라고 맞받아친다. 그린필드가 말하듯이 세계의 실재성과 인식의 본질에 연관한 논쟁은 해답보다는 궁금증을 더해준다. 그러나 꿈을 논하는 것 자체가 새로운 현실(진리를 담보하고 있는 진짜 현실인지 아닌지는 모르지만)을 논하는 것이라는 관점은 유지할 필요가 있다. 왜냐하면 그것은 기존 ‘진리의 압박이 없는 현실’이기 때문이다.

두 가지 시사점

현실과 꿈의 혼돈이라는 주제는 어쩌면 유행처럼 되어버렸는지도 모른다. 이제 시각을 약간 틀어서 뇌의 세계에 좀 더 접근해보면, 〈파프리카〉가

—철학 광장

근본적인 차원에서 철학적으로 두 가지 시사점을 던진다는 것을 발견할 수 있다. 그 하나는 인간 의식의 세계가 지니는 의미와 가치다. 심리학과 정신분석학 등 현대 정신과학이 무의식과 잠재의식 등을 방대하게 다루어온 만큼 오히려 의식 세계의 중요성은 부각한다.

고대 철학자 데모크리토스는 "인간은 소우주이다"라고 했다. 그것은 인간 앞에 광활하게 펼쳐진 대우주에 견줘 한 말이다. 하지만 소우주도 대우주 못지않게 광활하다. 곤 사토시는 이를 잘 보여준다. 〈파프리카〉는 색깔이 범람하는 애니메이션이다. 가장 화려한 의식 세계인 꿈을 다루기 때문이다. 꿈은 색뿐만 아니라, 살아 움직이는 모든 것이 풍부하고 범람하는 세계이다. 감독이 가장 신경 썼다는 '세상 만물의 퍼레이드' 장면처럼.

의식의 세계는 이른바 무의식에 비하면 빙산의 일각일지 모르며, 대우주의 현실에 비하면 아무것도 아닌 조그만 뇌에서 비롯한다. 하지만 '작은 것에서 큰 것이 나온다'. 〈파프리카〉의 첫 장면은, 무의식과 의식 그리고 의식이 창출해내는 꿈 같은 세계의 관계를 기막히게 상징하고 있다. 온통 칠흑 같은 어둠 속에서 어느 순간 조그만 장난감 자동차가 동그란 조명을 받고 등장한다. 곧이어 그 속에서 해면체같이 흐물흐물한 어릿광대가 기어 나오더니 점점 사람만큼 커져서는 "이제 쇼가 시작됩니다!"라고 외친다. 여기서 배경이 되는 어둠, 움직이는 자동차, 어릿광대의 쇼는 각각 무의식, 의식, 그리고 의식이 창출하는 세계를 상징한다고 볼 수 있다. 작은 의식 세계가 대우주의 쇼를 펼칠 수 있다. 오늘날 과학자들은 "뇌과학은 인류에게 남은 마지막 미개척 영역이다"라는 말을 자주 한다. 그것이 대우주를 탐사하는 것 못지않게 풍부한 의미와 가치를 지니기 때문일 게다.

다른 하나는 영혼에 대한 관심의 부활이다. 아리스토텔레스는 "영혼^{프시케}에 관한 지식은 모든 진리, 특히 자연을 이해하는 데 크게 기여할 것으로 보인다. 왜냐하면 그것은 생물들의 제일원리이기 때문이다. 따라서 우리는 영혼의 본성과 실체 그리고 그것의 속성들을 숙고하고 탐구하고자 한다"라고 했다6부 6장.

오늘날 뇌과학과 그 연관 학문에서는 물리·화학 법칙으로 전통적 추상 개념들, 즉 정신, 마음, 영혼 등을 해명하려고 탐구한다. 오늘날 과학자들은 신을 믿든 안 믿든 '신'의 세계를 탐구하지는 않는다. 이런 의미에서 과학의 세계에 '신의 자리'는 없다. 하지만 오랫동안 허황된 것으로만 여겨오던 영혼을 탐구하려고 한다. 이는 과학의 세계에 영혼의 자리가 있음을 역설적으로 보여준다.

이들에 대해 과학적으로 밝혀내는 것 이상으로 이들에 대한 궁금증과 미해결 과제는 더 늘어날지 모른다. 그렇지만 마음과 영혼의 비밀을 밝혀내고자 하는 과정에서 우리가 자연을 더욱 잘 이해하게 되리라는 가능성은 높아 보인다. 아리스토텔레스의 말처럼 그것이 자연계에 존재하는 생물들의 제일원리라면 말이다. 이는 관념적이라고 여겨졌던 것에 대한 과학적 이해가 물질세계를 더 잘 이해하게 해줄 수도 있다는 점을 시사한다. 역사학자 브루스 매즐리시는 오늘날 "뇌과학과 인공지능 분야의 논문들은 묵은 질문을 새로운 형태로 제기한다"라고 말한다. 그의 말은 충분히 일리가 있다.

그러나 이런 과학의 경향 앞에서 뇌 속의 우리 의식과 자유분방한 꿈은 어떤 기분일까? 〈파프리카〉의 한 대사는 이를 잘 보여준다. "꿈들이 떨고 있다. 과학 때문에 있을 곳이 없어진다고. 비인간적인 현실 세계에서 유일하게 남은 인간적인 은둔지. 그것이 바로 꿈이다."

09

향수에 갇힌 상상력

: 앤드류 스탠튼 〈월·E〉

위대한 상상! 무한 상상!

앤드류 스탠튼Andrew Stanton이 감독한 디즈니·픽사의 애니메이션 영화 〈월·E〉2008년의 홍보 카피이다. 별 이견 없이 이구동성으로 이 작품에 쏟아진 찬사들의 키워드 역시 뛰어난 '상상력'이다.

제한된 상상?

이미지를 낳는 힘이 상상력이라고 한다면, 영화는 물론 기발한 발상에서 나온 다양한 이미지들을 보여주고 있다. 인류가 쓰레기만 남기고 떠난 황량한 지구, 그곳에 홀로 남아 성실하게 쓰레기 압축 정리 작업을 계속하고 있는 '지구 폐기물 분리수거 로봇' 월·E Waste Allocation Load Lifter Earth-Class 의 모습, 인간을 싣고 은하계를 떠도는 거대한 우주선 '엑시엄', 그 안에서 첨단 안락의자에 반쯤 누운 채 버튼만 누르면 욕구를 충족할 수 있는 편안한(?) 삶 때문에 팔 다리가 거의 퇴화된 인간 집단, 그들을 보조할 뿐만 아니라 통제하는 각양각색의 로봇들, 생명의 씨앗을 탐사하기 위해 엑시엄에서 지구로 파견된 첨단 로봇 '이브', 이브에 호기심과 정감을 느낀 월·E가 그녀를 따라 여행하는 동안 보여주는 우주의 경이로운 장관들…….

이들은 물론 아이디어와 상상력의 산물이다. 그런데 흥미로운 것은 이 모든 것들이 어떤 하나의 틀 안에 수렴된다는 사실이다. 그것은 귀소성歸巢性의 틀이다. 감정의 차원에서 말하면 '향수'의 틀이다. 향수를 뜻하는 노스탤지어 nostalgia 는 그리스어 'nostos 돌아감'와 'algia 고통'의 합성어에서 유래한다. 곧 '돌아가고 싶어서 고통스러워함'을 뜻한다. 어떤 사람은 이것을 '귀소 본능'이라고까지 말한다. 그만큼 향수의 힘은 막강하다. 향수는 이미 있었던 것, 이미 경험했던 것을 향한 회귀의 감정이다. 그러므로 그것은 과거의 차원에 밀착해 있다. 영화는 지금으로부터 한참 후의 미래를 이야기하고 있다. 하지만 그 이야기는 과거의 블랙홀 안으로 수렴되고 있다.

이런 수렴의 실마리를 우리는 이야기가 시작될 때부터 주인공 월·E의 행동에서 볼 수 있다. 그는 폐기물을 압축해서 건물처럼 쌓아 올리는 고된 일과를 매우 성실하게 수행한다. 하루 일과를 끝내면 집으로 돌아와 분리수거 중에 수집한 물건들을 선반에 가지런히 정리한다. 그 가운데는 과거를 기억나게 하는 지포라이터도 있고 포크 겸용 플라스틱 숟가락도 있다. 그리고는 역시 흘러간 옛 영화 비디오를 튼다. 영화 속에는 언제 다시 들어도 감동을 불러일으키는 낭만적 연인들의 감미로운 사랑의 노래가 있다. 월·E는 인간과 다른 모습의 로봇이지만 왠지 모르게 인간적 낭만과 향수를 불러일으키는 인간(이미 지구를 버리고 떠난) 감정의 수호자인 것이다.

물리학자 프리먼 다이슨Freeman Dyson은 새로운 밀레니엄을 앞둔 20세기 말에 과학 기술 발달에 근거하여 미래를 이렇게 상상했다. "태양계에 흩어져 있는 우주 주거지로 과잉 인구와 산업 시설을 옮길 수 있다면, 지구는 훼손되지 않은 황야 또는 생태 공원으로 보존될 수 있을 것이다. 지구에 계속 살기로 마음먹은 사람들은 검소하게 살아야 하며, 다른 종의 생존 공간을 더 이상 침입하지 말아야 할 것이다." 다이슨의 이런 상상은 21세기 초부터 백 년 단위로 미래를 전망하며 나온 것이다. 즉 '실현 가능성 있는 상상'인 것이다. 이것을 바꿔 말하면, 우리는 상상을 실현하기 위해 무엇을 어떻게 할 것인지 선택해야 한다. 다이슨은 과학 기술에 대한 우리의 태도에서 긍정적인 부분을 취할 것을 권한다. "불행히도 환경운동은 지금까지 기술이 하지 못한 선善이 아니라, 기술이 행한 악惡에 주의를 기울였다. 나는 21세기에 환경론자들의 관심이 부정적인 것에서 긍정적인 것으로 옮겨 가기를 희망한다. 기술의 어리석음을 종식시키는 것으로 충분히 윤리적 승리를 거둔 것은 아니다. 우리는 사회 정의를 추구하는 데 기술의 힘이 적극적으로 관계하는 다른 윤리적 승리를 원한다."

다이슨은 상상의 날개를 좀 더 펼쳐 천 년 단위로 미래를 보면서 "지구로부터 아주 멀리 떨어진 곳으로 인간의 주거지를 이동하는 것은 우리의 다양성을 유지시키고 생존에 있어서 위험 수위를 낮춰줄 것이다. 그리고 앞으로 인류는 점차 다양한 유전적 자질을 가진 사람들로 분화될 것이다"라고 전망했다. 즉 그는 우주에서 인간 거주 지역의 확장과 인간의 진화를 논한 것이다. 그러면서도 다이슨은, "인간은 과학이 진보하기를 바라면서도 끊임없이 과학의 진보에서 벗어나길 바라는 분열된 기대를 갖고 있다"는 유전학자 홀데인J. B. S. Haldane의 말을 상기시킨다.

우리가 사람 냄새 물씬 나는 월·E의 앙증맞은 모습을 보며 낭만적 감정
에 빠져있을 때, 지구를 쓰레기더미로 만들고 우주로 도망쳤던 인간들은
다시 지구로 돌아온다. 지구와 다른 생명체에 대해 아무 미안한 마음 없
이 은근슬쩍 다시 돌아온 인간들을 환영해야 하는 걸까?

뻔뻔스런 인간?

인간은 분명히 진보에 대한 분열된 기대를 갖고 있다. 좀 더 넓혀서 말하면, 인간은 변화에 대한 분열된 기대를 갖고 있다. 특히 인간은 일상에서뿐만 아니라 심도 있는 철학적 깨달음을 거쳐 '모든 것은 변한다' 는 사실을 인정해도, 두 가지 점에서는 변화를 인정하지 않으려 한다. 그 두 가지는 지구와 인간에 관한 것이다. 다시 말해, 지구만이 인간의 '영원한 거처' 이길 바라며, 인간이 '불변의 존재' 임을 믿고 싶어 한다. 심지어 지구에서 다른 생명체가 사라져도 인간은 지구의 주인으로 남아 있을 것이라고 믿으며, 모든 생명체의 진화를 확신하는 사람도 인간의 진화는 거의 근본주의적 태도로 거부한다.

이는 〈월·E〉에서도 마찬가지다. 엑시엄에서 살면서 인간은 칠백 년 동안 진화하지 않는다. 이 애니메이션 작품을 본 사람이라면 '무슨 소리냐?' 라고 할지 모르겠다. 중앙 통제 컴퓨터와 각종 로봇이 제공하는 편안한 삶 때문에 인류가 마치 보테로Fernando Botero의 그림에 나오는 인물들을 과장한 듯 팔 다리가 거의 퇴화되고 통통하기 짝이 없는 얼굴에 배불뚝이가 된 인간들로 변해 있는 것을 보기 때문이다.

하지만 그들은 궁극적으로 변한 것이 아니다. 굳이 말하면 그들은 용불용설과 획득형질에 의한 변화의 결과에 가깝다. 그러므로 엑시엄의 선장이 중앙 통제 컴퓨터에 반항하여 두 발로 직립하는 장면으로부터 영화의 엔딩 크레딧에 이르는 과정에서 인간은 지구를 떠나기 전의 인간 모습으로 돌아올 수 있게 된다. 그들이 어떤 변화를 겪었던 그것이 원상태로 돌아올 수 있다는 것은 결국 인간의 진화를 인정하지 않는 것이다. 진화는 비가역적이다. 다시 이전의 상태로 돌아올 수 없는 변화이다.

물론 칠백 년이란 시간이 눈에 띄는 진화가 일어날 수 있는 시간은 아니다. 그러나 지구 환경과 근원적으로 다른 우주 공간에서 그 긴 세월 동안 진화의 가능성이 없었다고 보기도 힘들다. 주의 깊은 관람객이라면 이 작품에서 엄청난 인간의 변화를 포착할 수도 있다. 엑시엄의 선장실에는 역대 선장의 초상화가 걸려 있다. 초대 선장에서 현재의 선장에 이르기까지 점점 비대한 모습으로 되어가는 것은 쉽게 관찰할 수 있다. 흥미로운 것은 각 선장의 재임 기간이다. 초대 2105년에서 2248년, 2대 2248년에서 2379년, 3대 2380년에서 2520년…·, 5대 2646년에서 2774년 등 재임 기간이 약 120년에서 150년 사이에 이른다. 그들의 평균 수명은 훨씬 더 길었을 것이리라. 이는 우주에 체류하는 긴 세월 동안 인간에게도 돌이킬 수 없는 변화가 있었다는 것을 암시한다.

하지만 선장이 "우리는 지구로 돌아가야 한다!"라고 외친 후(무슨 권리로?), 지구로 귀환하는 엑시엄은 그동안에 있었던 모든 변화의 실체와 의미를 완전 소멸시킨다. 이는 어떤 의미에서 우주적 니힐리즘을 실천하는 것과 같다. 모든 것을 허무로, 없었던 것으로 되돌려버리기 때문이다. 그것은 우주를 향해 펼쳐졌던 상상력도 철저히 되돌린다.

〈월·E〉의 상상력은 항수의 구심력을 못 벗어나고 있다. 영원한 거처로서 지구에 대한 항수와 진화하지 않는 인간에 대한 항수, 그리고 하나 더, 인간중심주의에 대한 항수가 그것이다. 이제 영화의 문화적 보수성은 낭만주의 미학으로 포장된다. 그래서 정육면체의 몸통에 양쪽으로 휠벨트가 달려 있고 납작한 손가락 세 개가 달린 팔뚝과 쌍안경 같은 커다란 두 눈이 특징인 주인공 로봇 월·E는 도저히 인간의 모습이라고 할 수 없지만 사람의 냄새를 물씬 풍기고 인간의 보수적 낭만주의를 즐긴다.

그리고 이 모든 것의 궁극적 결론을 우리는 이야기의 대단원에서 본다.

지구를 다시 차지하기 위해 돌아오는 것도 지구를 망친 인간이다. 이 미래 이야기는 앙증스런 로봇들의 낭만적 사랑을 내세우지만 그것은 결국 인간의 지구 다시 차지하기 과업에 봉사할 뿐이다. 그들은, 지구와 다른 생명체에 대해 아무 미안한 마음 없이 '인간성의 회복'을 외치며 지구를 다시 차지한, 뻔뻔스런 인간의 모습을 가리고 있을 뿐이다.

앨런 와이즈먼Alan Weisman의 〈인간 없는 세상〉의 상상에 따르면, 인간 없이 오백 년만 지나도 도시 외곽은 숲이 되어버린다. 인간 없이 지구는 시간의 흐름을 타고 훨씬 더 나은 상태로 돌아갈 수 있다. 그러나 애니메이션의 엔딩 크레딧에서 보여주듯이 돌아온 인간이 지구를 복원해(?) 그곳에서 농사를 지으며 전원생활을 즐긴다. 그런데 이런 뻔뻔한 상상보다, 차라리 외계 행성에 거주하면서 푸르게 회복된 '고향별' 지구를 미안한 마음으로 방문하는 상상이라면 어땠을까?

미래에 대한 통찰은 상상력을 필요로 한다. 하지만 향수에 갇힌 상상력이라면 통찰의 빛은 흐려진다. 물론 향수는 고귀한 감정이다. 그러나 인간의 변화에 대한 분열된 기대가 향수와 상상력 사이의 변증 관계로 설명될 수 있다는 것은 우리에게 또 다른 성찰의 화두를 던진다.

7

영화

영화는 야망이 큰 예술 장르이다. 영화가 우리를 구체적으로 어디까지 데려갈지는 지금 아무도 모른다. 그러나 영화가 궁극적으로 지향하는 것은 짐작할 수 있다. 영화가 '실감나는 이야기'를 만들어내려고 노력한다면 그건 분명히 철학과 함께 놀자는 신호이다. 철학은 어떤 '현실'에도 관심을 갖는다.

영화는 야망이 큰 예술 장르이다. 영화가 우리를 구체적으로 어디까지 데려갈지는 지금 아무도 모른다. 그러나 영화가 궁극적으로 지향하는 것은 짐작할 수 있다. 영화가 '실감나는 이야기'를 만들어내려고 노력한다면 그건 분명히 철학과 함께 놀자는 신호이다. 철학은 어떤 '현실'에도 관심을 갖는다.

01

누가
'완성의 신화'로부터
자유로운가?

: 김용화 〈미녀는 괴로워〉

"성형외과 의사는 생명을 다루지 않지요." 이것은 몸무게 0.1톤의 추녀 강한나가 성형외과병원을 찾아가 원장 이공학을 '협박'하며 하는 말이자, 영화 〈미녀는 괴로워〉2007년의 철학적 의미를 파악할 수 있게 하는 키워드이다.

성형의사는 생명을 다루지 않는다. 기계를 다룬다. 좀 절충적으로 표현하면 '기계몸'을 다룬다. 이 말에 독자는 끔찍한 성형수술을 떠올릴지 모른다. 자르고, 뽑아내고, 쑤셔넣고, 짜맞추고, 갈아내고, 덧붙이는 작업들로 이루어진 '잔혹한' 수술이 사람 몸을 마치 기계 다루듯이 하기 때문에 그런 표현을 썼다고 생각할지 모른다. 하지만 나는 좀 더 '고상한' 의미에서 성형의가 기계몸을 다룬다고 한 것이다. 성형수술은 궁극적으로 '작품의 완성'을 추구하기 때문이다.

기계몸과 완성의 신화

기계몸의 개념은, 성형수술에 대한 섣부른 윤리 논쟁에 앞서, 성형의 의미를 좀 더 깊고 넓게 파악할 수 있게 하는 통로일지 모른다. 인간은 불완전하다. 그러나 기계는 완벽하다. 그런데 인간이 기계를 만든다. 인간은 완벽하게 작동하는 기계 장치를 만들려고 노력한다. 다시 말해, 그 자체로 완성된 피조물을 창조하려고 한다. 그런데 인간은 왜 이런 기계를 만들려고 노력하는가?

철학적 관심으로 가득한 역사학자 브루스 매즐리시도 "무엇이 인간으로 하여금 기계를 만들게 했는가?"라는 물음에 답하고자 한다. 인간이 기계를 만드는 데에는 실용성, 정확성, 영구성의 추구 등 다양한 이유가 있을 수 있다. 매즐리시도 생존 경쟁의 필요성, 인간의 호기심, 현대에 이르러서 소비의 자극에 따른 폭발적인 기계화라는 경제적인 요인 등을 든다. 그러나 무엇보다도 "불완전한 인간의 완전성에 대한 열망"을 가장 근원적인 이유로 꼽는다. 그는 '완전한 기계에 대한 열망'은 '인간적 불완전함'을 지닌 인간이 '비인간적 완전함'을 추구하는 분열된 욕망에서 비롯된다는 통찰의 실마리를 던진다. 다시 말해, 불완전한 창조자인 인간은 자신의 피조물만은 그래도 완전하게 만들려고 노력한다. 그러므로 완성된 피조물에 대한 열망은 불완전한 인간에 대한 보상으로 작용한다.

이 점은 인간의 몸을 통해서도 관찰할 수 있다. 인간은 불완전하고 때론 거부감을 느끼게 하는 자신의 육체에서 벗어나고자 하는 열망을 갖는데, "짐승의 육체에서 벗어나려는 희망은 천사뿐 아니라 기계로도 향한다. 기계가 등장하자, 인간은 기계에게서 육신을 벗어나는 느낌을 얻었다"는 것이다. 천사가 기독교인에게 완전성의 표지였듯이, "기계는 세속적인 사람에게 완전성의 표지"가 된다고 한다.

이제 매즐리시의 입장을 좀 더 밀고 나가보자. 인간은, 완벽한 기계 장치를 만들려는 노력에서 더 나아가, 한때 천사가 되기를 열망했듯이 인간 자신이 완벽한 기계몸으로 재탄생하려는 열망을 갖는다. 완전한 기계몸으로 가는 길은 두 가지다. 처음부터 완벽한 요소들로 구성하는 것이 그 하나이고, 불완전성을 유발하는 요소들을 고쳐가면서 완성의 길로 나가는 것이 다른 하나이다. 전자의 대표적인 예는 인형이다. 인형은 완성된 기계몸으로 태어난다. 후자의 대표적인 예는 인간이다. 인간은 자연인으로 태어나지만 기계몸으로 완성되기 위해 자신의 결손 부분을 고쳐나가고자 한다. 그런 방법들 가운데 하나가 성형수술이다. 성형成形은 완성完成을 위한 것이다. 어떤 부분성형이든 그것은 완성을 향해 가는 과정에 참여하는 것이다 (이제 한 번 성형수술을 받은 사람이 계속 성형을 욕망하거나 실제로 지속적으로 수술을 받는 경우가 적지 않은 이유를 이해하리라).

인류 문명사에는 '완성의 신화'라는 것이 고대로부터 지금까지 다양한 형태로 교묘하게 작동해오고 있다. 그 다양한 형태들은 서로 전혀 다른 것 같이 보이기도 하지만 본질적으로는 밀접히 연관되어 있다. 그것은 철학 사상에도 깊이 스며들어 있다. 저 유명한 플라톤의 이데아는 완전성 신화의 철학적 버전이다. 완벽한 본本으로서 이데아에 비추어 이 세상의 불완전한 존재들에게 완성을 위해 영혼을 가꾸기를 게을리하지 말라고 가르치지 않았던가. 그러니 누가 '완성의 신화'로부터 자유로울 수 있겠는가?

플라톤의 〈향연〉에 나오는 다음의 대화는 아름다움을 추구하는 것과 완성의 신화에 대해 좀 더 구체적인 성찰의 실마리를 던진다. "그런데 이들 가운데에는 신적인 영혼을 타고난 관계로 영혼에 있어 생산력이 충만한 사람이 있기 마련이어서 성인이 되면 이미 어떤 새로운 것을 생산하고 산출해내기를 열망하게 된답니다. 그래서 그는 아름다움의 주변을 맴돌면서 그 아름다움을 탐구하게 되는데, 그 이유는 그가 그 아름다움 속에서만 새로운 것을 창출해낼 수 있기 때문이지요. 사실 그는 추함 속에서는 결코 아무것도 생산해내려고 하지 않는답니다. 따라서 그가 무엇인가를 생산해내려는 욕구를 느낄 때, 그가 추한 육체보다는 아름다운 육체를 더 원하는 것은 당연한 일이지요. 그리고 만약에 그가 훌륭하고 고상하며 본성이 착한 영혼을 지닌 사람을 만나게 되면 그 사람의 육체와 정신을 사랑하게 됩니다. 〔……〕 그리하여 그는 자신이 생산해낸 것을 그 아름다운 것의 도움을 받아 완전히 완성시키게 된답니다.” 물론 플라톤은—소위 ‘플라토닉 러브’가 영적인 사랑을 가리킨다는 통설과 달리—육체와 영혼을 모두 소중히 다루고 있다. 그러나 이 모두 완성의 신화 안에 수렴하고 있지 않은가.

플라톤과 이공학이 악수하다

이제 김용화 감독의 영화로 돌아가 완성의 신화가 어떻게 작동하는지 살펴보자. 이 작품에서 완성의 신화는 이중적으로 작동한다. 쉽게 눈에 보이는 것은 물론 겹주인공 한나-제니의 변신이다. 자연인 한나는 머리끝에서 발끝까지 토털 성형을 거쳐 기계몸 제니로 재탄생한다. 이 충격적인 변신은 성형이 완성을 위한 것이라는 걸 한 번에 보여준다.

이중적 작동의 다른 하나는 잘 보이지 않을지 모른다. 그것은 인물에 집중돼 있지 않고, 스토리텔링에 잠재해 있기 때문이다. 그럼으로써 스토리 자체가 완성의 신화가 된다. 잠재해 있던 신화는 영화 전개의 각 단계를 거

뚱뚱하고 못생긴 한나는 전신성형을 받은 뒤 아름답고 날씬한 제니가 된다.
그리고 자신이 한나라는 사실을 고백함으로써 잃었던 자아 정체성도 되찾
는다. 영화는 주인공이 육체와 영혼의 양 차원에서 모두 완벽한 '성형'을 거
쳐 하나의 인격체로 '완성'돼 가는 과정을 보여준다.

치면서 서서히 부상한다.

아미는 매력적인 외모와 황홀한 춤솜씨를 갖추고 있지만 노래를 못하는 이른바 립싱크 가수다. 천상의 목소리에 가창력까지 갖춘 한나는 무대 뒤에서 아미를 위해 대창을 한다. 아미의 콘서트는 감각 활용의 분업화 덕으로 인간 감각에서 최고의 것들을 종합해냄으로써 '완벽한 작품'이 된다. 아미의 경우는 완성의 신화에서 프롤로그에 해당된다. 그것은 주인공 한나-제니가 본격적으로 쓰게 될 신화의 의미를 암시한다. 한나의 성형수술은 서사 구조의 차원에서 보면 본편이 아니라 의미 있는 간주곡쯤에 해당된다. 신화의 본편과 대단원은 한나의 영혼을 잃었다가 되찾는 '영육이 완벽한 기계몸' 제니가 모두 쓰기 때문이다.

그러나 제니가 쓰는 신화는 결국 한나의 신화이다. 제니는 콘서트에서 자신이 한나임을, 그리고 콘서트 장에 인형을 들고 찾아온 치매 노인이 아버지임을 고백함으로써 자아를 되찾는다. 결국 진실을 밝힘으로써 자유롭게 된다. 한나의 정체성을 되찾은 제니는 영혼과 육체의 양 차원에서 모두 완벽한 성형을 거쳐 하나의 인격체로 완성된다.

플라톤과 이공학이 음흉한 만족의 미소를 지으며 악수하는 순간이다. 이에 더해 그녀는 짝사랑하던 남자의 마음까지 얻게 되고 가수로서도 성공한다. 한나에서 제니로의 역전에 이은 제니에서 한나로의 재역전이 신화를 완성시켜주는 것이다. 영화는 결국 '완벽함의 신화'로서 해피엔딩한다. 온몸 성형으로 변신('완전히 다른 사람'으로)에 성공한 강한나, 자기 자신을 되찾은 강한나, 진실을 밝힘으로써 자유로워진 강한나, 사랑을 얻은 강한나. 영화는 완벽한 가수를 조작하는 것에서 시작해서 주인공의 완벽한 승리로 마감한다. 이보다 더한 완벽함이 또 있을까? 이보다 더 온몸에 닭살 돋게 하는 신화를 쓸 수 있을까? 〈미녀는 괴로워〉는 스토리 그 자체가 완성의 신화인 것이다. 그러니 누가 또 완성의 신화에서 자유롭겠는가?

이 영화를 현대판 신데렐라 이야기로 해석하는 것은 너무 상투적이다. 연관은 있을 수 있지만 좀 더 복합적인 해석이 필요하며, 신데렐라는 원래 미녀라는 걸 잊지 말라! 한나 이야기는 미녀가 되기 위한 과정에 놓여 있다. 한편 외모지상주의와 성형수술의 주제로 한정하는 것은 너무 피상적이다. 다만 부언한다면, 성형수술에 대한 이해는 인간 본성과 인류 문명사의 본질에 대한 이해가 있을 때 가능하며 성형수술에 대한 비판은 그런 이해를 전제로 할 때 유의미하다.

부록: 기계의 완전함이란?

매즐리시는 기계가 완전하다는 것은 기계는 실수를 하지 않기 때문이라는 해묵은 상식으로 설명한다. "기계는 실수를 하지 않기 때문에 완전하다. 따라서 인간은 기계처럼 됨으로써 완전에 다가갈 수 있다." 하지만 이런 해묵은 상식은 서구인들의 인식 구조와 연관이 있다. 즉 기계 자체를 하나의 세계로 볼 때, 완전함이란 그 세계 안에서의 완전성이다. 이 점에서도 우리는 일정한 구조 안에서의 완전성을 추구하는 서구인의 경향을 관찰할 수 있는데, 여기에는 일정 명제가 그 논리 구조 안에서 형식적으로 완전할 수 있고 그래야 한다는 형식논리학의 전통이 스며 있다.

무엇보다도 기계는 그 자체로 완전성을 약속한다. 그러므로 "기계가 완전하다면, 그것은 인간이 아니다. 기계가 완전하지 않다면, 우리는 그런 기계를 원하지 않는다"라는 매즐리시의 말은 성립된다. 이는 인간은 이성적이기보다는 비이성적이지만, 기계는 완벽하게 합리적인 구조를 추구한다는 것과도 연관 있다. 매즐리시는 완전성을 약속하는 기계는 "생명에 대한 위협이 되기도 하지만, 반대로 죽음을 물리치는 희망이 되기도 한다"고 그 분열된 양면성을 주장한다. 그는 불완전한 인간으로서의 특성, 즉 "죽음에 대한 공포, 육체의 혐오, 윤리에 대한 열망, 잘못을 저지르지 않으려는 욕망 등이 자연을 지배하려는 진화적 욕구와 함께 기계를 창조하게 하는 근본적인 힘으로 작용"한다고 본다. 달리 말하면 인간은 분열된 존재여서, "인간의 '인간적'인 특징이 또한 인간을 '비인간성'으로 몰고 간다"고 보고 있는 것이다.

매즐리시는 인류 역사에서 인간의 본성을 개선하려는 노력이 줄곧 있어 왔으며 중요하고 괄목할 성과를 이루어온 것도 사실이라고 주장한다. 지금까지 그러한 노력은 사회 문화적인 차원에서 이루어졌다. 이제 바뀐 것은 "새로운 인간을 창조하는 것이 사회적 노력이 아니라 사회생물학 또는 유전공학이라는 것뿐이다"라고 우리 시대의 상황을 판단한다. 그래서 그는 "완전에 대한 열망은 새로운 모습으로 여전히 우리를 유혹하고 있다"라고 결론짓는다.

글을 마치면서 한 가지 아쉬운 점이 있다. 한나-제니의 성공 신화에 가려진 아미는 매력적인 외모와 황홀한 춤솜씨를 갖추고 있다. 단지 노래를 못할 뿐이다. 이제 이렇게 묻고 싶어진다. 현대 과학-기술이 불쌍한 아미에게도 기회를 줄까? 아마 그건 또 다른 이야기의 시작이겠지만 말이다.

02

유토피아는
어떻게
존재하는가?

: 박광현 〈웰컴 투 동막골〉

유토피아는 존재하지 않는다. 유토피아의 어원에 따르면 이렇게 답하는 것이 맞다. 그것은 '없는 장소' 즉 '존재하지 않는 곳'이라는 역설적인 뜻을 지니고 있기 때문이다. 그래서 유토피아를 상상 속에서만 존재하는 '이상향'이라고 일컫기도 한다. 그러나 유토피아는 또한 존재한다. 장소로서는 존재하지 않을지라도, 상상 속 이야기라는 것을 넘어서 지금부터 논할 또 다른 방식들로도 존재하기 때문이다.

현실을 위한 거울

박광현 감독의 〈웰컴 투 동막골〉2005년은 유토피아가 우선 '현실을 위한 거울'로서 존재하고, 또한 '인간애'로서 존재한다는 것을 보여준다. 이야기의 배경은 1950년 늦가을, 한국전쟁이 치열하던 때이다. 지금까지 많은 유토피아 작가들이 상상하고 묘사했던 것처럼, 동막골도 사람의 발길이 닿지 않는 외진 곳에 있다. 태백산맥 줄기를 타고 절벽들로 둘러싸인 깊은 산골 어느 고립된 곳에서 일종의 생태공동체를 이루고 사는 사람들의 마을이 동막골이다. 그런데 이곳에 우연히 외부 사람들이 들어오게 된다.

미군 조종사 스미스는 전투기가 추락하는 바람에 부상을 입고 동막골 사람들에게 구조된다. 자군 병력에서 이탈해 길을 잃은 국군 표현철과 문상상은 약초를 캐던 동막골 사람을 만나 이곳에 들어오게 되고, 리수화를 비롯한 인민군 세 명 역시 길을 잃고 헤매다 우연히 마을로 오게 된다. 앞의 세 사람은 연합군으로 서로 같은 편이지만, 뒤의 세 사람은 그들과 전쟁 중인 적이다. 서로 적군인 그들은 총부리를 겨누고 극도의 긴장감 속에서 대치하게 된다.

군인들이 팽팽하게 대치한 상태로 밤을 꼬박 새던 중, 수류탄이 곳간으로 굴러 들어가 폭발하는 바람에 동막골 사람들이 겨울을 나려고 모아둔 식량을 모두 날려버린다. 군인들은 어쩔 수 없이 임시 화해를 하고 마을 사람들을 위해 감자를 캐는 등 겨울 양식 마련을 위해 일을 하게 된다.

이러는 가운데 군인들은 그곳 사람들의 순박하고 평화로운 삶에 자신들의 처지를 비춰 보면서 '사람으로서 살아간다는 것의 의미'를 반추하게 된다. 이는 군인들과 마을 사람들이 한데 어울려 축제 한마당을 펼친 날 저녁 스미스의 말에도 잘 담겨 있다. "그래, 이게 진짜 사는 거야!"

동막골 사람들은 워낙 평화롭게 살다보니 무기가 뭔지도 모른다. 얼굴에 장총을 들이대고 위협을 했던 군인들을 향해 동막골 청년이 시큰둥하게 내뱉은 한 마디는 살육의 전쟁터를 거쳐 온 그들의 혼을 빼놔 멍하게 만든다.

"뭔 사람이 거 인사를 그따우로 해요? 낯짝에 작대기를 들이대고……." 동막골에 막 발을 들여놓은 순간 자기 눈앞에 펼쳐진 광경에 놀란 표현철 소위의 표정은 경이로움을 넘어서는 그 무엇으로 가득하다. 그런데 청년은 또 맥없는 어투로 말한다. "여가 우리 부락 동막골이래요. 거래 저 아이들처럼 막 살아라 해서 붙인 이름이라는데, 그 내막은 내 잘 몰라요. 그냥 뭐 옛날부터 그 뭐 그냥 그래 부르고 그래요." 그들에겐 이런 동화 같은 삶이 이유 없이 너무 당연한 것이다.

동막골 사람들의 삶은 그곳을 우연히 '방문'하게 되었던 사람들에게나 이 동화 같은 이야기를 영상으로 감상하는 관객에게나 모두 현실을 반성하게 하는 거울이다. 동막골이라는 이상향의 거울에 비추어진 것은 초라한 우리의 현실인 것이다. 이렇게 보면 동막골 이야기도 지금까지의 전형적인 유토피아처럼 현실을 비추어주는 거울로서 존재하는 것이다. 동막골을 위해 특별히 이렇게 표현할 수도 있겠지만 말이다. 유토피아는 그 어디에도 없으나, 그 '없는 땅'에서 나는 약초는 우리의 현실을 치유한다.

열린 공동체

현실을 비추어주는 거울로서 동막골이 지금까지 인류가 상상해온 유토피아와 달리 특이한 점은 '유토피아의 현실'도 비추어준다는 것이다. 깊은 산골의 고립된 마을이지만, 동막골 사람들은 자신들에게 위협이 될 수도 있는 낯선 사람들을 기꺼이 받아주는 '열린 공동체'이다. 이 점은 동막골의 메타포를 포착하는 데 매우 중요하다. 인류가 상상해온 유토피아들이 대개 '닫힌 공동체'인 것과 근본적으로 다르기 때문이다.

그런 유토피아는 그 안에 사는 사람들에게는 낙원이요 행복한 곳이지만,

동막골 사람들은 어디에서 온 누구든 반갑게 맞는다. 누구에게든 '항상 열려' 있는 것이다. 열린 공동체의 극치를 보여주는 동막골은 왜 지금까지의 수많은 유토피아가 '그들만의 이상향'이었는지를 반성하게 해준다. 곧 동막골은 '우리의 현실을 비추어주는 거울'일 뿐만 아니라 지금까지 인류가 구상해온 '유토피아들의 한계를 비추어주는 거울'이기도 하다.

그 밖의 사람들에게는 배타적이기 쉽다. 그래서 그런 유토피아는 대개 고립된 장소에 있고 외부와의 소통은 의도적으로 단절된다^{6부 5장}. 그들도 외부에서 온 손님을 받는다. 하지만 우호적인 손님이거나 적어도 자신들에게 해가 되지 않을 손님들을 받는다. 다른 한편 그런 유토피아는 자신들의 이익을 위해 유토피아 외부 공동체 사람들을 이용하기까지 한다(이는 유토피아라는 말의 원조 격인 모어의 〈유토피아〉에서부터 담겨 있는 내용이다).

동막골이 열린 공동체라는 것은 일면 유토피아의 새로운 개념을 보여준다. 그들은 자신들이 사는 장소를 의도적으로 차단하지 않는다. 그저 자연스레 경치 좋고 물 좋은 산 속에서 살고 있을 뿐이다. 동막골 사람들은 자신들을 찾아오는 사람에게 주민들이 모두 함께 고개 숙여 반갑고 정중하게 "어서 와요!"라고 인사한다. 우연히 찾아온 병사들에게 촌장은 먼저 "거귀한 걸음을 했소. 뭘 좀 먹었어요?"라고 말한다. 그들을 손님으로 대접하려는 것이다. 병사들이 떠날 때 그들은 "다시 올기래요?"라고 인사한다.

나아가 그들은 자신들에게 치명적인 적이 될 수 있는 사람들도 반갑게 맞는다. 그것이 결국 공동체의 소멸을 초래할지라도. 이런 점에서 열린 공동체의 극치를 보여주는 동막골은 우리에게 왜 지금까지의 유토피아가 '그들만의 이상향'이었는지를 설명해주는 상징적 사례가 된다. 어찌 보면 동막골은 유토피아를 추구하고 건설하려 했던 수많은 사람들에게 그 '유토피아의 현실'을 반성하게 하는 거울일지 모른다.

호모 호미니 호모

그래도 여기서 그친다면 심심하다. 작품을 좀 더 파고 들어가야 유토피아 정신의 묘미를 맛볼 수 있다. 고대로부터 현대에 이르기까지 유토피아는 항상 공동체를 강조하는 것이었다. 플라톤의 이상국가로부터 모어의 이상향을 거쳐 19세기 공상적 사회주의자들의 구상에 이르기까지 이 점은 한결같았다. 〈희망의 원리〉라는 대작으로 유토피아 이론을 집대성한 에른스트 블로흐 Ernst Bloch 도, "모든 게 공동 소유이다"라는 말은 유토피아의 가장 고결한 표어였으며, "모든 게 공동체적이다"라는 원칙은 유토피아 사상의 '전제 조건'으로서 한결같이 내세웠던 것이라고 말한다.

그러나 〈웰컴 투 동막골〉은 역설적으로, 유토피아는 '탈脫공동체적'일 때 가능하다는 아주 특이한 관점을 제공한다. 좀 더 구체적으로 표현하면 '탈국가적' 경험을 통해 새로운 유토피아는 가능하다는 것을 보여준다. 이 작품에 등장하는 여섯 명의 군인들은 모두 자의든 타의든 그들 각자가 속한 국가를 위해 전쟁터에 갔다. 그랬기 때문에 적국의 병사들에게 총부리를 겨누고 수류탄으로 위협하며 졸음을 참으면서까지 극단의 대치를 했던 것이다. 그것은 디스토피아의 극치이다.

하지만 동막골에서의 짧은 삶을 통해 그들은 국가의 짐을 벗어버린다. 그럼으로써 그들은 각자 '사람으로' 돌아올 수 있었던 것이다. 그들이 각자 '한 사람'으로 돌아왔을 때, 새로운 협동이 가능했다. 새로운 협동의 전초전은 바로 거대한 멧돼지 잡기였다. 그들 각자는 마치 꼬리에 꼬리를 물듯 위험에 처한 사람을 구하기 위해 자기 몸을 아끼지 않고 멧돼지의 폭력에 저항한다. 이런 행동에는 그 어떤 공동체적 틀의 영향도 없다. 다만 한 사람을 위한 또 한 사람의 '인간애'만이 그런 행동의 추진력이다.

이 순간 그들은, '호모 호미니 루푸스 Homo homimi lupus' 즉 '인간은 인간에 대해 늑대이다'라는 인간 집단의 비관적 원칙에서 벗어난다. 그리고 '호모 호미니 호모 Homo homini homo' 곧 '인간은 인간에 대해 인간적이다'라는 보다 나은 세상을 위한 희망적 원리의 실현 가능성을 보여준다.

그리고 마침내 그들은 인간애로 새로이 건설할 수 있는 유토피아를 위해 위대한 도전에 나선다. 동막골 근처에 추락한 미군기가 적군의 폭격에 의한 것이라고 오인한 연합군이 마을에 대규모 폭격을 할 것이라는 정보를 입수한 그들은 이에 저항하기 위해 굳게 뭉친다.

그들에게 '사람으로서 산다는 것의 의미'를 깨우쳐준 동막골 '사람들'을 위해 자신들의 희생을 무릅쓰고 공중 폭격을 다른 곳으로 유도한다. 폭격은 동막골에서 멀리 떨어진 눈 덮인 고원 지대에 가해진다. 자기들 머리 위로 떨어지는 폭탄을 확인하고서 현철과 수화는 마주보며 미소 짓는다. 새로운 유토피아는 폭탄이 소낙비처럼 쏟아지는 그 백색의 고원에서 탄생하고 있었던 것이다.

03

'유포니아'를 실현한 사람들

: 이준익 〈라디오 스타〉

대중매체는 많은 비판을 받는다. 통속적이라는 비판, 상업적이라는 비난, 이에 더해서 타락한 자본주의의 전령이라는 욕까지 먹는다. 이것은 우리가 일상생활에서 흔히 들을 수 있는 비판들이다. 한편 미디어 전문가들은 특히 대중매체가 사회 속에서 작동하는 방식을 분석 비판해왔다. 그런 비판의 핵심은, 방송 모델로 대표되는 대중전달 매체의 일방성이다. 즉 소통이 상호적이지 않고 그 전달 방향이 한쪽에서 다른 쪽으로 정해져 있다는 것이다. 방송국은 프로그램을 만들어서 보내고 대중은 그것을 받아들인다. 즉 방송은 '보냄'과 '받아들임'이라는 송출자와 수용자의 일방적 전달로 이루어져 있다는 것이다.

물론 이런 일방성은 방송국의 모니터링 작업, 청취자의 문자 메시지 전송, 인터넷을 활용한 게시판 운용 등 수용자 참여 방식으로 보완되는 등 그렇게 단순하지는 않지만, 방송의 기본적인 틀은 일방적 소통이라는 것이 미디어 비판의 바탕에 깔려 있다. 그래서 인터넷 등장 이후, 마크 포스터 Mark Poster 같은 학자는 일방적 성격의 방송 모델을 '낡은 미디어' 또는 '제1미디어' 라고 하고 쌍방향 소통의 성격을 지닌 인터넷을 '뉴 미디어' 또는 '제2미디어' 라고 정의하기도 했다.

대중매체의 일방성은 또한 소통의 내용이 '의미 없이 사라져 버린다' 는 비판의 대상이 된다. 이것은 이미 20세기 중반 대중문화 분석과 비판에서 많이 다루어진 것이다. 특히 매스 미디어에 의해 전달되는 대중문화는 듣고 볼 때만 즐기고는 곧 흘려버리기 쉬우며 방송 프로그램 자체가 대중에게 잠시 머무르고 곧 사라져버리는 단명함을 특징으로 한다는 비판은 계속 있어 왔다. 이제 우리는 그렇게 쉬이 사라져 버리는 이유가 '의미 형성' 과 '속도 제어' 의 문제와 밀접하다는 것도 알고 있다4부 1장. 방송의 일방성은 상호 소통성의 배제와 함께 속도 제어의 일방성을 내포한다. 방송 진행 속도 조절의 주체인 송출자는 의미를 위해 속도를 희생시키지 않는다. 정해진 속도에 따라 진행되는 방송은 수용자의 의미 형성 과정에 거의 무심하다고 할 수 있다.

사실 대중매체를 비판하기 위해 드는 모든 요소들은 거의 그 매체의 본질적 속성이다. 그러므로 그 요소들 없이 대중매체가 존재할 수도 없다. 그것은 많은 사람들을 위해 세상 속으로 파고든다는 의미에서 통속적이며, 재원과 수익 없이 미디어를 운영할 수 없다는 점에서 어느 정도 상업적이다. 매체 기능의 일방성 또한 보완될 수는 있어도 배제될 수는 없다. 그렇다면 대중매체로서 방송은 일방적으로 상업적 이익만을 산출하고 무의미하게 사라져버리는 것들로 채워져야 하는가?

이준익 감독의 〈라디오 스타〉2006년는 그렇지 않은 길이 있다는 것을 보여준다. 최곤은 한때 가수왕이기도 했던 한물간 록스타이다. 폭력 사건으로 유치장 신세까지 지게 될 형편에 있는 그를 위해, 매니저 박민수는 폐쇄 직전에 있는 강원도 영월 방송국의 라디오 디제이 자리를 따낸다. 그건 한물간 가수 정도가 아니라 이미 물 건너간 일자리이다. 그야말로 궁여지책인 것이다. 곤은 도저히 내키지 않지만, 민수의 설득에 울며 겨자 먹기로 방송을 시작한다. 제작진도 자조하듯이 '촌스런' 타이틀을 달고 시작한 '최곤의 오후의 희망곡' 프로그램은 생기라곤 하나 없이 진행되다 방송사고까지 낸다. 하지만 어떤 계기로 활력을 얻고 혁명적 출발을 한다.

그 계기는 바로 미디어가 '사람들'과 뜨겁게 만남으로써 마련된다. 특히 서민들의 삶이 방송 스튜디오 안으로 들어옴으로써 진정한 의미에서의 대중매체가 탄생한다. 최곤은 커피 배달 온 시내 다방 김 양을 즉석 게스트로 등장시키고, 그녀가 마이크 앞에서 진솔하게 털어놓은 사연은 많은 이들의 심금을 울린다.

이것을 시발로 낮에 할 일이 없어서 그 방송을 듣는다는 실업자를 위해 구직 방송을 해주고, 지방 방송이라서 서울까지 전달 안 된다고 해도 "내가 크게 말하면 되잖아!" 하면서 막무가내로 고향 떠난 아들에게 안부 전하는 아버지의 고함을 인내심을 갖고 들어준다. 화투 치다가 고스톱 규칙 때문에 말싸움 난 할머니들을 위해서 친절한 설명을 해주고 서로 화해하도록 한다. 또한 자신의 꽃가게를 자주 찾는 아가씨를 짝사랑하지만 사랑 고백을 못하는 자칭 '영월의 바보'라는 꽃가게 청년을 위해, 아가씨에게 꽃 한 송이씩 전달하는 '몰래 이벤트'를 제안해 두 사람을 맺어준다. 무엇보

〈라디오 스타〉는 조락한 가수 최곤이 강원도 영월에 내려가 지역 라디오 프로램을 진행하면서 '방송의 이상향'을 실현하는 과정을 보여준다. 서민의 삶이 자연스레 매체에 실리고, 나아가 미디어 그 자체가 삶이 된다.

다도 영월의 록밴드 이스트 리버의 연주를, "검증 안 된 아이들"이라는 반대를 무릅쓰고 공개 방송한다. 이제 대중에게 남은 것은 눈물나게 감동하는 일뿐이다.

대중매체가 서민의 삶을 실어 나른 것이다. 아니, 미디어 그 자체가 삶이 된 것이다. 이것은 조락한 가수 곤, 착하기만 한 매니저 민수, 원주에서 영월로 좌천된 강 피디, 무기력했던 지국장, 사람 좋은 박 기사가 이루어낸 것이다. 그들은 청취자들이 전하는 삶의 생기를 받아 생기 하나 없던 스튜디오를 살려내 다시 수많은 사람들에게 그 생기를 전달한 것이다. 그들은 열악한 조건에 있는, 그것도 지방 라디오 방송에서 있을 수 없는 일을 이루어낸 것이다. 그들은 바로 '유포니아'를 실현한 사람들이다.

내로우 캐스팅

유포니아라고? 아 참, 독자들을 위해 이 말의 뜻을 설명해야겠다. 이것은 내가 〈라디오 스타〉를 보면서 '방송의 이상향'이라는 의미로 만들어낸 말이다. 그리스어로 '없는^{ou} 장소^{topos}'라는 뜻의 유토피아^{utopia}에 빗대어, '없는^{ou} 소리^{phone}'라는 의미로 유포니아^{uphonia}라고 한 것이다. 그러므로 유포니아는 '이상적인 라디오 방송'을 뜻한다. 매체가 감동을 사전 기획하는 시대에 진솔한 서민의 삶이 자연스레 매체에 실려 있다면, 그것은 이상을 실현하는 일이다. 아무도 관심을 두지 않는 소외된 사람들에게 삶의 의미를 가득 실어 나른다면 더할 나위 없다.

이 영화에서도 볼 수 있듯이, 라디오는 '감춤'과 '드러냄'이 절묘한 조화를 이루는 매체이다. 이는 최곤이 방송에서 하는 말에도 잘 나타나 있다. "제 모습이 궁금하지 않으세요. 전 예전에 라디오 들을 때, 디제이 모습이

참 궁금했었거든요. 근데 지금은 제 방송을 듣는 여러분의 모습이 궁금합니다.” 라디오는 모습은 감추고 소리에 모든 의미를 싣는다. 그러므로 라디오가 삶이 녹아 있는 ‘의미의 소리’를 실어 나를 때, 그 효과는 배가된다. 더구나 최곤 디제이는 청취자의 모습이 궁금하다고 한다. 그 또한 의미 있는 방송을 위해 노력하고 있다는 것을 보여준다. 이런 인간적 궁금함은 타인의 의미를 찾게 하기 때문이다. 이는 또한 타인의 의미를 거쳐 나의 의미를 찾는 길이기도 하다. 의미 창출과 포착이 상호적일 때 사람들은 감동한다.

〈라디오 스타〉는 단순히 옛 것에 대한(흘러간 노래, 구식 매니저, 다방, 선술집, 추억 그리고 라디오 방송 등) 향수를 담은 영화가 아니다. 그것은 문명사적 차원에서 미래에 우리가 지향해야 할 삶의 방식을 담고 있다. 특히 미래의 방송 매체가 갈 길을 제시하고 있다. 앞으로의 사회에서는 미디어 시스템이 거대해지는 동시에 점차 작아진다. 방송은 획일적으로 ‘모두’를 위한 것이 아니라 다양한 성격의 청취자들을 고려해야 한다.

〈라디오 스타〉는, 미디어가 다양한 성격의 작은 공동체들을 겨냥해야 하며 종종 한 사람을 수용자로 고려해야 한다는 점에서, 앞으로의 방송 모델은 더 이상 브로드 캐스팅 broad-casting 위주가 아니라 내로우 캐스팅 narrow-casting 을 적극적으로 배려하는 것이어야 함을 시사하고 있다. 또한 이를 위한 우선적 시험 무대가 라디오임을 가리키고 있다.

매클루언이 그랬던가. “원시 부족의 뿔나팔이나 고대 북의 울림처럼 작동하는” 라디오는 “잊혀진 심금을 울리는 마술적 힘을 가진 잠재 의식의 공명실共鳴室”이라고 2부 1장. 물론 매클루언은 라디오의 막강한 전달력을 정치 선전에 이용했던 시대를 염두에 두고 한 말이지만, 우리는 이제 라디오의 이런 특성을 미디어 자체가 급속히 변화하는 시대에 개인과 공동체의 삶에

양식이 되도록 긍정적으로 활용해야 하는 시점에 와 있다. "인간의 마음과
사회를 감동의 소용돌이로 바꾸어놓는 힘을 가진 라디오 매체"가 우리 삶
과 어떻게 맺어지는지에 따라 현대 문명의 풍요도 또한 바뀌지 않겠는가.

—철학 광장

04

우리는 우리 자신과 화해할 수 있을까?

: 봉준호 〈괴물〉

우리는 괴물 이야기를 좋아한다. 우리가 가장 무서워하면서도 가장 좋아하는 악몽을 생생하게 재현하기 때문이다. 그것은 우리를 공포와 분노로 가득 채워 그 짜릿한 전율로 온몸에 묘한 생기를 불러일으킨다. 괴물의 등장은 우리에게 영웅이 되라고 요구하며, 우리를 단결하게 만든다.

알파 포식자

생태 저술가 데이비드 쾀멘^{David Quammen}은 괴물과 인간 사이의 투쟁의 배경에는 수십만 년 동안 쌓인 인간의 생태적 경험이 있다고 한다. 그것은 바로 '알파 포식자'에 대한 유전인자적 기억이다. 알파 포식자는 먹이 사슬의 최상위에 있는 무서운 육식동물을 가리킨다(그래서 알파벳의 우두머리 문자로 표시한다). 사자와 호랑이 같은 거대한 고양잇과 동물들, 갈색곰, 악어, 왕도마뱀, 비단구렁이, 아나콘다 등이 그 대표적인 예들이다.

콤멘에 따르면, 그들은 호모 사피엔스를 진화시킨 생태학적 기반의 일부를 이루었고, 인간의 정체성을 만들어낸 심리적 배경의 일부가 되었으며, 인간이 그들에 대처하기 위해 발달시킨 정신 체계의 일부로 자리 잡았다는 것이다. 알파 포식자들의 존재는 잔혹한 생태 현실이었다. 그런 현실에 대한 기억은 태곳적 동굴 벽화나 고대의 신화보다 더 아득하게 먼 시절에 생성된 신호 체계로서 우리의 유전자에 프로그램 되어 있다는 것이다.

더 나아가 그들이 인간에게 끼친 영향은 단순한 생존투쟁이라는 차원을 초월하여 신화, 예술, 서사문학, 종교 속으로 깊이 파고들었다. 길가메시와 훔바바, 베어울프와 그렌델, 테세우스와 미노타우로스, 페르세우스와 바다 괴물, 성 조지와 용의 대결 등 그 목록은 엄청 길다. 이 괴물들은 이야기의 주인공들 손에 죽음으로써 그들을 영웅으로 만들며, 그들 앞에서 사람들을 서로 단결하게 한다.

봉준호 감독의 〈괴물〉2006년은, 인간과 괴물의 투쟁사가 전해준 전형적인 요소들을 대부분 그대로 담고 있다. 콤멘도 지적했듯이 괴물의 포식성은 이런 이야기들이 흥미를 끌 수 있는 핵심적인 요소이다. 인간이 저지른 환경오염의 결과물이라는 것을 암시하는 한강의 괴물 또한 엄청난 포식성을 보여준다. 한강변에 등장하는 순간부터 사람을 통째로 삼키며 포획한 '먹이' 를 강변 하수구의 비밀 장소에 가둬두었다가 필요할 때 또 포식한다. 괴물이 잡아먹고 소화시킨 사람들의 해골과 뼈들을 마구 토해내는 혐오스런 장면에서 그 잔혹한 포식성은 극치에 이른다.

귀여운 딸 현서를 잡아간 괴물 앞에서 박강두의 가족은 굳게 뭉친다. 영웅적 행동 또한 마다 않는다. 현서의 할아버지는 자식들에게 "야! 니들 빠지고 이참에 내가 저놈하고 아주 끝장을 봐야겠다"며 홀로 괴물과 맞선다. 평소 푼수 같은 행동을 일삼던 박강두도, 화염에 휩싸여 괴로워하는 괴물에게 쇠파이프로 최후의 일격을 가할 때는, 긴 창으로 용을 퇴치했던 성 조지 못지않은 결연함과 단호함을 보인다. 괴물은 이렇게 또 제거된다. 이것은 괴물과 인간 사이의 관계를 생태학적 기원의 입장에서 해석한 것이다.

자아의 쌍둥이 형제

그런데 우리는 또 다른 이유에서도 괴물 이야기를 좋아한다. 바로 '우리 자신'의 이야기이기 때문이다. 이는 철학적 해석의 실마리를 제공한다. 만일 우리가 '우리 자신'과 '다른 존재들' 즉 자아와 타자의 수수께끼를 이해하고자 한다면, 다양한 방식으로 존재하는 자아와 타자 사이의 차이와 동일성을 인식할 수 있는 방법을 개발하고자 한다면, 괴물에 대한 철학적 물음을 피해가기 어려우리라. 고대의 신비로운 초자연적 괴물에서부터 미래의 과학-기술이 유·무기체의 합성물로 창조해낼 괴물에 이르기까지 괴물 이야기들은 바로 그 물음들을 내재하고 있기 때문이다.

우리가 괴물들에게서 느끼는 혐오감만큼 그들에게 완전히 매혹당했다는 것에는 의심의 여지가 없다는 철학자 리처드 커니^{Richard Kearny}는, 괴물이 우리 안에 이미 내재되어 있는 모습의 투사임을 보여주고자 한다. 그러면서 인간의 정체성 그 이면에 감추어져 있는 타자성의 진실을 추적한다. 그는 우리가 거의 본능적으로 거부감을 느끼게 되는 무의식적 두려움들을 타자에게 투사한다고 한다. 즉 인간의 본능적 거부감과 무의식적 두려움들이 투사되어 응축된 형태로 나타난 것이 괴물이라는 말이다.

괴물은 우리의 타자인 동시에 우리 자신이기도 하다. 그런데 신화 속에
서 그리고 영화 속에서 우리는 철저히 단절하여 가차 없이 괴물을 죽여
버린다. 즉 우리는 우리의 자아를 살해한다. 결국 우리는 우리 자신을 직
시하고 우리 자신과 화해할 기회를 놓치고 만다.

괴물이 인간 내면의 투사라면, 괴물의 이야기는 인간의 정체를 밝히는 소중한 통로다. 그래서 커니는 "괴물들은 우리 안의 지옥을 끄집어내고, 우리가 누구인지 우리는 알지 못한다는 사실을 상기시킨다"고 한다. 이런 의미에서 괴물들은 아주 탁월한 타자이다. 그들 없이, 우리는 우리가 누구인지 알지 못하며, 그들이 있어 우리는 우리가 지금까지 알고 있다고 믿었던 존재가 아님을 깨달을 수도 있기 때문이다. 그러므로 괴물은 자아 성찰의 새로운 가능성을 제시해주는 자아의 버림받았던 쌍둥이 형제로서 타자인 것이다. 그래서 괴물은 신화적·예술적·문학적 상상 속에서 우리의 자아 그리고 자아와 결합되어 있는 쌍둥이로서의 타자를 둘러싸고 지속적으로 재생산되는 공포를 표현하는 데 즐겨 쓰는 메타포가 되어왔다.

괴물이 우리의 자아라는 입장은, 신화학자 조지프 캠벨^{Joseph Kampbell}의 '용의 신화' 해석에서도 찾아볼 수 있다. "용은 우리 자신이 자아에 속박되어 있는 상태를 나타낸다. 궁극적인 용은 우리 안에 있고, 우리 자신을 꽉 죄고 있는 것은 바로 우리의 자아이다." 결국 용은 우리가 화해하지 못한 또 다른 우리이다.

캠벨은 더 나아가 괴물과 인간의 모험담에서 두 가지 유형을 구별해낸다. 첫째, 괴물이 인간을 삼키는 경우다. '구약성서'에서 요나가 거대한 물고기 배 속에 들어가듯이, 이렇게 삼켜지는 과정은 자아의 변화를 위한 시련을 상징한다(괴물에게 삼켜진 인간은 부활하듯 토해진다). 둘째는 인간이 괴물의 일부를 삼키는 경우다. 〈니벨룽겐의 노래〉에서 지크프리트가 용을 죽이고 그 심장을 먹음으로써 지혜롭게 되는 것처럼, 이는 자아가 더 높은 차원의 생기를 얻는 것을 상징한다. 이는 타자화되어 있던 자아를 변증적으로 재수용함으로써 높은 차원의 자아로서 재탄생함을 의미한다.

자아의 숙주

커니와 캠벨은 우리에게 자아 성찰의 중요한 통로를 제시한다. 하지만 수많은 괴물 이야기에서, 괴물들은 인간의 서사에 봉사하고 버려진다. 사람들의 이야기는 괴물을 쓰고는 버린다. 불길에 휩싸여 한 줌의 먼지가 되는 괴물, 흐물흐물 녹아버리는 괴물, 석고처럼 굳어버리는 괴물, 이런 것들이 수많은 인간 서사의 결말이다. 괴물은 인간에게 영웅적 순간의 만족감을 제공하고, 인간 공동체의 단결이 가능하다는 것을 보여주고는 처연히 사라진다.

봉준호 감독의 〈괴물〉도 이런 한계에 머물러 있다. 그래서 이 영화를 위한 홍보 문구가 유난히 우리들의 장소(괴물은 있어서는 안 되는)와 가족의 끈끈함을 강조한 '한강, 가족 그리고 괴물'이다. 영화의 공식 제목에서 괴물은 홀로 당당히 전면에 배치되지만(그것은 혐오스러운 만큼 도저히 떨쳐낼 수 없는 매혹이기 때문에), 영화의 메시지에서 괴물은 앞서 나열된 의미들에 딸린 것처럼 '그리고 괴물'인 것이다. 한강변에서 뭇사람들의 분노와 경멸의 시선 아래 화염에 휩싸여 소실되는 괴물, 이번에도 괴물은 수없이 반복된 인간 서사의 결말을 피해가지 못한다.

〈괴물〉의 해외상영용 제목은 '호스트Host'이다. 즉 치명적인 바이러스를 보유한 숙주 생명체라는 뜻으로 붙인 것이다. 하지만 철학적 관점에서 본 괴물은 자아의 숙주이다. 즉 우리의 자아를 품고 있는 타자인 것이다. 생태학적 해석과 철학적 해석을 융합해 보면, 영화 속에서 우리는 단결하여 우리의 자아를 죽인 것이다. 결국 우리는 우리 자신을 직시하고 우리 자신과 화해할 기회를 놓친 것이다. 수많은 괴물 이야기들이 괴물의 포식성을 드러내고 괴물을 희생양 삼아 인간끼리의 단결로 끝맺음할 때마다, 우리는 자아를 직시하고 자아와 화해할 기회를 놓치는 것이다.

누군가 흉측한 괴물을 주인공으로 등장시켜 오히려 또 다른 우리 즉 타자의 아름다운 이야기를 들려주는 데 성공한다면, 그리고 괴물이 우리의 또 다른 자아이듯이 우리가 우리 자신의 타자임을 신비로운 이명耳鳴으로 알려주는 판타지를 그려낼 수 있다면, 그때 우리는 자아와 진정으로 다시 만날 수 있으리라.

우리는 눈물로
무엇을 해소하는가?

: 송해성 〈우리들의 행복한 시간〉

소설이나 희곡 또는 동화 등 문자로 된 이야기를 영화로 만들 경우 원작과 영화 그리고 원작자와 영화감독 사이의 갈등은 어쩌면 흔히 있는 일이라고 할 수 있다. 원작자가 영화 제작에 개입하여 자신의 입장을 적극 반영하려고 하기도 한다. 최근에는 해리 포터 시리즈의 원작자 조앤 롤링이 영화 제작진에 작품의 일부 내용을 그대로 반영해줄 것을 요구했다고도 한다. 영화가 완성된 후에는 종종 원작을 훼손했다거나 적어도 원작을 살리지 못했다는 비평이 따르기도 한다.

우리가 앞서 보았듯이^{4부 5장} 프랑스 영화감독 장-자크 아노는 1986년 저 유명한 움베르토 에코의 소설 〈장미의 이름〉을 영화로 만들었다. 영화가 개봉되자마자 평론계와 언론에서는 에코도 원작을 훼손했다고 노발대발하

— 철학 광장

는 작가들 가운데 한 사람이기를 은근히 기대했는지 모른다. 하지만 에코의 대답은 의외로 간단했다. 소설 〈장미의 이름〉의 작가는 에코이고, 영화 〈장미의 이름〉의 작가는 아노라는 것이었다.

정화

공지영 작가의 소설 〈우리들의 행복한 시간〉과 송해성 감독이 만든 동명의 영화^{2006년}도 이와 같은 관계에 있다. 책으로 삼백 쪽 분량의 소설을 두 시간 상영의 영화로 만들려면 아쉬움이 남기 마련이다. 그런데 이 경우 좀 특이한 것이 있다. 영화는 제목이 상징하는 '우리들의 행복한 시간'의 의미를 훨씬 더 집약적으로 표출할 수 있기 때문이다. '우리', '행복', '시간'은 제목에 함께 모여서 하나의 집약적인 상징체계를 이룬다. 그러므로 시간집약적인 예술인 영화가 이를 적극 활용할 기회를 잡은 것이기도 하다.

오늘날 폭넓은 대중과 함께 하는 문화의 영역이라는 점에서 영화는 또 다른 이점도 있다. 그건, 누군가 통속적이라고 비난할지 모르겠지만, 많은 사람들에게 눈물을 흘리게 한다는 사실이다. 혼자 책을 보며 울기보다 영화를 다른 사람들과 함께 보며 울 가능성이 더 크다. 울음은 이른바 '사태沙汰 효과'를 지니기 때문이다. 그렇다고 이 영화를 이른바 '최루탄 영화'라고 비꼬는 평자들에 동조하는 건 아니다. 나 자신 많은 사람들 속에서 눈물의 감동을 몸소 체험했기 때문이다.

내가 이 영화를 관람하던 날 영화관에는 유난히 교복을 입은 중·고등학생들이 많았다. 영화 시작 전에는 사춘기의 발랄함이 넘쳐 다른 관객들을 방해할 정도로 소란을 일으키기도 했지만, 막상 영화가 상영되자 숙연한 훌쩍거림으로 시작한 울음이, 영화가 클라이맥스를 거쳐 대단원에 이르자,

운다는 것의 부끄러움조차도 눈물로 흘려보내는 울음으로 상승하는 것이었다. 아리스토텔레스가 설파한 카타르시스가 실현되는 순간이었다.

아리스토텔레스의 카타르시스에 대해서는 해석이 분분하지만, 예술 작품은 관객에게 감동을 불러일으키고 관객은 그 감동의 내적 파급 효과로 눈물을 쏟아냄으로써 자신을 정화淨化한다고 할 수 있다. 관객이 비극을 보고 눈물을 흘리면 이에 의해 공포와 연민의 감정을 배설하여 마음속을 후련하게 함으로써 오히려 쾌감을 느끼게 된다는 것이다. 특히 비극 작품의 카타르시스 효과는 마치 무수히 많은 코를 지닌 그물을 끌어당기는 것과 비슷하다. 하나의 그물코를 붙잡고 끌어당기면 다른 그물코들도 따라 나온다. 비극이 관객에 던진 감동의 그물은 가슴속 깊은 곳에 잠재해 있는 인간 감정의 그물코들과 얽히고 그들을 함께 끌어당겨 가슴속을 후련하게 쓸어낸다. 이런 의미에서 예술 작품은 감동의 내적 파급 효과로서 인간을 정화한다고 할 수 있다.

해소

이제 아리스토텔레스의 이론을 넘어서 눈물의 의미를 좀 더 천착해보자. 그러면 우리는 그것이 정화를 넘어서 '해소解消'의 기능을 한다는 것 또한 알 수 있다. 해소는 해체하고 씻어내서 없애버린다는 뜻이다(특히 여기서 '해解'자의 의미는 각별하다. 그것은 '뿔 각角'과 '소 우牛' 그리고 '칼 도刀'의 합성으로 되어 있다. 즉 뼈에 붙은 소의 살을 칼로 완전히 떠서 해체함을 뜻한다). 정화의 의미와 유사한 점이 있지만 그 역할은 다르다. 카타르시스 이론에서 눈물로 정화되는 것은 관객 각자이지만, 여기서 눈물이 해소하는 것은 관객 개인과 다른 사람들 사이에 있는 장벽이다. 작품에 완전히 공감해서 흘

영화 〈우리들의 행복한 시간〉에서 '눈물'은 등장인물들 사이의 거리감과 장벽을 해소하는 구실을 한다. 불행한 주인공과 관객 사이에 놓여 있던 거리감 역시 관객이 이 이야기를 '아름다운 비극'으로 받아들이고 눈물을 흘릴 때 해소된다.

리는 눈물은 관객과 등장인물 사이에 있을 수 있는 모든 장벽을 해체해서 소멸시킨다.

비극의 주인공들은 말 그대로 비극적이며 불행하다. 그러므로 관객은 그들에 곧바로 공감하지 않는다. 오히려 처음에는 거리감을 갖거나 심리적 장벽으로 불행한 주인공과 동일시되는 것을 차단하려 한다. 주인공의 불행한 이야기가 '아름다운 비극'이 되는 과정에서 엄청나게 눈물을 흘릴 정도에 이르러서야 그 장벽은 제거될 수 있다. 바로 흐르는 눈물로 그것을 해소하기 때문이다. 관객과 등장인물 사이의 이런 해소 효과는 각 개인이 '인간의 의미'와 소통할 수 있는 길을 열어준다. 〈우리들의 행복한 시간〉은 이를 잘 보여준다.

또한 영화 속 등장인물들 사이에서도 눈물로 모든 장벽을 해소해야만 진정한 소통이 가능하다는 것을 보여준다. 윤수는 살인 강도죄로 사형을 선고받고 형 집행 날짜만 기다리고 있는 이른바 사형수다. 모니카 수녀는 교도소의 교화위원으로서 윤수에게 진지한 인간애로 접근한다. 윤수는 거부하지만 그녀의 끈질긴 노력은 자신의 조카인 유정을 이 일에 끌어들이기에 이른다.

유정에겐 열다섯 살에 성폭행당한 경험이 "자기 인생 전체를 지배하는" 상흔으로 남아 있다. 여러 번 자살을 시도했고, 윤수를 만나는 그 순간에도 그녀는 죽음을 생각하고 있다. 두 사람 모두 결코 치유될 것 같지 않은 한순간 폭력의 상처를 지니고 있는 것이다. 당연히 두 사람의 만남은 도저히 해소될 것 같지 않은 장벽을 사이에 두고 시작된다.

하지만 어느 순간 둘 사이에 철옹성처럼 버티고 있던 무시와 불신의 장벽은 무너진다. 각자 눈물로써 자신을 해체해서 드러내는 고백을 하기 때문이다. 특히 유정은 평생 비밀로 간직하고 있던 수치스런 상처를 낯선 남자에게 고백하기 위해서 자기 자신을 철저하게 돌아봐야 했다. 그녀가 자아에 대해 갖고 있던 장벽부터 흐르는 눈물로 해소해야 했다. 이런 그녀의 태도는 결정적으로 윤수의 마음을 연다.

그들의 울음소리는 곧 모든 벽이 허물어져 내리는 소리이다. 이때 울음도 '사태 효과'가 있다. 울음이 울기 때문이다. 그러니 누구를 위하여 우는지 묻지 말라! 울음은 너를 위해 울고, 나를 위해 울며, 결국 장벽을 허물고 우리가 된 우리를 위해 운다.

공지영 작가는 소설 속 유정의 독백을 통해 벽이 무너진 두 사람 사이를 이렇게 묘사한다. "먼 계곡 양 가장자리에 서 있는 두 사람을 이어주는 어떤 밧줄 같은 것이 우리 사이에 놓여지는 것 같았다." 송해성 감독은 제작 후기에서 이렇게 말한다. "두 남녀는 세상으로부터 버려진 이후 삶에 대한 어떠한 희망도 포기한, 더 이상 밑을 볼 수 없는 바닥까지 내려와 있는 지독히 외로운 사람들이다. 세상은 그런 그들을 쉽게 '나쁜 사람'들로 치부해버린다. 나는 이 작품을 통해 그런 두 남녀가 서로 소통하고, 그 소통으로 서로를 구원해내는 아름다운 과정을 목격하고 싶었다. 살고 싶은 의지도 희망도 없었던 두 사람의 만남과 변화를 통해 '사람과 사람이 소통하고 이해하며, 사랑과 삶의 가능성을 깨닫게 되는 여정'을 따라가보고 싶었다."

아름다운 이야기다. 하지만 사람들은 이 아름다운 이야기가 담긴 영화를 보고 울 수밖에 없다. 눈물로 모든 장벽을 해소해야 하기 때문이다. 그래서 인간의 포옹에 더 큰 포옹으로 합류하고 싶기 때문이다. 단테 Dante Alighieri가 그랬던가. "그대 지금 울지 않는다면, 언제 운단 말인가?"

06

그대는 광대의
세계를 아는가?

: 이준익 〈왕의 남자〉

이준익 감독의 영화 〈왕의 남자〉2005년는 그 제목에 함정이 있다. 그것이 알렉상드르 뒤마의 소설 〈삼총사〉와 같은 효과를 주기 때문이다. 뒤마의 작품에서 주인공은 삼총사에 속하지 않은 제4의 인물, 즉 달타냥이다. 현대 문학이론에 따르면 작가는 해석의 주체인 독자를 존중한다는 뜻에서 제목에 작품 해석을 위한 지침을 제공하지 말아야 한다. 곧 어느 길로 가라고 가리켜주는 '해석의 활주로'를 닦아놓지 말아야 한다. 그럼에도 불구하고 작품의 제목은 있어야 한다. 이 딜레마를 해결하려면 제목은 주제를 내포하면서도 감추고 있거나 매우 모호한 것이 좋다. 이런 점에서, 뒤마의 소설은 제목에 관한 한 으뜸감이며, 어쩌면 작가가 '실수'로 그렇게 뛰어난 제목을 붙였을지 모른다는 의심을 받을 만하다.

〈왕의 남자〉의 경우도 제목이 주인공을 내포하면서도 감추고 있다. 주인공은 왕^{연산}도 그의 남자^{공길}도 아니지만 그들과 밀접한 관계에 있는 제3의 인물, 즉 광대 장생이기 때문이다. 그런데 작품의 운명이란 참으로 묘한 것이다. 이 영화가 천 만이 넘는 관객과 호흡하면서 더욱 드러난 인물은 바로 공길과 연산이기 때문이다. 주인공 장생, 그리고 앞의 세 인물과 결정적으로 대비되는 제4의 인물 녹수는 이 작품을 향한 대중의 광적인 호응 속에 오히려 파묻혀버린 느낌이다. 대중은 '삼총사 효과'를 맛본 것이 아니라, 제목이 닦아 놓은 해석의 활주로를 따라 작품을 즐긴 셈이다.

광대 중의 광대

그러나 이 영화의 진국을 맛보려면 장생으로부터 출발해야 한다. 즉 제목이 감추고 있는 것으로부터 출발해야 이 작품을 권력적 또는 성애적으로만 읽지 않는 다른 길을 찾을 수 있다. 연산군이 왕이던 시대, 장생은 단짝인 공길과 함께 남사당패를 따라다니다가 힘 있는 양반과 관리들에 농락당하던 삶을 거부하고 보다 큰 놀이판을 찾아 한양으로 온다. 그곳에서 다른 놀이패와 합류하게 되고 장생의 패거리는 연산과 그의 애첩 녹수를 풍자한 거리극으로 인기를 끈다. 공연은 대성공을 거두지만 그들은 왕을 희롱한 죄로 의금부에 끌려간다. 하지만 장생의 배짱으로 왕 앞에서 풍자극을 재연하는 데 성공한 그들은 아예 궁중에 들어와 살며 왕을 위해 계속 각종 놀이판을 벌일 수 있게 된다.

이 작품의 각 대목에서 장생이 보여준 것은 그가 최고의 광대라는 것이다. 그는 뛰어난 줄타기 실력을 비롯해 놀이패에 필요한 온갖 재주를 갖추고 있으며, 패거리를 이끄는 카리스마를 지니고 있다. 무엇보다도 "왕을 가지고 노는 거야!"라고 하며 왕을 놀리는 거리극을 구상할 때 그는 돈벌이만을 생각한 게 아니라 동료들에게 '광대의 덕德'이 무엇인지를 일러준 것이다. 윤리적 의지대로 행동할 수 있는 인격적 능력이 덕이라면, 광대의 덕은 바로 권력을 놀림감으로 삼는 것이기 때문이다. 더욱이 최고의 권력을 놀릴 줄 알 때, 광대의 자질과 능력은 최고에 이를 수 있다. 장생은 왕을 풍자한 죄로 의금부에 끌려가서 "왕이 보고 웃으면, 희롱이 아니잖소. 우리가 왕을 웃겨 보이겠소"라는 배짱 두둑한 제안을 할 때, 사회적 차원에서 광대극의 역설적 기능을 분명히 의식하고 있다.

장생은 궁궐 안 왕의 처소 앞에서 외줄을 타며 왕에게 도전한다. 이 때 장생은 바로 왕 앞에서 마치 '광대들의 왕'처럼 행동한다. 그가 왕에게 벌을 받아 두 눈을 잃고 대궐 앞에서 다시 줄타기에 나섰을 때, 그는 "내가 이 궁에 사는 왕이다"라고 풍자하는 것을 잊지 않는다. 그러면서도 "나는 광대로 다시 태어날란다"라고 다짐한다. 장생이야말로 가장 '광대답다'. 곧 광대의 덕을 제대로 갖췄다. 그러므로 공길과의 관계에서도 장생은 성적 대상으로서가 아니라 광대로서 공길을 사랑한다. 이는 공길이 그 묘한 성적 매력으로 뭇사람의 성적 노리개가 될 때마다, 그가 광대임을 깨닫게 하는 임무를 장생이 잊지 않는 것에서도 알 수 있다.

광대로 난 자, 광대가 된 자

공길은 광대로 태어난 자이다. 그 자체로 '광대이다'. 하지만 장생과의 관계를 통해서 자신이 정말 광대임을 자각해간다. 공길은 중성의 매력과 마력을 지닌 인물이다(영화의 관객 또한 그렇게 느낀다). 사람들은 그를 멸시하면서도 그를 탐한다. 이는 그가 남자와 여자 사이에 있는 존재이기 때문

이 영화의 진국을 맛보려면 장생으로부터 출발해야 한다. 무엇보다 "왕을 가지고 노는 거야!"라며 왕을 놀리는 거리극을 구상할 때, 그는 동료들에게 '광대의 덕'이 무엇인지 일러준 것이다. 광대의 덕은 바로 권력을 놀림감으로 삼는 것이기 때문이다.

이 아니다. 그가 이도 저도 아니기 때문이 아니다. 그가 '모든 것'이기 때문이다. 그가 남자와 여자 모두이기 때문이다. 중성의 매력이란 엄밀히 말해 양성합일의 매력이다. 그 역설적인 풍요함과 완벽함을 뭇사람들이 탐하는 것이다.

공길은 '모든 것'을 상징하는 자, 그래서 뭇사람의 시선을 받는 자, 곧 그 자체로 광대이다. 이는 공길의 존재적 조건이다. 그러므로 광대극의 진정한 관객은 그를 보고 즐기며 공감해서 웃고 울 수 있다. 그를 한없이 부러워할 수도 있다. 하지만 그의 몸을 탐하거나 권력으로 요구해서는 안 된다. 그러면 광대극과 놀이판, 즉 예술이 파괴되고 삭제되기 때문이다.

한편 공길은 광대로서의 정체를 지키기 위해 자신의 몸을 지켜야 한다. 광대의 몸은 에로틱한 시선의 대상일지언정 성욕 해소의 대상은 아니기 때문이다. 공길은 바로 이 점을 장생을 통해 깨달아간다. 그래서 왕에게 불려가서도 인형극과 그림자극을 연출하며 끊임없이 광대의 역할을 계속한다. 권력을 질타하는 광대가 되기까지 한다. "폭정으로 종묘와 사직을 능멸한 니 놈의 죄를!"이라고 외치며 연산을 놀라게 하는 화살을 날리기까지 한다. 드디어 마지막 운명의 줄타기에서 다시 태어나도 광대로 태어나겠다는 장생의 말에, 공길은 "나야, 두 말할 것 없이 광대! 광대지!"라고 울부짖으며 화답한다.

연산, 이 독특한 인물은 극중에서 '광대가 된다'. 그는 장생의 남사당패에게서 놀이가 무엇인지 터득하게 된다. 즉 광대놀이의 재미, 놀이의 힘, 그리고 놀이의 허무함까지도 몸소 배우고 실천하게 된다. 그는 전국 방방곡곡에서 재주 있는 광대들을 모아 벌인 연회에서 직접 광대가 되어 재미있게 놀 뿐만 아니라, 신하들에게 광대놀이의 힘이 무엇인지를 보여준다.

그가 공길과 즐기는 것도 성애가 아니라 놀이이다. 연산이 공길에게 어느 순간 성애적 표현^{입맞춤}을 하는 것도 놀이의 허무함에서 나온 돌발 행동일 뿐이다. 그가 공길을 불러 아이의 몸짓으로 처음 한 말 또한 다름 아닌 "놀자!"였다. 황공하다는 공길에게 "계속 놀잔 말이다!"라고 즐겁게 소리친다. 비극적 장엄함이 깔린 대단원에서 장생과 공길의 줄타기를 보며 유일하게 웃고 있는 인물 연산은 광대가 된 것이다.

광대가 되지 못한 자

장생, 공길, 연산은 각자 탁월하고 환상적이며 독특한 인물들이다. 그들이 각각 자질과 능력, 존재적 조건, 그리고 놀이의 미학이라는 차원에서 드러내는 광대의 세계를 포착함으로써, 우리는 비권력적, 비성애적 관점에서 이 작품에 스며 있는 광대의 철학적 의미를 천착해보았다.

제목에 드러나지 않은 또 다른 인물은 녹수이다. 하지만 '왕의 여자'인 그는 제목의 이면에 밀착해 있다. 그러면서 그는 앞의 세 인물과 대척점에 있다. 장생, 공길 그리고 연산이 각각 광대답게, 광대로서 그리고 광대가 됨으로써 광대의 삶을 진하게 경험하는 것과 달리, 녹수는 유일하게 광대의 세계에 뛰어들지 못하는 인물이다. 왜 그럴까?

그는 '정치'를 하려 하기 때문이다. 녹수는 장생을 경계하고 공길을 질투하며 연산을 차지하려 한다. 그래서 음모를 꾸민다. 앞에서 표현하지 않고 뒤에서 기만하는 것이다. 이런 정치적 행위는 광대의 본질과 정반대되는 것이다. 그러므로 녹수는 광대의 근본을 볼 수도, 광대의 미학을 느낄 수도, 광대들과 어울릴 수도 없다. 오로지 광대의 세계를 무시할 수밖에 없다. 그래서 그는 연산과 함께 있는 공길에게 앙칼지게 달려들며 "광대 주제에!"라고 부르짖을 수밖에 없다.

보통 사람들은 대개 장생, 공길, 연산이 아니라 녹수 같은 사람들이다. 아무나 광대다울 수 있고, 광대일 수 있으며, 광대가 될 수 있는 게 아니기 때문이다. 광대의 삶이란 줄타기와 같은 것이다. 줄을 타는 능력을 갖추어야 하며, 허공에 걸린 줄 위에서 존재하는 것 같지 않게 존재해야 한다. 그러나 그를 바라보는 사람들이 '광대가 되고 싶게' 줄을 탄다. 사실 대부분의 사람들은 광대답기를, 광대이기를, 광대되기를 두려워한다. 사회적으로 배제될까 두렵기 때문이다. 그러므로 크고 작은 '정치적' 행위에 관심을 갖게 된다.

우리가 〈왕의 남자〉를 정치철학적 맥락에서 의미 있게 읽어볼 수 있다면, 그것은 바로 녹수라는 인물을 통해서일 것이다. 그럼으로써 우리는 다시금 그 대척점에 있는 광대의 세계를 좀 더 잘 알 수 있게 될 것이다.

07

선과 악의 윤리적 판타지가 현실로 치환될 때…

: 〈디 워〉와 말의 전쟁

심형래 감독의 〈디 워_D-War_〉는 또 다른 '디 워_The War_' 를 일으켰다. 곧 '말의 전쟁' 을 야기했다. 2007년 개봉 당시 이 영화를 둘러싸고 어떤 말의 무기로 어떻게 치열한 전쟁이 있었는지는 잘 알려져 있다. 다만 그 전쟁의 중심에 '한국영화의 발전' 이라는 것이 잠재해 있었는데 그 후 영화산업의 이득이라는 점에서든 이런 논쟁의 의미에 관해서든 남은 것이 별로 없다는 건 아쉬운 점이다.

판타지

〈디 워〉는 SF가 아니다. 심형래 감독의 영화를 보고 나오면서, 내 입에서 자연스레 나온 말이다. 나는 이 영화를 보러 가면서, '흥미로운 SF' 한 편 보겠구나 생각하고 영화관에 들어섰다. 수많은 말과 글들이 이 영화를 'SF'라고 했기 때문이다. 더구나 영화관 로비에 진열되어 있는 〈디 워〉의 팸플릿 표지에는 "대한민국 SF의 새로운 역사가 시작된다!"는 문구가 강렬한 이미지로 써 있었다.

〈디 워〉가 SF가 아니라는 것은 영화를 보면 금방 알 수 있다. 쉬운 예를 들면, 〈디 워〉처럼 거대 파충류들이 등장하는 〈쥬라기 공원〉은 SF이다. 과학적 요소가 있기 때문이다. 황당무계하더라도 상상의 세계 안에 내재하는 과학적 가설과 논리를 활용하면 SF다. 이런 점에서 톨킨의 원작이든 영화든 〈반지의 제왕〉은 SF가 아니고 판타지다. 〈디 워〉 역시 판타지 작품이다. 이무기의 비늘에 대한 설명이 잠깐 나오고 다른 공상과학 영화에서 모방한 영상들이 나오지만 그것은 이무기의 '전설'을 현대화하는 과정에서 차용된 것들일 뿐이다.

그렇다고 SF가 우월하고 판타지가 열등하다는 건 아니다. 톨킨은 환상예술에 대한 시론에서 "판타지는 인간적 권리로 남아 있다"고까지 했다. 그것이 예술에서 소중한 장르임에 틀림없다. SF와 판타지는 서로 섞이기도 하지만, 때론 이런 구분이 필요하다. 영화를 공부하는 청소년들을 위해서도, 이미 전문가가 된 사람들이 앞으로 더 발전하기 위해서도 그렇다.

판타지의 대가 톨킨을 이왕 언급했으니, 그가 보는 판타지 작품이란 어떤 것인지 좀 더 살펴보자. 톨킨은 자신이 "정보^{information}로 가득한 세상이 아니라, 경이로움^{wonder}으로 가득한 세계를 항상 찾아다녔다"고 고백한다. 그는 자기뿐만 아니라 사람이라면 누구든 그런 욕망을 갖는다고 본다. 그래서 그는 "판타지는 인간의 자연스런 행위"라고 단언한다. 따라서 그것이 이상하고 비현실적이라는 비판을 받아도, 모든 사람들에게 판타지는 하나의 인권 같다고 말한 것이다.

그렇다고 판타지가 곧 판타지 작품이 되는 것은 아니다. 다시 말해, 판타지를 열렬히 좋아해도 판타지 작품을 만들기 위해서 특별한 능력과 노력이 필요하다. 예술 창작이라는 차원에서 톨킨도 판타지가 판타지 문학이 되기는 무척 어렵다는 것을 강조한다. 판타지 문학은 쉽게 보이는 현실이 아니라, '현실의 내적 구성'을 표출하는 것이기 때문이다. 그러므로 성공적인 작품을 만들어내기 어렵지만, 일단 '작품'으로 탄생하면 '서사 예술'의 정수가 된다.

톨킨이 주장하는 판타지 문학의 성패는 놀랍게도(또한 너무 당연하게도) 작가가 얼마나 합리적인 태도로 작품을 구성하는지에 달려있다. 이것은 사실 철학에서 철저한 형식논리formal logic가 사물의 본질을 표출하고, 과학에서 가설의 검증 작업을 거친 철저한 이론이 자연법칙을 반영하는 것과 크게 다르지 않다. 어떤 사실에 대한 철저한 형식적 구성은 그 사실의 본질을 드러내주기 때문이다. 쉬운 예를 들면, 폼form, 형식이 잘 잡힌 운동선수는 자기 몸으로부터 그 운동에 본질적으로 필요한 에너지를 최고도로 끌어낼 수 있다. 다시 판타지 작품으로 돌아가면, 현상의 이면에 숨어 있는 것들을 끄집어내 흥미진진하고 감동적인 이야기로 만들기 위해서는 철저한 구성을 필요로 한다.

이는 마치 앨리스 이야기를 쓴 루이스 캐롤이 철저한 논리적 구성 위에서 난센스의 유희를 펼치는 데 성공하는 것과 마찬가지다. 톨킨도 자신이 주장한 판타지 작품의 구성 원리에 따라 실제 픽션 작품들을 써나갔으며, 우리가 잘 알듯이 그의 작품들이 판타지의 고전으로 남게 된 것이다. 이른바 '코믹 판타지comic fantasy'라는 영역을 개척했다고 할 수 있는 영국 작가 테리 프래쳇Terry Pratchett은 "거의 모든 현대 판타지 작품은 톨킨의 다락방에 있는 가구들을 재배치한 것에 지나지 않는다"고 말한 바 있다. 이것은 물론 판타지 장르에서 톨킨의 영향력이 대단함을 보여주는 것이지만, 프래쳇의 풍자적 표현을 좀 더 세밀히 보면 '환상적 요소들_{다락방의 헌 가구들}'을 '어떻게 다시 잘 구성_{재배치}'하는지에 따라 새로운 작품으로 재탄생할 가능성도 있음을 시사하는 것이다. 다만 다락방까지 가서라도 다양한 환상적 요소들을 찾아내야 하고, 그것들을 합리적으로 잘 구성해야 창발적 효과를 낼 수 있다.

톨킨, 캐럴, 프래쳇의 경우는 판타지 문학에 관한 것이지만, 이는 다른 예술 분야에도 그대로 적용된다. '겉보기에' 비합리적 특성을 지닌 판타지 작품일수록 그것을 만들어가는 과정에서는 철저한 합리적 작업이 필요하다. 특히 영화에서 설득력 있는 합리성이란 이야기 구성에만 해당되는 것이 아니라, 감각종합형 예술로서 영화 전체의 작업에 해당된다. 곧 서사, 영상, 음향, 음악 등의 차원에서 설득력 있는 합리성은 작품을 말그대로 '판타스틱' 하게 만들어준다.

판타지 영화가 판타스틱하기는 쉽지 않다. 나는 사람들 사이에 때론 시공을 초월하는 공감대가 있다고 믿는다. 그것은 말의 어감에서도 나타나는데, 그런 말 가운데 하나가 '판타스틱^{fantastic}'이다. 이 아이디어도 톨킨의 책을 읽으면서 얻은 것인데, 판타스틱은 '판타지^{fantasy}'에서 유래한 형용사로서가 아니라 그 자체로서 특별한 어감과 의미를 지니기 때문이다. 잘 만들어진 판타지 영화는 분명히 관객들 사이에서 판타스틱한 공감대를 형성한다. 우리나라에서도 역량 있는 작가들이 참여해 그런 영화들을 많이 만들면 좋겠다.

현실 감각

〈디 워〉에는 확인되지 않은 말들이 너무 많다. 작품 내적으로도 그렇고,

영화를 둘러싸고 있는 것들 사이에서도 그렇다. 그렇다면 왜 이런 일들이 일어났을까? 우리는 〈디 워〉에 대해서 잘 알아야 하지만(수많은 사람들의 관심과 이해관계가 걸려 있는 문화적 현상이니 당연하지 않은가), 잘 알 수 없게 하는 뭔가 작동하기 때문이다.

〈디 워〉는 영화의 내적 이분 구도가 영화의 외적 이분 구조로 격렬하게 이탈한 특이한 사례이다. 〈디 워〉는 판타지 작품에서 즐겨 쓰는 선과 악의 구도를 갖고 있다. 영화에서는 악의 이무기가 주로 등장하고 선의 이무기는 잠재하다가 마지막에 갑자기 튀어나오지만, 선과 악의 구도는 전제되어 있다. 거칠게 표현되어 있지만, 사람들은 그 구도에 집착하게 된다.

그러나 이무기의 이미지처럼 거대하게 구분된 선과 악의 세계는 우리 현실에 없다. 그렇기 때문에 분명한 선과 악의 서사는 판타지인 것이다. 우리 일상 현실은 선과 악의 미묘한 접점들로 이루어져 있다. 선보다는 차선이, 악보다는 차악이 중요해지고, 종종 차차선과 차차악들 사이에서 삶은 영위된다. 악에 대한 연민이라는 모순이 있고, 위선에 대한 혐오라는 갈등이 있다. 그래서 현실은 드라마다.

영화 평론은 냉혹한 현실의 지형에서 행해진다. 토론도 냉철한 현실 감각을 바탕으로 한다. 이들이 논쟁으로 발전하면 드라마가 된다. 판타지가 아니다. 그런데 '선과 악의 확연한 구도'를 가진 판타지가 평론과 토론의 현실에 뛰어든다. 그러고는 현실의 사람들을 선과 악으로 철저히 분명하게 구분하기 시작한다. 이런 거친 구분 작업에서 선과 악은 곧잘 동지와 적으로 치환된다.

그러면 서로 상대의 존재를 무시하는 언어들이 난무한다. 상대와의 접점에서 미묘함을 보려는 노력은 사라진다. 상대를 말살하고자 하는 잠재의식까지 발동한다. 논쟁을 하는 게 아니라, 전쟁을 하게 된다. 전쟁의 목표는 승리다. 논쟁의 목표는 소통이다. 전쟁을 하는 자는 항상 선과 악을 확연히 구분한다. 전쟁은 선과 악의 판타지를 현실로 치환해서 승리를 쟁취하려는 참혹한 싸움 방식이다.

논쟁은 전쟁을 가장한 놀이이다. 놀이의 상대는 서로 선과 악이 아니다. 자기 주장에 과분한 자신감을 부여하는 사람들이 찾는 그런 선과 악은 이 세상에 없다. 전쟁놀이는 재미있지만, 전쟁은 참혹할 뿐이다. 그래서 〈호모 루덴스〉의 작가 하위징아J. Huizinga는 불가피한 전쟁도 가능하면 놀이처럼 하는 게 덜 참혹하다고 하지 않았던가. 참혹함 앞에서 알고자 하는 의욕은 삭제된다. 느끼고자 하는 의욕도 말살된다.

우리는 판타지를 즐기고 싶다. 판타지가 제시한 이분 구도를 현실의 구조로 치환해서 실행하고 싶은 게 아니다. 우리는 〈디 워〉에 대해서 잘 알고 싶다. 그러나 선과 악의 윤리적 판타지를 현실에 직접 끌어들여 가지고는 아무것도 알 수 없다.

평론과 토론이 윤리적 판타지에 씌면 현실 감각을 상실한다. 그래서 작품 안에 있는 선과 악을 작품 자체의 선과 악으로 전환한다. '좋은 영화' 또는 '나쁜 영화'라는 표현을 아무렇지도 않게 쓰게 된다. 나아가 판타지 작품 안에 있는 선과 악의 이분 구도를 논쟁의 이분 구조로 차용하면서 논쟁 참여자들 스스로 '좋은 놈'과 '나쁜 놈'이 되기도 한다.

우리는 판타지 작품을 잘 알고 싶고 즐기고 싶다. 작품에 대한 평론과 토론은 이에 큰 도움이 된다. '현실의 드라마'인 평론과 토론이 판타지와 교류하면서 생산하는 것은 분명 흥미진진하고 의미심장할 것이기 때문이다. 우리 같은 보통 사람이 평론과 토론에 대해 갖는 이런 즐거운 기대 또한 문화를 향유하는 방식이다. 그 기대가 실현되면 문화는 정말 즐겁다.

08

'극단을 추구하는 동물' 또는 '극미한 존재로서 인간'

: 〈세븐 데이즈〉와 〈추격자〉

"무시무시한 것이 많다 해도, 인간보다 더 무서운 것은 없다네. / 그는 사나운 겨울 바람 속에서도 잿빛 바다를 건너며, 내리 덮치는 파도 아래로 길을 연다네. / [……] 재치가 뛰어난 인간은 언어와 바람처럼 날랜 생각과 도시에 질서를 부여하는 심성을 스스로 배웠다네."

끔찍한 인간

원신연 감독의 영화 〈세븐 데이즈〉2007년를 보고 나오는데, 문뜩 소포클레스의 비극 〈안티고네〉에 나오는 대사가 떠올랐다. 이 말은 인간의 '경이로운 능력' 또는 '무시무시한 힘'을 경고하고 있다. 월드스타 김윤진이 주연한 〈세븐 데이즈〉를 놓고 흥미로운 법정 영화니, 잘 짜인 액션 스릴러니, 모성이 돋보이는 휴먼 터치의 형사물이니, 모정에 관한 7일간의 묵시록이니 하고 평론가들이 논란을 펼친 판에, 웬 기원전 5세기의 그리스 비극과 연결시키느냐고 할지 모르겠다.

하지만 이 작품은 '인간이란 무엇인가?' 라는 질문을 깊숙이 품고 있다. 더구나 인간에게조차 '무서운 인간' 에 대한 성찰을 촉구하고 있다. 그것은 이 작품에서 쉽게 포착될 수 있는 법적 정의, 진실의 소재, 모성애 등의 주제를 머쓱하게 만드는 화두이다.

송사에서 승률 100퍼센트인 냉혈 변호사 유지연은 자신의 전문 분야에서는 최고이지만 하나뿐인 딸에게는 빵점짜리 엄마다. 모처럼 엄마 노릇하기 위해 딸의 운동회에 참가하지만, 딸은 납치당한다. 그리고 걸려온 전화 한 통. "아이를 살리고 싶다면, 7일 내에 살인범 정철진의 무죄를 입증해서 그를 석방시켜라!" 이것이 유괴범이자 이제 '괴상한 의뢰인' 이 된 자의 요구이다. 7일이라는 제한된 시간 동안 사형이 확정적인 살인범을 석방시키기 위한 지연의 '미션 임파서블' 이 시작된다. 지연은 학교 동창인 열혈 형사 상열의 도움을 받아가며 유죄가 너무도 분명해 보이는 살인범의 무죄를 증명하기 위해 수단 방법을 가리지 않는다. 그는 극한 상황에서 극단의 도전을 하고 있는 것이다.

한편 "반전을 알고 봐도 그 과정이 재미있기 때문에 영화를 즐기는 데에는 아무런 지장이 없을 거예요"라는 감독의 말을 믿고 영화 내용을 말해보자. 지연이 극단의 성취를 추구하는 한편에서 또 다른 극단을 실현하고 있는 사람이 있으니, 그는 바로 지연의 딸을 유괴해서 지연을 협박하는 '괴상한 의뢰인' 이다. 그가 추구하는 것은 '극단의 복수' 이다.

심리학 교수 한숙희는 정철진이 자기 딸을 처참하게 살해한 범인이라고

배우 김미숙은 '푼수를 떨어도' 그 우아함을 감출 수 없는 게 유일한 약점이라고 한다. 그런데 이 우아한 배우가 분한 극 중 한숙희는 '극단의 복수'를 추구한다. 지고의 우아함을 지닌 여인의 고귀한 영혼이 그런 끔찍스런 일을 구상하고 실행하다니!

확신한다. 물증을 확보하고 있기 때문이다. 그는 딸이 죽은 현장에서 정철진이 살해 흉기로 사용한 물건이 무엇인지 알고 그것이 어디 있는지 안다. 하지만 그가 원하는 것은 정철진이 살인에 관한 한 무죄로 풀려나오는 것이다. 그러기 위해서 최고의 변호 승률을 자랑하는 변호사를 고용한 것이다. 만일 변론이 성공해서 교수형 선고가 거의 확정적인 정철진이 풀려나오면 한숙희 자신이 그를 극형에 처할 수 있기 때문이다. 그가 보기에 자기 딸을 처참하게 죽인 범인에게 교수형은 너무 편안한 죽음인 것이다.

그렇기 때문에 한숙희는 아이 유괴라는 패륜적 범죄를 자행하면서까지 정철진의 석방을 위해 끝까지 유지연 변호사를 밀어붙인다. 정철진은 증거 불충분에 의한 무죄 판결로 석방되고 자신을 '도와준' 의뢰인에 의해 어떤 장소로 유인된다. 그 장소에서 그는 쇠사슬에 묶인 채 소름끼치는 비명을 지르며 처참하게 불에 타죽는다. 죽어가는 그의 눈앞에 놓인 구식 프린터에서는 냉혹한 처형자의 메시지가 마치 '복수의 선고문'처럼 출력되어 나온다. "사람이 가장 고통스럽게 죽는 건 불에 타 죽는 거래!! 너한테 교수형은 사치야. 넌 그런 식으로 죽어선 안 돼!! 절대 안 돼!!"

어떤 평자는 의뢰인 한숙희가 그런 끔찍한 계획을 세우고 그것을 끝까지 밀고 나가 결국에는 자기 딸을 죽인 범인을 불태워 죽이는 것은 일종의 콤플렉스라고 본다. 아니면 그가 심리학 교수이기 때문에 인간 심리의 심층을 보고는 오히려 자신이 심리적으로 불안해져서 그런 행동을 했을 것이라고 해석하기도 한다. 한숙희와 죽은 딸, 그리고 유지연과 유괴된 딸 사이처럼 서로 병행하며 충돌하는 모성애가 결국 이 작품의 주제여야 하는데, 감독이 그 점을 잘 부각시키지 못했다는 평도 있다. 그러나 이런 해석들은 아직 인간이 얼마나 극단적인 동물인지 믿고 싶지 않은 데서 나온 것이기 쉽다. 특히 모성애가 한숙희라는 사람을 그렇게 극단으로 몰고 간다는 해석은 오히려 모성애에 대한 모독일 수 있다. 어미의 자식 사랑은 다른 동물에게나 인간에게나 매우 자연스러운 것이기 때문이다. 모성애와 관계없이도 인간에게는 극단을 추구하는 욕구가 있다.

2500년 전의 비극작가도 인간이 경이롭고 무섭다고 했다. 인간이 무서운 이유는 '극단을 추구하는 동물'이기 때문이다. 〈세븐 데이즈〉에 등장하는 인물들은 극단의 변론과 극단의 복수를 성취하고자 한다. 이런 극단에의 도전 과정은 불가능과 가능의 미묘한 접점을 보여준다. 즉 어떠한 불가의 상황에도 항상 가능성이 있다는 것을 보여준다. 인간은 이 가능의 틈새에 혼신의 열정으로 자아를 투척한다. 이런 인간에게 '미션 임파서블'은 '파서블'하기 위해 존재한다.

혼이 조정한다

그런데 여기서 주목해야 할 점이 있다. 인간을 이렇게 만드는 것은, 생물학적으로는 뇌의 활동이고, 철학적으로는 정신의 힘 또는 마음의 힘이다. 즉 몸이 아니다. 아하, 바로 이 점에서 전통적 영육이원설은 사라지지 않고 다시 고개를 쳐드는구나. 영화에서도 극단의 변론은 정신의 싸움이며, 극단의 복수는 마음의 분노로 지독하게 바라는 것 아닌가.

이 지점에서 우리는 또 다른 철학적 화두를 포착한다. 일상에는 우선적으로 몸이 참여하지만, 비일상적인 극단적 상황은 절대적으로 혼이 조정한다는 사실이다. 일상생활에서는 습관적으로 몸이 알아서 하는 일들이 많지만, 비일상적 상황에서는 골똘히 생각하고 어떤 일에 마음이 붙어 떨어지지 않으며 철저하게 계획을 세우고 밀어붙이려고 한다. 곧 넓은 의미에서 혼의 힘으로 극단을 향해 간다. 그래서 또 한 번 사람이 무섭다. 그 고귀한 영혼이 그런 끔찍스런 일들을 일으키다니! 이 인간적 '자아 공포'는 거의 신비로울 정도다. 사람이 사람에게서 공포를 느껴서뿐만 아니라, 우리가 일상에서는 이런 끔찍한 인간을 생각조차 못하다가 어떤 사례를 통해서만 이 섬뜩함과 전율을 느끼기 때문이다. 마치 인간의 본 바탕 그 비밀을 본 듯하기 때문이다. 물론 인간의 자아 공포가 일상적이라면 우리는 생활을 영위하지도 못하겠지만 말이다.

그래서 또한 인간이 무엇인지 무척 궁금해진다. 인간에게 '인간이란 무엇인가?'라는 물음은 숙명과 같다. 그래서 오랜 역사 속에서 인간은 자기 스스로를 다양하게 조명해왔다. 다양한 차원에서 자신을 개념화하고 정의하려고 노력해왔다. 그래서 서구에서는 라틴어로 인간을 뜻하는 '호모^{homo}'를 수많은 형용사로 묘사해온 것이다. 그것은 고생물학적 표현인 '호모 사피엔스'에서 현대 사상에서 인간을 다양하게 추적하는 '호모 루덴스'와 '호모 사케르'에 이르기까지 긴 리스트를 구성한다. 철학자들도 그 물음을 제기하고 그에 답하려고 부단히 노력해왔고 그 노력은 현재진행형이다. 칸트는 모든 철학적 물음은 결국 인간의 정체에 대한 물음에 귀결한다고 했다.

인간이 극단을 추구하는 동물이라는 것은 어떤 의미에서 역사적 탐구에도 영향을 주었다. 미셸 푸코^{Michel Foucault}는 인간의 역사를 노골적으로 '광기의 역사'로 파악하려 했지만, 사실 적지 않은 역사가들이 인간 역사에서 '광기'를 보아왔다. 로마사 저술로 유명한 에드워드 기번^{Edward Gibbon}은 "인류의 역사는 인간의 범죄, 광기 그리고 불행을 기록하는 것에서 크게 벗어나지 않는다"고 했다. 광기란 무엇인가? 정신이 균형을 깨고 극단으로 치달을 때 뻗치는 기운이다.

극단으로 치닫는 인간은 무엇이 될 것인가? 오늘날 우리는 이 질문에도 봉착해 있다. 이 질문의 의미가 심각한 것은, 인간 능력의 극단에는 인간이 아닐 수 있는 가능성이 도사리고 있기 때문이다. 이 점에 대해서 과학-기술자들은 여러 가지 가설을 내세운다. 예를 들면, 과학-기술 발달에 의한 삶의 변화 속도가 극단에 이르러서 인류 역사의 천이 팽팽하게 늘어나 찢어지는 지점에 이르게 되는데, 이 지점을 '특이점'이라고 부른다. 이 이론을 주장하는 레이 커즈와일Ray Kurzweil의 말을 빌리면, 이 시점에서 "당신은 다른 사람이 될 수도 있다." 이 말은 여러 차원에서 극단을 추구하는 인간의 성향은 인간 자체를 완전히 변화시킬 수 있다는 것을 시사한다. 인간의 정신과 마음이 극단을 추구하면서 특이점에 이르면 인간은 과연 무엇이 될까?

괜한 상상인가? 그렇지 않다. 이것은 오늘날의 상상이 아니라, 바로 익스트림하게 사고하기, 즉 서구 철학에 줄곧 내재해왔던 암호이다. '2시간으로 압축된 세븐 데이즈'의 짧고 긴박한 스토리에서 화두를 얻어 '2500년 동안의 암호' 그 긴 역사를 돌아보게 된다.

미약한 인간

〈세븐 데이즈〉에서 극단을 추구하는 두 인물, 한숙희와 유지연은 매우 강한 캐릭터이다. 그들은 경이로운 능력을 보이며 힘 있게 살고 거침없이 행동하며 자신이 한 행동의 결과에 자족한다. 그 자족의 태도가 또 우리를 섬뜩하게 한다. 그들은 성취하는 인물의 전형이다. 그들의 삶에서 실패는 용납되지 않는다. 아니 그것은 무의미한 것이다. 그들은 도도하고 당당하다.

그러나 인간 세상의 다른 한편에는 힘없이 버려지는 사람이 있다. 아주 허약하고 취약해서 이 세상에 존재하는지조차도 감지되지 않을 정도의 사람들이 있다. 그들은 의미의 차원에서도 다른 사람들에게 너무 무의미해서 눈에도 띄지 않을 정도로 극미한 존재이다. 그들의 삶은 쉽게 잊혀져, 아니 아무도 기억해주지 않아서 허망하기까지 하다.

나홍진 감독은 〈추격자〉2008년에서 이런 인간의 모습을 극명하게 보여준다. '추격자' 라는 강한 인상의 제목은 어쩌면 그 모습을 위장하는 아이러니한 그림자인지도 모른다. 사실 이 영화에서 추격과 추적의 모든 과정은 '아무것도 아닌' 어떤 단 하나의 장면을 위한 들러리에 지나지 않는다. 하지만 우리는 그 아무것도 아닌 장면의 벼락 같은 의미에 도달하기 위해 지루하고 지난한 추격과 추적의 과정을 이야기해야 한다.

전직 형사 엄중호는 생계 수단으로 이른바 '출장안마소' 를 운영한다. 그런데 최근 자신이 데리고 있는 여자들이 잇달아 사라지는 일이 발생한다. 그러던 중 조금 전에 김미진을 부른 손님의 휴대전화 번호와 앞서 사라진 여자들이 마지막으로 통화한 번호가 일치함을 알아낸다. 하지만 미진마저도 곧 연락이 두절된다.

미진을 불러낸 손님 지영민은 성매매 여성들을 대상으로 잔혹한 연쇄 살인을 벌인다. 평상시 그의 선한 눈빛, 순진한 웃음, 부드러운 외모에서는 상상도 못할 잔혹한 사건의 범인이다. 미진을 찾아 헤매던 중호는 우연히 자동차 접촉 사고로 영민과 마주친다. 그는 영민이 접촉 사고의 책임을 묻지 않고 서둘러 가려하는 태도에서 그리고 그의 옷에 묻은 피에서 영민이 '바로 그 놈' 인 것을 직감한다. 그 자리에서 김미진을 부른 손님의 휴대전화 번호를 눌러 그를 확인한다. 그는 번호 끝 네 자리를 강조하며 묻는다. "야! 4885. 너지?" 영민은 도망치고 중호는 쫓는다. 치열한 추격 끝에 중호는 영민을 붙잡는다.

경찰서에서 사라진 여자들을 어떻게 했냐는 질문에 영민은 태연하게 웃으며 "안 팔았어요···· 죽였어요"라는 충격적 '자백'을 한다. 그 자백이 도저히 믿겨지지 않을 정도다. 영민은 한술 더 떠 "근데 김미진인가···· 그 애 아직 살아있을 텐데····"라고 말한다. 하지만 범행 장소에 대해서는 입을 다물어 경찰을 농락하고 혼란에 빠뜨린다. 그러나 영민을 잡아둘 수 있는 증거는 아무것도 없다. 공 세우기에 혈안이 된 경찰은 미진의 생사보다는 증거 찾기에만 급급해 하고, 미진이 살아 있다고 믿는 중호는 홀로 미진을 찾아 나선다.

출장안마사로 일을 하며 어린 딸 은지와 함께 살아가는 미진은 몸살감기가 심해 하루 쉬겠다고 했지만 중호의 채근에 못 이겨 딸을 혼자 남겨둔 채 아픈 몸을 이끌고 일을 나간다. 하지만 영민에게 미진은 또 한 명의 희생자일 뿐이다. 그는 미진을 도살할 짐승처럼 묶어놓고 말한다. "사람들은 네가 없어져도 모를 거야. 당연히 찾는 사람도 없을 거고." 미진은 이 세상에 없어도 되는 '미물'에 지나지 않는다. 영민이 미진에게 "왜 네가 살아야 되냐고 말해봐! 없어? 없는 거다, 그치"라고 하면서 흉기로 그녀를 내리칠 때, 영민은 미진을 무시하고 있는 게 아니다. 세상이 그렇다는 것을 알고 있는 것이다. 미진은 "딸이 있어요!"라고 말한다.

하지만 그런 그녀를 찾기 위해 노력하는 사람은 아무도 없다. 그녀가 없어진 줄도 모를 거라는 영민의 말이 현실인 것이다. 오로지 한 사람 중호만이 그녀를 찾아 나선다. 이제 그는 범인을 추격하는 게 아니라, 피해자를 추적하는 신세이다. 단호한 추격자에서 외로운 추적자가 된다. 그 모습은 애처로움을 넘어선다.

처음에는 자신의 사업과 관계된 일로 시작한 것이지만, 사건의 실체를 이해 못하고 성과 챙기기에 급급한 경찰과의 끊임없는 마찰에 지치고, 혼자 남은 미진의 딸 은지와 어쩌다 동행하게 되고, 지영민의 실체를 점점 알

출장안마사에서 슈퍼의 주인아줌마까지 중호가 미진의 행방을 추적하
는 과정에서 만나는 인물들은 모두 미약한 사람들이다. 마치 세상에 '버
려진 쟈'들 같다. 영화를 보는 관객들조차 어처구니없는 분노를 일으킬
정도로 미약한 이들은 도대체 무슨 힘으로 삶을 이끌어갈까?

게 되면서 중호에게는 미진을 찾는 일만이 의미 있는 일이 된다. 이것은 채석장에서 살해당한 여인들의 증거를 찾느라 엄청난 인원을 동원해서 수색 작업을 하는 경찰에게 중호가 "미진이는 여기 없어. 미진이를 찾아야 해!"라고 절규하듯 항의하는 데서도 잘 나타나 있다. 지영민을 석방한다는 경찰의 통보에 "개가 나가면은, 미진이는?"이라고 말할 때 중호는 거의 절망적이다. 경찰은 중호를 체포해서 가둬두려 하지만, 극적으로 탈출한 중호는 서울 곳곳을 발로 뛰며 "김-미-진"을 짐승이 포효하듯 부른다.

그 사이 엄마를 기다리는 어린 딸 은지를 위해서라도 반드시 살아서 돌아와야 하는 미진은 영민의 흉기에 거의 죽을 정도의 상처를 입고도 살아남기 위해 필사의 탈출을 시도한다. 실신 상태에서 깨어난 미진은 피투성이가 된 몸으로 이를 악물고 목욕탕 타일 조각으로 자신을 묶고 있는 밧줄을 자른다. 자기 주위에는 피비린내 나는 다른 주검들이 있다. 간신히 집 마당에 나온 그녀는 시체를 파먹느라 정신이 없는 개를 피해 집 밖으로 나온다. 거리는 한낮 햇빛으로 화창하다. 그러나 헤진 옷에 맨발인 이 불쌍한 여인을 평상의 거리에서 주목하는 사람은 아무도 없다. 미진은 '살인의 집'을 나서자마자 근처에 있는 '개미 슈퍼'에 가서 몸을 의탁한다.

그 사이 경찰은 검찰의 압박에 물증 없는 용의자 지영민을 석방하고 영민은 집으로 향한다. 그는 태연히 집을 향하던 중 담배를 사기 위해 개미 슈퍼에 들르고 거기서 슈퍼 주인의 보호를 받던 미진을 다시 만나게 된다.

이미 많은 출혈과 고된 탈출의 피로에 거의 실신 상태로 슈퍼 골방에 누워 있는 미진, 망치로 슈퍼 주인을 살해한 영민은 그 망치를 들고 미진 앞에 서 있다. 범행 장소에서 기적같이 탈출한 미진에게는 이제 경찰에게 사건 현장을 알려주고 딸 은지를 만나러 집에 돌아가는 일만 남아 있다. '해피 엔딩'이 눈앞에 있다. 하지만 영민의 망치는 사정없이 미진의 머리를 향한다. 이 영화에 반전은 없다. 확인이 있을 뿐이다. 그리고 관객의 느긋한 예상에 대한 배신이 있을 뿐이다.

이 단 한 장면, 그것으로 영화는 '모든 것'이 되고, 모든 것을 말하며, 동시에 모든 것을 침묵시키고, 모든 것을 종료한다. 그리고 모든 물음을 향해 다시 열린다. 이 장면이 없다면 영화는 그저 평범하거나 아무것도 아닐 수 있다. 영화는 그 순간 수많은 관객의 기대를 무의미하게 만들어버리고 자신은 천둥 같은 의미의 무게로 우뚝 선다.

'개미' 슈퍼의 이름처럼 미천한 곳에서 우주를 진동하는 사건이 조용히 있었다. 그 사건은 인간에 대한 기대, 삶에 대한 희망, 세계에 대한 어떤 위안도 묵살했다. 어떤 사건이 인간을 이렇게 하잘 것 없는 미물로 만들어버릴 수 있는가. 개미 슈퍼 밖의 평온함을 무관심이라는 단어로는 도저히 형언할 수 없다.

삶이 위안이다

〈추격자〉는 시작부터 끝까지 취약한 인간 군상들로 점철되어 있다. 그들은 언제 깨져버릴지 모르는 인생을 사는 사람들이다. 영화의 이미지는 거리에서 손님과 접선하는 출장안마소의 여인으로 시작해서 그들을 고용해 생계를 유지하던 한 남자의 지치고 쓸쓸한 뒷모습으로 끝난다. 이제 그에게 남은 것은 상처 입은 몸과 마음 그리고 끝내 살해된 한 여인의 어린 딸뿐이다.

그 아이의 엄마 미진은 취약하기 짝이 없는 미물로서의 인간 그 자체이다. 극미한 존재로서 인간의 전형인 그녀는 사실 이 이야기에 숨어 있는 주인공이다. 그러나 그녀는 처음에 등장하고는 영화 내내 피범벅이 된 이미지로 언뜻언뜻 보일 뿐 거의 모습을 드러내지 않다가 마지막에 그 모습을 드러내는가 싶더니 곧 처참하게 미물처럼 짓밟혀 없어지고 만다. 무화無化되고 만 것이다. 미진은 삶의 주체가 허무함을 느낀다는 의미에서가 아니라 주체 그 자체가 소멸된다는 점에서 완벽한 니힐리즘의 상징이다.

엄중호가 지영민을 추격하는 것은 사실 처음 조우했을 때 한 번뿐이다. 중호는 영화 내내 미진의 행방을 추적한다. 골목골목 "사람이 살 만한 데는" 다 뒤진다. 그러나 그는 미진을 찾지도 못하고 그녀를 위해 아무것도 하지 못한다. 미진이 살해당한 개미 슈퍼의 골방에 허탈하게 주저앉은 중호, 그는 그저 '아무것도 아닌' 것이다. 이 이야기에 겉으로 드러난 주인공 '추격자'는 김미진만큼이나 아무도 관심 없고 아무도 기억해주지 않는 허망한 존재이다. 그가 없어져도 사람들은 없어진 줄도 모를 거고, 당연히 찾는 사람도 없을 것이다. 중호는 영민과 최후의 결투를 치르고 경찰은 그 덕에 영민을 체포할 뿐 아니라 그때까지 모든 범행의 물증인 사체들을 찾아낸다. 하지만 중호는 무관심 속에 현장을 떠난다. 사람들은 그에 절대 무심하다. 아니 그의 부재를 느끼지도 않는다.

지영민은 극단의 살해범이다. 하지만 그가 극단적인 행동으로 얻은 건 아무것도 없다. 그는 성취한 것이 없다. 이 점이 그가 〈세븐 데이즈〉의 잔혹한 살인자 한숙희와 다른 것이다. 영민은 결손 인간이다. 영화에서 암시하듯이 성불구자라면 그는 결국 자신의 문제를 해결하기 위해 한 게 아무것도 없다. 그는 자신이 허약한 존재라는 것을 극단적인 방법으로 확인한 것뿐이다. 그렇다고 그의 범죄가 용서될 수 없지만, 그 역시 "불쌍한 놈"이란 소리를 들을 수밖에 없는 취약하기 짝이 없는 존재이다.

이들 주위에 있는 사람들도 모두 미약한 존재들이다. 무기력하기 짝이 없는 경찰을 비롯해, 중호가 추적의 과정에서 만나는 인물들 모두 약한 사람들이다. 개미 슈퍼의 주인아줌마는 가슴 조리며 영화를 보던 관객에게 어처구니없는 분노를 불러일으킬 정도로 미약하다.

이들은 마치 세상에 '버려진 자'들 같다. 버려진 자여, 그대 이름은 사람이나니! 누가 이렇게 외친다 해도 인간에 대한 모독이 될 수도 없을 것 같다. 그래도 이런 사람들이 세상을 살아간다. 그들은 도대체 무슨 힘으로 삶을 이끌어갈까?

영민은 미진에게 '살아야 할' 이유를 물었다. 그녀는 '딸이 있다'고 했다. 영화 도입부에 있던 이 대사는 이야기 전체를 가로질러 병원 침대에 누워 잠든 은지 앞에 선 중호의 모습에 오버랩된다.

중호가 미진의 행방을 찾아 헤매던 날 은지 역시 엄마를 찾아 거리를 헤매다 실신했다. 중호는 거의 혼이 나간 사람처럼 아이를 황급히 병원으로 데려갔다. 이제 자신은 영민과의 격투로 성한 곳이라곤 한 군데도 없는 몸이다. 하지만 은지의 작은 아기 손을 뒤집어보고 그녀가 평화롭게 잠든 모습을 확인하고서야 죽을 듯 신음 소리를 내며 의자에 주저앉는다. 그는 밤새도록 육체에 입은 상처로 고통스러우리라. 하지만 살아야 할 한 가지 이유가 그를 조금이라도 위안하리라.

아무리 힘없는 미물이라도 어떤 누군가를 위해 살아야 한다. 아니 미물이기 때문에 누군가를 위해 누군가에 기대서 그리고 때론 누군가로부터 벗어나기 위해 우리는 산다. 성취 없는 삶이 아무런 위로가 되지 않는다 해도 우리는 적어도 누군가와 함께 산다는 것 자체에서 어떤 위안을 느끼는지 모른다. 이 극단의 모순과 역설이 우리 일상의 지형 저 깊은 곳에서 수맥처럼 흐른다.

날것 같은 진실

나홍진 감독은 자신의 작품에서 '날것 같은 느낌'이 묻어나도록 노력했다고 한다. 엄중호 역을 한 김윤석도 영화가 주는 인상을 '생 날것 같은 느낌'이라고 동어반복적으로 표현한다. 스탭들도 제작 과정에서 감독으로부터 '날것'이라는 주문을 여러 번 받았다고 한다.

'날것 같은 진실'이란 철학자들이 즐겨 쓰는 말이다. 아도르노는 '벌거벗은 진실' 또는 '날것의 진실'이란 말을 자신의 사상을 표현하는 키워드로 쓰기도 했다. 우리가 일상에서 대하는 것들은 사회·문화적으로 옷을 입고 가공되어 있다. 벌거벗고 날것 같은 진실은 '그대로 드러나는' 것이므로 맨 정신으로 대하기 힘들다. 그것은 단박에 극단을 드러내기 때문이다.

그런데 우리는 극단을 통해서 평범한 우리 삶을 이해할 수 있을까? 인간을 이해하는 데 극단적인 사례가 소용이 될까? 더구나 한 번의 극단적인 사건이 우리의 정체와 삶에 어느 정도 보편적인 깨달음을 줄 수 있을까? 아니, 그것이 정말 우리 삶과 연관이 있는가?

하이데거^{M. Heidegger}가 숲 속 별장에 칩거할 때, 집문 앞에 붙여놓은 문장이 하나 있었다. 그것은 헤라클레이토스의 단편^{fragment}에서 가져온 말이었다. "번개가 모든 것을 통치한다." 헤라클레이토스답게 신비로움을 품고 있는 말이다. 혹자는 이 말이 천둥 번개로 이 세상을 통치하는 제우스 신을 은유하는 것으로 해석하기도 했다. 또는 그것이 숨기고 있는 심오한 철학적 의미를 찾으려고도 했다.

하지만 이 말은 그대로 날것으로 받아들이면 된다. 번개, 그것은 제우스를 은유하는 게 아니라 번개 그 자체이다. 가장 돌발적이고 순간에 지나가 버리는 것이 이 세상 만물의 평범한 흐름을 결정짓는다. 칠흑 같은 어둠 속에서 순간적으로 밝았다가 어둠 속으로 사라지지만 그것이 있어 그 지속적인 어둠과 순간적 밝음의 의미가 살아난다. 곧 세상의 의미가 드러난다. 벼락 치듯 한 번의 극단적인 사건이 세상의 의미를 바꿔버린다.

인간은 극단적 성취를 추구하든 극미한 존재로서 자신을 경험하고 자각하든 극단적일 수 있는 가능성을 잠재적으로 지니고 있다. 이는 우리가 앞서 미학적 관점에서도 고찰한 것이다3부 7장. 다윈은 각기 다른 인종 사이에서 아름다움을 대하는 근본적인 공통점은 다름 아니라, "인간은 다양함을 좋아하며 극단으로 치닫는 특징을 매우 좋아한다"는 사실이라고 했다. 그는 일상생활에서 사람들이 익숙한 것을 좋아하며 큰 변화를 잘 견디지 못한다는 것을 인정하면서도 다른 한편 사람들은 극단적으로 표출된 것에 매력을 느낀다는 점을 주목했다. 미인은 어떤 부분에서 극단을 추구한다는 입장을 비치기도 했다.

번개 치고 천둥 울리며 벼락 내리는 것은 무섭다. 다른 한편 인간은 그렇게 단박에 엄청난 것을 해내는 극단을 사랑한다. 소포클레스의 말은 크게 틀리지 않다. "무시무시한 것이 많다 해도, 인간보다 더 무서운 것은 없다네." 우리는 우리가 무시무시하고 경이로울 수 있다는 것을 알고 있어야 한다. 그래서 물론 우리 자신을 아는 일은 두렵다. 그러나 또한 두려움을 매개로 성찰과 명상의 기회를 가져야 한다. 극단의 인간을 다루는 작품들은 없는 것을 보여주는 게 아니라 숨어 있는 것을 드러내는 것일 뿐이다.

09

삼차원 '코스믹 웨스턴'에 담긴 확인과 의혹

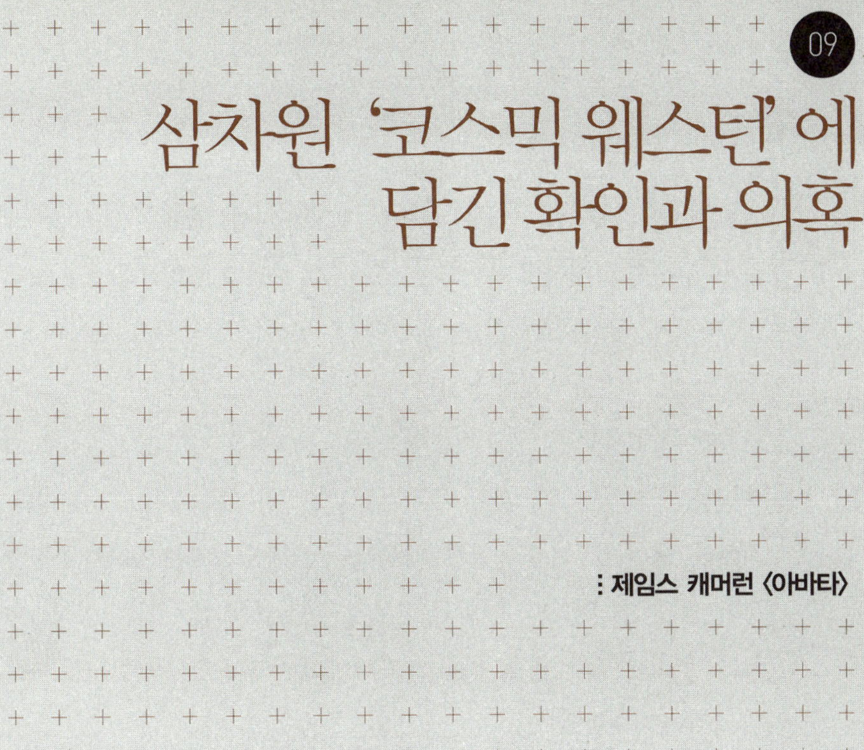

: 제임스 캐머런 〈아바타〉

한 때 우리는 영화를 보면서 영화의 멋진 주인공을 나의 분신인 양 나 자신과 동일시하기도 했다. 이제 우리는 영화 그 자체가 현실의 화신化身이 되는 시대에 살고 있다. 아바타를 다룬 영화가 현실의 아바타인 것이다.

제임스 캐머런James Cameron 감독의 〈아바타〉2009년는 이와 연관하여 몇 가지 진지한 생각 거리를 던진다. 그것은 영화 기술, 이야기, 영혼, 그리고 과학적 상상이라는 차원에서 생각해볼 수 있다. 나는 이들을 각각 쉼표, 말없음표, 느낌표, 물음표의 상징을 통해 보았다.

3D_{,,,}

'현실 같은 영화'라는 인식이 새로운 것은 아니다. 영화가 발전하고 새로운 기술이 영화 제작에 적용되는 것은 오늘 우리가 경험하고 있는 것이지만, 영화가 '현실이고자 to be real' 노력해온 것은 영화 역사의 시초부터이기 때문이다. 그것은 영화의 본질적 속성이다.

영화가 현대문화에서 중요하고 전문가든 관객이든 사람들의 관심을 끄는 이유는 무엇보다도 그것이 매우 심각하게 '현실을 다루기' 때문이다. 영화만큼 '현실'을 '현실감 있게' 다루려고 한 예술 장르는 영화가 출현할 때까지 존재하지 않았다. 영화의 현실은 '현실의 재현'이자 역설적으로 '현실이기 위한 조작'이다. 영화는 그 탄생 초기부터 현실 재현의 효과를 가진 조작된 현실이었다.

영화는 처음부터 현실을 완벽하게 재현하고자 하는 의도를 가졌기 때문에 현실 모방의 차원에서 최고 수준의 착각을 제공하는 기술을 개발해왔다. 이런 점에서 영화는 현실적 효과를 위한 기예적技藝的 작동이라고 할 수 있다. 영화는 판타지를 사용해도 현실감을 도출하는 '유도 능력'이 있다. 현실과 맞먹을 만큼의 인공 경험을 만들어내려 하기 때문이다. 즉 어떻게 하면 '실감 나는' 판타지를 제공하는지를 목표로 하기 때문이다.

'현실감'이라는 입장에서 영화를 보아야, 영화를 이해할 뿐만 아니라 영화가 어떤 방향으로 나갈 것인지, 또 문화 전반과 우리 일상생활에 어떤 영향을 끼칠 수 있는지 알 수 있다. 나는 이런 학문적·예술적 또한 지식적·문화적 관심을 넓은 의미에서 '실효實效현실의 철학'이라는 개념 아래 이미 여러 차례 주장한 바 있다.

현실을 재현하는 것을 넘어서 현실을 창조하는 데에 기술은 당연히 필수

불가결하다. 영화의 기술도 그 진화에 있어서 항상 이런 목표를 위한 방향으로 나아갔다. 활동영상에 음향을 덧붙였고, 그 다음에 천연색을 입혔고, 이어서 스테레오 시스템 그리고 파노라마 화면의 도입 등등으로 넓혀갔다. 이것이 점점 더 현실과 같은 효과를 내려고 하는, 즉 실효현실을 위한 노력이 아니고 무엇이겠는가. 내게 영화 〈아바타〉의 등장은 영화의 발전 과정에서 올 것이 온 것일 뿐이다. 제임스 캐머런 감독이 상상한 이미지에 정말 실감나는 리얼리티를 부여하기 위해 이른바 '3D' 기술을 최대한 활용했다는 것은 그도 영화의 본질적 속성이 무엇인지 꿰고 있다는 뜻이다.

캐머런의 〈아바타〉는 특히 기술적으로 상당한 수준에 오른 삼차원 영상의 특수 효과로 주목받았다. 영화가 '감각통합형 예술'이지만, 특히 영상미와 영상의 실제 같은 효과에 주목한다는 것은 '3D'라는 약어를 이런 효과의 대표 명사로 사용하는 것을 보아도 알 수 있다. 그것은 시각적 공간의 차원을 가리키는 말이지 다른 감각들의 차원을 가리키는 말이 아니다.

시각은 지난 수천 년 동안 예술 표현에서 핵심적인 것이다^{1부 1장}. 특히 영화와 애니메이션은 시각과 청각을 종합하는 예술임에도 시각이 강조되어 '영상예술'이라고 불린다. 이 점은 실제 현실의 효과를 내는 '실효현실의 예술'로서 영화의 미래와 연관해 흥미로운 생각 거리를 던진다.

플라톤은 인간이 문명화하면서 특별히 발달시킨 시각과 청각을 사람의 기본 오감五感 가운데서 동물적 감각이라고 할 수 있는 후각·미각·촉각으로부터 계층적으로 구분했다. 시각과 청각이 영혼에 영향을 끼치는 것을 우려했기 때문이다. 그에게 영혼은 진실성을 보장해주는 것이다. 그런데 "시각과 청각은 인간에게 어떤 진실성을 보장하는가?" 이것이 플라톤의 문제 제기였다. 이는 그가 시각과 청각을 탁월한 능력의 감각이라고 본 것일 뿐 아니라, 어쩌면 시각과 청각의 시너지 효과로 이루어내는 문화적 성과의 위력을 미리 내다본 것인지도 모른다.

플라톤의 제자 아리스토텔레스는 특히 시각을 중요시했다. 우리가 앞서 보았듯이^{1부 1장} 아리스토텔레스는 시각을 모든 감각 가운데서 으뜸이라고 했다. 나아가 그는 환상^{판타지아}의 개념을 설명하는 데에도 상상을 유발하는 영혼의 작동 이상으로 시각을 강조했다. 인간의 예술적 표현에 관심이 많았던 아리스토텔레스는 어쩌면 인간의 감각을 종합적으로 활용하는 예술 작품에서 청각보다 시각의 효과가 결정적일 수 있음을 예견했는지도 모른다.

예술 창작에 디지털 기술이 깊숙이 개입한 오늘날 우리는 시각적 표현의 극치를 추구하고 있다. 그런데 영화가 효과의 힘으로 현실이라고 하지 않을 수 없는 세계를 구현하는 것이라면, 즉 실효현실의 완성을 추구하는 것이라면, 앞으로의 영화는 영상의 실감을 더욱 유도할 뿐만 아니라 시각의 다차원화 단계를 넘어 다차원적 감각을 활용하는 단계로 나아갈 것으로 보인다.

나는 앞서 이 항^項의 표제로 '3D'를 쓰고 쉼표(,,,)를 몇 개 찍었다. 이 쉼표는 영화가 최고도의 현실감을 내기 위해 갈 길이 더 남아 있으며 그 길을 추구할 것이라는 뜻이다. 영화는 연속되는 쉼표의 모양처럼 기술 발전의 휴지기가 있다고 할지라도 계속 열심히 '노 저어' 갈 것이다. 플라톤은 이데아의 세계야말로 진정한 현실이라고 설파하고 그것을 찾아가는 길은 '제1의 항해' 처럼 자연의 순풍을 받아가는 것이 아니라 '제2의 항해'로서 지성의 노력으로 노 저어 가는 길이라고 했다. 영화인들은 그것이 어떤 항해이든 플라톤 못지않은 신념과 정성을 갖고 실효적으로 현실이라고 하지 않을 수 없는 세계를 향해 노 저어 갈 것이다.

〈아바타〉에서도 감지할 수 있듯이 캐머런 감독은 푸른 바다색을 좋아한다고 한다. 바다는 아름답기도 하지만 위험한 곳이다. 캐머런 감독이든 그 이후의 세대이든 영화인들은 '현실감의 미학'이 '현실감의 공포'가 되더라도 계속 현실의 바다를 노 저으며 그것을 자신의 작품에 실현하려고 노력할 것이다. 앞으로 우리는 어쩌면 우리 각자 '나의 아바타'가 연기하는 광경을 영화로 보고 듣고 느낄 기회를 갖게 될지 모른다. 그때 가면 실효현실의 철학은 할 일이 더욱 많아질 것 같다.

서사…

　서사의 차원에서 영화의 첫 번째 미덕virtue은 '실감나는' 이야기를 만들어낸다는 데에 있다. 영화의 두 번째 미덕은 '기억에 잘 남는' 이야기를 소통한다는 데 있다. 이 두 가지는 영화의 능력이기도 한데, 영화가 현대 문화에서 중요한 위치를 점하고 대중의 관심을 끌게 된 핵심적인 이유이다.

　관객이 영화에서 이야기를 따라가는 것은 대사처럼 문자가 구술화된 내용을 통해서이기도 하지만, 무엇보다도 활동영상을 통해서이다(여기서는 길게 설명할 수 없지만, 또한 음향이 아니라 '음악 효과'를 통해서이다). 대사 위주로 구성된 희곡과는 달리 영화의 시나리오 읽기는 전문가가 아닌 이상 대체로 지루하고 재미없다. 하지만 유성영화에서도 대사를 잘 알아듣지 못하는 외국영화를 보는 것은 그 정도로 지루하고 어려운 일이 아니다. 어느 정도 즐길 수 있다. 이것은 관객이 이야기를 추적하는 방식이 다각화되어 있음을 의미한다. 관객은 영상으로도 이야기를 좇아간다. 바로 여기에 영화의 서사구조가 갖는 특징이 있다.

　캐머런 감독은 이 점을 너무 잘 안다. 그렇기 때문에 그가 서사보다 영상을 중요시한다고 말하려는 게 아니다. 그가 영상을 중요시 여기는 것은 그만큼 이야기를 잘 풀어나가기 위해서다. 다만 그는 이야기의 주제라는 점에서 모험을 하려고 하지 않는다고 할 수 있다. 특히 영화처럼 산업적 성격이 강한 예술 장르에서 서사가 중요한 만큼 서사로 인해 작품 자체의 대중적 수용이 실패할 각오를 하기란 쉽지 않다. 흔히 이야기 안에 사람들에게 이미 친숙한 것과 새로운 것이 반반씩 섞여 있는 것이 대중 접근력이 높다는 말을 하기도 한다. 어떤 사람은 그 비율이 최소한 60대 40인 것이 더 효과적이라는 입장까지 내세운다. 어쩌면 캐머런은 〈아바타〉를 만들면서 이런 입장을 감안했는지 모른다.

〈아바타〉를 보던 날, 나는 영화관을 나서면서 '코스믹 웨스턴^{cosmic western}'이라는 조어를 만들어냈다. 캐머런은 이른바 '반성적 서부극'이라는 잘 알려진 이야기 패턴을 우주적 차원에 옮겨다 놓았다. 개척자 가운데 '고귀한 영혼'을 가진 젊은 남자가 원주민의 삶에 동화되어 원주민 가운데 아름다운 여인과 사랑에 빠진다. 그에게 다른 선택은 없다(영화에서도 주인공 제이크 설리는 원주민 나비 족 추장의 딸 네이티리에게 "그래, 나는 사랑에 빠졌어!"라는 말을 그 많은 원주민들 앞에서 한다). 착취하는 개척자와 착취당하는 원주민의 관계에 대한 영적인 각성도 따른다. 외지에서 온 자가 개척하다 반성해서 결국은 정의와 자유를 위해 원주민과 합심하여 '나쁜' 침입자를 몰아낸다. 물론 주인공은 원주민의 일원으로 받아들여지고 새로운 세상을 맞이한다. 캐머런의 영화에서는 원주민이 숭배하는 여신 에이와의 도움으로 개척자의 영혼이 원주민의 몸과 융합하기까지 한다.

갈등과 클라이맥스를 넘어 대단원으로 가는 길목에서 이야기는 헤라클레이토스적인 해결을 보여준다^{7부 8장}. "번개가 모든 것을 통치한다." 침입자들의 공격에 나비 족의 근거지는 초토화되고 추장은 죽는다. 이야기의 영웅인 주인공 제이크도 어쩔 수 없는 상황이다. 이때 제이크는 독백하며 어떤 결단을 내린다. "때론 단 하나의 엉뚱한 결정이 운명을 좌우한다." 그는 위험하기 짝이 없는 익룡 토루크를 타러 간다. 그가 나비 족 역사에 다섯 번밖에 없었다는 토루크를 탄 전설적 지도자 '토루크 막토'가 된 것은 벼락 같은 일이다. 이제 나비 족의 운명은 결정되었고 모든 것은 그 하나로 끝을 맺을 수 있게 된다. 그래도 코스믹 웨스턴은 우주적이기에는 아직 빈약한 것 같다. 하긴 서부 개척지보다 우주는 비교가 안 될 정도로 방대하지 않은가.

문학에서든 영화에서든 일정한 이야기 구조는 반복된다. 반복되면서 더 흥미로워지고 더욱 의미 표출이 되기도 한다. 재미있고 중요한 것일수록 반복되기 쉽다. 이 점에 대해서 내 입장은 일단 '말없음표(…)'이다. 그런데 우리가 상상의 폭을 넓히면 문제는 심각해질 수 있다.

〈아바타〉의 문화사적 메시지는 영화가 현실이 되고 현실이 영화를 뒤따를 수 있다는 것이었다. 우리가 언젠가 외계 행성에 가는 일이 오기는 올 모양이다. 우리는 타자를 만날 때 '이야기를 잘 해야' 한다. 그러려면 평소에 풍부하고 다양한 이야기를 접하고 있어야 한다. 이야기가 우리 의식을 점하기 때문이다. 좀 더 과장하면 이야기가 우리 의식이다. 어설픈, 자기중심적인, 환영받기 어려운 의식으로 타자와 만나는 일은 바람직하지 않을 뿐 아니라, 위험하기 짝이 없는 것이다. 예기치 않은 타자와 조우할 때도 이야기 능력이 만남을 유연하고 평화롭게 해준다.

웨스턴적 서사에 길들여지면 언젠가 판도라 같은 천애의 자연이 보존된 행성에 가서 그곳 원주민과 소통하고 동·식물들과 교감하며 자연과 동화해서 잘 살 수 있을까? 그러지 못할 것이라는 것은, 제이크가 대형 익룡 이크란과의 첫 비행에서 한 말과 행동에서도 엿볼 수 있다. 완전히 나비 족 일원으로 받아들여지기 위해서는 이크란을 타고 비행하는 시험을 거쳐야 한다. 네이티리는 제이크에게 그들 언어로 '샤헤일루' 라는 '교감交感'을 강조한다. 교감의 방식은 서로 신경 조직을 연결하는 것이다. 제이크는 선택된 이크란과 일차 교감에 성공한다. 그런데 그 직후 제이크가 내뱉는 말은 웨스턴 서사의 상투적 말투이다. "그렇지, 이제 넌 내 꺼야." 그러고는 이크란이 괴성을 지르며 거칠게 비행을 시작하자 "입 다물고 똑바로 날아!"라고 명령한다. 이것은 교감으로 소통하고 동화하는 것과는 너무 거리가 멀다. 아직 정복자 서사의 잔재에서 못 벗어났기 때문이다.

우리 미래의 현실에서 판도라 행성 또는 그보다 더 판타스틱한 곳에 가길 기대한다면 서사의 아이디어를 개발해야 한다. 이것은 코스믹 웨스턴을 훨씬 넘어서는 '우주적 윤리 cosmic ethics'의 과제를 미리 준비하는 일이다.

영혼!!!

그런데 〈아바타〉의 서사를 조금 다른 관점에서 보면, 캐머런을 변론할 논리도 개발할 수 있을 것 같다. 전체적인 이야기는 앞에서 말한 대로 코스믹 웨스턴이지만, 이 작품에서 이야기의 심을 잇고 있는 것은 '영혼의 서사'라고 할 수 있기 때문이다. 제이크의 영혼은 자신과 자신의 아바타 사이에서 수없는 '넘나들기'를 하면서 이야기의 실타래 역할을 한다. 일종의 '소울 플롯 soul plot'이 있다고 할 수 있다. 여기에 그레이스 박사의 영혼 넘나들기가 보조 역할을 한다. 이렇게 영혼이 이탈과 착상着床을 거듭하는 가운데 이야기는 진행되고 종국에 두 영혼은 각기 다른 방법으로 안식을 찾는다.

〈아바타〉의 영혼관은 두 가지 극단적인 입장을 융합하려고 한다. 한편으로는 매우 고대적이며, 다른 한편으로는 초현대적이기 때문이다. 이 영혼관은 영육분리의 가능성과 영혼의 과학-기술적 탐구 및 활용을 융합하고 있다.

고대 신화에서 현대 과학에 이르기까지 영혼에 대한 관심은 지속적이었다. 영혼은 육체에 비해 뭔가 특별한 의미와 가치를 지닌 것으로 인식되어 왔다. 호메로스나 이오니아 자연철학자들에게 영혼은 물질적 속성을 지닌 것이라고 할지라도, 육체와는 뭔가 다른 영묘한 것으로 인식되었다. 플라톤은 이러한 인식의 전통에서 영혼의 비물질성을 강화했을 뿐만 아니라 영혼이 육체로부터 '창발적emergent으로 진화' 할 가능성조차도 부정하는 길을 찾았다.

창발성은 새로운 성질의 출현을 특별히 의미한다. 이 개념은 진화의 차원에서도 진화의 각 단계가 이미 있던 여러 요인들의 단순한 합으로 형성되는 것이 아니라, 그들의 합에서 새로운 성질이 출현한다는 것을 강조한다. 그러므로 생물학적 진화의 차원에서 생물체의 각 부분에는 물리·화학 법칙이 적용될 수 있으나, 부분들의 총화는 고차원의 질적 발전을 이루기 때문에 이에는 전혀 다른 새로운 법칙이 적용되어야 한다. 그러나 여기서 주의할 게 있다. 창발성 이론에 따르면, 어떤 시점에서 육체와 영혼은 그 연속성이 파기될 수도 있지만 그렇다고 육체로부터 기원하는 영혼을 부정하지는 않는다.

그런데 플라톤처럼 창발성조차도 부정하면 영혼과 육체는 그 기원이 서로 전혀 다른 것이 된다. 곧 영혼은 육체와 전혀 다른 세계로부터 와서 육체에 '자리 잡았다' 가 육체가 소멸하면 육체를 떠난다고 인식할 수밖에 없게 된다.

플라톤은 육체와 영혼의 관계를 창발적 과정으로 볼 수 있는—당시로서는—강한 논리를 제시하고 그것을 반박한다. 그 강한 논리란 '악기 리라와 조화음' 의 은유이다. 리라 자체와 리라의 현들은 물질이다. 그런데 리라의 현들을 연주하면 생성되는 아름다운 조화음은 그것으로부터 나온 것이지

만 물질이라고 할 수 없다. 그래서 "잘 조율된 조화란, 볼 수 없고 물질적이
지 않으며 아주 아름다운 어떤 것이며 조율된 리라에 있어서 신적인 것"이
라고 할 수 있다. 한편 누군가 현들을 자르고 리라를 부수면 이들은 물질이
므로 사멸한다. 그런데 리라와 현들이 없으면 조화음도 존재할 수 없다. 그
것이 음으로 생성될 때에는 물질인 리라로부터 생겨나와 따로 아름다움의
신성한 경지에 이른 것 같지만, 리라와 현이 없어지면 그도 존재할 방도 없
이 소멸해버린다. 이것을 육체와 영혼에 대비해 보면, 영혼이 육체의 조화
에서 창발해도 영혼은 조화음처럼 물질이라고 할 수 없다. 그러나 육체가
없어지면 당연히 영혼도 존재할 수 없다. 즉 영혼의 존재 가능성은 육체에
기인한다.

　이에 대해 플라톤은 영혼 본유의 상기想起 능력과 영혼의 능동적 자율성
(따라가지 않고 이끄는)을 근거로 근원적인 영육분리설을 설파한다. 그는 영
혼은 육체에서 나오지 않고, 다른 차원으로부터 와서 육체를 이끈다고 주
장한다. 플라톤은 이것을 상기론으로 설명한다. 본유의 상기 능력이란, 영
혼이 속세의 경험 없이도 뭔가 아는 것이 있다는 사실을 근거로 그 앎은 실
재하는 '다른 세계'에서 보고 익힌 것을 기억한 결과라는 상기론에서 나온
것이다. 그러므로 영혼은 수동적으로 속세의 법칙을 따르는 것이 아니라,
오히려 자기가 알아서 능동적으로 속세의 삶을 이끌 수 있는 자율성을 갖
고 있다. 결론적으로 말하면 아무리 물질이 조화를 이루더라도 그곳에서
영혼이 창발할 수는 없다는 주장이다.

　플라톤은 물질이 조화를 이루면 다른 세계에서 온 영혼이 그곳에 '자리
잡을 수 있다'는 추론이 오히려 가능하다고 본다. 육체와 영혼의 관계에서
도 조화를 이룬 육체에서 영혼이 '창발하는' 것이 아니라, 조화를 이룬 육
체에 영혼이 일단 '자리 잡는다'고 할 수 있다. 이것을 영혼의 '스스로 자

〈아바타〉의 영혼관은 두 가지 극단적인 입장을 융합하려고 한다. 한편으로는 매우 고대적이며, 다른 한편으로는 초현대적이기 때문이다. 즉 이 영혼관은 영육분리의 가능성과 영혼의 과학-기술적 탐구 및 활용을 융합하고 있다. 고대 영혼론의 대가 플라톤이 타임머신을 타고 와 이 영화를 본다면 뭐라고 할까?

리 잡기^{영어로는 'self-positing' 또는 'self-positioning' 이라고 번역할 수 있다} 또는 영혼의 '자율착상' 이라고 표현할 수도 있다.

따라서 이는 물질세계와 다른 차원에서 온 영혼을 물질적으로 탐구할 수 없음을 의미한다. 이것을 오늘날 언어로 좀 더 구체적으로 표현하면, 뇌에서 일어나는 일은 영혼의 전부가 아니며 그것은 물리·화학 법칙으로 해명될 수 있는 게 아니라는 뜻이 된다. 이것은 칼 구스타프 융^{Karl Gustav Jung}의 말을 상기시킨다. "영혼을 두뇌에 한정시키면, 다시 말해 영혼의 시간적·공간적 범위를 두뇌로 제한하면 지금까지 우리가 믿어왔던 모든 것들은 의미를 상실할 수밖에 없다."

영혼이 한 육체에서 이탈했다가 다른 신체(여기서는 인공적으로 만든 '아바타')에 착상한다는 점에서 영화 〈아바타〉는 플라톤의 입장과 일맥상통한다. 그러나 영혼을 기술적으로 이동시키기 위한 기구를 개발하기 위해서는 영혼을 물리·화학적으로 탐구해야 한다. 플라톤의 입장을 견지하면 영혼을 연구해서 이 방법을 알아낼 수 없다. 영혼은 물리·화학 법칙으로 환원될 수 없기 때문이다. 아무리 철저하게 연구해도 영혼은 그 연구의 실현화 과정에서 '스스로 빠져나갈' 것이기 때문이다. 바로 이점에서 〈아바타〉의 영혼관은 플라톤의 입장을 부정한다.

근대과학이 시작되던 시기에 갈릴레이^{G. Galilei}는 지구에서 생명과 사물이 생성·변화·소멸하듯이 천체에서도 이런 일이 일어난다는 것을 설파하며, 그때까지의 일반적인 믿음에는 충격적일 수 있는 영혼의 생성·변화·소멸 가능성 또한 시사했다. 즉 영혼도 영원히 육체를 이동하고 이승과 저승을 넘나들며 영생하는 게 아니라고 의심했다. 이는 영혼도 물질과 마찬가지로 물리·화학 법칙으로 환원될 수 있음을 뜻하는 것이다. 현대 뇌과학자들은 "우리가 생각하고 느끼는 모든 것이 결국에는 전기 및 화학 신호의 연쇄적 교차 현상으로 환원될 수 있다"는 '믿음'으로 인간의 머릿속에서 일어나는 일들을 탐구한다.

〈아바타〉에서는 고도의 과학-기술로 한쪽 육체에서 영혼을 '이탈'시켜 다른 육체로 '전송'하여 그곳에 '착상'시킨다. 이것은 일종의 '영육 이탈 장치'이자 '영혼 전환기'이다. 굳이 플라톤적으로 표현한다면 '영혼 착상기'라고 할 수 있다. 문제는 여기서 영혼이 '스스로 자리 잡기'를 하는 것이 아니라 기계의 작동에 의해 이탈·전송·착상한다는 데에 있다.

한편 영혼 이동의 다른 가능성은 나비 족들이 보여준다. 즉 그들이 숭배하는 에이와 신의 도움으로 한쪽 육체에서 영혼을 이탈시켜 다른 쪽으로 옮기는 것이다. 이때 그들은 '생명의 나무'의 유기적 총체 시스템을 이용한다. 그레이스 박사의 연구 결과가 보여주듯이 판도라 행성에 있는 1조 그루가 넘는 나무들은 마치 뇌의 시냅스처럼 서로 촘촘히 연결되어 있다. 이런 유기적 연결망에 두 육체를 놓음으로써 그 시스템의 '유기적 전환' 효과로 영혼은 한 곳에서 다른 곳으로 이동한다. 이때 두 육체는 이미 다른 것이 아니라 하나이다. 이 점 또한 과학-기술적 영혼 이동기와 다른 것이다.

죽어가는 육체에서 살아 있는 아바타로 영혼의 유기적 이동이 성공하지 못하면, 그 영혼은 속세의 다른 육체에 자리 잡는 게 아니라, '에이와와 함께'한다(그레이스의 경우처럼). 이 점에서 영육은 분리될 수 있고, 육체는 자연으로 돌아가며, 영혼은 불멸이다. 여기서 나비 족은 죽은 육체가 유기적 자연의 일부가 된다는 점에서 결국 육체의 영속성도 믿는 듯하다. 이런 점에서 나비 족은 플라톤적이면서 일면 플라톤을 넘어선다. 육체도 판도라 행성 나아가 우주의 일부로 자리 잡기 때문이다.

이 점에서 이들의 믿음은 일면 러시아 철학자 페도로프^{Nikolaj Fëdorov}의 사상과 유사하다. 페도로프는 육체는 사후에 물리적 입자들이 되어 우주를 떠도는데, 이들을 모아 육신으로 재조합하면 그 속에 영혼이 다시 안주할 수 있을 것이라고 했다. 이 세계관의 핵심은 인류의 공통 과제를 설정하는 것이었다. 그 과제는 과학 발전을 통해 '죽은 자들의 부활'을 가능하게 하는 데 필요한 조건을 창출하는 것이었다. 그래서 지금까지 인류의 조상들을 모두 부활시키고자 했다(페도로프는 이에 당연히 따라오는 인구 증가는 드넓은 우주의 다른 별들을 삶의 터전으로 개척함으로써 해결할 수 있다고 보았다). 혹자는 어처구니없는 상상이라고 하겠지만, 페도로프는 죽은 조상들이 다시 살아난다는 그 자체만으로도 인류에게 우주 탐험에 대한 의지를 불어넣기에 충분한 드높은 이상을 제공할 수 있으리라고 생각했던 것 같다. 페도로프의 상상력은 윤리적 열정에서 비롯한 것이었다. 그의 사상은 20세기 전반 인류의 우주 탐사계획에 정신적인 비전을 제공했다.

다시 〈아바타〉로 돌아가 보자. 여기서 흥미로운 것은 앞서 보았듯이 '영혼 이동'의 방식에서도 인간과 나비 족은 대비된다는 점이다. 그럼에도 불구하고 모든 영혼은 공통적이라는 메시지를 전한다. 즉 우리가 얼그림을 다루면서 보았듯이6부 6장 각기 다른 생명체 사이에서 소통할 수 있고 공유할 수 있으며 결합할 수 있는 것은 영혼이라는 점이다.

또 하나 흥미로운 관점이 있다. 그레이스 박사의 말대로 판도라 행성의 모든 식물들이 서로 뇌의 시냅스처럼 조밀하게 연계되어 있다면, 그들도 영혼을 가질 수 있다는 말이 된다. 그렇다면 이것은 고대 그리스 시대에 있었던 '우주 영혼psyche tou kosmou' 또는 '세상 전체의 영혼psyche tou pantos'의 개념을 상기시킨다. 영혼의 이야기는 끝이 없다. 확실히 아는 것은 적어도 직관적으로 느끼는(!!!) 것은 많기 때문이다.

직립???

〈아바타〉는 SF이자 판타지 작품이다. 캐머런의 편을 좀 들며 말하면, '판타스틱 SF'라고 할 수 있다. 거의 모든 SF가 그렇듯이 그것은 과학-기술적인 근거를 갖고 있으면서도 과학-기술적으로 '틀린' 것이나 '어긋난' 것들을 포함한다. 물론 여기서 '과학-기술적'이라 함은 현재 우리가 알고 있는 과학-기술의 입장 또는 패러다임의 관점에서 하는 말이다. 그것에 잘 맞지 않는다는 것일 뿐이다.

전문 과학자와 기술자들이라면 캐머런의 영화에서도 이런 점들을 발견할 것이다. 나는 이제 비과학도의 '과학적 상상'이라는 점에서 〈아바타〉의 어떤 점(영화에서 매우 중요한 요소이기도 한데)이 암암리에 내포하는 '비과학적' 측면을 이야기하고자 한다.

그것은 나비 족의 '직립'에 관한 것이다. 그들도 인간처럼 직립 동물이다. 영화의 도입부에서 경비대장 쿼리치 대령은 판도라 행성에 새로 도착한 용병들에게 체류 시 주의사항을 설명하면서 나비 족을 '나비^Na'vi라고 부르는 인간 아목^humanoid의 원주민'이라고 표현한다. 이때 그의 머릿속에는 나비 족의 직립성 이미지가 담겨 있었을 것이다. 그러나 나비 족이 네 발로 기어 다닌다면 인간보다는 대형 여우원숭이 아목^lemuroid과 유사하다고 했을지도 모른다.

직립성은 인간에게 매우 중요한 특성이며, 내가 보기에 인간의 생물학적 진화 역사뿐만 아니라, 문명사를 결정한 것이다. 뇌의 발달도 직립과 밀접하다. 또한 직립은 성性에 관련해서 여타 동물과 다른 중요한 인간적 특징을 지니게 한다. 특히 여성의 '숨겨진 배란', '좁아진 산도^태아가 나오는 길', 그 때문에 미숙한 상태로 태어난 아이를 오랜 기간 양육해야 하는 문제 및 그에 따른 생활의 변화 등은 인간이 직립 동물이 되면서 발생한 것들이다.

우주에서 벌어지는 이야기인 〈아바타〉와 연관해서 생각해보면, 직립성이 인간에게 끼친 영향 가운데 그 어느 것보다 흥미로운 것은 인간이 우주와 의미 있는 관계를 맺게 되었다는 사실이다. 이것은 고대의 신화에도 암시되어 있다. 오비디우스는 〈변신〉의 서장인 '우주와 인간의 탄생' 편에서 다음과 같이 전하고 있다. "다른 동물들은 모두 고개를 숙이고 대지를 내려다보는데, 신은 인간에게만은 위로 들린 얼굴을 주며 별들을 향하여 얼굴을 똑바로 들고 하늘을 보라고 명령했다. 방금 전만 해도 조야하고 형체가 없던 대지는 이제 여태까지 알려져 있지 않던 인간의 모습이라는 옷을 입게 된 것이다." 하늘을 똑바로 볼 수 있는 인간이 등장하면서 지구의 의미가 달라진 것이다.

직립 동물이 아니고서는 하늘을 지속적으로 관찰하고 사유할 수 없다. 직립의 조건과 우주 연계적 인간 사유 그리고 우주 지향성은 밀접한 관계에 있다. 진화론의 입장에서 보면, 네 발로 기던 상태에서 직립 동물로 진화해오면서 인간의 주된 시선은 땅에서 지평선으로, 더 나아가 그 너머로 이동할 수 있게 되었다. 즉 직립으로 진화하면서 집중적으로 하늘을 볼 수 있게 되었다. 인간이 직립 동물이라는 것은 자신이 탄생해서 성장해온 터전을 넘어서는 것을 지향한다는 뜻이다. 인간이 직립 동물이기 때문에 지구를 떠나 우주로 진출하고 〈아바타〉에 나오는 것처럼 다른 행성에도 갈 수 있다. 어찌 보면 직립의 수직성은 발로 기는 짐승의 수평성과 서로 어기는 관계에 있는 것 같다. 그렇기 때문에 인간은 지구 자연에 동화되어 살기보다는 자꾸 그것의 한계를 벗어나려 하는 것 같다.

그런데 나비 족의 직립성은 인간의 직립성과 비교가 되지 않을 정도로 탁월하다. 그들은 3미터의 신장에 커다란 두뇌를 갖고 있으면서도 날씬하고 날렵하기 짝이 없다. 그 직립성은 그야말로 최고의 수준에 있다. 어떤 면에서 나비 족에게는 '클루지' 이론도 적용할 수 없을 정도이다. 이 이론을 제안한 개리 마커스에 따르면 인간의 직립 상태는 불완전한 요소들이 서툴게 짜맞춰진 것이지만 그런대로 작동하는 클루지의 일종이다. 우리가 제대로 직립성을 유지하려면 현재의 척추 발달 상태가 아니라 그보다 더 보완된 척추 형태가 되어야 한다(그렇기 때문에 우리는 척추에 디스크 질환 등 여러 문제가 있다).

이에 비하면 나비 족의 직립성은 거의 완벽에 가깝다. 그렇다면 그들은 이런 '수직성' 덕으로 인간보다 훨씬 더 수평적 자연 동화 상태를 벗어나려 해야 이치적으로 맞다. 즉 그들은 영화에서 보듯이 자신들이 사는 판도라 행성의 자연에 동화하기보다 그것을 이용하고 그곳으로부터 이탈해서 '다른 곳'을 지향하고자 하는 성향을 가져야 하지 않을까?

그곳에 사는 동물들은 대개 네 발이 아니라, 여섯 발을 갖고 있다. 이른바 '육각류' 동물들이다. 이는 그들이 훨씬 더 대지에 집착한다는 것을 보여준다. 즉 나비 족을 제외한 다른 동물들은 판도라 행성에 훨씬 더 수평적으로 동화할 성향을 지닌다는 것을 의미한다. 그런데 이들 동물과 초고도의 직립 동물의 수직성을 지닌 나비 족이 서로 '교감'하며 자연에 동화하는 삶을 산다는 것은 '과학적'으로 잘 맞지 않는다. 적어도 그리 합리적으로 보이지 않는다.

나는 이런 이야기를 영화를 보고 나서 학생들과 나누었다. 그런데 어떤 학생이 이런 반론을 제기했다. 나비 족에게는 다른 동물들뿐만 아니라 자연과 교감할 수 있는 매체가 있다는 것이다. 그것은 제이크도 처음 아바타의 몸을 갖게 되자 신기하게 여겼던 바로 길게 딴 머리 끝에 있는 일종의 '신경 다발' 같은 것이다. 나비 족은 이것을 다른 동물의 기관에 연결하거

나비족의 직립성은 매우 흥미로운 과학적·철학적 소재이다. 그들의 직립성은 인간의 직립성과는 비교가 되지 않을 정도로 탁월하다. 그들의 이런 특성은 판도라 행성에서 거의 완벽하게 자연과 동화하며 사는 생명체에게는 적합하지 않은 것이다. 직립성의 화두를 통해 우리는 나비족의 특별한 모순과 갈등을 흥미진진하게 상상해 볼 수 있다. 그것은 어쩌면 또 다른 이야기의 시작일지 모른다.

나(예를 들면, 말과 비슷한 다이어호스나 익룡 같은 이크란), 식물의 줄기와 연결해서 서로 교감한다(그 교감이 '강압적 접속'일 경우도 있지만 말이다. 예를 들어 제이크가 '자신의 것이 될' 이크란을 제압하며 접속할 때처럼). 이런 교감이 나비 족의 직립 수직성을 보완하는 작용을 해서 그들의 대단한 직립성이 야기할 자연으로부터의 '이탈성'을 상쇄하지 않을까 하는 것이 그 반론의 요지이다.

그러려면 이 교감의 능력이 직립의 수직적 이탈 욕구를 넘어서야 한다. 그러면 나비 족은 기존의 자연에 동화되어 안주할 수 있다. 만일 수직성의 욕구가 수평성의 안정 지향을 넘게 되면 나비 족도 언젠가는 인류처럼 될지 모른다. 자연을 기술적으로 활용하고 그 자연을 파괴할 수도 있고 판도라 행성의 한계를 넘어서는 우주적 차원을 지향하게 될지도 모른다.

이제 우리는 이런 가정을 해볼 수 있다. 나비 족이야 말로 엄청난 갈등에 시달릴 것 같다. 한편으로는 최고의 수준에 있는 직립 동물이므로 그 지향점은 위를 향하고 기존 지형에서의 이탈을 추구하며(사실 나비 족이 이크란을 타고 비행을 즐기는 것은 이런 경향을 숨기지 못하는 것이다. 그러면서도 그들은 기구를 타고 하늘을 좀 난다고 지구인들을 '스카이 피플Sky people'이라고 부른다. 그들은 이 모순을 의식할까?), 새로운 것을 찾아 나서게 된다.

다른 한편으로는 수평적 차원에서 매우 탁월하고 신비적인 교감 능력으로 기존 자연과 동화하며 그것을 보존하고 그곳에 안주하려고 한다. 더구나 두 능력은 거의 최고 수준이므로 두 극단을 형성할 가능성이 높다. 이 두 극단 사이에 있는 나비 족의 자아는 어떤 상태일까? 나비 공동체 안에서 이런 갈등의 정도는 개인마다 차이가 있을 것이다. 그러면 나비 족 내부에서 이 두 극단이 야기하는 문제는 또 얼마나 복잡할 것인가?

우리는 물론 영혼과 육체 모든 차원에서 완벽하게 나비의 일원이 된 제이크가 판도라 행성에서 평화롭고 행복하게 장수하기를 바란다. 그것은 우리의 마음이다. 그러나 우리의 상상은 때론 매우 짖궂다. 그것도 우리가 직립 동물인 것과 관계있지 않을까???

철학 광장

© 김용석 2010

초판 1쇄 발행 2010년 8월 16일
　　　3쇄 발행 2011년 11월 10일

지은이 김용석
펴낸이 이기섭
편집인 김수영
책임편집 정회엽
기획편집 박상준 임윤희 김윤정
마케팅 조재성 성기준 정윤성 한성진
관리 김미란 장혜정

펴낸곳 한겨레출판(주) www.hanibook.co.kr
등록 2006년 1월 4일 제313-2006-00003호
주소 121-750 서울시 마포구 공덕동 116-25 한겨레신문사 4층
전화 02)6383-1602~1603 **팩스** 02)6383-1610
대표메일 book@hanibook.co.kr

ISBN 978-89-8431-417-7 03100

- 책값은 뒤표지에 있습니다.
- 파본은 구입하신 서점에서 바꾸어 드립니다.